Starting Strong III

A QUALITY TOOLBOX FOR
EARLY CHILDHOOD EDUCATION AND CARE

强壮开端 Ⅲ
儿童早期教育与保育质量工具箱

经济合作与发展组织（OECD)教育团队　编

陈学锋 等　译　陈学锋　审校

北京师范大学出版集团
BEIJING NORMAL UNIVERSITY PUBLISHING GROUP
北京师范大学出版社

译者序

　　强壮开端，当我写下这个题目，心里有一种"强壮"的感觉，或者毋宁说是让幼小的孩子"强壮"的渴望。

　　近50年来，越来越多的科学研究和实证案例都表明了这样一个事实：在学习和健康方面拥有一个良好开端的儿童长大以后会发展得更好。投资早期教育至少有三大意义：其一是对国家和个人均具有重大的经济与社会回报；其二是利于妇女稳定就业；其三是有助于消除贫困的代际传播，推动个人发展的起点公平与社会阶层间的流动。也就是说，应该重新认识早期教育与保育（Early Childhood Education and Care，ECEC）的重要价值。但是，目前我国还有很多人仅仅将其看作托儿照看或者是学龄教育的提前等，并未充分认识到幼儿教育对个人独特人生发展的基础作用和深远价值，更没有在各利益相关者之间达成共识。改革开放30多年来，我们曾经因为企事业单位后勤的社会化把政府对幼儿教育的责任流于虚无，一直注重于投资高等教育和义务教育而忽略了幼儿教育的独特价值。认识的缺位致使我们这个世界第二大经济体，即将迈入中等收入国家行列的国度，在很长一段时期内，只有少数的家庭和孩子享受到了相对优质的幼儿教育。

　　历史将会记载这个时间点：2010年11月，在幼儿教育沉寂多年之后，国务院《关于当前发展学前教育的若干意见》（又称"国十条"）正式发布，迅即实施学前教育三年行动计划使幼儿园的数量和规模迅速扩大，有力地推动了学前教育的快速发展。2013年全国共有幼儿园19.86万所，比2010年增加了4.82万所，增长了32%；在园幼儿达到3895万人。全国学前三年毛入园率达到67.5%，提前实现了"十二五"规划提出的60%的目标。这是一个骄人的历史性的进步。

　　幼儿园数量的扩张，或许可以有效缓解"入园难"的社会问题，但是无数的经验案例也告诉我们，儿童是否能够真正受益于早期教育干预，受益程度如何，要取决于这些干预的"质量"。

　　在中国需要壮大幼儿教育总量，扩大普惠性学前教育，让所有儿童都有机会入园；又需要质量上的强壮，才能实现幼儿教育的价值。本人作为联合国儿童基金会驻中国办事处的教育专业人员，亲身参与、亲眼见证了中国的幼儿教育从沉寂到迅速崛起的历史进程，同时又感到有责任继续推动中国幼儿教育规模的迅速扩大和质量的稳步提高。因为仅仅是幼儿园数量的大规模增加并不能直接给儿童带来益处，如果达不到基本的保教质量，不仅不能促进儿童健康发展，反而有可能给儿童带来伤害。

　　幼儿教育的管理是一个系统工程，政府如何投资、如何配置资源、如何监管等都需要研究。幼儿教育纳入公共服务，无疑在召唤着政策制定者设计出一种有效的早期干预模式，并重新思考教育投资的模式，以使投入能够产生最大的效益。

　　他山之石，可以攻玉。经济合作与发展组织［Organization for Economics Co-operation and Development，简称经合组织（OECD）］的30余个国家和地区在幼儿教育方面形成合作网络。他们每五年形成一个研究报告，总结行之有效的经验，起名为"强壮开端"（Starting Strong），我想，起这个名字也是为了从儿童的角度倡导早期教育与保育的意义。《强壮开端I》和《强壮开端II》（2001，2006）已经为经合组织各国的早期儿童教育与保育政策做了开创性的国际比较工作，并提出了一份综合行动计划表，以拓展儿童早期干预的机会，保障机会的平等。《强壮开端III》（2012）则集中指向了"质量"这一关键问题。

　　质量，对于儿童、父母和早期教育与保育工作人员，会有不同的涵义。"质量"有结构性的、制度层级的、项目层级上的不同涵义。经合组织教育政策委员会实施了"提高早期教育与保育质量"项目，旨在从政策的角度来定义或重新定义"质量"；并回顾相关文献，以确定有效的政策杠杆；同时阐明这些杠杆可以得到有效施行的各种具体环境。这本报告是个政策"工具箱"，即为各国的幼儿教育政策制定者和管理者提供有效的决策管理工具。他们在国际性的文献综述的基础上，确立了五种政策，作为提高早期教育与保育质量的关键"杠杆"，即：（1）制定质量目标及规范；（2）课程设计、课程实施及其标准；（3）提高资质，改善培训与工作条件；（4）促进家庭与社区的参与；（5）促进数据的收集、研究与监测。

鉴于各国国情不同，能够有效促进"质量"提高的政策杠杆可能因其政策、财政与技术条件差异而有不同的施行方式。但是这些杠杆提供了一个丰富的菜单供选择。

译者认为，该报告在总结实证研究和各国经验的基础上提出的五个政策杠杆对我国学前教育发展具有现实的、及时的和长期的借鉴意义。将儿童的幸福感、早期发展与学习作为早期教育与保育的核心，体现幼儿教育的核心价值这一点奠定了本书政策研究的基础，也应该是所有政策的目标导向。每一杠杆是确保质量所必需的：举例来说，杠杆一是设定明确的质量目标与最低标准，对于提高早期教育与保育的质量是必要的。许多经合组织国家已经制定出了明确的以质量为重点的目标（譬如，提高项目工作者的资质，以及制订以儿童为中心的课程等）。设定明晰的质量目标有助于巩固政治意愿，根据优先的领域来调配资源；使政府各部门间的讨论更为明晰，使政府治理更加完善；对服务层面来说，可共享协调一致的以儿童为中心的社会目标与教学目标；为服务提供者提供指导、为实践者指明方向、使家长更了解情况。通过制定最低标准可以保证更好的儿童发展的条件，支持私有部门透明化的管理规则，使服务提供者创造人人公平的机会，并帮助父母在知情的前提下做出选择。许多国家已为结构性指标设定了最低标准，譬如员工-儿童比率，室内-室外空间，人员资质水平，工作人员与儿童或家长沟通的频率等。最近几年，我国政府也已经在开展一系列标准制定的工作，译者有幸参与其中。如《3~6岁儿童学习与发展指南》就是在质量体系中首先应该建立的标准之一，与之相应的，建立课程标准（《幼儿园教育指导纲要（试行）》）、幼儿园质量标准、教师专业标准等完整的标准体系，才能真正使得中央和地方的管理者、幼儿园举办者、保教员工朝向一个共同期待的目标而努力，实现公平和质量的统一。这一系列过程标准的核心是学习与发展，儿童是否达到预期的发展和幸福应该作为评价一切政策措施是否成功的标准。

报告列举了许多关于课程及其实施的过程和效果的研究证据。比如，综合的课程模式与分科教学模式对儿童发展效果的对比数据是很有说服力的。报告还有力地证明了工作人员的良好资质与儿童良好发展的密切关系。对儿童发展真正起作用的影响并非员工资质本身，而是其创造优质教学环境，使儿童有效学习的能力；这个方面的大量信息对我国目前制定对教师录用、配备、培训、薪酬待遇以及职业发展等政策有很直接的借鉴意义。

报告特别将幼儿教育中父母与社区成为朝共同目标努力的工作"伙伴"视为重要的杠杆。家庭学习环境与邻里氛围对于健康的儿童发展与学习都很有意义。报告指出社区参与可以作为家庭与早期教育与保育服务之间、家庭与其他儿童服务之间的一种"联接"；也可作为一种"社会网络工作"，来为父母减轻压力，帮助父母做出明智的选择，对存在各种困难的家庭来说尤其如此；社区参与也是一种"氛围"，有助于提高社会凝聚力，改善公共秩序；更是一种"提供资源的资源"。但是在我们国家，无论是社区参与还是父母参与，都面临相似的挑战，譬如，社区方面缺乏相应的意识与动机，无论是在学习方面还是在管理方面，家长参与的程度还远远不够，离真正的"伙伴"关系还有很长一段距离。但是译者认为，这也可能会为解决当前的许多矛盾提供出路。

报告最后一章详述监测与评估的意义和方法。通过数据与监测来验证事实、分析趋势，用客观的监测数据去验证儿童是否平等享有了优质的早期教育与保育服务并从中真正受益，尤其在问责和／或项目改善方面至关重要，还服务于父母的知情决定。关键是数据系统与监测能够与质量目标保持一致，并与儿童的数据、实践者层面的数据、项目层面的数据相互关联。基于各国的探索已经明确了监测的七项目标：（1）儿童的发展；（2）工作人员的表现；（3）服务质量；（4）规章制度的执行；（5）课程的实施；（6）父母的满意程度；（7）工作人员的后勤与工作条件等。在我国快速发展的、多种主体举办幼儿教育服务的形势下，这些探索都直接而及时地为管理者提供了问题解决的良好思路和方法。

在每一种政策杠杆中，都包括五种行动领域：（1）运用研究成果为政策制定与公众提供信息；（2）通过国际化的比较来拓宽视野；（3）确定战略选择；（4）管理风险：从他国政策实践中汲取经验；（5）反思当前的政策状况。它为管理者提供了一个研究制定政策、宣传政策和战略执行的基本思路及流程。政策和决策就是一个选择的过程。如果您是一位政策制定者和管理者，制定政策时每一步都需要问自己一些问题，在政策有效性论证时也会被问到一些问题，如为什么选择甲而不是乙？在这个方面是否有成功或者失败的先例？这个报告就帮助您回答这些问题。在讲究"以证据说话"的政策制定文化逐渐形成的背景下，这种方法极为有效。

和这本书的结缘还有一段插曲：我在联合国儿童基金会驻中国办事处具体负责对中国的儿童早期发展与教育项目工作。因为工作需要，与经合组织总部教育团队的负责人多次合作。在2012年发布《强壮开端III》后，她们委托我联系曾经有兴趣翻译出版此书的中方某出版社，但对方由于本书较窄的读者群而表示迟疑。感谢北京师范大学出版社及其工作人员，特别是张丽娟女士，愿意从公益角度出发出版这样一本对中国幼儿教育有重要借鉴意义、但是很可能没有多少经济效益的书。我也得到了联合国儿童基金会驻中国办事处的特殊批准和支持，作为自选的专业自学任务来完成翻译工作。

本书的翻译团队主要由从事幼儿教育研究、实际工作或者儿童权利相关项目工作的专业人员组成。前言、目录、行动纲要、如何使用质量工具箱和第一章由李晶翻译，第二章由张同德（行动领域1~3）和姜佳音（行动领域4~5）翻译，第三章由周亚君翻译，第四章由朱晓宇（行动领域1~2）、姚骥坤（行动领域3~5）翻译。第五章由王广宇翻译。大家群策群力，相互推荐不同文献的不同译法，合作解决翻译过程中遇到的问题。李晶除完成自己的部分外，还帮我做了许多补译和审校的工作。李彤女士提供了许多行政上的协助。在此对富有热情的译者们表示感谢。我本人对每一章节做了详细的审读，但是在一些词句的译法上仍然有拿捏不准的地方，比如，仅仅幼儿园、学前班等词各国叫法不一，都是根据服务的年龄段以中国习惯进行翻译；有些国家独有的以保育、看护为主的幼儿机构就译成日托中心。还有些词尽管查阅了其他文献，不得不自己做出最后定夺。书中疏漏和词不达意的地方，欢迎大家来信批评切磋。

陈学锋

2014年4月15日

前　言

　　越来越多的证据表明：在学习和健康方面拥有一个良好开端的儿童，长大以后的发展更好。这些证据已经驱使政策制定者设计出一种早期干预模式，并重新思考教育花费的模式，以使投入能够"物有所值"。

　　《强壮开端I》和《强壮开端II》（*Starting Strong I and II*）（2001，2006）已经为经合组织各国的早期教育与保育（Early Childhood Education and Care，ECEC）政策做出了第一份国际比较工作，并提出了一份综合行动计划表，以拓展早期干预的机会，保障其平等，提高其质量。相关研究强调，儿童能否受益于早期干预以及受益的程度，是以这些干预的"质量"为条件的。

　　"质量"意味着什么呢？早期教育与保育质量的意义可能因人而异（比如，对于儿童、父母和早期教育与保育工作人员来说，各有不同）；"质量"可以从不同的层级上来定义（比如，从结构性的、制度上的层级，或是从过程或项目的层级上来说）。鉴于各国国情不同，能够有效促进"质量"提高的政策杠杆可能在不同的国家互不相同，如施行这些杠杆时，各国的政策、财政与技术条件各有不同。经合组织教育政策委员会实施了"提高早期教育与保育质量"项目，旨在从政策的角度来定义或重新定义"质量"；并回顾相关文献，以确定有效的政策杠杆；同时阐明这些杠杆可以得到有效施行的各种具体环境。

　　本书旨在提供一份便捷的参考指南，供任何为了提高早期教育与保育质量而工作并特别关注政策的人士使用。因此，本书将"质量"的定义界定在那些更便于政策修订的特点上。

　　在《强壮开端I》《强壮开端II》和国际文献综览的最新发现的基

础上，我们已经拟订了一份分析性框架。由此出发，我们在《强壮开端III》中提出了五种政策杠杆。

- 政策杠杆 1：制定质量目标及规范
- 政策杠杆 2：课程设计、课程实施及其标准
- 政策杠杆 3：提高资质，改善培训与工作条件
- 政策杠杆 4：促进家庭与社区的参与
- 政策杠杆 5：促进数据的收集、研究与监测

各个国家在政策的发展与执行以及关注重点方面情况或有不同。鉴于此，不同的行动领域在实施上述各个杠杆时，不必遵照特定的顺序进行。我们提出的各项政策工具都是为了支持各种行动，包括研究成果的综述、国际比较、国家例证的列表、行动反思中提出的政策问题，以及从他国实践中吸取的经验、教训等。

我们掌握的相关证据，尚不足以建议某种特定的以提高质量为目的的行动过程或一整套确定的政策行动。因此，本书提供了内容广泛的国别例证。举出这些例证的目的并非将它们作为"政策推荐"，鉴于各国在政治、机构、历史背景与技术条件等方面的条件不同，适用于一个国家的做法有可能并不适用于其他国家。举例的目的在于提供一份实际的指南，如同"政策选择菜单"，政策制定者可以从中选取一些可供参考的材料，并能借此广泛了解各国的实践情形（学习经验、汲取教训）。我们鼓励大家在各国的具体背景下，在研究综述的基础上，来阐释政策的含义，并思考其他国家的例证是否能转化应用到本国，以此来拓宽视野。

本书由经合组织的早期教育与保育团队执笔。有以下成员：Miho Taguma（项目负责人），Ineke Litjens，Janice Heejin Kim，Kelly Makowiecki。顾问Matias Egeland和数据助理Claire Miguet也提供了支持。经合组织网络工作中负责早期教育与保育内容的人员提供了国别信息与数据，并为本书的制作提供了引导与帮助（参见附录"网络工

作人员致谢名单"①）。经合组织总部教育处教育与培训政策办公室的负责人Deborah Roseveare为我们提供了全局性的指导。

此外，许多国际专家为质量工具箱的制作提供了极大的帮助。澳大利亚的Wendy Jarvie 女士，中国的朱家雄先生，德国的Kathrin Bock-Famulla女士，美国的Michael Anderson先生、Clive Belfield先生和Sharon Lynn Kagan女士帮助我们完善了调查工具。荷兰的Jeroen Aarssen先生、Hans Cohen de Lara先生、Karin Westerbeek女士，与美国的William Steven Barnett先生、Ellen Frede女士帮助我们撰写了研究综述。以下专家为本书草稿提供了评述：澳大利亚的Wendy Jarvie女士，加拿大的Claire Gascon Giard女士、Francisco Quiazua先生、Brennen Jenkins 先生，德国的Pamela Oberhuemer女士，日本的Kiyomi Akita女士，韩国的Hyungsook Cho女士、Eunhye Park女士、Eunsoo Shin女士，新西兰的Helen May女士，挪威的Anne Greve女士、Magne Mogstad先生、Thomas Moser先生，葡萄牙的Júlia Formosinho女士、Teresa Vasconcelos女士，西班牙的Ramón Flecha先生，瑞典的Sonja Sheridan女士，还有美国的Megan Carolan女士、Danny Yagan先生。本书在上述基础上，由经合组织的早期教育与保育团队最终修改完成。

以下网址提供质量工具箱的网络版：

www.oecd.org/edu/earlychildhood/toolbox.

在线质量工具箱提供一些附加信息，如国别材料页面，经合组织各国的具体文件都可在线浏览，包括课程、监管框架、数据系统等信息。与早期教育与保育相关的经合组织网络工作内容都可以在此网址浏览使用：www.oecd.org/edu/earlychildhood.

---

① 该文件引自"比利时法语区"（French Community of Belgium）；不过，需要指出的是：2011年5月之后，该地区的正式名称已改为"瓦隆–布鲁塞尔联邦"（Wallonia–Brussels Federation）。

目 录

C o n t e n t s

图表索引

行动纲要

早期教育与保育（ECEC）能使儿童、家长乃至整个社会受益。但受益程度如何，要取决于项目的"质量"。

越来越多的研究确认，早期教育与保育能带来广泛的益处，比如，提高儿童的生活质量与学习能力，为儿童的终身学习打下良好基础；促使儿童发展更为公平，有助于消除贫困；增强社会的代际流动性；让女性劳动者获得更多的劳动机会；提高生育率；提高整个社会的社会发展与经济发展水平。

不过，以上所有益处，都有赖于"质量"。如果一味地扩展服务范围，而缺乏对质量的关注，那么，儿童发展和社会生产力的长线发展都无法从中获益。进一步说，已有研究结果表明：如果项目质量较低，那么非但不能为儿童发展带来正面影响，反而会造成长期的负面效应。

普遍认为，为了获得显著收益，质量至关重要。近年来，越来越多的经合组织国家已经做出相当大的努力，来提高早期教育与保育的质量；这些国家在政策制定与执行方面的水平并不完全一致。无论某个国家处于哪个阶段，都可以运用以下五种政策杠杆。这些基于研究成果而得出的政策杠杆，在提高早期教育与保育质量方面将是行之有效的：

- 政策杠杆 1：制定质量目标及规范
- 政策杠杆 2：课程设计、课程实施及其标准
- 政策杠杆 3：提高资质，改善培训与工作条件
- 政策杠杆 4：促进家庭与社区的参与
- 政策杠杆 5：促进数据的收集、研究和监测

设定明确的质量目标与规范，有助于根据优先领域来调配资源，提高协调性好的、以儿童为中心的服务质量，为提供者创造人人均等的机会，并帮助父母做出知情选择。

设定明确的质量目标与最低标准有助于提高早期教育与保育的质量。已有研究表明，设定明晰的质量目标有助于巩固政治意愿，从战略上根据优先领域来调配资源；使成员国各部委间的讨论更为明确，以促成该国在早期教育与保育方面更完善的政府领导；促进更为协调一致的、以儿童为中心的、带有共享的社会与教学目标的服务；为服务提供者提供指导、为实践者指明方向、使家长更为了解情况。事实上，许多经合组织国家已经制定了明确的以质量为重点的目标（比如，提高项目工作者的资质以及制定以儿童为中心的课程等）。

研究结果还表明，设定最低标准，可以保证更好的儿童发展的条件，支持私有部门的透明化的规则，为服务提供者创造人人公平的机会，并帮助父母在知情的前提下做出选择。许多国家已为结构性指标设定了最低标准，比如，员工与儿童的比率、室内外空间、人员资质水平、工作人员与儿童或家长沟通频率等。有些国家的儿童早期教育与保育工作在不同部委之间存在"割裂"状态，他们常常根据不同的早期教育与保育环境或儿童的年龄段来分别设定不同的标准。有些国家旨在提供"一体化的"服务，于是对所有早期教育与保育的服务施行统一的标准。

各国设定质量目标时，常面临以下挑战：

（1）对各项目标达成共识；（2）协调早期教育与保育目标与其他级别教育目标或其他以儿童为重点的服务的目标之间的关系；（3）将目标转化为行动。

至于最低标准，普遍的挑战包括：

（1）保障服务的财政资源，以达到质量标准；（2）处于不同管理背景下的不同的提供者之间缺乏透明度；（3）如何满足地方需求，解决地方困难；（4）执行情况；（5）对私立服务的规范管理。

为了应对以上各种挑战，各国采取了各种战略措施，以适应本国背景，符合各自在融资、技术与政策方面的可行性。

课程或学习标准可以确保不同背景下的早期教育与保育质量均等，帮助工作人员强化教学策略，帮助父母更好地理解儿童发展。

课程和学习标准可对儿童的学习与发展产生积极的影响。它们对于以下内容都有着特殊的意义：确保不同背景下早期教育与保育的质量均等，指导工作人员促进儿童的学习与健康，帮助家长了解早期教育与日托中心的工作、养育和教育等。

各国在制订课程时采取的方法各有不同。有必要超越课程的二分法（比如，以学术为导向的方法与综合性的方法，由工作人员发起的指导与由儿童发起的活动等）来思索，同时巩固各种方法的"附加价值"。集中关注关键学习领域有助于因地制宜地开发课程；而结合工作人员、家庭、儿童与社区等的具体条件调整课程，则能够使早期教育与保育服务和当地儿童及社区的联系更为紧密。

几乎所有的经合组织国家，对于3岁至义务教育年龄的儿童都有一套课程或学习标准。近年来，课程或学习标准常被置入生命周期或终身学习框架的一部分，越来越多的国家和地区都已开始为儿童制定从婴幼儿时期到8岁、10岁直至18岁发展连续性的框架。从这些标准的内容上讲，北欧国家详细列出对员工行为的期待更甚于对儿童的发展结果的描述，而盎格鲁-撒克逊国家（Anglo-Saxon countries）则倾向于描述发展结果。许多经合组织国家的学习框架重点都在于读写与数学能力。近来越来越多的研究突出"游戏"的重要性；有些将"游戏"归为一个单独的主题领域，另外一些则将它置于其他领域之中。有些国家已经吸纳了一些新兴因素，并使之与学校的课程保持一致，如信息与通讯技术（ICT）。

关于课程或学习标准的关键挑战包括：

（1）定义目标和内容；（2）确保各种目标和内容与幼儿园的整体框架协调；（3）设定或修改课程时，要与相关工作人员沟通相关内容；（4）有效执行；（5）评估内容与执行情况。

为了应对这些挑战，各国已采取了一些战略措施，集中关注课程的妥善、有序的执行，具体内容包括利益相关者的参与、有针对性的宣传、专业人员的发展。

早期教育与保育工作人员在确保儿童发展与学习的良好过程中起到关键作用。改革的领域包括：人员资质、职前教育、职业发展和工作条件等。

事实证明，工作人员的良好资质与儿童的良好发展密切相关。并不是资质本身对儿童发展有影响。在项目执行中，真正起作用的是工作人员创设优质教学环境，使儿童有效学习的能力；也就是说，关键因素在于工作人员如何能够鼓励儿童参与，促进儿童与工作人员、儿童与儿童之间的互动，应用多种多样的"脚手架"策略（saffolding strategies）。事实也证明，针对性较强的员工教育和培训，能够直接促成早期教育与保育环境中稳定的、敏锐的、启迪性的互动。

各国已经呈现出一系列范围广泛的早期教育与保育工作人员的资质。幼儿园或学前班教师普遍比日托中心工作人员或家庭看护人员的职前教育基础要好，而有些国家则对所有工作人员提出了一套统一的资质标准。为了确保不同阶段儿童发展的平稳过渡，幼儿园或学前班教师的职前教育常与小学教师的职前教育结合进行。幼儿园或学前班工作人员比日托中心人员的职业发展机会要多，家庭看护人员的机会则极为有限。职业发展倾向于集中在这几个方面：

（1）教学方法与教学实践；（2）课程的实施；（3）语言与内容主题；（4）监测与评估；（5）沟通与管理。

工作条件的改善也会促进早期教育与保育服务质量。已有研究指出，员工对工作的满意度与忠诚度可通过以下措施提高——由此也可提高早期教育与保育质量：

（1）提高员工与儿童的比率，缩小活动群体的规模；（2）提高薪资与福利；（3）合理安排工作日程与工作量；（4）降低工作人员的流失率；（5）创设舒适的工作环境；（6）确保中心主管能够胜任愉快，为各项工作提供支持。

在促成优质高效的劳动力方面，各国面临一些普遍的挑战，包括：

（1）提高工作人员的资质水平；（2）录用并维持一支优质的员工队伍，保证员工资质的多样性；（3）对工作人员进行持续的技能提高培训；（4）确保私有机构中工作人员的资质。

各国为了应对这些挑战，也已实施了一些策略：运用法律文书、机构重组、财政奖励以及向政策与公众通报各种数据。

父母与社区应该被视为朝向共同目标努力的工作"伙伴"。家庭学习环境与邻里氛围对于健康的儿童发展与学习都很有意义。

父母与社区的参与，在促进儿童的健康发展与学习方面，越来越多地被视作一项重要的政策杠杆。为了增进早期教育与保育工作人员对儿童的了解，父母的参与至关重要。父母的参与——尤其是在确保儿童优质的家庭学习、父母和早期教育与保育工作人员的沟通方面——与儿童日后的学习成就、大学阶段的竞争能力、社会-情感发展与社会适应性等都密切相关。

各国面临以下挑战：

（1）父母方面缺乏参与的意识与动力；（2）早期教育与保育与父母之间的沟通及服务的外展；（3）父母参与在时间上的限制；（4）父母与父母之间日益扩大的不平等与多样性。

此外，还存在和少数民族父母参与方面一些特殊挑战。各国采取了多种多样的策略，包括运用法律文书、财政与非财政的奖励，以及其他一些支持性机制来应对这些挑战。

与此同时，社区参与也日渐被视为一种重要的政策杠杆。（社区参与可以作为家庭与早期教育与保育服务之间、家庭与其他儿童服务之间的一种"联接"；社区参与也可作为一种"社会网络"，来为父母减轻压力，帮助父母做出明智的选择，对存在各种困难的家庭来说尤其如此；社区参与也是一种"氛围"，有助于提高社会凝聚力，改善公共秩序；社区参与更是一种"提供资源的资源"。有报告显示，社区参与方面存在与父母参与相似的挑战，比如，社区方面缺乏相应的意识与动机），不同社区之间、各个社区和早期教育与保育服务之间都需要更好的沟通。另外一些挑战是社区参与方面特有的，比如：服务机能不完善的社区该如何管理，早期教育与保育服务与其他儿童服务之间、早期教育与保育与其他年龄段的教育之间该如何协调等。各国也采取了多种多样的策略来应对这些挑战。其中特别有效的一点是，全面统一地看待社区，亦即，不仅仅将一个社区当作"邻里"或"自治单位"，而是将它与广泛的非政府组织、私有的基础团体、宗教组织、图书馆、美术馆、运动中心、警卫及社会服务机构进行合作与融合。

在促进儿童的发展成果、早期教育与保育服务的持续改进中，数据、研究与监测都是强有力的工具。

数据与监测可以用来验证事实、分析趋势，辨明证据，确认儿童是否平等享有了优质的早期教育与保育服务并从中受益。这两方面的信息在问责和／或项目改善方面至关重要，也有助于父母在知情的前提下做出决定。研究指出，如果数据系统与监测能够与质量目标保持一致，并与儿童水平的数据、实践者水平的数据、项目水平的数据相互关联，那么数据系统与监测本身越精确，就越能够促进儿童的良好发展。

国别实践已经明确显示了监测的七项目标：（1）儿童的发展；（2）工作人员的表现；（3）服务质量；（4）规章制度的执行；（5）课程设置的实施；（6）父母的满意程度；（7）工作人员的后勤保障与工作条件。根据监测目标的不同，各国应用了各种各样的监测工具，如访谈、观察、标准化测试、服务质量评估等。

各国普遍报告的较难监测的目标包括：

（1）早期教育与保育场地的要求与供应；（2）工作人员的素质与工作条件；（3）财政管理与成本；（4）儿童的发展状况；（5）早期教育与保育服务的质量。

各国还报告了其他一些挑战，比如，如何确保不同服务项目、不同服务区域之间数据的一致性，以及如何确保将收集来的数据完完全全应用到早期教育与保育服务质量的提高中。越来越多的国家和地区都在努力建造有效的数据系统——不仅仅是为了数据收集或监测之用，而是首先确定并服务于一个目的。

研究工作也可以作为一种卓有影响的工具，来为政策与实践之间提供信息。在早期教育与保育工作中，研究工作已经扮演了一种重要的角色，负责阐释各个项目的成败；确定早期教育与保育投资的优先重点领域；通过证据分析为种种实践提供信息。早期教育与保育中普遍运用的研究类型包括：针对具体国情做出的政策研究；大规模的项目评估；纵向追踪研究；关于实践与进程的研究；参与式观察研究；跨国比较研究；政策回顾；社会-文化分析；神经科学与脑科学研究等。目前，定量研究方法的应用已成为日渐增长的趋势，比如，比较不同项目类型的收效，或不同教学策略的效果等。尽管如此，也有越来越多的国家认识到定性研究所基于的当地价值观及其过程中的民主参与等在为各种实践提供丰富信息方面起着至关重要的作用。定量研究与定性研究对于提高早期教育与保育研究工作的水平都是需要的。

在促进研究工作方面，各国也报告了一些挑战，比如：

（1）早期教育与保育收效与成本-效益分析方面需要更多证据；

（2）某些领域研究不足，某些领域出现新的日益增加的兴趣；（3）传播。近年来，各国已经集中致力于将研究工作与政策、实践联系起来；增加早期教育与保育研究工作的数量，提高其质量；向国际社会传播研究发现与成果。

如何使用质量工具箱

目标

质量工具箱旨在向致力于提高早期教育与保育质量的各类参与者提供"实际解决方案"。此工具箱将提供五种政策杠杆，均可帮助提高项目质量。其中每一种杠杆都附有支持性的相关材料，可作推行政策措施时的资源使用。这些材料包括研究综述、国际比较研究、以各国政策实施的实践为基础的形成的备选战略列表，以及经验教训总结、自我反思表单等。

这些工具均以简明易懂的语言来描述，专供使用者用来开发探索各种方法，以提高各自所在国的早期教育与保育服务质量；同时也可用作背景材料，供各类利益相关者讨论时使用。

结构

近年来，越来越多的经合组织国家[1]已为提高早期教育与保育的质量做出了相当可观的努力，而其他一些国家在致力于早期教育与保育的其他方面，比如服务的可及性以及支付能力。就质量提高而言，各国在政策的执行方面尚处于不同的阶段。但无论是处于哪个阶段，各国了解研究成果及其他国家的实践情况时，均会发觉不无裨益。

在国际性的文献综述的基础上，我们确立了五个方面的政策，作为提高早期教育与保育质量的关键杠杆：

- 政策杠杆 1：制定质量目标及规范
- 政策杠杆 2：课程设计、课程实施及其标准
- 政策杠杆 3：提高资质，改善培训与工作条件
- 政策杠杆 4：促进家庭与社区的参与

● 政策杠杆 5：促进数据的收集、研究和监测

本书各章分别对应一种政策杠杆。而每一种政策杠杆中，都包括五种行动领域：

● 行动领域 1 —— 运用研究成果为政策制定与公众提供信息

● 行动领域 2 —— 通过国际化的比较来拓宽视野

● 行动领域 3 —— 确定战略选择

● 行动领域 4 —— 管理风险：从他国政策实践中汲取经验

● 行动领域 5 —— 反思当前的实施状况

必须阐明，以上这些行动不必按照特殊的顺序或固定的时间期限来完成。政策制定的实际工作耗时不定，有些政策制定得很快，有些则需数年才可完成。政策的制定与执行有可能是一个循序渐进的过程，但如果出现国家部门甚至是政府的变革，或者政策环境、公众意见、政治需要等情形有所变化，那么也可能会出现代际的更迭。

我们常常要求专家顾问提供新的政策理念、准备分析材料或在短时间内制定应急项目方案。以上五种行动领域均集中于最常见、也是最紧急的需求方面，可为顾问们提供相应的支持。

每一个领域中，都提供了后文所列的各种实用工具。这些工具的目的在于帮助政策制定者应对政府的指令，了解其他国家如何解决紧急状况或优先需求，分析成本效益高的行动，在长期战略与小型的、较易执行的步骤（"速赢"）之间进行权衡等。最后，本书提供的所有这些工具，目标在于提供一种框架，为各国政府的行动所用——抓住机会，制定政策议程。

我们希望每一项工具都能作为"独立可行"的文件，因此，有些研究发现、国际比较、国别实践或数字数据等会在不同的工具中不止一次地出现。这样，每一个工具都涵盖了综合性的信息，并不要求从其他工具中再去择取。

行动领域 1——运用研究成果为政策制定与公众提供信息

政策制定者、利益相关者或媒体常常提出以下问题：为什么要在甲或乙方面采取行动？相关研究结果如何？有没有研究结果支持这一决定？要对研究方面的结果有所应对，我们准备了以下工具。

● 研究综述

行动领域 2——通过国际化的比较来拓宽视野

还有一些常见的问题是："在这个特定的政策领域中，我国和其他国家相比情况如何？我国是否落后？尽管国内有人争论说这一政策领域需要采取行动，和国际情形相比较，我们是否已经做得比较充分了？"或者有可能出现这种情况：必须提高利益相关者的意识，才能采取进一步的行动——同时不使他们感觉政府在"强行要求"。为了帮助解决这些问题，我们准备了以下工具，来将国际性的视角汇总到一起。

● 国际比较

行动领域 3——确定战略选择

其他可能出现的问题还包括："其他国家在执行这一政策杠杆时面临过哪些类型的挑战？他们都运用过哪些策略来应对这些挑战？我们可以从中学习什么经验？有没有什么适合我国国情，政治上可行、经济上又可以持续的备用策略可供选择？"下列工具可以帮助使用者评估当前的各项策略，并确定一些备用策略。

● 挑战与战略选择列表，附国别例证

行动领域 4——管理风险：从他国政策实践中汲取经验

还有一个问题有可能出现："我们可以从其他国家借鉴什么成功的做法和先进经验，以避免政策上的失败？"以下工具可作为一份简明读物，供使用者在实施各项政策遇到可能的挑战与风险时参考。

● 政策经验

行动领域 5——反思当前的实施状况

优先领域未必是严格按照优先评估实践的结果来设定的。常见情形是，某项政策得以实施，是由于它是一整套选举方案的一部分，并且某位政治领导人决定要将它付诸实施。尽管如此，还是有必要时常对当前的情势进行反思，并对制度的改进做出不懈的努力。多做反思，多展开建设性的讨论，深入思考，都会极大地有助于政策的制定。为了这一目的，可以使用下述工具。

● 自我反思表

早期教育与保育的意义

越来越多的研究结果表明，早期教育与保育的益处是非常广泛的，包括：

● 社会与经济收益。[2]

● 儿童健康状况改善，学习结果良好，二者均为一生的学习打下基础。[3]

● 促进公平，消除贫困。[4]

● 促进代际社会流动性。[5]

这些研究结果已经引导教育政策与社会政策的制定者重新思考在儿童与家庭方面的投入模式，并对儿童发展和家庭支持采取一种"生命周期"的视角。过去一二十年间，这一思想转变已经转化为有目共睹的实际行动。经合组织各国中，过去对早期教育与保育的投入明显少于其他年龄段教育的，业已增加了对早期教育与保育的公共投入（OECD，2011）。有三大理由支持他们的行动：

1. 早期教育与保育具有重大的经济与社会回报。

2. 早期教育与保育对家长的支持有助于大幅度提高女性就业率。

3. 早期教育与保育是社会对儿童教育的责任，也是消除儿童贫困与教育劣势的一种途径。

为增加早期教育与保育项目的公共投入提供理由，历来是一个挑战，哪怕存在随机实验控制的实践性研究的"确凿证据"也是如此。儿童没有选票，也没有游说团体来为其利益代言。诚然，学术研究在为儿童利益的争取中起到了关键作用，但这往往还不够。其他一些因素也在发挥作用。

第一，政治上的考虑是其中关键的一项。越来越多的研究结果都在巩固以早期教育与保育投入的经济与社会回报为基础的知识，然而，政治家在各自的议程设定中常常未对此类研究进行严谨的运用。许多经合组织国家中都在日渐形成一种以证据为根据的政策制定文化。尽管如此，政策的制定是一个极为复杂的过程；而一项政策决定又常常不是基于证据，而是受选举周期的影响，这就要考虑到投票的因素，亦即，引人注目，短期即可见到收益。早期教育与保育的收益要经年累月才能获得，而短期的回报常常是比较小的。

第二，预算方面也是一项因素。所有的早期教育与保育成本都产生在前面（回报在其后很长时间——译者)，并且高质量的早期教育与保育可能是比较昂贵的。已有研究表明，结构性的指标，比如，员工-儿童比率、高素质的员工、项目的可持续性等，都会影响到儿童的发展结果。而要确保这些优质指标，都是需要相当成本的。不过学校中的失败及其日后在社会生活中的成本更要昂贵多了。

第三，收益依赖于"质量"。经济与社会回报要依不同的质量指标而定，比如，员工-儿童比率，项目持续时间与参与者开始时的年龄等。如果质量指标较低，研究就有可能发现早期教育与保育的效果不明显或几近无效。

结合研究成果来制定政策时，需要有意识地努力，强调以上这些因素。大家并不总是清楚地了解如何来提高早期教育与保育的质量，并为此提出充分有力的理由。此工具箱的目的就在于列出有助于早期教育与保育质量提高的实用工具和材料，来为读者提供支持。

质量工具箱的内容也可以在以下网址找到：

www. oecd. org/edu/earlychildhood/toolbox.

注释

1. 此报告中提及"一体化"国家时，指的是那些由国家级的单独某个部委来承担早期教育与保育责任的国家。这些国家包括：智利、丹麦、爱沙尼亚、芬兰、新西兰、挪威、斯洛文尼亚、斯洛伐克共和国、瑞典和英国。

2. Heckman and Masterov, 2004; Vandell and Wolfe, 2000; CQO, 1995; Brooks-Gunn et al., 1994.

3. 国家教育数据中心（National Centre for Education Statistics），2009；澳大利亚儿童早期教育（ Early Childhood Australia），2009；Jalongo et al., 2004；Heckman and Masterov, 2004；Vandell and Wolfe, 2000；NICHD, 1999；Blau, 1999；Shore, 1997；Barnett, 1995；Phillips et al., 1987.

4. Mitchell, 2009; Heckman and Masterov, 2004; CQO, 1995.

5. OECD, 2009.

参考文献

Barnett, W. S. (1995), "Long-term Effects of Early Childhood Programs on Cognitive and School Outcomes", *The Future of Children*, Vol. 5, pp. 25-50.

Blau, D. M. (1999), "The Effects of Child Care Characteristics on Child Development", *Journal of Human Resources*, Vol. 34, pp. 786-822.

Brooks-Gunn, J., M. C. McCormick, S. Shapiro, A. A. Benasich and G. W. Black (1994), "The Effects of Early Education Intervention on Maternal Employment, Public Assistance and Health Insurance: The Infant Health and Development Program", *American Journal of Public Health*, Vol. 84, pp. 924-931.

Cost, Quality, and Outcomes (CQO) Study Team (1995), "Cost, Quality, and Child Outcomes in Child Care Centers: Key Findings and Recommendations", *Young Children*, Vol. 50, No. 4, pp. 40-44.

Early Childhood Australia (2009), *Hands up for quality*, Early Childhood Australia Inc., Australia.

Heckman, J. J. and D. V. Masterov (2004), *The productivity argument for investing in young children*, New York: Committee for Economic development, Unites States.

Jalongo, M. R., B. S. Fennimore, J. Pattnaik, D. M. Laverick, J. Brewster and M. Mutuku (2004), "Blended Perspectives: A Global Vision for High-quality Early Childhood Education", *Early Childhood Education Journal*, Vol. 32, No. 3, pp. 143-155.

Mitchell, A. W. (2009), "Four Good Reasons Why ECE Is Not Just Important, But Essential", *Advocacy Exchange*, May/June 2009.

National Center for Education Statistics (2009), "The Children Born in 2001 at Kindergarten Entry: First Findings From the Kindergarten Data Collections of Early Childhood Longitudinal Study, Birth Cohort (ECLS-B)", US Department of Education.

NICHD Early Child Care Research Network (1999), "Child Outcomes When Child Care Center Classes Meet Recommended Standards of Quality", *American Journal of Public Health*, Vol. 89, pp. 1072-1077.

OECD (2011), *Doing Better for Families*, OECD, Paris.

OECD (2009), "Intergenerational Social Mobility", Working Party No.1 on Macroeconomic and Structural Policy Analysis [ECO/CPE/WP1(2009)4].

Phillips, D. A., K. McCartney and S. Scarr (1987), "ChildCare

Quality and Children's Social Development", *Developmental Psychology*, Vol. 23, pp. 537-544.

Shore, R. (1997), *Rethinking the Brain: New Insights into Early Development*, New York, NY: Families and Work Institute, United States.

Vandell, D. L. and B. Wolfe (2000), *Child Care Quality: Does It Matter and Does It Need to be Improved?* Madison, WI: Institute for Research and Poverty, United States.

政策杠杆 1
制定质量目标及规范

以质量为中心的目标设定，是提高早期教育与保育质量的政策杠杆的一个关键。已有研究成果表明，一旦精确设定，这些目标将有助于：（1）巩固政治意愿，并从战略上为优先领域整合资源；（2）主持各部委之间的讨论，改善早期教育与保育中的政府领导；（3）促进更加持续的、更为协调的、以儿童为中心的各项服务，同时兼顾社会目标与教学目标；（4）为服务提供者提供指导，为实践者指明方向，为家长厘清观念。

另一种关键的政策杠杆是制定明确的规范。研究表明，最低标准能够通过以下几点来保证优质环境中儿童的健康与安全：（1）创造公平环境，确保所有服务提供者的质量；（2）借助能够促进儿童发展的结构性的指标，保障各项学习与保育条件；（3）就服务质量问题与家长沟通，帮助他们在知情的前提下做出选择。

行动领域 1
运用研究成果为政策制定与公众提供信息

本节包括以下研究要点：

- 早期教育与保育质量目标意义重大
- 最低标准意义重大

早期教育与保育质量目标意义重大

什么是质量目标

    不同的群体对于质量目标抱有不同的期待。对政府而言，首要目标可能是入学前的妥善准备以及儿童在健康方面、社会−情感方面的发展。对于有工作的家长来讲，首要目标可能是便捷优质的儿童保育。对社区来说，首要目标可能是比较一致的价值观。而对少数民族群体而言，该目标可能是文化与语言的沿传。因此，如何裁定不同利益群体之间的优先领域就成为制定质量目标具体条款时的一大挑战。

导致风险的因素

国家（或地方）的质量目标先设定出一套关键的目标，确保一个优质的早期儿童发展体系；各中心的目标一般都受此指导。这些目标在不同国家、不同时期大不相同，但有一点共同的信念，已经在不同国家之间渐渐显现，那就是：广泛的质量目标应该能够激励儿童早期项目的长远发展与质量提高。在儿童保育与早期教育方面的质量目标的根本性的差异，往往会使不同国家的早期教育与保育领域形成各自的特点，比如，有的将儿童早期体系分成几个部门或形成两个层级。"教育"与"保育"的分离，在某些情况下，会损害质量目标的达成。结果可能造成对儿童与家庭的不一致对待，目标、资金来源、操作程序、规章制度、员工培训及资质认证等之间存在各种差异，令人困惑（OECD, 2006）。

关于"童年"的不同理念，有助于解释早期教育与保育服务的定位。如果我们认为儿童时期只是成年阶段的准备过程，那么早期（一般来说是0～3岁）"儿童保育"就会被普遍视为家长的责任，没有什么政府参与可言（Dearing等, 2009）。然而，如果将儿童时期视为人生中的一个重要阶段，各国（政府）就会更倾向于参与到"儿童保育"与"早期教育"中来，这会对儿童的整体发展十分有益，各中心、项目实践者、家长及其他利益相关者对于各项目标的理解也会更为清晰（Bennett, 2008; OECD, 2006）。

质量目标为何意义重大

质量目标的意义在于提出了早期教育与保育的"全局"或鸟瞰图景。这些目标能够巩固政治意愿，同时也是增加核心项目筹资的一个关键步骤。质量目标还可以激励政府增进在早期教育与保育中的领导作用，并且从战略上为优先的质量领域整合资源（澳大利亚各级政府理事会，Council of Australian Governments, 2009）。

与此同时，质量目标能够通过一个具有共同的社会目标与教学目标的国家框架，促进更多持续的、协调的、以儿童为中心的服务。质量目标能够提供各个级别的更为连贯的早期教育与保育服务。这些目标能够为各部委之间的政策讨论提供稳定一致的基础，为服务提供者提供指导，为实践者指明方向，为学生指出努力目标，为家长厘清观念（OECD, 2006）。指向"完整的人"的发展的共同的目标可以防止各项服务之间的隔离不一致，从而避免儿童早期的知识差距或发展不平衡（Eurydice, 2009）。

什么是至关重要的

"目标"描绘了早期教育与保育项目的目的与方向。各个目标应该十分明确，但也应该具备充分的灵活性，以备实际实施中的调整（美国国家早期教育研究所NIEER, 2004b; OECD, 2006）。不过，研究结果指出了哪些领域中应该设立质量目标，又有哪些方面会影响到早期教育与保育的质量呢?

领导、管理与筹资的目标

各国政府机构设立并加强早期教育与保育质量目标。综合性的早期教育与保育服务——其中各项都接受统一领导——提供更为协调、更以目标为中心的服务（Bennett, 2008）。一个发挥领导作用的部委或机构能够通过直接筹资、人员培训与常规性的项目评估等来提高服务供给的质量（CCL, 2006）。与此同时，一体化的服务能够争取公共补贴、降低家庭支出，从而进一步普及早期教育与保育服务。各自分离的管理体系中，相关责任也是零散的，这会造成质量提供水平不均衡，各项目标之间缺乏连贯性，从而导致各种不平等（OECD, 2001和2006）。

持续的公共资金与调控对于质量目标的完成十分必要。首先，充足的核心拨款能够保证招募到极为专业的员工，持续不断地致力于儿童在认知目标、社会与情感目标等方面的进步。其次，对于早期教育与保育基础设置与材料的投资能够保障一个以儿童为中心的学习与发展环境。如果缺乏直接的公共投资或家长补贴，就会存在高质量的早期教育与保育项目只限于富足社区的风险，从而造成质量提供的失衡与劣质（OECD, 2006）。

最低标准

通过一个监管框架，最低标准能够确保儿童在各种优质环境中的健康与安全，并能保障一个最低级别的质量。各国监管框架能够保障本国所有儿童皆可受益于最低标准的教育与保育质量，由此改进"公平的竞争环境"。最低标准还能通过标准化的指导来极大地改善儿童的学习与保育条件，从而增强儿童的阅读、数学与语言技能（Burchinal 等, 2009; OECD, 2001）。最低标准还有助于早期教育与保育项目与儿童家长就服务质量问题沟通，帮助他们在知情的前提下做出各项选择（OECD, 2006）。

课程

国家课程或课程框架正式阐述了早期教育与保育的关键目标，包括这些目标背后的理念与价值观（OECD, 2006）。尽管国家层面上存在各种差异，广泛的课程目标包括：学习如何做人（自信与自我欣赏）；学习如何做事（实验、游戏与群体互动）；学习如何学习（具体的教学目标）；学习如何共存（尊重差异性与民主化的价值观）（OECD, 2006; UNESCO, 1996）。

世所公认，更为普遍性的目标（为了幸福感或社会化）更适合幼童，而具体的认知目标则对稍大一点的学龄前儿童格外有用（Eurydice, 2009）。重视技能而非活动，能让社会与情感目标更为具体（NIEER, 2004b）。

人力

早期教育与保育工作人员的专业化能够增加广泛的教育与保育质量目标实现的可能性。教育程度更好并接受过专门培训的实践者，更有可能通过更丰富的词汇来促进儿童的认知成果，提高解决问题的能力和制定目标课程计划的能力（NIEER, 2004a）。有研究者认为，教师挑战儿童理解力的知识、能力与儿童发展息息相关（Doverborg和Pramling Samuelsson, 2009）。早期教育与保育工作人员能够理解儿童本身在策略、方法、沟通与相互影响方面的视角，这一点格外重要。比如，一位教师理解了一个儿童的个人兴趣与学习意向之后，就可以将这些与早期教育与保育课程的各项目标匹配起来（Sheridan, 2009）。

Shonkoff 与 Philips（2000）发现，教师或保育者所受的教育与培训与其稳定的、敏锐的、启迪性的互动存在密切关联。接受过良好教育的员工更有可能为儿童提供富于启迪的、温暖的、支持性的互动，从而造就更为积极的社会发展与情感发展的结果（OECD, 2001）。其他研究者也发现，教育与培训对于具备教学方法及课程的相关知识以及正确的实施是有一定影响的（Elliott, 2006; Kagan和Kauerz, 2006）。

家长参与和社区参与

研究发现，早期教育与保育服务对于家长的参与因素有一种潜在的需求与要求（Deforges和Abouchaar, 2003）；研究还表明，家长在早期教育与保育服务中的参与，能够促进儿童的各项成就与适应性（Blok等, 2005; Deforges和Abouchaar, 2003; Edwards

等，2008; Harris 和 Goodall, 2006; Powell等，2010; Sylva等，2004; Weiss等，2008）。进一步来说，家长的参与与儿童在学校的表现以及从幼儿到少年之间的成就都有着密不可分的联系（Glass, 2004）。家长充分了解了质量目标的相关信息，就能够针对孩子在早期教育与保育项目中的体验，向项目实践者更好地提出一些重要问题，表达各种关注事项。家长自身也能够为孩子的家庭学习提供更多的支持，保障学习的连贯性（NIEER, 2004b）。

将政策的质量目标与家长的需求协调一致，这在儿童早期教育中可靠性与问责制的建设方面至关重要。如果质量目标不能满足家长的需求与期望，家长就会倾向于将孩子送到私立机构中，去接受幼儿园或儿童日托中心之外的课外活动。这样会给家长造成沉重的经济负担，且不论政府的各种补贴。因此，在制定质量目标的过程中，对家长声音的反映就十分关键了。

进一步说，一个强大的社区能够作为某种社会网络，支持家长，为他们减轻压力，使之保持积极的情绪，并为之提供抚育儿童的各种工具。更进一步说，早期教育与保育服务与家长、邻里及其他社会利益相关者之间的连续性，能够强化不同服务之间的合作，从而形成一种综合性的服务方式（Litjens 和 Taguma, 2010）。

数据收集、研究与质量监测

越来越多的人强调对于早期教育与保育数据的收集、研究及旨在实现质量目标与提升水平的质量评价系统。针对具体目标或成果的评估可能对于政策制定者非常重要，而对儿童的评价则有助于确认一些特殊的需求。尽管如此，对儿童的评价也有可能不太公平地对幼小的学习者分级评定，由此导致较高的焦虑与较低的自尊（OECD, 2001）。为了实现以证据为基础的政策制定，政府行政部门需要整合早期教育与保育实地收集的数据，对此专题展开研究，并对这一领域加以监测（OECD, 2006）。大多数早期教育与保育项目的评估针对的都是结构性因素（资金、标准、员工等），而不是通过标准化的测试与评价尺度来考察儿童的学习成果（OECD, 2006）。

政策的涵义

将儿童幸福感、早期发展与学习作为早期教育与保育的核心

儿童的健康幸福与学习是儿童早期服务的核心目标；但对于3岁及以下儿童的各

项服务常被视为劳动力市场政策的一个附属项，并且，婴幼儿群体也被指派到发展议程及目标较弱的服务中。某些情况下，这种方式可能有利于更为集中地关注儿童，对幼儿的某些特定的发展任务与学习策略表现出更好的理解。在这些方面，相关负责部门可以针对所有的儿童早期服务设定宽泛而实际的目标（OECD, 2006）。

制定一份质量框架

质量框架可以包括范围宽泛的一系列因素，不过，通常来说，这些框架要确定一个具体国家或地区的儿童早期服务的关键质量目标。一种系统性的方法需要制定一份共同的政策框架，包括贯穿整个体系的持续性的目标、定义清晰的各种角色，以及集中管理和各个级别的分散管理（OECD, 2006）。有一种政策选择，是创造一种部门之间和／或政府之间的合作机构，由此机构来制定合作性的质量框架。Choi（2003）提供了证据证实，各种框架一旦针对某种具体目的——比如，为了协调某一特定儿童早期目标，或为了集中关注某种确定的质量问题——而建立，是能够有效工作的。

集中致力于一体化的服务

某些非常成功的早期教育与保育体系已经努力地将基础广泛的"儿童保育"目标与特定的"早期教育"目的结合起来。研究发现，这些一体化的体系增加了对于早期教育与保育的公共投资，同时消除了人为的年龄分类（Bennett, 2011）。在实际工作中应用一种更为综合性的方法能够使政府部门将各项政策与目标协调一致，并为儿童早期服务整合到各种资源。管理、筹资与人事制度、家长的花费和服务的开放时间等各项因素能够更为衔接。服务范围与服务质量的差异性可以减少，不同年龄、不同背景等各个服务级别之间的链接也能够便捷地创建起来。一体化的体系中能够通过达成一致认同的社会性、教学性目标而形成教育与保育的共同愿景（NIEER, 2004b; OECD, 2001）。《强壮开端》相关报告发现，政府提供的综合性的早期教育与保育服务能够更好地保证质量。在这个过程中，关键在于应该由一个强烈关注幼童发展与教育的部委来进行政策的制定。

将责任委派到当地的利益相关者

儿童早期领域中各项任务的分派是必需的，也是有益的。这不仅仅是对于家庭与社区的各项权利的切实承认，也是为了实践操作的原因。儿童早期领域中，林林总总的提供者与条条块块的提供模式可能造成中央政府难以确保服务质量与服务的恰当提供，在地方政府的管理水平不够发达的情况下尤其如此。大家对于决策与服务更为贴近家庭、服务更能满足地方需求及各地具体环境的愿望，也能够成为一种激励，促使项目转向更多的分权（OECD, 2006）。

中央政府等权威机构能够将各项责任下放到各地中心与以学校为基础的机构中去，以此管理各种各样的任务，包括项目的执行、监测、评估与报告。地方政府则可以更好地协调家长和社区，以确定国家级早期教育与保育目标的适当程度（Mahon, 2011）。

加强项目改善与可靠性方面的机构表现

通过投入充足的核心资金，政府与早期教育与保育服务更有可能完成各项质量目标。比如，早期教育与保育提供者们能够制定出更能满足地方需求的课程，雇佣更为合格的操作者（工作人员），同时激励家长与社区的参与，推进数据收集、相关研究与监测（OECD, 2006）。各部委或地方政府可以为某种具体质量目标的完成来设立专项基金，奖励早期教育与保育提供者在该方面的成就。对于质量目标达成的财政投入的追踪与监测十分重要，因为这关系到问责制度，有助于引导进一步的项目规划和资源分配，对将来的政策制定和改善也可能有所贡献（OECD, 2006）。

尚未研究的领域

对于目标质量各方面的研究

如上所述，文献资料已经帮助我们确认出质量目标可能帮助提高早期教育与保育质量的各个关键领域。尽管如此，对于每一项干预的"最佳实践"的研究仍有不足。举例来说，人力是提高儿童成果的一个关键因素。美国已经在学校上做出过薪酬奖励体系的实验；不过，这项实验几乎没怎么涉及早期教育。通过提出以下问题，这一领域的研究对于影响政策具有巨大的潜力，比如：早期教育与保育体系中的问责制度是否能够改善成果？如果能够改善，那么能到什么程度呢？

另一个例子是课程。有一个普遍达成的共识是，质量目标必须要适应诸如低收入人群、移民或少数民族群体的需求（OECD, 2001）。大规模的调整常常被视为花费不菲，而对于早期教育与保育环境中的实际调整措施几乎没有什么信息。为了回答以下问题，还需要进行更多的研究，比如：现有的调整措施是否能让弱势儿童达到共享的质量目标？还有哪些工作是需要做的？

参考文献

Bennett, J. (2008), "Early Childhood Education and Care Systems in the OECD Countries: The Issue of Tradition and Governance", *Encyclopedia on Early Childhood Development*, Centre of Excellence for Early Childhood Development and Strategic Knowledge Cluster on Early Child Development, Montreal, available at: www.child-encyclopedia.com/pages/PDF/ BennettANGxp.pdf, accessed 22 September 2011.

Bennett, J. (2011), "Introduction: Early Childhood Education and Care", *Encyclopedia on Early Childhood Development*, Centre of Excellence for Early Childhood Development and Strategic Knowledge Cluster on Early Child Development, Montreal, available at: www.child-encyclopedia.com/ pages/PDF/ BennettANGxp1-Intro.pdf, accessed 22 September 2011.

Blok, H. *et al.* (2005), "The Relevance of the Delivery Mode and Other Program Characteristics for the Effectiveness of Early Childhood Interventions with Disadvantaged Children", *International Journal of Behavioural Development*, Vol. 29, pp. 36-37.

Burchinal, P. *et al.* (2009), "Early Care and Education Quality and Child Outcomes", *Child Trends*, Washington, DC.

Canadian Council on Learning (CCL) (2006), "Why is High-quality Child Care Essential? The Link between Quality Child Care and Early Learning", *Lessons in Learning*, CCL, Ottawa.

Choi, S. (2003), "Cross-sectoral Co-ordination in Early Childhood: Some Lessons to Learn", *Policy Brief* No. 9, UNESCO, Paris, France.

Council of Australian Governments (2009), *National Quality Standard for Early Childhood Education and Care and School Age Care*, Early Childhood

Development Steering Committee, Canberra.

Dearing, E., K. McCartney and B. A. Taylor (2009), "Does Higher Quality Early Child Care Promote Low-income Children's Math and Reading Achievement in Middle Childhood?", *Child Development*, Vol. 80, No. 5, pp.1329-1349.

Desforges, C. and A. Abouchaar (2003),"The Impact of Parental Involvement, Parental Support and Family Education on Pupil Achievement and Adjustment: A Literature Review", Research Report No. 433, Department for Education and Skills, London.

Doverborg, E. and I. Pramling Samuelsson (2009), *"Grundläggande matematik"*, in S. Sheridan, I. Pramling Samuelsson and E. Johansson (eds.), *Barns tidiga lärande. En tvärsnittsstudie om förskolan som miljö för barns lärande, Antologi*, pp. 125-150, Göteborg: Acta Universitatis Gothoburgensis, available at: http://hdl.handle.net/2077/20404.

Edwards, C. P., S. M. Sheridan and L. Knoche (2008), *Parent Engagement and School Readiness: Parent-child Relationships in Early Learning*, Lincoln, NE: University of Nebraska, available at: http://digitalcommons.unl.edu/famconfacpub/60.

Elliott, A. (2006), "Early Childhood Education: Pathways to Quality and Equity for all Children", *Australian Education Review*, 50, 2006.

Eurydice (2009), Early Childhood Education and Care in Europe: Tackling Social and Cultural Inequalities, Eurydice, Brussels.

Glass, G. (2004), "More than Teacher Directed or Child Initiated: Preschool Curriculum Type, Parent Involvement, and Children's Outcomes in the Child-Parent Centres", *Education Policy Analysis Archives*, Vol. 12, No. 72, pp. 1-38.

Harris, A. and J. Goodall (2006), *Parental Involvement in Education: An overview of the Literature*, University of Warwick, Coventry.

Kagan, S. and K. Kauerz (2006), "Preschool Programs: Effective Curricula", *Encyclopedia on Early Childhood Development*, Centre of Excellence for Early Childhood Development and Strategic Knowledge Cluster on Early Child Development, Montreal, available at: www.childencyclopedia. com/documents/

Kagan-KauerzANGxp.pdf.

Litjens, I. and M. Taguma (2010), "Literature Overview for the 7th Meeting of the OECD Network on Early Childhood Education and Care", OECD, Paris.

Mahon, R. (2011), "Child Care Policy: A Comparative Perspective", *Encyclopedia on Early Childhood Development*, Centre of Excellence for Early Childhood Development and Strategic Knowledge Cluster on Early Child Development, Montreal, available at: www.child-encyclopedia.com/pages/PDF/MahonANGxp2.pdf, accessed 22 September 2011.

NIEER (2004a), "Better Practitioners, Better Preschools: Student Achievement Linked to Teacher Qualifications", *Policy Brief, NIEER, New Jersey*.

NIEER (2004b), "Child Outcome Standards in Pre-K Programmes: What Are Standards; What Is Needed To Make Them Work?", *Policy Brief*, NIEER, New Jersey.

OECD (2001), Starting Strong I: Early Childhood Education and Care, OECD, Paris.

OECD (2006), Starting Strong II: Early Childhood Education and Care, OECD, Paris.

Powell, D. R., S.-H. Son, N. File and R. R. San Juan (2010), "Parent-school Relationships and Children's Academic and Social Outcomes in Public Prekindergarten", *Journal of School Psychology*, Vol. 48, pp. 269-292.

Sheridan, S., P. Williams, A. Sandberg *et al.* (eds.) (2009), *Barns tidiga lärande : en tvärsnittsstudie av förskolan som miljö för barns lärande* [Children's early learning: A cross-sectional study of preschool as an environment for children's learning], Göteborg Studies in Educational Sciences, 284, Göteborg, Sweden: Acta Universitatis Gothoburgensis.

Sheridan, S. (2009), "Discerning Pedagogical Quality in Preschool", accepted for publication in *Scandinavian Journal of Educational Research*, Vol. 53, No. 3, pp. 245-261.

Shin, E., M. Jung and E. Park, E. (2009), "A Survey on the Development of the Preschool Free Service Model", Research Report of the Korean Educational Development Institute, Seoul.

Shonkoff, J. P. and A. D. Philips (2000), *From Neurons to Neighbourhoods*, National Academy Press, Washington DC.

Sylva, K., E. C. Melhuish, P. Sammons, I. Siraj-Blatchford and B. Taggart (2004), *The Effective Provision of Pre-School Education (EPPE) Project: Final Report*, London: DfES and Institute of Education, University of London.

UNESCO (1996), *Learning*: *The Treasure Within*, J. Delors (ed.), Paris, Author.

Weiss, H., M. Caspe and M. E. Lopez (2008), "Family Involvement Promotes Success for Young Children: A Review of Recent Research" in M.M. Cornish (ed.), *Promising Practices for Partnering with Families in the Early Years*, Plymouth: Information Age Publishing.

最低标准意义重大

什么是最低标准

最低标准是一些结构性的输入，能够保证为早期教育与保育提供"足够的"或"足够好的"质量。结构性的要求可以定义婴幼儿的自然环境（比如，建筑、空间、室外环境、教学用具）的质量；员工的培训水平；员工–儿童比率；工作条件等（OECD, 2006）。通过明晰的标准制定、立法或规范的执行等来确保早期教育与保育服务提供能够达到某种确定的最低水平（OECD, 2006）。

导致风险的因素

由于早期教育与保育拓展到了家庭之外的区域，对于服务的管理就不可避免地成为一项公共责任。所有的经合组织国家都对持证的儿童保育服务中心或家庭实施初级的健康与安全检查。尽管如此，正如《强壮开端》几个报告中指出的，管理的内容与方式随着国家的不同也大不相同，并且在统一国家中，由于地域或相关服务类型的不同，也存在较大差异。适当的管理不仅有助于保健、环境与项目等各方面标准的定义与实施，还能够在一定程度上确保贫困社区中的家长与儿童的平等（OECD, 2001 and 2006）。

国际上的研究结果、各种项目评估与质量测量已经一再表明：尽管设定高质量

的标准或者提高标准都需要相当的成本。早期教育与保育项目对于儿童的发展结果
能够形成积极的影响，前提是只要服务质量能够达到较高的水平（Burchinal等，2010；
OECD, 2001和2006; Sammons等, 2002; Shonkoff和Philips, 2000）；如果早期教育与保育
提供者为了提高服务水准而增加成本，那么将存在低收入家庭负担不起这些服务的
风险。提供者如果想要拓展服务范围，多增的成本也有可能会成为一种不利因素，
对于早期教育与保育扩大覆盖面的目标形成负面影响。由此，高标准也可能导致非
正规的、质量低劣的服务机构进入市场。

相反地，较低的标准可以减少运行成本，也可能成为提供者拓展服务范围时的
一种激励因素。尽管如此，研究结果显示，质量较低的服务提供机构中的儿童，更
容易出现语言方面、社会性方面和发展方面的问题（OECD, 2001和2006）。而高质量
的早期教育与日托中心的儿童，或者其他高水准项目中的儿童，则在语言能力和数
字能力两方面都有更好的表现。对于来自贫困家庭的儿童以及家长教育程度较低的
儿童，这些积极的影响是最为显著的（OECD, 2006）。

相关研究还得出结论说，某一个生命阶段的学习会直接影响下一个阶段的学习：
在儿童早期基础阶段的投资会增加接下来一个又一个阶段的产出（Cunha等，2005）。
一个阶段对另一个阶段的附加影响任何时刻都可能被削弱，比如，某个阶段的教育
或发展状况不佳，就会削弱此前的成果。儿童早期阶段的学习至关重要，因为它形
成的是儿童一生发展的基础：儿童早期阶段中，对于社会与学习的积极的（或消极
的）性格都会被吸收到人格中去，而一些基本的生活技能，比如，与同伴、与成年
人的合作，自治能力、行为意义、创造性、解决问题的能力和毅力等，都在这一时
期习得。

进一步说，对于幼小的辍学儿童或基本技能低下的成年人进行补救性的教育干
预，要比诸如早期教育与保育项目的早期干预花费更多；根据研究结果所示，其收
效也更为有限（Cunha和Heckman, 2010）。因此，设定较高的最低标准不仅仅是对儿
童的投入，也是对于整个社会未来的投资（OECD, 2006）。

为什么最低标准意义重大

最低标准能够保障早期教育与保育环境中儿童的健康与安全。这些标准可以规
定项目持续时间、员工资质水平与课程，来塑造员工的行为，从而确保学习与保育
条件（Burchinal等, 2009；OECD, 2001）。国家级的、包括恰当的最低标准的管理框

架，能够确保所有儿童都能从某种最低的教育与保育质量中受益，从而更好地"创造公平环境"（Belsky, 2011; Eurydice, 2009; Vandenbroeck, 2011）。提高标准或设定最低标准，对于低收入家庭、移民或少数民族等群体的儿童效果更为显著（OECD, 2006 and 2011），同时也有助于拉近一切人之间的知识鸿沟。

虽然最低标准对高质量的早期教育与保育不无贡献，但国家并非一定要在各种质量方面都设定此类标准；不过，不设定标准的国家极少。各国在哪些层面需要设定最低标准，要视具体情境而定，比如，根据某国当前的质量水平来定。举例来说，瑞典在某些方面就没有最低标准，比如，每个儿童的空间，员工与儿童的比率等，因为该国在这些方面的质量水平已经高于一般标准；众所周知，它是高质量的早期教育与保育国家。瑞典已经在员工资质和课程方面对最低标准做出了调整，并据此制定了早期教育与保育各种活动的质量标准（OECD, 2006）。

由于针对质量的各个方面与各项标准的研究日渐增多，此处列出了一份关于哪些质量层面最为重要、最能影响质量——并由此对儿童发展最具影响的，颇有分量的数据与信息。对于成本-效益研究的元分析能够使我们深入了解，不同的项目标准如何导致不同的成果（图1.1，表1.1）。这一点需要在具体情境中阐释，比如，结合参与项目的儿童的家庭背景来看。

图 1.1　高质量早期教育与保育项目的投资回报
基于低收入家庭儿童的几种学前项目典型

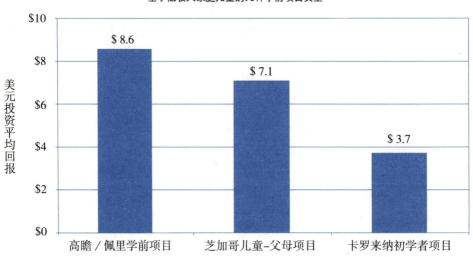

来源：Schweinhart, 2006; Heckmann等, 2009。

表1.1　高质量早期教育与保育项目的特点

	高瞻／佩里学前项目	芝加哥儿童-父母项目	卡罗来纳初学者项目
年龄段	3～4岁	3～4岁	0～5岁
持续时间	2年	2年	5年
最大班级人数	13人	17人	12人
员工-儿童比率	1：6.5	1：8.5	1：6
教师资质	大学本科+专业证书	大学本科+专业证书	大学本科或同等学力

来源：Schweinhart, 2006；Heckmann等, 2009。

什么是至关重要的

　　毋庸置疑，资源良好的早期教育与保育体系更有潜力去系统地提高最低标准（OECD, 2006），尽管调整到更高的结构性投入对儿童的精确效果并不总能预测到。举例来说，很难了解教师的资质实际上对他们的成功究竟有何影响。个体员工的一些因素，比如，智力、动力和工作满意度等，可以结合先前的培训来看，以预测教师的质量。政策制定者同时考虑到确定的因素和不确定的因素，仍然需要做出决策。下面一节总结了针对早期教育与保育结构性投入的一些关键的研究发现。

员工-儿童比率与班级规模

　　员工-儿童比率在确保儿童良好发展的质量方面扮演着一个关键角色（OECD, 2006）。普遍而言，这是高质量的学习环境的最有持续性的一个预测因素，因为这一点增大了经常性的、有意义的互动的潜力（Pianta等, 2009；UNESCO, 2004）。研究发现，长期接受过员工-儿童比率较高、每个儿童平均花费较多的项目服务的儿童，到了15岁，在认知领域中的表现更好（图1.2）高员工-儿童比率还能够确保儿童享有更安全的环境，因为这样的话每个员工需要照料的儿童人数较少（Pianta等, 2009）。

　　除员工-儿童比率之外，我们认为，班级规模较小也是儿童得到更为个人化的关注与更为频繁的互动的一个预测因素（NIEER, 2006; UNESCO, 2004）。幼小的儿童和弱势儿童比年龄较大的或更具优势的儿童更有可能从小班中受益，因为小班中儿童从员工那里得到的关注更多，也更有机会参与互动式的对话。尽管如此，有些研究也已表明，鉴于其他一些投入也许更具影响，比如，员工-儿童比率，班级规模与教育效果之间没什么关系（NIEER, 2004）。举例来说，Chetty等（2011）已经发现，学前班的规模与其中儿童日后升读大学的比率联系不大，与他们未来的收入更没有什么关联。

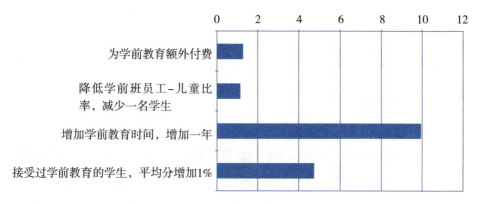

图 1.2　结构性的早期教育与保育投入对学生十五年间表现的改善

基于PISA2009研究结果

是否接受过学校体制内的学前教育相关的平均分差异

注：以上分数差异在数据方面意义重大。
来源：OECD, 2011。

员工资质水平与专门化的培训

设定最低资质水平在确保儿童健康发展方面扮演着关键角色。绝大多数研究都宣称，学前班教师的教育程度越高，加上专门的早期教育与保育培训，在激励性的员工-儿童互动中越有成效。教育与培训可以使教师掌握更多的词汇，提高解决问题的能力。此外，合格的教师更能使儿童投入到活动中，引导出儿童的想法，监测活动的进程（NIEER, 2006），并且更可能为儿童提供更具激励性的、温暖而支持性的互动，从而形成长效的积极影响（OECD, 2001）。

如何使一批合格的员工达到水平与数量的平衡，这是一项挑战。一方面，正规的教育标准需要达到一定的高度，来创建高质量的学习环境，从而产生令人期许的、具有国别特色的儿童产出；另一方面，较高的教师资质可能导致更高的薪资期待。如果这方面的标准超出了早期教育与保育提供者的负担能力，这也可能对项目质量造成负面影响（Bender等, 2007）。

英国有效的学前教育（EPPE, Effective Provision of Pre-School Education）的研究提供了一份关于项目实践者的质量对项目影响的清晰标示。这项研究发现，资质较低的员工在项目中比例较高，关系到较差的儿童发展成果，如：儿童与同伴之间的社会性关系较差、儿童之间的合作等表现较差；这些儿童反社会行为的水平也较高。实践者专门的培训，较高的教育水平，则会关系到积极的儿童-成年人的互动，包括对儿童的赞扬、安慰、提问与回应等（Elliott, 2006; Shonkoff and Philips, 2000）。不过，并不是员工资质本身影响到成果，起作用的是员工创造更好的教学环境的能力（Elliott, 2006）。

员工薪资

为早期教育与保育员工设定最低薪资标准，能够增加对现有员工的激励，并吸引有动力、高资质的专业人士加入项目；间接地，这能够促进儿童发展，改进项目成果（NIEER, 2003）。具有竞争力的薪资吸引一批强大的专业员工，他们更有可能对自己的工作满意，表现良好，做出长期的职业承诺，由此降低员工的流动率。员工流动率低的话，他们与儿童之间的关系一般来讲更为紧密，儿童的行为会更平静，更少侵略性，语言发展也更好（CCL, 2006）。薪资较低的员工更容易兼顾第二职业，由于疲劳和精力投入较少，影响到本职工作的表现（Centre for Families, Work and Well-Being, 2000）。一项研究证明，资质完备的学前班教师，如果薪酬高于小学教育的同事，他们的学生在语言和数学两方面的表现都比后者的学生优秀两到三倍（Pianta等, 2009）。

项目持续性

关于项目密度（部分时间参与或全天候参与）对于效果的影响已有许多综合研究发现，不过，项目参与的持续性似乎对于长期的智力收获及将来的成就联系更为密切（Love等, 2003; Melhuish 等, 2004; Smith, 2003）。参与时间增加的正面迹象包括更大的词汇量、词语分析、数学成就和更好的记忆力（Belsky等, 2007; Glass, 2004）。更大"剂量"的项目还有一些明显可见的长期影响，因为这些项目常常会降低"淡出"效应（Eurydice, 2009）。比如，经合组织的PISA[1]（一种对于15岁学生的国际评估测试）研究发现，参与一年时间的早期教育与保育项目能够让儿童的PISA成绩提高10分（OECD, 2011）。

尽管如此，有些文献已经指出了儿童生命中最初几个月或几年间，非母亲看护对于儿童依恋性和安全感的潜在的负面影响，并注意到此类情形会增加对外界攻击性和对抗的概率（Belsky等, 2007; Belsky, 2011）。不过，此类负面行为问题持续时间相对较短，能够通过持续性的优质养护而改善（Love 等, 2003）。

课程

制订一份课程，或学习与幸福标准，有助于确保一个国家或地区的早期教育与保育服务更为协调连贯。课程表能够帮助教育者和各类中心确认优先学习因素和共同目标（OECD, 2006）。这对于没有正规管理的早期教育与保育环境而言尤其重要，因为此类环境中常有更小年龄的儿童接受服务。

一份规划完善、协调一致的课程是极为关键的。首先，它能够确保重要学习领域都被覆盖到。其次，课程能够作为一种工具，塑造员工行为，保障儿童从0岁到义务教育之前甚至是义务教育开始之后的持续性的发展。这种课程有助于促进不同年龄段、不同项目地区之间的项目质量的公平；指导并支持员工的职业化行为；有利于员工与家长之间的沟通；保证早期教育与保育和学校两个阶段之间教学方面的持续性（OECD, 2006）。

自然环境

研究结果显示，早期教育与保育环境的设计、布局与空间能够影响儿童的学习能力、创造性、行为与文化兴趣（Dearing 等, 2009）。关于学前质量的跨文化研究强调指出，儿童学习客观条件的质量，在员工-儿童比率、员工工作环境之外，还依赖于物理空间的状况（Sheridan and Schuster, 2001; Sheridan 等, 2009）。具体来讲，合理区分的空间与界限会促使儿童更为积极主动地进行课堂互动，并增加对于环境的探索时间（CCL, 2006）。基于各种研究结果，无数国家都已设定了最低"儿童平均空间"基准，该数值一般随着儿童年龄的增大而逐渐减少（Childhood Resource and Research Unit, 2004）。

员工性别与多样性

经合组织国家中，女性占早期教育与保育教师和看护人的压倒性的多数。但是对于儿童，尤其是对于男童来说，在教室或日托中心，有一名强壮的男性角色榜样是非常重要的。一个强化的男性形象，在儿童教育和养育过程中抗衡传统中对于女性的观点，以及保障学校环境与学习经历中始终做到性别中立，都是十分关键的。

女性员工占绝对优势，其中很少有教师来自少数民族或种族的社区。员工的多样性有益于儿童打开视野，接受新的观念，消除刻板印象，鼓励他们尊重多元文化的学习。

政策的涵义

将普遍的管理标准落实到所有形式的早期教育与保育项目中去

创建并持续一致地实施各个级别的早期教育与保育标准，能够建立起一种保障，保证儿童最低标准的安全、保健和项目质量。为了实现平等，各种规范要应用于所有环境，无论这些项目是公立的还是私立的，并且应该覆盖从婴儿-摇篮期、学前到小学毕业的各个年龄段的项目。与此同时，各项规范应该确认，不同环境下、不同年龄段的儿童，需要不同的标准。为了完成这些标准，项目提供者需要得到强有力的，国家、省市和地方等级的机制的合作和基础设施方面的支持，以确保一定程度的充足的经济实力，吸引并留住一组接受过良好培训的早期儿童工作者（OECD, 2006 ）。

有一点重大的政策差异，是私立（营利的或非营利的）项目提供者在立法中的覆盖状况。许多国家中都存在这一特别忧虑，即，3岁以下儿童主要接受的是私立保育环境和非正式经营机构的保育（OECD, 2001 ）。

确保负担得起的普及性服务与最低标准

各国政府常常面对这样的选择：是为弱势群体提供目标确定的高质量的项目，还是提供所有人都能接受的质量相对较低的项目（Dearing 等, 2009 ）。理论上讲，有特定目标群体的项目是为了弥补社会或经济方面的差距而设立的。但在实践中，对相关群体弱势变动模式的跟踪，是存在许多困难的（Currie, 2001 ）。因此，集中关注低收入家庭的、有特定目标的项目，或许不是满足最有需求的群体的最佳方法（Pianta, 2010 ）。相关研究建议，各国政府应该对于0～6岁儿童的学前项目进行有效投资，为所有的家长提供持续一致的、负担得起的儿童项目。不过，在针对婴幼儿（0～3岁）的公共责任的范围方面，仍然存在与此相抵触的观念（OECD, 2006 ）。

鼓励普及性的覆盖率的一个真正的优势在于，普遍覆盖的早期教育与保育系统一般能够更为公平地组织各项服务，遵从更高的标准，聘请更有资质的专业人士。

普及性的项目推广未必需要达到全方位的覆盖，因为，各个年龄段、各种不同的家庭环境大众对于早期教育与保育存在各式各样的需要和需求（OECD, 2006）

促进最低标准定义过程中的参与式进程

对于质量的定义和保障应该是一个参与式的、民主化的过程，包括不同儿童、家长、做儿童工作的专业人士的不同群体的参与。不同国家对于质量的规定、对优先领域和各个项目方面的强调可能各不相同；如果政府能够参与协商的政策制定与管理过程，并协调各方、对于各项标准的需求与相关性达成共识，那么各项规章的执行更有可能成功。

尚未研究的领域

最低标准的长期效应

哪一项具体的最低标准对于儿童今后的生活具有最强烈的持续性影响，迄今尚不清楚。相关研究需要提供关于具体质量投入的更为确凿的证据，尤其是那些尚为多因素混合的研究发现，比如，小班级规模项目的长期影响，或室内空间与室外空间对儿童重要性的比较等。我们需要关于早期教育与日托中心里幼儿的学习环境与物质条件的研究，包括针对幼儿所需的空间方面的研究。

为了反映复杂现实的研究

政策制定者、家庭和利益相关者，都需要细分的关键因素的更多文献，在这些级别中，项目影响多少能够经常感觉得到（Burchinal 等, 2010）。而哪些结构性投入在结合促进关键认知领域与社会-情感技能方面效果最好，现在也基本没有相关研究。至于目标群体对于关键性投入的"接受"情况，我们也所知甚少。举例来说，我们知道幼儿（作为一个整体而言）能够受益于小规模群体，弱势儿童中的幼儿尤其如此，但关于女童和其他亚群体的情况，仍然缺乏相关证据。

多样化的员工对儿童发展的影响

目前还没有基于员工多样性对于儿童成果的影响的切实研究。需要采用纵向研究才可能清楚地阐释全女性员工对于男童和女童的后续影响，比如，他们在小学期间或更长远的表现；也才能找到早期教育与保育员工中是否具有移民背景，对于儿童成果的影响或相关性。

对于非规范的保育服务的最佳保证

对于非正式的儿童保育服务，尤其是影响到0～3岁儿童群体的此类服务，相关数据极少，也基本没有监测实践。因此，探索一些创新性的方法来确保非规范环境下儿童的保健、安全与生活质量的最低质量级别或最低标准，就非常重要了。

参考文献

Belsky, J., D. Vandell, M. Burchinal , K.A. Clarke-Stewart, K. McCartney, M.T. Owen and The NICHD Early Child Care Research Network (2007), "Are There Longterm Effects of Early Child Care?", *Child Development*, Vol. 78, No. 2, pp. 681-701.

Belsky, J. (2011), "Child Care and Its Impact on Young Children", *Encyclopedia on Early Childhood Development*, Centre of Excellence for Early Childhood Development and Strategic Knowledge Cluster on Early Child Development, Montreal, available at: www.child-encyclopedia.com/pages/ PDF/BelskyANGxp3-Child_care.pdf, accessed 22 September 2011.

Bender *et al*. (2007), "Teachers' Education, Classroom Quality, and Young Children's Academic Skills: Results From Seven Studies of Preschool Programmes", *Child Development*, Vol. 78, No. 2, pp. 558-580.

Burchinal, M. *et al*. (2010), "Threshold Analysis of Association between Child Care Quality and Child Outcomes for Low-income Children in Pre-kindergarten Programmes", *Early Childhood Research Quarterly*, No. 25, pp. 166-176.

Canadian Council on Learning (CCL) (2006), "Why is High-Quality Child Care Essential? The link between Quality Child Care and Early Learning", *Lessons in Learning*, CCL, Ottawa.

Centre for Families, Work and Well-being (2000), *You bet I Care!* A *Canadawide Study on Wages, Working Conditions and Practices in Child Care*

Centres, Centre for Families, Work and Well-being, Guelph.

Childhood Resource and Research Unit (2004), "Quality Targets in Services for Young Children", working document for the Quality By Design project, Childhood Resource and Research Unit, Toronto.

Chetty, R. *et al*. (2011), "How Does Your Kindergarten Classroom affect Your Earnings? Evidence from Project Star", *Quarterly Journal of Economics*, forthcoming.

Cunha, F., J. Heckman, L. Lochner and D.V. Masterov (2005), "Interpreting the Evidence of Life-Cycle Skill Formation", *IZA Discussion Paper Series 1575*, Institute for the Study of Labour (IZA), Bonn, Germany.

Cunha, F. and J.J. Heckman (2010), "Investing in Our Young People", *IZA Discussion Papers 5050*, Institute for the Study of Labor (IZA), Bonn,

Currie, J. (2001), "Early Childhood Education Programmes", *Journal of Economic Perspectives*, Vol. 15, No. 2, pp. 213-238.

Dearing, E., K. McCartney and B. A. Taylor (2009), "Does Higher Quality Early Child Care Promote Low-Income Children's Math and Reading Achievement in Middle Childhood?", *Child Development*, Vol. 80, No. 5, pp.1329-1349.

Elliott, A. (2006), "Early Childhood Education: Pathways to Quality and Equity for all Children", *Australian Education review*, 50, 2006.

Eurydice (2009), Early Childhood Education and Care in Europe: Tackling Social and Cultural Inequalities, Eurydice, Brussels.

Glass, G. (2004), "More than Teacher Directed or Child Initiated: Preschool Curriculum Type, Parent Involvement, and Children's Outcomes in the Child-Parent Centres", *Education Policy Analysis Archives*, Vol. 12, No. 72, pp. 1-38.

Heckman J. J., S. H. Moon, R. Pinto, P. A. Savelyev and A. Yavitz (2009), "The Rate of Return to the HighScope Perry Preschool Program", *Journal of Public Economics*, Vol. 94, No. 1-2, pp. 114-128.

Love, J. M. *et al*. (2003), *Child Care Quality Matters: How Conclusions May Vary With Context*, Department of Child, Youth and Family Studies, University of Nebraska, Lincoln.

Melhuish, E. C. *et al.* (2004), "The Effective Provision of Pre-School Education (EPPE) Project: Findings from Pre-school to end of Key Stage 1", *Sure Start*, United Kingdom.

National Institute for Early Education Research (NIEER) (2003), "Low Wages = Low Quality: Solving the Real Preschool Teacher Crisis", *Policy Brief*, NIEER, New Jersey.

NIEER (2004), "Class Size: What's the Best Fit?" *Policy Brief*, NIEER, New Jersey.

NIEER (2006), "Increasing the Effectiveness of Preschool Programmes", *Policy Brief*, NIEER, New Jersey.

OECD (2001), Starting Strong I: Early Childhood Education and Care, OECD, Paris.

OECD (2006), Starting Strong II: Early Childhood Education and Care, OECD, Paris.

OECD (2011), PISA in Focus 1: Does participation in pre-primary education translate into better learning outcomes at school?, OECD, Paris.

Pianta, R. C., W. S. Barnett, M. Burchinal and K. R. Thornburg (2009), "The Effects of Preschool Education: What We Know, How Public Policy Is or Is Not Aligned With the Evidence Base, and What We Need to Know", *Psychological Science in the Public Interest*, Vol.10, No. 2, pp. 49-88.

Sammons, P. *et al.* (2002), The Effective Provision of Pre-School Education (EPPE) Project: Technical Paper 8a - Measuring the Impact of Pre-School on Children's Cognitive Progress over the Pre-School Period, London: DfES/Institute of Education, University of London.

Schweinhart, L. (2006), "Preschool Programmes", *Encyclopedia on Early Childhood Development*, Centre of Excellence for Early Childhood Development and Strategic Knowledge Cluster on Early Child Development, Montreal, available at: www.child-encyclopedia.com/pages/PDF/SchweinhartANGxp.pdf, accessed 22 September 2011.

Sheridan, S., J. Giota, Y. M. Han, and J. Y. Kwon (2009), "A cross-cultural study of preschool quality in South Korea and Sweden: ECERS evaluations. *The Early Childhood Research Quarterly, 24*, 142-156.

Sheridan, S. and K.-M. Schuster (2001), "Evaluations of Pedagogical Quality in Early Childhood Education — A cross-national perspective", Department of Education, University of Gothenburg, Sweden, *Journal of Research in Childhood Education*, Fall/Winter 2001, Vol. 16, No. 1, pp. 109-124.

Shonkoff, J. P. and A. D. Philips (2000), *From Neurons to Neighbourhoods*, National Academy Press, Washington DC.

Smith, A. (2003), "School Completion/Academic Achievement-Outcomes of Early Childhood Education", *Encyclopedia on Early Childhood Development*, Centre of Excellence for Early Childhood Development and Strategic Knowledge Cluster on Early Child Development, Montreal, available at: www.childencyclopedia.com/Pages/PDF/SmithANGxp.pdf, accessed 22 September 2011.

UNESCO (2004), "Curriculum in Early Childhood Education and Care", *UNESCO Policy Brief on Early Childhood, No.* 26, UNESCO, Paris.

Vandenbroeck, M. (2011), "Diversity in Early Childhood Services", *Encyclopedia on Early Childhood Development*, Centre of Excellence for Early Childhood Development and Strategic Knowledge Cluster on Early Child Development, Montreal, available at: www.child-encyclopedia.com/pages/PDF/VandenbroeckANGxp1.pdf, accessed 22 September 2011.

行动领域 2
通过国际化的比较来拓宽视野

本节包括以下两方面内容的国际比较：
- 政策目标
- 最低标准

政策目标

发现

"公平手段"是大家引用最广泛的早期教育与保育政策目标，其次是"公共责任与投资"。这显示出各国政府都将目标确定在建立公平的、广覆盖的早期教育与保育体系，能为一切儿童服务，并且这些政府都将早期教育与保育服务定位成公共产品。早期教育与保育政策的设计不仅仅是作为教育和儿童保育政策的一部分，还是劳动力市场政策的一部分。事实上，"协调工作-生活平衡"和"增加母亲劳动力的参与"也是早期教育与保育的目标。早期教育与保育常被用作提高日渐降低的生育率的一种手段，或者被用来应对日益增长的流动儿童的需求，只有一部分国家将早期教育与保育当作"迎接人口挑战"的一种工具（图1.3）。

图 1.3　早期教育与保育的总体性政策目标[2]

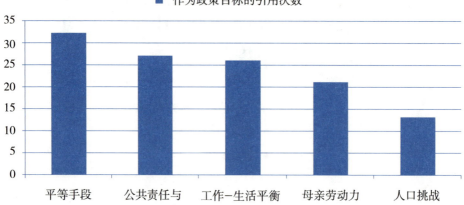

■ 作为政策目标的引用次数

注：各国都得到了一份基于《强壮开端II》（2006）的政策目标样例，供他们从中选用。受访者可能列出了不止一个政策目标。

来源：经合组织关于早期教育与保育的"质量工具箱和早期教育与保育门户网站调查"网络数据，2011年6月。

　　早期教育与保育质量目标中最常被引用的一部分是与学习标准、课程与教学相关的。人们认为这些目标是有效地引导早期教育与保育员工去改善指导策略、促进儿童发展的工具。另一部分常被引用的目标包括"劳动力／工作条件"，承认员工对于改善儿童发展的重要性。尽管对于政策干预来讲很难调控，但"家长参与和社区参与"仍然被许多受访者引述为一项质量目标。"监测与评估""各项规范"都是典型的政府调控工具，不过这些不如上述几项为人引用得多。有些国家将"公平"作为平等目标的一部分。有些国家并未特别设定任何针对质量的目标（图1.4）。

　　要了解更多的细节，参见在线质量工具箱中的《"政策目标"调查反馈表》（ExcelTM file），网址：www.oecd.org/edu/earlychildhood/toolbox

图 1.4 早期教育与保育的质量目标的重点[3]

注：各国都得到了一份基于《强壮开端Ⅱ》（2006）的政策目标样例，供他们从中选用。受访者可能列出了不止一个政策目标。

来源：经合组织关于早期教育与保育的"质量工具箱和早期教育与保育门户网站调查"网络数据，2011年6月。

定义与方法

政策目标（policy goals）指的是早期教育与保育各项政策的目的和预期产出。这些目标能够为儿童早期服务提供整体性的方向，还能对某些具体领域有所贡献。经合组织的《强壮开端Ⅱ》（2006）确定了五种整体性的早期教育与保育政策目标，为经合组织调查提供了一些潜在的反应（图1.3）。

1. 母亲劳动力的参与：应对服务性经济的上升和女性劳动力涌入有薪酬的工作。

2. 工作-生活平衡：调和工作与家庭的各项责任，尤其是以一种对女性更为平等的方式。

3. 人口挑战：对应生育率的挑战和持续的人口流动。

4. 平等手段：指的是早期教育与保育体系应该公平、包容、消除儿童贫困及教育弱势等的理念。

5. 公共责任与投资：确认早期教育与保育为一项公共产品。

此处提出的这些发现，均基于经合组织关于早期教育与保育的"质量工具箱和早期教育与保育门户网站调查"（2011）的网络数据以及经合组织的案头调查。在每一个图表中用到数据的国家和地区的名字都已列了出来。

最低标准

发现

最低标准通常为结构性质量指标，比如，教职员工–儿童比率、室内和室外空间等。常常根据不同的早期教育与保育服务类型，或不同年龄段的儿童群体设定不同的标准。

员工–儿童比率

- 幼儿园或学前班的儿童（或较大年龄儿童[4]）一般不如日托中心的儿童（或0～3岁儿童[5]）享有的保育人员数量多（图1.5）。这与另一研究发现一致：针对低幼年龄儿童的照管与保育比针对稍大龄儿童的意义更大（参见："研究简报：最低标准意义重大"）。
- 综览19个经合组织国家[6]，平均来看，按照规定，一个幼儿园或学前班的员工最多能照管18名儿童；而一个日托中心的员工，平均最多只能照顾7名儿童。
- 家庭或类似看护服务倾向于规定比幼儿园、学前班或日托中心等机构更严格的员工–儿童比率，而关于家庭日间看护的数据几乎收集不到。根据某些收集到相关数据的国家的情形来看，平均比率是一名员工照管5名儿童（图1.6）。

每个儿童的空间

- 总体来讲，家庭看护环境对于室内空间的要求最大，其次是日托中心和幼儿园、学前班（图1.7）。经合组织对于每一名儿童的室内空间的平均规定：学前班为2.9平方米，日托中心为3.6平方米。经合组织对于每一名儿童的室外空间的平均规定：幼儿园为7平方米，而日托中心为8.9平方米（图1.8）。
- 我们发现，各国对幼儿园和日托中心的室外空间的要求大小不一，但普遍比对室内空间的要求宽敞。

图 1.5 早期教育与保育项目中规定的每位员工最多可管理的儿童数量

小组A：幼儿园或学校情况（综合体系中，3岁到义务教育学龄的儿童）

小组B：日托中心（综合体系中，0～3岁的儿童）

每位员工负责的儿童数量

每位员工负责的儿童数量

*对于不同年龄段儿童群体的员工-儿童比率，各管辖区有着各自不同的规定。此处的数据是基于以下信息给出的：3～6岁儿童，每天照料时间为5～7小时，柏林；4岁儿童，韩国。

**挪威的表格只适用于具备相应资质的幼儿园的教师，而相关规章规定，一旦其他员工也放在幼儿园背景中考虑，那么每一位员工照管的儿童数量还会更低。挪威的数据基于3～6岁儿童的规章。

*对于不同年龄段的儿童，有着各自不同的规定。此处的数据是基于以下信息给出的：柏林（德国），2～3岁儿童（每天参与时间为5～7个小时）；不列颠哥伦比亚省（加拿大），0～3岁儿童；以色列，2～3岁儿童；日本，1～2岁儿童（该国为不同年龄段的员工-儿童比率有所不同：0岁儿童的比率是1：3；1～2岁儿童的是1:6；3岁儿童的是1:20；4岁儿童的是1:30——这份表格中采用的只是1～2岁儿童的数据）；韩国，2岁儿童；玛尼图巴（Manitoba，加拿大），2～3岁儿童；挪威，0～3岁儿童；爱德华王子岛（加拿大），2～3岁儿童；昆士兰（Jurisdiction），2～3岁儿童；苏格兰（英国），2～3岁儿童；Thuringia（德国），2～3岁儿童；西澳大利亚（澳大利亚），2～3岁儿童。至于波兰，如果活动室里有一名残疾儿童，那么员工-儿童比率就会设定为1：5。

**仅限于受到资助的设施。

注：只报告了平均员工-儿童比率，来替代调查所要求的最低比率者，本图表中未予收

录，鉴于平均值不能代替规定达到的最低要求。如果规定比率显示为最多员工数量照管的最大儿童数（如2∶15），那么表格中收录的数据是已经基于每一名员工能够照管的最大儿童数量儿计算过的（如：2∶15已经被推断为1∶7.5）。

小组A注："经合组织–19国平均值"只是基于经合组织国家报告来的数据，并未包括一些地区和领地，由以下国家的数据计算得出：澳大利亚、捷克共和国、埃斯托尼亚、芬兰、法国、匈牙利、爱尔兰、以色列、意大利、日本、韩国、荷兰、新西兰、挪威、葡萄牙、斯洛伐克共和国、斯洛文尼亚、西班牙和土耳其。

小组B注："经合组织–16国平均值"只是基于经合组织国家报告来的数据，并未包括一些地区和领地，由以下国家的数据计算得出：澳大利亚、埃斯托尼亚、芬兰、法国、匈牙利、以色列、意大利、日本、韩国、荷兰、新西兰、挪威、波兰、葡萄牙、斯洛伐克共和国、斯洛文尼亚。

整体的平均值基于所有国家及地区的数据。

来源：经合组织关于早期教育与保育的《质量目标与早期教育与保育门户网站的调查》网络，2011年6月。

图1.6 家庭或类似环境中每位保育者最多可管理的儿童数量

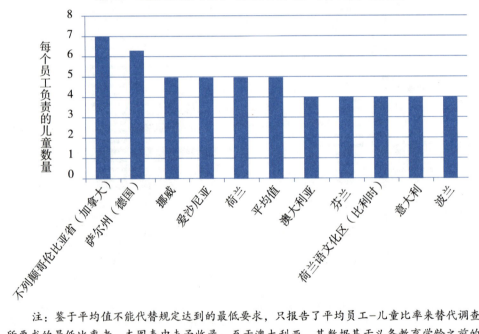

注：鉴于平均值不能代替规定达到的最低要求，只报告了平均员工–儿童比率来替代调查所要求的最低比率者，本图表中未予收录。至于澳大利亚，其数据基于义务教育学龄之前的儿童，家庭看护环境中，每一名看护者照管的最大儿童数量。至于比利时的荷语文化区，数据只考虑了享受补贴的家庭式日托中心。

来源：经合组织关于早期教育与保育的"质量工具箱和早期教育与保育门户网站调查"网络数据，2011年6月。

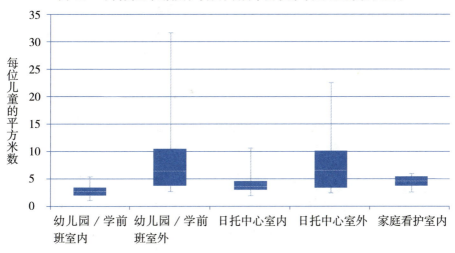

图 1.7 不同类型早期教育与保育项目中要求的每位儿童的最小空间

注：水平方向黑线标示的是最小空间的平均值；纵向黑线显示的是范围（不同国家之间，最低空间要求的最小值与最大值的差异）调查中报告的平均值已收入图表中，因为这些数据并未构成一个最低要求。此图表基于以下国家或地区提供的调查结果。

●关于幼儿园室内空间的：澳大利亚，巴登-符腾堡（德国），柏林（德国），捷克共和国，丹麦，爱沙尼亚，汉堡（德国），爱尔兰，以色列，意大利，下萨克森（德国），马尼托巴（加拿大），荷兰，新西兰，北莱茵威斯特伐利亚（德国），挪威，波兰，葡萄牙，萨尔州（德国），萨克森（德国），斯洛伐克共和国，斯洛文尼亚，图林根（德国）和土耳其。

●关于幼儿园室外空间的：巴登-符腾堡（德国），柏林（德国），捷克共和国，爱沙尼亚，以色列，意大利，下萨克森（德国），马尼托巴（加拿大），荷兰，新西兰，北莱茵威斯特伐利亚（德国），挪威，爱德华王子岛（加拿大），萨尔州（德国），萨克森（德国），斯洛伐克共和国，斯洛文尼亚，图林根（德国）和土耳其。

●关于日托中心室内的：澳大利亚，巴登-符腾堡（德国），柏林（德国），不列颠哥伦比亚省（加拿大），爱沙尼亚，芬兰，荷语文化区（比利时），法语文化区（比利时），汉堡（德国），爱尔兰，意大利，日本，韩国，下萨克森（德国），马尼托巴（加拿大），马萨诸塞州（美国），荷兰，新西兰，北莱茵威斯特伐利亚（德国），挪威，波兰，葡萄牙，爱德华王子岛（加拿大），萨尔州（德国），萨克森（德国），苏格兰（英联邦），斯洛伐克共和国，斯洛文尼亚，西班牙和图林根（德国）。

●关于日托中心室外的：巴登-符腾堡（德国），柏林（德国），不列颠哥伦比亚省（加拿大），荷语文化社区（比利时），意大利，韩国，下萨克森（德国），马尼托巴（加拿大），马萨诸塞州（美国），荷兰，新西兰，北莱茵威斯特伐利亚（德国），挪威，爱德华王子岛（加拿大），萨克森（德国），斯洛伐克共和国，斯洛文尼亚和图林根（德国）。

关于家庭或类似日托环境的：爱沙尼亚，法语文化区（比利时），意大利和斯洛文尼亚。

来源：经合组织关于早期教育与保育的"质量工具箱和早期教育与保育门户网站调查"网络数据，2011年6月。

图 1.8 幼儿园、学前班与日托中心应具备的最低空间要求的平方米数

小组A：室内空间要求   小组B：室外空间要求

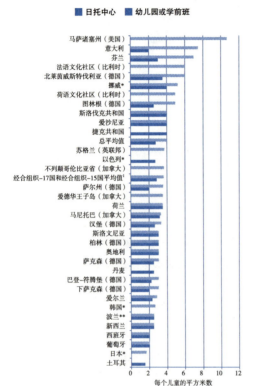

* 各个管辖区根据不同的年龄群体设定了不同的规章，此处数据基于以下情形；爱尔兰，1～2岁儿童，日托；日本的数据只与婴儿相关；挪威，0～3岁儿童，日托，3～6岁儿童，幼儿园；苏格兰，0～3岁儿童。

** 在波兰，日托中心、幼儿园点或幼儿园中心的室内空间要求是，每16平方米空间最多能容纳五个儿童。额外每增加一名儿童，最小室内空间就要求为每名儿童增加2.5平方米。幼儿园对于公共建筑规定的标准更高，更细致，大概在2.5至3平方米左右。

[1] OECD-17国平均值指的是幼儿园或学前班的室内空间要求；OECD-15国平均值指的是日托中心的室内空间要求。

注：日本为学步期儿童室内空间要求设定的室内空间要求是每名儿童1.65平方米，为婴儿设定的室内空间则是每名儿童1.98平方米。此外，幼儿园的空间规定是每间教室180平方米，如果教室数量在两个以上，那么总体平方米数则为教室数量乘以180，再加上100平方米。鉴于日本的幼儿园室内空间根据教室数量而定，此图表中针对幼儿园的数据就没有将日本的信息收录进去。

* 挪威的情况是，日托中心的数据是基于对0到3岁儿童的规章的，幼儿园的数据则是关于3～6岁儿童的。挪威对于最低室外空间的要求是最低室内空间要求的六倍。

** 韩国对于日托中心的每个儿童的空间有固定的要求，对于幼儿园的空间规定则应用了某种方案，因此，本图表中至包括了该国日托中心的一种最低要求。

[1] OECD-10国平均值指的是对于幼儿园室外空间的要求；OECD-7国平均数指的是儿童中心的室外空间的要求。

注：日本对于室外空间的最低要求根据教室数量而定，因此改过数据未收入本图表中。对于儿童中心的室外空间的规定是参考性的标准。就幼儿园而言，相关要求根据教室数量而定。如果只有一间教室，那么室外空间要求是320平方米；两间教室，420平方米；三间或三间以上教室，400平方米+80x（教室数量-3）。

　　注：调查报告中的平均值并未收入表中，因为这些数值并未构成一种最低要求。

　　小组A注：关于幼儿园或学前班室内空间要求的OECD-17国平均值只是基于经合组织国家的数据，并未包括地区或领土，计算数据的来源是以下国家：澳大利亚、捷克共和国、丹麦、爱沙尼亚、芬兰、爱尔兰、以色列、意大利、荷兰、新西兰、挪威、波兰、葡萄牙、斯洛伐克共和国、斯洛文尼亚、西班牙、土耳其。关于儿童养护室内空间要求的经合组织-15国平均值基于以下国家：澳大利亚、爱沙尼亚、芬兰、爱尔兰、意大利、日本、韩国、荷兰、新西兰、挪威、波兰、葡萄牙、斯洛伐克共和国、斯洛文尼亚和西班牙。

　　小组B注：关于幼儿园或学前班室外空间要求的经合组织-10国平均值只是基于经合组织国家的数据，并未包括地区或领地，计算数据的来源是以下国家：捷克共和国、爱沙尼亚、以色列、意大利、荷兰、新西兰、挪威、斯洛伐克共和国、斯洛文尼亚、土耳其。关于儿童日托室外空间要求的经合组织-7国平均值基于以下国家：意大利、荷兰、新西兰、挪威、斯洛伐克共和国、斯洛文尼亚和土耳其。"总体平均值"基于各个表格中包括的所有国家和管辖区。

　　来源：经合组织关于儿童早期教育与保育的"质量工具箱和早期教育与保育门户网站调查"网络数据，2011年6月。

定义与方法

　　最低标准常常被认作结构性投入，能够使得"合适的"或"足够好的"优质早期教育与保育项目发挥作用。这类数据可以归入早期教育与保育三大主要类型，分别这样定义：

- 以中心为基础的日托中心：包括所有提供家庭之外服务的执证中心。此类中心提供的服务可以是全托，也可以是半托，最常见的名称是托儿所、日托中心、托儿所、游戏学校或家长管理社团。这些以中心为基础的保育服务机构里，所有研究受访者都接受0岁以上的儿童报名。

- 家庭日托：传统上是在家庭环境中提供的。此类机构可以是儿童看护者的家里，或是在儿童自己的家里，有一位具备资质或注册过的儿童看护者负责照料儿童。在受访者中，所有的家庭日托服务都从儿童出生开始（0岁及以上），只有墨西哥和挪威例外。这两个国家里，儿童保育服务从出生起即可提供，不过绝大多数儿童接受日托服务都是从1岁开始的。

- 学前早期教育项目（幼儿园）：包括以中心为基础的或以学校为基础的各种项目，旨在满足学生准备接受小学教育的需求。在绝大多数国家里，这些项目都包括至少50%以上的教育内容，并且由具备资质的员工来指导。例外的一些国家是存在综合性早期教育与保育体系的挪威、新西兰、瑞典等。这些国家对0岁或1岁至义务教育学龄阶段的儿童提供了一整套的综合性教学环境，几乎所有的受访者在幼儿园或学前班中都只选用了一个大龄儿童的框架——通常是从3岁或4岁开始，至义务性小学教学开始为止。

　　此处提出的这些发现，均基于经合组织关于早期教育与保育的"质量工具箱和早期教育与保育门户网站调查"（2011）的网络数据以及经合组织的案头调查。每一个图和表，其中用到数据的国家和地区的名字都已列了出来（如果图形中没有列出的话）。

行动领域 3
确定战略选择

本节包括可以用来应对以下挑战的一些战略选择:
- 设定质量目标
- 设计并执行质量规范与标准

设定质量目标

挑战1:建设对于目标的共识

对于质量提高、早期教育与保育的角色和范围等问题,在早期教育与保育参与者、管理者、家长和政策制定者之间建立起共识,是十分有挑战性的,因为各方面对于早期教育与保育的"质量"观点不同,期待各异。政策制定者可能希望在研究的基础上制定提高质量的政策;不过,对于哪些质量方面对于早期教育与保育意义重大,他们常常缺乏了解。进一步讲,关于早期教育与保育的关注重点应该是什么,常常存在一些抵触性而非认为是相互认同的观点,比如,是支持女性劳动力的参与,是解决儿童贫困与弱势问题，或将此类问题确认为公益事业来保障其资金投入。

厘清早期教育与保育的角色与范畴

- 弗兰德斯（比利时）正在准备一项（为0~3岁儿童的）"儿童保育法令"。此法令旨在为儿童保育制定出经济的、教学的、社会的角色及具体的组织形式，通过提供相关服务的经济承受能力、覆盖面、监测、定义和范围等信息，应该能为儿童保育服务创设出清晰、一致的概念。

- 在挪威，早期教育与保育或幼儿园的责任，已经于2006年由儿童与家庭事务部转移到了教育与研究部。通过将幼儿园责任转移到教育与研究部，政府确认了幼儿园的角色是人生学习的第一步，也是减少社会差异的积极政策的一部分。现任政府自2005年主政以来，制定的与早期教育与保育相关的重要目标包括：幼儿园场地的面积、最高标准的家长费用、保障市政所属的和非市政所属的幼儿园之间的财政投入的平等、致力于早期教育与保育达到更高质量。

- 捷克共和国为幼儿教育设立了如下主要目标：幼儿教育帮助儿童发展，促进其学习能力，使儿童习得基本的捷克社会价值观，学习如何独立、如何作为社会环境中的一个独立个体来自我表达。早期教育与保育政策在该国的主要角色是为所有儿童提供平等的服务条件，包括那些有特殊教育需求的儿童、社会背景有问题的儿童、外国儿童等。这些目标对早期教育与保育各机构和社会公众都有清晰的陈述。

- 芬兰于2002年正式发布了《关于早期教育与保育的国家政策定义的政府决议》，其中规定了早期教育与保育的定义和宗旨。该文件指出，儿童养育与教育的首要责任在于父母，但支持父母履行这一责任则是社会应该承担的义务。儿童的照料、养育和教育应该形成一个严密紧实的整体，灵活机动地支持着每一个儿童在每一个成长和教育阶段的个体发展。

- 2008年，斯洛伐克共和国通过了《学校法令》，随后将幼儿园纳入斯洛伐克学校体制内。"日托中心"的说法也随之废除，代之以"学前机构"，应用于所有形式的早期教育与保育。这样更进一步地阐明并强调了政府对于早期教育与保育在教育目标方面的考虑。

- 瑞典在20世纪90年代强调早期教育与保育的教育范畴和目标，将学前教育和学龄儿童的看护，整合到小学由国家来管理，并将相关的各项责任划归教育部。该国政府做出这一决定，是因为该国希望改变将儿童养育作为家庭政策一部分的理念，旨在将学前教育作为整个教育体系的一部分，更为重视发展和学习。

鼓励部门内部的合作

- 马尼托巴（加拿大）政府于2007年12月通过了"健康儿童马尼托巴（HCM）法案"，申明了自己对儿童及家庭的承诺。该法案确认，马尼托巴未来的健康与富庶都与政府对儿童与青少年的投入质量直接相关；该法案承诺，要开展省级政府与跨部门政府的合作、以证据为基础的决策、增加对预防及早期干预的投入等，尤其是在儿童早期领域。"健康儿童马尼托巴"代表了一种跨部门的、以儿童为中心的方法，能够最好地满足在家庭与社区环境中的儿童与青少年的全方位需求。九家政府部门共同分担并与多家社区伙伴合作的工作是，规划、整合、执行与评估各种政策、项目和服务，帮助最年轻的小公民及其家庭尽其所能地将全部潜力发挥出来。

- 爱德华王子岛（加拿大）政府于2000年成立"儿童秘书处"，由此申明了自己对儿童及家庭的承诺。"儿童秘书处"由社区与政府代表组成，跨越不同的群体、部门、社区，作为一个合作的整体来发出声音，改善8岁以下儿童的发展成果。本质上，该秘书处是"联系网络的网络"，与其他代表幼儿及其家庭利益而工作的网络与合作单位联系在一起。工作重点在于描述健康的儿童发展、促进信息交流与公众教育、激励行动、影响政策。"儿童秘书处"的成员包括来自七个政府部门和十二家社区网络的代表。

挑战2：协调各项目标，激励优质项目

各国着手明确地表达政治承诺时，第一步通常都是确定目标。这些目标用作一份框架工作，帮助不同的利益相关者之间行动协调一致。不过，确定目标是一件事，而落实这些目标又是另外一件事了。

通过自下而上的方法来确定目标，这样有优点也有缺点。优点在于，参与为本部门确定具体目标的群体，会有主人翁感；不过缺点在于，很容易形成不同群体之间为了各自部门的目标而竞争的局面。应该有一个连贯的框架，这样所有的计划行动才能朝向一个统一的方向，不至于抵消各自的行动效果。

　　早期教育与保育目标与义务教育改革相配合，能够吸引相当可观的政策关注与预算，可以成为推动目标落实的一种力量。不过，为了早期教育与保育而设定的目标也常常与小学或其他阶段的教育目标不太一致。

为早期教育与保育各部门制订出综合性的质量目标

- 澳大利亚各州及领地政府于2009年7月就一项统领性的"国家儿童早期发展战略（向早期投入）"达成一致，以确保至2020年年底所有的儿童都能拥有最好的生命开端，为他们自身和整个国家创建更好的未来。作为此项战略的一部分，所有的行政区于2009年12月共同签署了"关于儿童早期教育与保育的国家质量议案的国家级合作协议"，具体确认了为达到澳大利亚儿童更好的发展成果，优质、易得、负担得起的早期教育与保育服务对于儿童及家庭的重要性。"国家儿童早期发展战略"比"国家级合作协议"覆盖面更广，对后者形成支持。此外，澳大利亚还有一份"澳大利亚青少年教育目标的墨尔本宣言"。

- 2009年9月，中国发展研究基金会（CDRF）与（青海省）乐都县和（云南省）寻甸县地方政府合作，启动了一个儿童早期发展的试点项目。该项目的目标在于促进儿童早期发展，消除贫困农村地区的贫困状况。项目在一些早期教育中心实施，将早期教育与保育服务用作消除贫困的一种方法。他们的目标是在这些地区改善婴幼儿的营养条件，提高优质早期教育的覆盖率。

- 2008年，马尼托巴（加拿大）发起了"家庭选择"：马尼托巴的"早期学习与儿童保育的五年议程"，其中包括马尼托巴在全省范围内提高日托中心的覆盖率、普及率、家庭可负担性和质量等目标。由此项"家庭选择议程"开始，马尼托巴已经明确开始着手致力于提高早期教育与日托中心的质量，因为以实证为基础的研究业已证实：优质早期学习环境的确能够改善儿童及其家庭的发展成果。

- 西班牙已经着手落实以下政策目标：向学前教育的第二年龄段（3～6岁）儿童免费提供早期教育与保育服务，为向0～3岁儿童提供早期教育与保育服务的机构设定最低要求，课程分散下放。此外，还有一个名为Educa3的计划，已经制订完毕。该计划目的在于增加为0～3岁儿童服务的早期教育与保育机构的数量，提高早期教育与保育所用材料和劳动力的质量。

- 2010年5月，爱德华王子岛省开始推行"学前卓越倡议：守护我们的儿童之未来"。该倡议的总体目标在于，建立一个儿童早期体系，让一般家庭都能接触到，可持续，以质量为驱动，同时认可家长选择的需求。该倡议强调早期教育与保育各个领域的不同需求：儿童的、家长的、项目提供者的和员工的。倡议的具体目标是通过以下途径为爱德华王子岛的儿童提供帮助：提供一个优质的学习环境；激励、培养儿童的创造性、发现能力和对学习的热爱；确保儿童能够得到室内、室外的以游戏为基础的学习体验；确保所有的儿童早期服务人员都经过专业培训，持有相关证书；为有特殊需求的本岛儿童开创更多的早期学习机会。除此之外，该省还提出，将要通过以下途径来帮助家长：调整家长需缴纳费用，提供家庭环境中的新型、扩展型的婴儿保育选择，通过"家长建议委员会"为家长提供发出声音的机会。早期教育与保育员工的需求则通过这样几个方法来满足：为持证的早期教育工作者提高工资，为所有的员工制作并提供新的入门级和一年期的培训项目，并提供一个新的机会——通过"婴儿之家"的建立，他们可以成为自由职业者。最后，谈到运营者，该文件包括了以下的目标：为监管者和拥有者–运营者提供职业发展和建议的支持，并向希望停止运营、撤销执照的经营者提供一次性发放的资金。该省期待这些质量目标能够提高当地早期教育与保育的质量水平，使员工与家长都能更为满意。

- 韩国于2009年启动了两个综合性的中期计划，以减轻家长养育儿童的经济负担，为幼儿提供优质教育与保育：儿童保育方面的"I–Sarang（儿童关爱）计划"和"儿童早期教育精进计划"（Plan for the Advancement of Early Childhood Education）。在"建立一个以未来为中心的、幼儿欢欣的学前教育"愿景下，后一个计划由教育、科学与技术部制定，展现出的头等优先目标正是以具体方式向儿童及家长提供优质的早期教育。"I–Sarang（儿童关爱）计划"由卫生与福利部制定，也重点强调了优质儿童保育方面的国家责任。进一步讲，2011年5月，韩国宣布启动了一个为幼儿园和日托中心提供的5岁儿童的通用课程（Nuri Curriculum），该课程将从2012年3月实施，以确保儿童享有优质教育与保育服务。

- 比利时的法语文化区在区域层面上起草了"保育质量法规"，为所有的儿童保育提供者制定了一份从0~12岁儿童的保育质量准则。该法规由2003年12月"法语文化区政府法令"明文规定，为优质儿童保育提供了一致性。每一家儿童保育提供者都必须遵照该法规的各项质量准则。

- 2008年，不列颠哥伦比亚省（加拿大）为从出生至幼儿园阶段的儿童创建了一个早期学习框架，内容超越了早期教育与保育的总体政策要求。这一政策文件名为《不列颠哥伦比亚省早期学习框架》（British Columbia Early Learning Frame Work），为所有的早期教育与保育领域的服务提供者描述了一个幼儿学习愿景，并就早期学习对于所有儿童至关重要的意义达到了更为深入的理解。

- 日本于2006年10月规划了《促进早期儿童教育的行动大纲》（Action Programme for Promotion of Early Childhood Education），作为一个全面的行动计划，针对国家承认的 "kodomo-en"（儿童中心）的教育需求。日本从传统上讲，政策一直是从履行 "教育机会平等" 和 "保持并改善教育标准" 的基本职责角度来制定的。关于育儿中心，2008年3月，日本也规划了一个 "提高育儿中心质量的行动大纲"。

- 葡萄牙劳动与社会团结部推行了 "社会服务质量提高系统"（System for Quanty Improvement of Social Services），其中包括儿童保育服务内容。这一系统由社会安全局创建并落实，目的在于促进社会服务工作提供的优质水平。该项目的意图在于确保国家公民能够得到优质社会服务，满足各项需求与期待。这套系统建立在一些质量评估及顾客满意度的准则和具体要求的基础上。该项目的另一目标是建立对于新建筑和对既有建筑改造的一系列的最低要求，确保这些建筑的安全与质量。一个组织一旦满足了所有这些要求，就可以申请证书，得到一个 "质量标志"。根据这些质量要求的不同发展阶段，证书相应地分为三个等级（C, B, A）。其中A对应的是最高质量。

将质量目标引入各个不同的教育阶段

- 2007年，芬兰为学前教育和基础教育共同制定了一项新的 "特需教育"（Strategy for Special Need Education）战略。教育部指定了一个指导团队，为学前教育和基础教育的特殊教育发展准备一个长期战略提案。这两个教育阶段中的特殊教育的质量目标都已纳入新战略。

- 2008年4月，爱德华王子岛（加拿大）政府决定在2010年9月之前，将幼儿园整合到公共学校体系中去，将学前教育和小学的目标调整为这两个阶段的教育之间的平滑过渡。经过两个体系的整合和目标的调整，早期教育和小学教育确保成为一个更有持续性的学习结构。

- 过去五年间，挪威为了推进优质早期教育与保育服务的各种政策，已经包括了政策的制定、立法、监测与监管、战略规划等。挪威调配了数种措施，来支持学前教师与本领域内具备相关资质员工的录用，并提高这些人员的胜任能力。通过对研究项目的支持，挪威已经为早期教育与保育领域的研究增加了补助。关于幼儿园的立法从2005年就阐明了举办者、自治市和区县政府官员等的角色，调整了家长需缴纳的最高费用额度，以及公立与私立机构平等进行公众融资，支持每一个儿童实现参与权（比如，有权利在幼儿园的每日活动中表达自己的观点），组成儿童代表处。随后，挪威修订了"幼儿园工作内容与任务的框架计划"。该计划描述了幼儿园的社会角色，强调了成年人具备应有的态度、知识、与儿童建立联系并理解儿童，从而引导儿童活跃地参与到一个民主社会中的能力等的重要性。立法之后还有支持性的材料。质量政策还包括对于"国家多元文化教育中心"的补贴，从而在多语与多元文化体制下开展教育工作。

挑战3：执行——将目标转化为行动

将目标转化为行动对所有的经合组织国家来说都是一个实实在在的挑战。首先，成功的执行要求利益相关者的全力支持与接纳，因为他们是在项目落实的第一线上。赢得他们的支持与接纳要求项目具备战略性的思考、实际可行的时间限制、充足的资金和强大的政治领导能力。

其次，尽管如此，实际上许多国家都报告说，他们财政或人力资源不足，无法完成执行目标所需的调配任务。这些国家也感觉在执行进度的管理方面缺乏相应知识；常常发现执行计划由于是在一定的选举周期内必须完成，因此，囿于时间压力，制订得并不是特别切合实际。

为了促使目标的实现而制定各项法律或政策文件

- 2002年，墨西哥政府为了确保实现提高早期教育与保育参与程度的目标，修改了宪法第三条和第三十一条。修宪内容包括将学前教育规定为义务性的。这一变动增加了该国的早期教育与保育参与，尤其是4～5岁儿童的参与的状况。
- 2009年，挪威政府向议会提交了一份白皮书，专门针对挪威幼儿园质量问题。白皮书中提出三大宗旨：（1）确保所有幼儿园的公平与优质；（2）强化幼儿园作为学习与发展场所的功能；（3）保证所有儿童都能享有在安全、包容的幼儿园环境中积极参与各项活动的机会。该文件描述了这一领域的地位与面临的挑战，提议所有幼儿园为了既优质又公平的发展而采取行动。在此白皮书的基础上，挪威成立了两个公共委员会：一个为该领域提供指导建议，另一个为了确保所有儿童享有优质的又有合理结构的早期教育与保育服务而建议各种方法。

- 波兰为了提高早期教育与保育的参与程度，对教育制度进行了一些改革，包括：修订"1991年学校教育法"，将学校义务教育的年龄从过去的7岁提高到6岁以上，义务学前教育的年龄提高到5岁以上。另外，引入了新的管理条例，准许传统幼儿园之外的一些机构提供早期教育与保育服务，如幼儿园中心、项目点等。这些机构业已采用与传统幼儿园同样的标准课程，只是服务时间与传统幼儿园有所区别，也更易成立。这些规章的修订带来早期教育与保育参与程度的提高，3～5岁儿童的参与率从2006～2007年的45%提高到了2010～2011年的65%。

- 斯洛文尼亚1995年的"教育白皮书"强调说，学前教育中对于专业员工的质量教育和长期的职业培训代表着他们职业精神、自主性、负责程度的基础条件。这份白皮书是该国在早期教育与保育及其他教育方面改进质量的一个系统性的、立法层面改变的一个基础。

- 澳大利亚各州及领地签署了"澳大利亚青少年教育目标的墨尔本宣言"。该宣言陈述了澳大利亚为了国家最年轻的公民群体努力达到的目标。

- 2011年，马尼托巴（加拿大）通过了"帮助学生做好成功准备法案"，要求所有的新建学校引入早期学习与儿童保育条件，既有学校也要做出相应的更新改造。这一法案有助于马尼托巴实现确保所有儿童及其家庭享有更广泛的早期教育与保育服务的目标，确保新的早期教育与保育组织得以成立。

为了质量目标的落实而分配资金

- 弗兰德斯（比利时）的各个自治市经历了参与幼托服务和小学教育的学生数量的突然的增长的情况，因此，根据法定资金表，各个学校就得到额外的教学时间的补贴。额外的教学时间补贴包括用来聘请专业人士或员工的资金数额。2010年10月，开学第一天，主流小学教育中的学生数量如果与上年相比增加12名以上，就会立即重新计算资金的分配。另一方面，学生人数如果减少12人或更多，每个学生（按照分配数量的）教学时间的补贴资金也会相应调低。

- 在澳大利亚，政府正在投资支持新的"国家早期儿童教育与保育质量框架"。此外，澳大利亚还以一次性发放补贴的形式，为弱势区域的"长日保育"服务提供财政支持，以便此类服务能够适应"国家级质量框架"的要求。

- 西班牙已经着手增加早期教育与保育0～3岁（第一个年龄轮）服务的场地数量。为了完成这个目标，政府提供资金，开办新的公立学前教育学校，扩建已经存在的设施，将常规的日托服务转化为更加以教育为中心的幼儿服务。为了完成这项目标，政府已经做出了2008～2012年间10.87亿欧元的总体预算，比如，通过增加早期教育与保育专业人士的培训服务等，以提高此类服务的质量水平。

- 韩国于2010年将对早期教育与保育的投入增加了0.62%。与2005年的政府投入相比，这一数字已经使早期教育领域的投入增长了2.5倍，日托机构方面的投入增长了三倍。自2012年3月开始，所有的5岁儿童，无论家庭收入水平如何，都将有资格享受免费的教育与保育服务。

- 为了早日实现提高早期教育与保育参与程度的目标，墨西哥社会事务部制定了一项计划。以往许多母亲需要工作的家庭的儿童无法接受教育与卫生部提供的儿童保育服务，此项计划可以为他们提供更多地接受和参与儿童保育服务机会。该项服务名为"托儿（Estancias Infantiles）"。该计划于2007年实施，内容包括针对低收入家庭、父母需要工作的儿童的郊区日托中心的建设。

- 爱尔兰实施了"国家儿童保育投资计划（2006～2010）"。这是一项重大的儿童保育基础设施投资计划，是此前"儿童保育平等机会计划（2000～2006）"的后续。该计划目标在于创建五万个新的儿童保育场所，目的是协助家长接受负担得起的优质儿童保育服务。

- 在挪威，每一名儿童都享有幼儿园教育的权利，这已经被视为一个重要的质量目标。因此，挪威为提高早期教育与保育的参与程度制定了一些财政措施。这些措施包括专款专用的补贴，用于新的幼儿园的建设（所有的幼儿园拥有者，不分公立私立，都可享受）。为了在政治时间期限内实现目标，政府还指定了一笔补贴给幼儿园中临时性场所的建设。财政体系还强调，各个自治市需要额外的补贴，去弥补幼儿园扩建带来的后续成本。在这个领域中的国家补贴占GDP的比例，从2003年的0.5增长到2008年的0.8（从2000年的45亿挪威币到2009年的243亿挪威币）。此外，2009年，1岁以上儿童都能享有早期教育与保育的合法权利得到落实。

- 马尼托巴（加拿大）为了提高早期学习环境的质量、完成早期教育目标的投入，是通过发展早期学习与儿童保育的有特定目的的空间来完成的。作为"家庭选择（马尼托巴的早期学习与儿童保育议程）"的一部分，马尼托巴已经投入了一项资本建设基金用来提高早期学习与儿童日托中心的质量。自2008年开始，该基金已经批准了114个项目，其中包括54家新的儿童保育点，均已获准继续建设或已经建成。其中许多保育点都在学校内，或是在校园资产中；教育部也参与合作，支持与公立学校相关的非营利性的早期学习与儿童日托中心的建设。"家庭选择"还整合了其他一些有助于实现质量提高目标的行动，如通过培训、录用和留用等策略来增强人力等。

- 瑞典实施了具有特殊目标的国家补贴，以保障提高早期教育与保育参与程度及供给的目标能够实现。

- 波兰指定了一些措施，来增加对早期教育与保育的供给，推广早期教育与保育服务，提高早期教育与保育的全面参与率。波兰从欧盟接受了一笔为数甚多的资金，用于新建幼儿园、建设新型幼儿园对已有学前设施的进行维护。2007～2013年间，共拨给早期教育与保育3.05亿欧元，尤其集中用于参与程度较低的农村地区的学前设施。

成立一个专家工作组，来指导目标的落实

- 爱德华王子岛（加拿大）为了提高早期教育与保育质量，将幼儿园与小学整合到一起时，专门成立了一个"幼儿园过渡组（KTT）"。该组成员来自教育与儿童早期发展部、儿童早期发展领域专家与七名其他领域的家长。政府一共创建了九个工作团队，处理过渡中的一些关键领域。各个工作团队都与KTT合作，制订一个"工作计划"，也都得到九个月的时间来落实过渡工作。截至2010年9月，爱德华王子岛共有1410名幼童在公立学校中开始幼儿园生活，过渡工作落实得很好。该计划的成本估计为一千万加元。此外，爱德华王子岛还成立了一个"生命初期指导委员会"，来监测"学前卓越行动"（Preschool

Excellence Initiative）的落实情况。该委员会成员由政府及社区的利益相关者组成。

改变入学年龄，确保参与性目标的实现

- 2010年，斯洛伐克共和国政府通过决议，到2014年，将幼儿园阶段的学前教育的最后一年变成义务制。此项决议的目的在于显著提高早期教育与保育的参与程度。

- 2002年，墨西哥政府将学前教育规定为义务制。这一规定是分阶段落实的：2004～2005年，学前教育的第三年变成义务制，一年后，也即2005～2006年，学前教育的第二年也变成义务制。2008～2009年，学前的第一年（3～4岁年龄段）也成为义务制教育。这样一来，出现一个重大的正向效应：4～5岁儿童的入学率提高了。

- 2008年7月，爱德华王子岛（加拿大）将儿童开始幼儿园教育的年龄降低到当年12月31号之前年满5岁，这样该省的入学年龄就与绝大多数加拿大省份的情况一致了。这一措施提高了早期教育的参与程度，也使早期教育与保育服务更为普及。

- 波兰为了提高早期教育与保育的参与程度，将义务学校教育的起始年龄从过去的7岁降低到6岁，并将5岁儿童的学前教育变成义务制。这一变化带来了早期教育与保育参与程度的提高，3～5岁儿童参与早期教育与保育的百分比从2006～2007年间的45%提高到了2010～2011年间的65%。

- 西班牙将免费教育的年龄降低到3岁，这也是该国"国家教育计划2008～2010"的一部分。这意味着学前教育对所有的3～6岁儿童免费，接下来是6岁以上儿童的免费义务教育。这一行动已经极大地提高了早期教育与保育的参与程度。

分析或估量目标落实的成果

- 中国发展研究基金（CDRF）分析了他们在寻甸县开展的早期儿童发展项目执行一年后的产出结果。目的在于分析改善幼儿保健条件、早期教育普及率等项目目标是否完成。他们发现，幼儿的营养条件和早期教育普及率都有所改善：6个月到1岁儿童的贫血率从71.7%降低到52.2%。轻重不等的发育障碍率降低到25%，项目执行一年后的早期教育普及率则是89%。

- 西班牙正在计划对项目的实施进行评估，分析项目的各项目标是否完成、项目在0～3岁儿童的早期教育与保育服务方面产出结果如何。

设计并执行质量规范与标准

挑战1：确保早期教育与保育质量提高的财政手段

多国政府均面临日益增长的财政压力，尤其是在金融危机的时期，因此，许多经合组织国家都压缩了早期教育与保育的资金。人们力求提高早期教育与保育服务的质量水平时，常常发现这样一个问题：拓展服务面是否应该替代质量提高而成为优先发展的方面。有一个不断发展的研究课题指出，"不求质量的数量"可能对儿童发展是有害的，尽管这种数量的拓展能够提高女性劳动力的参与。尽管如此，相关证据也是有限的。

进一步讲，早期教育与保育从开始的筹资就是受限的。有些国家——如果不是所有国家的话——早期教育与保育的责任落在教育部、社会福利部或儿童部等部委；这些国家往往将早期教育与保育的政策优先程度排在义务教育或高等教育之后，因此，分配到每一名儿童身上的公共经费更少；相较而言，相关部委单位中与早期教育与保育相关的资源与员工也少于分配给义务教育的资源和员工。这种状况的原因应该是政策制定者对于优质早期教育与保育服务对于更好的儿童发展及之后的教育产出的重要性和相关性缺乏意识，虽然事实表明，越来越多的研究都已加强了这方面的证据。

在拓展服务面、提高参与性、改进质量等方面修订质量标准

- 弗兰德斯（比利时）人口密度在每平方公里1500人以上的自治市，现在都能更快地开办新的日托与小学教育学校：过去两所学校之间的最近距离要求是两公里，现在缩减到250米，促进了优质早期教育与保育服务中心的开办。在此之外，荷语区政府于2003年决定在政府补贴的日托中心里，将每个早期教育与保育场所的员工比率由1：7变为1：6.8；2005年，又改为1：6.5。
- 韩国于2005年修订了"儿童保育法案"，以强化对于儿童日托中心的管理，改进儿童保育质量。一个儿童日托中心最多可以接收三百名儿童，并且地理位置

应该距离任何危险源至少五十米之外。另外，儿童享有的规定空间从3.64平方米增加到4.29平方米；每个儿童享有的教室室内空间修订为2.64平方米。此外，员工–儿童比率也有所降低：1岁以下儿童的此项比率从1∶5降至1∶3；1岁儿童为1∶5；2岁儿童为1∶7；3岁儿童为1∶20至1∶15；4～5岁儿童为1∶20。为了将优质教育服务推广到更大范围，韩国目前正在城区扩建公立幼儿园，同时在农村地区将322所小规模幼儿园与小学关联到一起，至2012年，已完成了112家。

● 马尼托巴（加拿大）的早期教育与保育最低标准是在"社区儿童保育标准法案"（The Community Child Care Standard Act）和"马尼托巴规章62／86"中设立的。作为"家庭选择（马尼托巴的关于早期学习与儿童保育的五年议案）"的一部分内容，政府承诺要对"社区儿童保育标准法案"进行评审和现代化。2009年9月，新的规范生效，要求所有的执证儿童保育服务机构对于需要特殊支持的儿童实行接收政策。进一步地，2010年5月，"儿童保育安全宪章（The Child Care Safety Charter对于'社区儿童保育标准法案'的一个修正案）"生效。根据这一"安全宪章"，马尼托巴所有的执证儿童保育服务机构宪章都要求具备经核准的安全计划和行动守则，包括如何控制探访者进入托儿机构等。将来对于标准的进一步的修订也已经计划完毕。

● 在爱德华王子岛（加拿大），正在制订"早期学习与儿童保育法案"（Early Learning and Child Care Act），以取代"儿童保育服务法案（Child Care Facilities Act R.S.P.E.I. 1988 cap. C–5）"。与这一新法案相呼应的各项规章也在制订与起草阶段。当地已经就新法案中的变更内容对儿童保育机构进行了多次咨询，至2011年秋，还将展开关于各项规章的进一步咨询。未来将在这些咨询的基础上，起草并提交对于规章的修订，这将使各项规章保持更新，促进早期教育与保育质量的改善。

● 西班牙对于当下早期教育与保育服务的一项评估表明，对于0~3岁儿童的最低标准已在地区级别上设定，全国各地婴幼儿服务的质量水平差异程度极大。鉴于这些差异，西班牙正计划制定一份针对0～3岁儿童早期教育与保育服务的国家级最低标准，方法是通过对各地区标准的修订，来提出国家级的最低标准。

早期教育与保育质量提高与义务教育协调一致

- 2009年，美国拨款四十三亿五千万美元给"力争上游基金 [Raise to the Top （RTT）Fund]"，一个竞争奖励项目，设立的初衷是为各个为教育，包括从学前到小学和中学阶段教育体系的创新与改革，为创设条件的州提供鼓励与奖励。2011年，七亿美金将被作为奖金发放，两亿美金将用来改进幼儿园到12年级（K-12）教育。五亿美金将用于奖励一项新的竞争："力争上游之早期学习与发展项目（Raise to the Top-Early Learning Challenge缩写为RTT-ELC）"，目的在于阐明该项计划是为了提高各种早期学习与发展项目的质量。这种竞争由教育部、卫生部、公众服务部等部委联合管理，号召各州采取综合性措施来建设一些资源整合的、优质的早期学习制度，将来这些制度会确保更多的儿童，尤其是有高度需求的儿童做好入学准备，并能够取得成功。具体的竞争要求、优先领域和遴选标准都还在制定过程中。尽管如此，按照法规要求，参与竞争的各州应需要：

  - 从婴儿、摇篮期儿童到学前儿童每一个年龄段的儿童中，增加参与优质早期学习项目里的低收入家庭与弱势群体儿童的数量及百分比。
  - 设计并实施一种整合的优质早期学习与服务的项目机制。
  - 确保任何评估的应用都符合"国家研究委员会"关于儿童早期各项报告的推荐。

将质量标准与公共筹资联系起来

- 弗兰德斯（比利时）地区参与早期教育与保育的儿童越来越多，因此，项目提供者需要一定的财政资源来满足员工方面的标准。有些自治市中，接受托儿所教育的儿童数目显著增长，地方政府就额外指派了一些学校提供"教学时段"。这些学校按照依据法定资金表来进行的教学时段而接受资金。参与的儿童增加时，保育学校接受的教学时段也会增加，相应地，公共资金也会为之投入更多，以使项目符合员工-儿童比率的质量标准。2010年10月开学第一天，一旦入学人数增加十二名或以上（相较2010～2011学年的开学第一天而言），教学阶段和资金就都会重新计算。同样地，根据法定资金表，每减少十二名学生，教学时段也会相应地减少一个。这一情况只适用于教育服务，并不适用于日托服务部分。

运用国际上的国别例证来为规范与标准提供信息

- 澳大利亚运用了关于早期教育与保育对于儿童发展的积极影响的国际研究证据，来帮助说服利益相关者适应各项规范与标准。

在政策议程方面制定高标准

- 弗兰德斯（比利时）的"儿童与家庭"（Kind and Gezin）机构决定将优先领域确定为向所有幼儿提供优质早期教育与保育服务，这一措施促进了政界人士在提高早期教育与保育质量方面的合作。而政治上的承诺带来了资金投入方面的增长。
- 捷克共和国，政府在政治议程中将早期教育与保育标准修订得较高，目前正在准备就早期教育与保育质量方面的立法条件的修订。由于政府将此事作为当前的一个优先领域，早期教育与保育也就获得了更多的政治关注。

挑战2：不同的服务提供者之间缺乏透明度

在许多经合组织国家中，不同的早期教育与保育服务机构常常遵守不同的规范，因此，各个服务机构似乎是各自为政的。举例来说，学前班、幼儿园、日托中心和家庭日托机构等的员工–儿童比率或班级规模标准常常未经协调。这种状况的部分原因在于不同部委之间、各级政府机构之间，对于早期教育与保育机构的责任未经整合统一。

家长对于（受不同标准管理的）不同的服务的质量并不完全了解，也未能充分理解。比如保育与教育工作，如果不同的规章同时在起作用，如何将这些规章协调起来，就会成为一项巨大的挑战。不同的发展服务机构对于应该采用何种管理规章，观点各不相同；因此，在不同的观点之间寻求一致可能是十分困难的。如在各级政府对于早期教育与保育责任不清，或是保育与教育服务的提供各自为政的情况下，管理有可能使项目的实施更加复杂。

进一步说，有些国家中，儿童保育机构的短缺常常导致缺乏监管的早期教育与保育服务乘虚而入。由于此类机构不受一定的规章约束，服务质量也就只能由价格来决定：富裕家庭得到优质服务，而贫困家庭只有劣质服务。这就会产生确保最低标准政策上的顾虑，还造成家庭负担能力的问题以及随之产生的儿童公平问题。

通过协调管理或统一管理，达到政策一致性

在澳大利亚，"关于儿童早期教育与保育的国家质量议程的国家合作协定"旨在通过"澳大利亚儿童教育与保育质量当局"的建立，培养出一个合作式的管理体系。

在爱尔兰，2005年，"儿童与青少年事务办公室（OMCYA）"成立，目标是提高与儿童相关的政策制定的一致性，并为了改善儿童生活质量（这也是"国家儿童战略"的一部分）而努力。该办公室设在卫生与儿童部，由多家与儿童–政策相关的部门组成，包括"儿童福利与保护政策部门"；"儿童保育理事会"；"国家儿童–青少年战略部门"等。这种联合办公让大家并肩工作，在政策制定与儿童服务工作方面，提供了一种统一的管理方式。

自2009年始，墨西哥的三家与早期教育与保育职责相关的机构已经携手成立了"国家日托中心体系"（Sistema Nacional de Guarderí as, SNGEI）组织，由卫生部领导。该组织由国家最高行政机构创建，旨在促进跨部门合作，提高早期教育与保育服务质量。尽管如此，这并不是对政府机构的改变，也并未对早期教育与保育的各项服务加以整合，只是为了在一个不够统一的体制下更为有效地协调早期教育与保育各项服务。

弗兰德斯（比利时）将要把国家补贴的和独立的儿童保育机构合并到一个执证儿童保育体系中来，终结过去两种体系相对割裂，分别运行的状况。

西班牙已经建设起了一个教育方面各部门的网络，包括教育部和各地的教育理事会，供大家分享各自领域内不同的管理信息。该网络的长期目标是在质量水平方面，提高早期教育与保育服务的区域差异意识，由此提高项目质量，分享最佳实践经验。

土耳其于1992年成立了"学前教育发展总局"，宗旨是支持儿童在学前阶段的发展。相关的规章、规划、空间要求、教育材料和设备都有更新，以便向幼童提供优质教育；同一政府机构也负责促进项目质量的协调工作。

精简不同的保育与教育标准

- 2010年，荷兰有一项关于"peuterspeelzalen"幼儿游戏组（主要面向2~3岁儿童的一项早期教育与保育服务）质量标准的法律生效。在此之前，荷兰没有关于幼儿游戏组的国家级质量标准框架。不同自治市的此类服务的质量标准各不

相同。这一新法律生效之后，日托的国家级质量标准（比如"日托法"中规定的）也成为幼儿游戏组的质量标准。由此，荷兰形成了一个国家级的质量框架。现在，幼儿游戏组的管理者从法律上讲，有义务按照质量标准的要求提供优质幼儿游戏组服务。

建立一个使"质量"对使用者透明的框架

- 在澳大利亚，2009年12月，由澳大利亚政府及各州、领地政府组成的"澳大利亚政府议会"签署了一个推动更优质教育与保育的标志性协议，确认：尽最大可能给儿童一个最佳的生命开端，是为他们未来更好的学校教育和生活打下基础，长期来讲，也会惠及全社会。"关于国家级儿童早期教育与保育质量议程的国家合作协议"将制定出新的早期教育与保育和学龄儿童保育服务的国家质量标准，包括更高的员工–儿童比率和得到更好培训的保育人员、更符合要求的教师等，都会在2012年1月开始的下一个十年间得到落实。
- 新西兰于2008年开始执行一个新的管理框架。该框架更清晰、更明确地陈述了管理方面的各项要求。框架内容包括立法、管理，还有一层内容是评估标准，用于测评管理条例是否符合各项标准。
- 土耳其制订了一个名为"全面质量管理"的质量框架，其中包括针对全国所有学前机构的最低质量标准。在此框架的基础上，学前教育得到监测，运营质量也受到相应的评估。

挑战3：根据地方需求做出调整

一个国家的不同区域、不同地方的早期教育与保育大环境可能参差甚大，而国家层面上可能对具体的地方需求了解不足。因此，可以理解，各项标准为了满足地方需求而修改、调整，是最能发挥其效能的。

尽管如此，根据不同的区域或地方环境来制定规章和标准，可能会存在致使全国各地质量不均衡的风险。从儿童角度来说，这就形成一个政策上的忧虑：出生在一个地区的儿童能够得到优质早期教育与保育服务，而出生在另一个地区的儿童则得不到，因为那个地区采用的是较低的质量标准。因此，应该在国家层面上规定一套最低标准，各地按照本地需求选用标准时，应遵从最低标准。

将责任分派到地方政府

- 在比利时，儿童保育责任转移到了不同的社区（荷语文化区、法语文化区、德语文化区），根据各个社区的情形制订了不同的规章，以适应各社区的需求与儿童保育观念。

- 在芬兰，通过"1995地方政府法"，决策权已经日渐分派到地方层面。由此，各个自治市的自主权越来越多，现在的地方政府在早期教育与保育执行方面的自由度已经非常大了。尽管芬兰的体制是地方分权的，国家级的立法仍然为各个自治市在各方面制订了明确要求，如：项目的普及率、教学目标、人员资质、成人-儿童比率、日托费用等。

- 2000年，斯洛伐克共和国将早期教育管理大幅度分散到各个地方上去。幼儿园的责任转到各个城市与社区承担。此后，各个自治市成为幼儿园的创建主题，在很大程度上，早期教育领域中，教学人员和行政管理人员的聘用也由各个自治市负责。这种转变使得早期教育与保育服务能够更易于适应地方的需求。

- 2008年，韩国将包括儿童早期教育在内的整体教育预算转交地方政府负责。这样一来，地方的"教育办公室"遵守中央政府制订的纲要来制定具体的地方规章，自主性更多，责任也更大，可以更高效地满足地方需求。

挑战4：执行

囿于财力、人力和时间资源所限，各项标准与规范的执行与监测可能极具挑战性。各家利益相关者对于这些标准与规范也可能不够支持或认同，或是缺乏相应的知识或意识。此外，规范的执行或监测方面，专门知识和实践技巧的匮乏也会使相关挑战更为复杂。

吸引利益相关者参与标准制定过程，借此确保他们的认同

- 澳大利亚成立了一个国家级的"利益相关者参考团"，作为"国家质量议程（National Quality Agenda, 缩写为NQA）的过渡与落实"期间的一个关键顾问论坛。参考团成员代表早期教育与保育和学龄保育领域，包括巅峰机构[1]、协会、

---

[1] 巅峰机构：peak bodies：澳大利亚的一种工商业行业组织，代表全体成员利益，制定行业标准，或在为政府竞选活动进行游说时维护本群体的利益。

学会、培训组织和特殊利益群体等。"澳大利亚政府议会"在一系列早期教育与保育质量提高的选择上都寻求公众认可。政府邀请大众对包括规章标准变更在内的一些关于质量提高措施的议案做出评论、发表观点。

- 荷兰在制订日托机构标准之前，邀请利益相关组织，如家长组织BOinK和日托中心代表等建言。他们共同向相关部委提出了关于质量标准的建议。由于这些组织参与了标准的制订过程，新规范落实执行时，就没有受到太多的反对。

- 爱德华王子岛和马尼托巴（加拿大）变更规范时，采用了一种协商过程，以满足利益相关者、早期学习与儿童保育领域成员的需求；反映当前早期学习与日托项目中教育者和管理者的最佳实践。爱德华王子岛有一个名为"儿童保育设施委员会"的监管组织，负责监测"儿童保育设施法"的遵守情况。该委员会的成员来自广大市民、公众教育领域、政府与儿童早期领域。马尼托巴成立了"儿童保育管理审查委员会"，成员代表来自政府与利益相关群体，包括"马尼托巴儿童保育协会"——一家代表儿童保育工作者的倡议组织。该委员会已经就马尼托巴的早期学习与儿童保育执证服务的改善问题，通过一种合作式、协商式的方法，在规范变更方面成功地达成一致。

调配执行资金

- 弗兰德斯（比利时）的"弗兰德斯参与公司"专门为独立儿童保育领域成立了一项投资基金。该基金名为"儿童投资（Kidsinvest）"，面向的就是独立的日托服务提供者。基金的成立目的在于支持这些独立机构，帮助他们避免一些可能危及独立服务场所运行的财政问题。基金的宗旨是避免独立儿童保育场所及其近便可达的机构的数量减少。自2012年开始，"儿童与家庭（Kind en Gezin）"将指导一家或多家支持独立的日托行业的组织，为了为后者的质量与教育提供支持。

- 新西兰于2005年实施了一个新的筹资机制，激励早期教育与保育服务提高注册早期教育与保育教师的聘用率。自2007年12月，政府已经要求以教师为主导的早期教育与日托中心至少保证半数以上的教师具备一定的证书或达到一定级别水平的从业资质。该筹资机制为早期教育与日托中心达到此项标准提供支持。

- 爱德华王子岛（加拿大）于2010年为"早期中心"引入了一个新的筹资模式，

保障儿童早期员工的一个起薪点，调整家长负担费用和能够维持的运营成本。此外，该省还提供资金，用于"早期中心"所有无资质证书的员工的入门级培训的规划与实施。这些培训以当地的两种官方语言进行。政府也提供了基础建设基金，用于小学校园内既有空间的建设或更新改建，以备早期中心的创设。

- 马尼托巴（加拿大）为了协助落实"儿童保育安全宪章"的要求，额外提供了省级资金，支持对建筑物实体的改造，使这些设施能够符合掌控探访者进入的要求。

成立一个负责执行的机构

- 澳大利亚成立了一个权威指导组织，"澳大利亚儿童教育与保育质量机构"，指导国家级规则体系的执行与管理。

对遵守规范的服务提供者做出结构性或财政方面的激励

- 葡萄牙的劳动与社会团结部启动了"社会服务质量提高机制"，其中包括儿童保育服务内容。这一规划的目的之一是为新建筑和既有建筑创建一系列的最低标准，保障安全与质量能够达到一个较好的水平。服务提供者如果满足了所有这些要求，就可以申请一个优质与安全证书，并得到一个"质量标志"。根据这些质量要求的不同发展阶段，证书相应地分为三个等级。
- 爱尔兰提供了一笔按人计数的补贴，发放对象是一系列的符合具体质量标准的早期教育与保育服务提供者，包括学前机构领导的资质、是否符合国家规范等。还有另一笔更高的按人计数的补贴可供发放给学前服务机构，条件是该机构领导必须具备国际教育标准分类（ISCED）第五级资质。
- 韩国认可通过官方评估的优质幼儿园，并为之提供相应的财政支持（比如，私立幼儿教育机构等的教师薪资补贴）。"韩国儿童保育认证委员会"（The Korea Childcare Accredition Council）是一家国家级机构，向达到质量标准的儿童日托中心发放官方认证牌匾，以示肯定。

为员工与评估者提供培训

- 2007年，在不列颠哥伦比亚省（加拿大），作为全面管理改革的一部分内容，将早期教育与保育设施督查与运营者特许教育通过面对面的全天候研讨会形式完成，其中还包括一场培训指导与音像教学。所有的执证儿童保育服务机构都收到邀请，可以去参加一场两小时的信息会。

- 马尼托巴（加拿大）政府为了协助落实"儿童保育安全宪章"的要求，为早期教育与保育服务机构提供培训与支持，帮助他们制定与通过安全计划与行为守则；为中心员工和家庭式服务提供者报销了他们参加新要求、新标准培训会议的（最高额度以内的）花费。

广泛传播新的或修订过的规范与标准

- 在澳大利亚，包括草案评估文件、评级文件、规范草案在内的所有重要文件，都上传到教育、就业与职场关系部的官方网站，供感兴趣的利益相关者了解、评论。此外，该国还在制订一系列的策略，来吸引本领域人士对于新标准的关注与了解。这些策略包括各种各样的公众宣讲、更多的公众咨询论坛、有针对性的沟通材料等。

- 弗兰德斯（比利时）制作了一个质量保障手册，以正式文件的形式规定了各项最低标准。文件包括以下几方面的信息：（1）质量保障政策，包括儿童保育机构的使命、愿景、目标与价值观；（2）儿童保育机构将要制定、执行和保持的质量体系的各项要素；（3）儿童保育机构如何组织质量规划；（4）谁负责主管质量保障政策；（5）政府如何能探访这些机构，核查、评估各项规范的执行情况。荷语区政府硬性规定，所有接受政府补贴的服务提供者都必须具备一份质量保障手册。

- 韩国每年都出版《托幼机构指导用书》，并向所有的托幼中心和家庭保育机构发放，借此向服务提供者们告知新的规范。全国61家儿童信息中心也通过自己的网站传播新的规范与政策信息。至于幼儿园，全国16个省市的教育办公室、178个地区教育办公室，都在同时以书面形式和网页内容形式宣传规范与指导大纲的变更情况。

- 不列颠哥伦比亚省（加拿大）向所有的执证儿童保育机构发放一份信息包，其中有"常见问题"、帮忙小贴士，还有一份印刷版的新规范。

- 马尼托巴（加拿大）省的儿童保育工作者持续编制分发着一份庞大的出版物及其他材料的有用资料。其中包括一份翔实的"早期学习与儿童日托中心的最佳实践特许手册"。准备这份资料的目的在于帮助各机构满足法定的和义务的各项要求，在此基础上，还能进一步完善他们的项目。

- 波兰开展了一场全国范围内的社会宣传，分享早期教育与保育体系中的变更信息，强调学前教育的重要性。宣传信息集中在以下细节上：新引入的幼儿园形式、创建规范的实际指导、对于学前教育的影响。宣传中采用的方法包括发布指南、电视、电台、媒体文章、畅销杂志的增刊、网站等。流行电视节目和连续剧中，也将学前教育作为讨论的一个主题。

挑战5：管理私立服务机构

对政策制定者来说，私立服务机构可以带来益处，同时也带来挑战，因为公共政策在非政府补贴的私立服务提供者的数据收集、质量控制方面的杠杆作用受限。如果私营市场占有早期教育与保育服务的显著份额，政府就需要警惕"市场失败"的情况了。这方面的风险可以通过加强管理、激励和监测等行动来应对。

细化公立与私立早期教育与保育机构的不同标准

- 为了确保公立与私立机构保持同等的质量水平，芬兰、挪威、瑞典等北欧国家要求私立机构必须达到与公立机构同样的质量标准。此类要求在立法与财政机制中均有明文规定。
- 韩国绝大多数幼儿园提供各式各样的课外活动项目和为儿童适应小学课程做准备的项目。尽管如此，这些课外活动中的教学法或教师资质并没有相应的规范。结果，此类项目的质量水平相当地参差不齐。因此，政府决定试点进行"全日制幼儿园课外活动项目推荐系统"（Extra Curricular Activity Programme Recommendation System for Full-day Kindergartens）（2010 ~ 2012），目的是此类项目的质量管理，使课外活动项目的课程与正规幼儿园项目的课程更为协调一致。在此系统中，课外活动项目对于幼儿的适合程度受到评估，并通知幼儿园评估结果。试点项目重点在于四个领域：文化艺术、科学与创造性、日常体能教育、语言发展。

通过公共资金引导私立服务机构

- 2009年，韩国首尔市政府启动了一个半公立的儿童保育系统（首尔儿童日托中心），通过提供人员成本的财政支持、引入公立儿童日托中心的规范与政策等方法，提高私立儿童日托中心的服务质量。截至2011年，共有2592家"首尔儿童日托中心"，占首尔儿童日托中心总数的45.6%。

- 澳大利亚的政府补贴主要体现在费用返还方面，家长送孩子参与符合质量保障要求的服务，缴纳费用可以返还给他们。此类服务可以是政府机构（地方理事会）运营的，也可以来自非政府服务提供者（营利的非营利的兼有）。

通过调节市场准入、监测、惩罚机制来管理私立服务机构

- 澳大利亚的儿童保育服务特别强调私立－营利的和非营利的服务机构。"ABC发展学习中心"（ABC Developmental Learning Centres）曾是最大的私立服务提供者之一，成立于1998年，主营针对0～5岁儿童的延时日托中心。至2008年，该机构的业务已经占延时日托市场的25%。由于经济困难，ABC于2008年年底归于志愿管理。为此，许多儿童及其家庭面对失去早期教育与保育场所的前景，该机构的员工也面临失业和失去收入。此时政府出面干预，维持该机构服务的运行，指导有能力替代的运营者通过购买程序确保该机构的继续运营。另一家是多个非营利组织的会社"良好开端"（Good Start），政府为之提供了一笔贷款——这笔钱必须全额偿还，以免花费纳税人的金钱。该会社获得了此类服务的优势地位，现在是澳大利亚最大的独家儿童保育服务提供者。为了避免此类问题再次出现，澳大利亚为准备进入市场的私立服务机构制订了新的规范。新的私立运营者现在需要证明他们适合（也有相应的财力）运营一家儿童日托中心；运营者如果要关闭儿童日托中心，必须提前42天发出通知；服务提供者要接受更频繁的监督；还引入了一个新的民事处罚制度。此外，有二十五个以上服务点的大型长日保育机构必须逐年报告其财政状况。

建立信息体系，帮助家长在充分知情的条件下做出选择

- 韩国正在建立一套"信息披露制度"，作为"儿童早期教育精进计划"的一部分。该制度将帮助家长在了解正确信息的基础上，选择一家优质幼儿园。
- 爱德华王子岛（加拿大）的"儿童早期发展协会"已经出版了"关于优质儿童保育的爱德华王子岛家长指南"。该指南协助家长在选择儿童保育服务时，做出最适合自己家庭和孩子的选择。

剖析私立服务机构

● 澳大利亚的"国家质量议程"涵括了所有的服务类型，无论是由政府经营还是非政府（营利或非营利）机构提供的。尽管早期教育与保育领域的服务多种多样，该议程仍将逐步将各类服务整合进来，先从规模最大、最为规范的开始。非主流的服务，比如，土著幼儿游戏组和农村保育服务等，常常由社区非营利组织提供，否则市场上就缺乏此项服务。此类服务通常会遵守相关的儿童服务州立或地方规范，但他们在执行"国家质量框架"的起始阶段中，不太受国家级的员工资质或员工–儿童比率等规则的影响。政府已经决心要承担一些工作，决定如何用数年时间，将其他的早期教育与保育服务，如非主流服务等，整合到"国家质量框架"里。

行动领域 4
管理风险：从他国政策实践中汲取经验

本节总结了以下内容的国别经验：
● 质量目标与规范的执行

本节将是一份关于政策方案执行中需要考虑的各种挑战与风险的快速阅读材料。

质量目标与规范的执行

经验一：确定重点，树立目标SMARTT——具体的（Specific），可测量的（Measurable），能够达到的（Achievable），实际的（Realistic），及时的（Timely），遵守时限的（Time-bound）

弗兰德斯（比利时）总结出的关键一课是，早期教育与保育的各项目标一定要向所有的利益相关者阐述清楚，并且他们对于是否要实现这些目标必须达成一致。

弗兰德斯将首要目标确定为将儿童保育服务拓展到包括目标群体在内的所有儿童，方法是增加按家庭经济情况调查结果收费的服务场所的数量，以此降低早期教育与保育向家长收取的费用。此项目标置于首位，而其他项目则推迟了两三个月。

经验二：有效地传达高质量标准的需求

斯洛伐克共和国认识到，重要的是提供并解释关于学前教育方面的高质量标准，及其对于儿童一般发展的积极影响的论争。斯洛伐克共和国发现，组织相关会议、论坛和媒体讨论，都是十分有用的。这些工作可以增加各方面对于改变标准的支持，还能够保障不同的利益相关者在标准起草过程中的参与。

斯洛伐克共和国还发现，关于政府与早期教育与保育提供者之间就质量标准修订问题而展开的辩论，以及双方达成一致的过程，媒体报道的跟进是十分重要的。此外，媒体对标准修订的赞同，会正面影响到双方达成一致的进程。

捷克共和国总结的一项经验是，阐明为什么各项标准需要调整或修订，这一点十分重要。该国将一个管理框架中对于高质量标准的需求广泛告知各方面的利益相关者。制订管理框架的首要原因在于帮助早期教育的各要素适应二十一世纪学前教育的新的价值观、新的理念和期望。由于人们期待管理框架提高质量水平，而质量标准又与现代社会息息相关，利益相关者们普遍认可了对于学前教育提供者的管理框架。

爱德华王子岛（加拿大）指出，将项目为了达到政策目标而实施的计划及计划的进度告知群众，这是非常重要的。与此同时，与所有的利益相关者分享同样的信息，也是非常重要的。进度报告向大众说明计划进行到了哪一步，这有助于使直接参与该计划或对计划有直接影响力的人缓解压力和紧张情绪。

经验三：谨慎界定或再度界定最低标准应该置于政府的哪一个层级上

关于各项规范应该置于国家级别还是稍低的政府层级上，常常引起辩论。芬兰强调，既然行政管理已经分权到各地，那么最低标准是在国家层级上保障服务质量和儿童安全的必要手段。芬兰已经总结出，最低标准置于国家级时，能够通过立法来确保全国各地的早期教育与保育机构保持在一个平等的最低质量水平上。

经验四：要变更课程目标或标准时，广泛咨询各类利益相关者

澳大利亚建立了一个国家级的"利益相关者参考团"，在"国家质量议程"的过渡与执行期间，作为一个关键的顾问论坛来开展活动。该参考团的成员代表早期教育与保育和学龄保育部门，包括"巅峰机构"、协会、学术团体、培训组织、特殊利益集团等。事实证明，对于广大范围内的各类利益相关者进行充分咨询，十分有利于他们对于质量目标与标准的执行。对他们的这种咨询还有助于他们对于项目执行的接受。

新西兰的教育部自2003年至新规范框架得到执行的2008年年末，对于早期教育与保育方面，就所有与标准相关的管理性提案进行了密集的咨询。通过这种方式，该国广泛接受了与项目执行相关的各种管理变更方面的提案与切实可行的机制。

斯洛伐克共和国已经与早期教育与保育提供者们组织了多次会议，探讨本国教育与保育方面的现有标准。"国家学校检查机构"提供的关于早期教育与保育对于弱势群体儿童的积极影响方面的证据，已经在很大程度上使得项目提供者赞同管理规范的变更提案。媒体也参与了相关讨论。斯洛伐克共和国已经认识到，争取不同的利益相关者群体的参与，能够获得更多的利益相关者方面的认可与接受。

西班牙认识到，与利益相关者之间的信息交流与沟通的开放渠道，十分有助于增加对国家早期教育与保育服务的了解，及对于结构性的、管理性的以及课程设置方面等问题的理解。这对于政策设计方面的决策进程也有支持作用，而政策设计在整体上对教育体系的质量是不无裨益的。

瑞典修订课程时，成立了一个参考团体。该国认识到，一个涵盖面广、能力多样化的参考团体，十分有助于确定适宜的指导纲要和反映不同职业需求、不同背景下儿童需求的目标。瑞典还突出强调了研究人员参与的重要性，因为研究方面的输入与顾问构成了瑞典标准修订的核心基础。

荷兰认识到，如果不同的利益相关者参与到项目目标或标准的制定或修订进程中来，他们对于新的规范一般不会产生抵触。荷兰建立托幼机构标准之前，地方的各类组织即被邀请来分享观点，比如国家级的家长组织BOinK，以及儿童保育方面的各类代表。这些利益相关者群体向国家部委提出了关于质量标准和目标的建议。由于他们的参与，该标准得到了巨大支持；2010年，《通过质量与教育的发展机遇法案》正式生效。

马尼托巴（加拿大）为了满足利益相关者的需求、儿童保育服务方各成员的需求，反映鼓励儿童积极产出的最佳实践等，采用了一种协商式的进程。他们发现，为了在标准变更方面达成一致，得到承诺，社区协商与参与是一种非常重要也非常有用的办法。

在爱德华王子岛（加拿大），主动要求参与"幼儿园过渡团队"和"工作组"服务的个人，要么本身即是决策者，要么能够接触到决策者。时间或资金有限的情况下，必须授予大家一定的权威，来完成任务，确保迅速决策。此外，让专家和专业人士及其他关键人员参与到早期教育与保育工作中来，有助于确保项目的顺利执行。

经验五：拨出充分的时间来通知、落实各种更改

日本幼儿园规模标准的更改是通过削减班级儿童数量来实现的，每个班人数从40人减少到35人。最长每隔十年之内，政府就会下达指令，系统性地削减班级儿童人数，每班控制在35人之内。这样确保了项目提供者可以做好准备，应对人力或财政资源方面的变化。

经验六：为意识的提升和项目的落实提供支持性的材料和工具

葡萄牙发现，分发支持性的装备和材料，比如，关于早期教育与保育标准和国家目标的知识手册，能够提高学前教育的质量。这样的话，员工和管理者对服务中心应该达到的标准意识更强，也更有动力去为了完成质量目标而工作。

韩国了解到，告知项目实践者和家长各项规范的变更，需要通过多种媒体形式的运用来实现，比如，印刷材料、网站、研讨会、电视广告、地铁招贴画等，还需要动员相关机构和地方政府。"托幼服务指导书"每年印刷并发行到所有的托幼服务托儿所及日托中心。这份材料对于提供新标准的具体而微的信息格外有效。市教育办公室和省级教育办公室以及180个地区教育办公室，都会通过电子邮件，将规范的变更迅速地通知到每一家幼儿园。

不列颠哥伦比亚省（加拿大）认识到，对早期教育与保育教师、家庭保育者、执证监察机构和早期教育与保育设施的实践者等进行规范修订方面的培训，十分重要。他们发现，除了培训指导和音像材料外，全天候、面对面的研讨班形式，在教授这些人士各种变更情形方面十分有用。

斯洛文尼亚了解到，必须提高管理质量，才能确保学前教育的较高的质量水平，

以及与标准的协调一致和目标的实现。幼教机构有可能定期参与管理课程。已有结果证明，此类课程能够帮助他们提高管理技能，增加对于标准和质量目标的认识。这已经引起了全国范围内多家幼教机构质量的提高。

经验七：制定一个逐步实施的行动计划，均衡考虑入园机会、经济负担能力、平等和质量等方面

瑞典认识到，为了实现质量目标，实施新的针对某些目标儿童及目标家庭的早期教育与保育政策，是一个行之有效的方法。在瑞典，主要由于家长在早期教育与保育服务中的花费日渐增长，无业或只有非全日制工作的家长，往往决定不再让孩子接受早期教育与保育服务。这样一来，2001年，政府采取第一步措施，对早期教育与保育机构及其成本进行改革。父母处于无业状态的儿童，都得到了入学位置，或者保留了既有的入学位置，从而接受了正当的学前教育。一年后，此项服务继续拓展，覆盖到父母在家需要照料其他子女的那些儿童。又一年后，引入了"收费上限"这一概念，并且所有的自治市都引入了收费上限，尽管没有强制规定要这样做。通过这种打包式的改革，早期教育与保育真正成为全民福利的一个基础部分，由于费用很低，或干脆不收费，惠及了该国所有儿童。此外，这项改革增加了各种不同背景的儿童对于优质早期教育与保育服务的机会和参与程度。

爱德华王子岛（加拿大）于2008年5月成立了"公立幼儿园委员会"。该委员会要求制订一个保障儿童从幼儿园向公立学校体制顺利过渡的详细的行动计划。这一计划发送到"幼儿园过渡团队和工作小组"的所有成员。正是这些工作人员，负责指导实施从幼儿园到小学的融合工作。该计划对于各项授权与责任都有明确的描述，确保每个人都能领会自己的任务。另外，爱德华王子岛还成立了一个"早期指导委员会"，来监测"学前卓越方案"的执行情况。该委员会由政府及社区的利益相关者共同组成。

经验八：新的或修订过的规范开始执行时，计划好如何监测

墨西哥认识到，保持一个监测的过程，能够提高早期教育与保育服务的质量水平。监测过程能够核实项目提供者和员工是否施行了各项标准。在墨西哥，如果有些早期教育与日托中心不符合标准，教育部会向这些中心提供额外的策略或方案，帮助他们奉行这些标准。该国已经发现，这项措施对于数家早期教育与日托中心保

持一定的质量水平都是十分有益的。

基于澳大利亚的经验，新标准和新规范实施的一个重要方面，是评估与监测项目点对于这些变更的调整与实行。该国注意到了对于评估的测试的价值。开发一套新的评估与评级系统时，政府先对大概两百家早期教育与保育服务中心进行实验性的评估。此举有助于确认存在哪些挑战，突出为了提高质量而应该做出哪些改变。澳大利亚还总结出，"ABC学习中心"解散之后，截止到2008年年底，以营利为目的的私立早期教育与保育服务提供者已经占到（LDC）服务业的25%，而政府需要对这些服务提供者加强监测。澳大利亚的2010 ~ 2011年度预算中公布了对于能够提供25项及以上服务的大型长期日间托管（LDC）提供者的财政能力的评估，并且每年都会对这些提供者进行再评估。也有一些服务提供者会聘请一名专家，对于财政明显困难的某家提供者进行独立审计。该国还有其他一些措施来应对ABC的解散：儿童日托中心的管理者如果要关闭中心，必须提前42天通知；此外，还引入了一项新的民事处罚制度。

经验九：适时激励新的或修订规范的顺利执行

在新西兰，由教师提供一系列的方案，包括关于奖学金和学习补助方面的，用来鼓励教师赢得社会认可的资质。此外，早期儿童教育筹款体系提供了一项财政激励措施，用来聘请注册教师，提高此类教师在早期教育领域的比例。此项措施帮助项目提供者在员工–儿童比率、保证项目中拥有最低数量的合格员工等方面达到标准要求。

行动领域 5
反思当前的实施状况

这张列表是在国际趋势的基础上设计制定的，目的在于帮助使用者对本国标准进行反思：

● 质量目标和最低标准

　　提供此表，目的在于提高对于新出现问题的意识，确认需要改变的领域；而不是为了给各种实践评分。请从1 ~ 5的范围中选定一个数字，来反映贵国当前的项目现状。

质量目标和最低标准

质量目标	完全不				非常好
1. 根据SMART原则设定的质量目标：	1	2	3	4	5
a. 具体的	1	2	3	4	5
b. 可测量的					
c. 能够达到的	1	2	3	4	5
d. 实际的	1	2	3	4	5
e. 及时的					
f. 遵守时限的	1	2	3	4	5

续表

质量目标	完全不				非常好
2. 专注于质量的目标与早期教育与保育的总体性政策目标相一致。	1	2	3	4	5
3. 以质量为准的目标由相关部委及关键的利益相关者共享。	1	2	3	4	5
4. 质量目标与持续性的公共资金与公共规范相一致。	1	2	3	4	5
5. 管理框架中的最低标准包括关键的质量指标（例如，安全、空间、员工-儿童比率、员工资质）。	1	2	3	4	5
6. 最低标准适用于所有的项目提供者。	1	2	3	4	5
7. 关键的质量指标受到监测——不仅包括结构性的指标（例如，安全、员工-儿童比率），还包括过程质量（例如，课程、员工-儿童关系、员工-父母沟通状况）。	1	2	3	4	5
8. 作为监测结果的行动，比如： a. 将结果告知家长	1	2	3	4	5
b. 将结果向大众公开	1	2	3	4	5
c. 实施后续行动，帮助未能达到标准的提供者	1	2	3	4	5
d. 将结果联系到项目服务的筹资	1	2	3	4	5
e. 在提高标准的过程中，提供额外的服务，来支持各个中心	1	2	3	4	5
f. 贵国的其他选择	1	2	3	4	5

注释

1. PISA测试为学生在0～700之间分派一个分数。

2. 基于以下国家的反馈：澳大利亚、奥地利、荷语文化区（比利时），法语文化区（比利时）、不列颠哥伦比亚省（加拿大）、马尼托巴（加拿大）、爱德华王子岛（加拿大）、捷克共和国、丹麦、爱沙尼亚、芬兰、德国、匈牙利、爱尔兰、以色列、意大利、日本、韩国、墨西哥、荷兰、新西兰、挪威、波兰、葡萄牙、斯洛伐克共和国、斯洛文尼亚、西班牙、瑞典、土耳其、英格兰（英联邦）、苏格兰

（英联邦）、美国。

3. 基于以下国家的反馈：澳大利亚、奥地利、荷语文化区（比利时），法语文化区（比利时）、不列颠哥伦比亚省（加拿大）、马尼托巴（加拿大）、爱德华王子岛（加拿大）、捷克共和国、丹麦、爱沙尼亚、芬兰、匈牙利、以色列、意大利、日本、韩国、墨西哥、荷兰、新西兰、挪威、波兰、葡萄牙、斯洛伐克共和国、斯洛文尼亚、西班牙、瑞典、土耳其、苏格兰（英联邦）。

4. 提到拥有综合性早期教育与保育体系的国家中的幼儿园或学前班时（除非另有注明），数据指的是较大的早期教育与保育年龄范围，也即，3岁至学龄前儿童。

5. 提到拥有综合性早期教育与保育体系的国家中的幼儿园或学前班时（除非另有注明），数据指的是较小的早期教育与保育年龄范围，也即，0~3岁儿童。

6. 各图表中的经合组织平均值只是基于各个经合组织国家报告的数据，并未包括非国家的地区和领地。各辖区和地区的数据和各国数据一样，收入了"总平均值"图表。

政策杠杆 2
课程设计、课程实施及其标准

课程及标准可以强化儿童学习和发展的积极效果：（1）可以确保在不同教学环境下取得均衡的教学质量；（2）可以指导教职员工如何提高儿童的学习水平和儿童的幸福感；（3）可以使家长了解孩子的学习和成长情况。不同的国家会采取不同的方法来设计课程。课程设计实施过程中有必要超越课程二分法思维（即以学业成绩为取向还是以综合素质为取向，由员工发起的教导还是以儿童发起的活动，等等），有必要加强个性化方案的"附加值"。几乎所有经合组织成员国——不论是在课程还是在学习标准方面——都已建构了适用于本国3岁到义务教育阶段儿童的框架体系。越来越多的国家和地区已经开始关注儿童的持续发展问题，从幼儿阶段一直到较大年龄如8岁、10岁甚至18岁不等。

行动领域 1
运用研究成果为政策制定
与公众提供信息

本节包括以下研究要点：
- 课程的重要性

课程的重要性

课程的定义

"课程"指的是用以充实儿童学习和发展的教学内容和教学方法。它解决了"教什么"和"怎样教"的问题（NIEER, 2007）。课程概念复杂，尤其在早期教育与保育领域，包含了多种因素，如早期教育与保育的培养目标、课程内容以及教学实践等（Litjens和Taguma, 2010）。

导致风险的因素

越来越多的人一致认为，为0岁至学龄儿童制定一个翔实易懂、具有明确教学目的、培养目标和教学方法的课程非常重要（Bertrand，2007）。现在，大多数经合组织成员国在幼教机构，尤其是对年龄稍大点的儿童进行教育时都会使用课程，也就是说，人们已经普遍接受根据教育目标对儿童的经验进行一定的组织和导向的做法。虽然儿童在3~4岁之前的神经系统有很多功能都已形成，但目前却鲜有针对幼小儿童的教育指导（OECD，2006）。课程会受多种因素影响，包括社会的价值观、课程内容标准、研究成果、社区期望以及语言、文化等。虽然每个国家、州（省）、地区甚至每个服务机构的影响因素各不相同，但是质量高的实施有效的早期教育与保育课程会对儿童提供符合发展规律的支持和认知方面的挑战，从而产生积极的发展成果（Frede，1998）。

随着政策措施的分级实施和多元化趋势，地方幼教项目水平各异，教学质量良莠不齐。一个通用的课程框架如果能够适应当地需求和教学条件，将有助于在不同形式的政策条款下为不同群体的儿童维持一个均衡的教学质量水平。不论在健康、营养还是教育方面，教学目标观点明确、表达清晰，都将有助于制定能够提升幼儿幸福感、充分满足儿童需求的项目方案（OECD，2006）。

清晰明确的教育项目也有利于幼儿的发展。婴儿／学步儿如果在一个薄弱的教学框架体系下接受教育，他们可能会错失对儿童早期发展来说至关重要的一些激励性学习环境。就课程而言，以教学框架或课程框架形式制定的教学指南有助于教师厘清教学目标、把握进度、系统安排孩子的每日活动，集中关注孩子发展中最为重要的方面（Siraj-Blatchford，2004）。

人们对婴幼儿和稍大些的孩子在早期教育与保育方面实施的"正确课程方案"仍然争论不休。其中涉及了一些重要问题，如：课程范围、课程关联性、课程重点以及与年龄水平相适宜的课程内容；课程材料的深度与篇幅；课程材料是信息输入型还是成果产出型等。在官方课程中，最受关注的学习领域就是读写能力和数学能力——在那些对儿童刚入小学后不久能力进行评估的国家里尤为如此。一方面，有着社会性教学传统的国家并不排斥自然形成的读写能力和数学能力，但他们往往试图在孩子入学前，甚至是参加小学的学前班之前，保持一个开放的全面的课程学习。另一方面，有些国家把儿童早期教育视为小学教育的一部分，或者认为与小学教育有着密切的关联。这些国家往往注重儿童进入小学前的准备，在课程和教学方法上也更侧重儿童的学业成绩。

为什么意义重大

连贯性、适应当地需求

使用一个通用的早期教育与保育课程有多种益处。它可以确保在不同条文规定和年龄段间保持较为稳定的教学质量水平，有助于促成一个较为公平的教学体制。该课程还可以引导帮助教职员工，促进教师与家长之间的沟通，确保学前教育与小学教育之间的连贯性。但是一个课程可能会多年保持不变，缺乏必要的革新来适应日新月异的"知识"社会，同样也会限制早期教育与保育员工教学的自主性和创造性（OECD，2006）。

现今，早期教育与日托中心的文化日益多元化，孩子们具有不同的文化背景和家庭环境，因此认识到这些孩子可能会有不同的需求对于有效实施课程计划来说十分重要。教学环境和教学活动的设置要适应婴幼儿的不同学习方法，这样才能减少孩子们的破坏行为以及注意力分散现象，如跟同伴打架，课堂上不乐意回答问题或不乐意合作（Philips等，2000）。（由于婴幼儿所处的文化多样化、社区范围广、成长背景复杂，势必要求不同的利益相关者来参与制订和完善课程，并根据需要来使课程适应当地实际情况或文化环境。）这样才能确保课程真正能够满足儿童的需求，切实关注儿童及其发展（美国幼儿教育协会，NAEYC，2002）。

平衡多方不同的期望

让所有的利益相关者对学前教育课程内容保持意见一致是很重要的。政府和家长可能会有一些共同目标，如为孩子做好入学准备，但他们也可能对学前教育中所设置的具体科目是否适宜存在分歧，如信息与通讯技术在课堂教学中的运用。在多元文化社会里，政府希望培养出技能熟练、博学多识的劳动大军，并优先培养共同的价值观以树立起他们的社会责任感。然而少数民族家庭在尊重特定的育儿观的同时，更关心孩子对本族语言和风俗习惯的传承。课程有助于平衡儿童早期发展的不同期望，确保满足不同利益相关者的期望和需求（Bennett, 2011; Siraj-Blatchford和Woodhead, 2009; Vandenbroeck 2011）。

提供教学指导、教学目标，保持教学连贯性

　　课程可以通过明确的教学指南为教师提供清晰的指导和目的。具有明确目标的课程有助于确保早期教育与保育教师传授关键的学习或发展领域的知识，因此，能够使孩子们具备小学教育和进一步学习所需的知识和技能，并有助于孩子们在不同的教育层次间顺利过渡（UNESCO,2004）。

提高教学质量，强化教学效果

　　课程可以在早期教育与保育不同条文规定间构建更高层次、更为稳定的教学质量。人们发现，过渡性的课程有助于减少重复学习，降低转介到特殊教育的可能性，更好地过渡到小学教育（Eurydice, 2009）。另外，高质量的课程还可以降低学前教育中所学知识的淡化（遗忘）效果（Pianta等, 2009）。

促进家长的参与

　　课程可以使家长了解到他们的孩子在教育或保育环境下的所学内容，为早期教育与保育教师与家长之间架起一座信息共享和需求介入的桥梁。家长如果了解课程对有特殊需求或学习困难的孩子们来说尤为重要，他们可以在家里为孩子们进行额外辅导。提升儿童后期成就、调整儿童后期学习状态最有效的方法之一就是帮助父母在家里积极地参与儿童的学习活动（Desforges和Abouchaar, 2003; Harris和Goodall 2006）。促进儿童学习的有益活动包括为孩子读书，唱歌哼童谣，一起去图书馆，玩数字游戏等。

哪一方面最为重要

突破课程二分法思维

　　传统上，早期教育与保育课程分为两种模式：以学业成绩为取向的课程模式和以综合素质为取向的课程模式。以学业成绩为取向的课程模式以教师讲授为主、以培养儿童的认知能力为教学目标，试图为学校教育打好基础。以综合素质为取向的课程模式以儿童为中心，旨在拓展儿童的整体发展空间，提升儿童的幸福感（Bertr , 2007; OECD, 2006）。以学业成绩为取向的课程模式在关键学科领域可以规范教学，

但也限制了以儿童为中心的教学环境——在这种环境下，儿童可以自行发起活动、做事富有创意、能够自我决定（Eurydice, 2009; Prentice, 2000）。以综合素质为取向的课程模式拥有更为灵活的教学目标，能够更好地把社会幸福、情感健康、一般常识和沟通技能结合起来，但也可能会偏离一些重要教育目标的重心，可参阅表2.1（Pianta, 2010; Bertrand, 2007; UNESCO, 2004）。

表2.1　学术性、综合性课程模式的效果

哪种"模式"最有可能促进儿童的……	学业成绩	综合素质
IQ分数	×	
学习积极性		×
读写能力与数学能力	×	
创造性		×
独立性		×
具体知识	×	
自信		×
一般常识		×
主动性		×
短期成就	×	
长期成就	×	×

来源：Pianta等, 2010; Eurydice, 2009; Laevers, 2011; Schweinhart和Weikart, 1997。

人们认为，高质量的早期教育与保育教学环境与认知和社会发展并重互补的课程教学有关系。因此，像这样的一体化课程有助于提高早期教育与保育的质量，有助于改善社会行为（表2.2）（Bennett, 2004; Siraj-Blatchford, 2010）。例如，人们认为瑞典在某种程度上具有高质量的早期教育与保育课程，因为它的课程内容中，儿童的社会学习和认知学习同等重要（Sheridan等, 2009, Pramling和Pramling Samuelsson, 2011）。

值得注意的是，把不同的课程模式结合在一起的"混合课程模式"在教学实践中并不一定能够取得良好的预期效果。在一些国家，人们发现：运用混合课程模式还不如纯粹使用"学术性"的课程模式或"综合性"的课程模式更有效果。不过，对"学术性"的课程模式或"综合性"的课程模式实施明确的二分法却大可不必。如果不去关注课程的"模式类型"而是把重点放在课程的（1）关键学习领域及（2）课程实施上，可能会更有价值（Eurydice, 2009）。

表2.2　不同课程模式对学生在校行为的影响

	直接指导	以儿童为中心的 （建构主义的）	以儿童为中心的 （社会性的）
15岁时的不良行为	14.9	5.9	8.0
被高中学校开除的比例	16.0%	5.9%	8.0%
未达合格的课程数	9.6	5.0	4.9

注1：关于"15岁时的不良行为"，统计数字来自不良行为的18种可能性的标准。关于"被高中学校开除的比例"，数据来自曾被高中学校开除过的儿童占样本群体总人数的百分比。关于"未达合格的课程数"，数据来自样本群体中每一位个体的未达合格的课程数（样本接受访谈时的年龄是23岁）。

注2：结果采自一项不同课程模式对新泽西州劣势儿童的影响的研究。样本群体来自随机选择，社会-经济地位不同，可资比较，其他背景特征亦如此。

注3："以儿童为中心的（建构主义的）"是高瞻课程模式，"以儿童为中心的（社会性的）"是一种注重社会性技能的保育学校项目。两种课程模式都十分重视由儿童自身发起的各项活动。

来源：Schweinhart和Weikart, 1997。

关键学习领域

读写能力

事实证明，儿童的读写能力十分重要，是获取其他学科知识的手段（NIEER, 2006）。研究人员屡屡指出，儿童若具备读写能力，可以促进他们的语言发展，提高阅读效果（UNESCO, 2007）。儿童的读写能力历来与其在校的优异表现、突出的学业成绩以及未来生活中所取得的骄人成就密切相关。证据表明，读写能力应该着重提高词汇技能和听的技能，构建字母码知识，并初步接触印刷品（NIEER, 2006）。经合组织研究表明，在2009年举办的国际学生评估项目（PISA）测试显示，那些父母经常为其读书的儿童所取得的成绩要远远比那些父母很少甚至从不给他们读书的儿童高得多（OECD，2011）。研究也表明，儿童在很短的时间里就能养成学习读写的方法。为此，让孩子们接触到各种交流环境下的文章、图片、书籍等学习材料是十分必要的。例如，把儿童的日常兴趣爱好融入精心组织的游戏中则更容易导入书面语言的基础知识（Mellgren 和 Gustafsson，2011）。

数学能力

人们普遍认为，数学的实施范围应该要广泛，特别是处于劣势的儿童更应该要学数学。即使是婴幼儿，他们在日常"游戏"中也会运用抽象和数学概念（数量、形状、大小）（Björklund，2008）。教师可以利用儿童现有的知识和好奇心来培养儿童的数学概念、数学方法和数学语言（Amit 和 Ginsburg，2008）。在日常活动中，运算能力应该着眼于"大概念"来支撑数学能力，即数字和运算、形状和空间、测量和模式（Amit和Ginsburg，2008; NIEER，2009）。

培养儿童早期数学技能是指儿童能够辨别空间、时间和数量之间的关系并获得运用自己的理解，与他人沟通交流解决问题、进行逻辑推理以及表征的能力（Björklund，2008和2010）。对早期数学能力的纵向研究表明，儿童对数字和数值关系的理解力可以预测其将来对算术技能和数学能力的习得程度（Aunio和Niemivirta，2010; Aunola等，2004）。

信息与通讯技术

计算机辅助活动对儿童的游戏和学习都有积极影响。这些活动可以激发儿童的创造力和好奇心，促使儿童积极探索、共享知识、解决问题（UNESCO，2010）。信息与通讯技术甚至可以消除口头语与书面语之间的界限，使数学概念和数学关系形象化（UNESCO，2010）。但是，计算机的使用虽然会对数学学习产生积极影响，却对儿童的阅读能力具有负面影响。研究表明，阅读能力差的学习者使用计算机的频率越高，他们的读写能力就越不容易得到提高。这是因为计算机往往取代了面对面的讲授，而面对面的讲授对读写能力的发展至关重要（Judge 等，2006）。

科学

人们发现，儿童在早期进行与科学相关的活动时，教师会鼓励他们问问题，批判性地思考，做实验，培养他们的推理技能，读和写。研究表明，儿童在学习了逻辑原理、假设检验和其他推理方法之后能够更好地解决问题，有的甚至智商也得到了提高。这些方法都是在科学课程教学中涉及的内容（Bybee和Kennedy，2005）。

美术和音乐

艺术活动能够提高儿童的注意力，促进认知力，有助于儿童学会想象，即怎样去想他们没有看到的事物。想象力有助于儿童在后期的科学课程中形成假设或在历史课堂上想象过去发生的事件。较强的音乐训练有助于培养儿童的几何概念和读地图的能力。但是儿童对美术能力和音乐能力的运用以及它对儿童发展成果产生的影响方面却鲜有研究（Litjens和Taguma, 2010）。

身体与健康

运动技能如爬、走、体育课或游戏活动与儿童掌握社会技能、理解社会规则密切相关。人们发现，学校的健康教育和卫生习惯对儿童及其父母都有积极影响。早期教育与保育课程带有翔实、明确的卫生健康指导原则，与没有接受这类教育的儿童相比，参加过此课程的儿童改进了他们的卫生习惯，在身高和体重方面都达到了健康标准（Litjens和Taguma, 2010）。

游戏

课程中融入儿童探索发现、游戏活动以及同伴互动十分重要。有证据表明，社交性假扮游戏和儿童自发游戏可以促进更好的合作，加强自我管理，提高人际交往技能（Bodrova和Leong, 2010; Nicolopoulou, 2010）。儿童自发游戏具有特定的象征意义（Bodrova 和 Leong, 2010）。研究人员指出，室内游戏与室外游戏相结合——包括使用多媒体、进行角色扮演、开展绘画和木偶戏等活动——可以为孩子们提供众多高质量的发展机会去创造和协商（Aasen 等, 2009）。

儿童的选择，自我决定及其能动作用

研究表明，当儿童有了选择的机会决定去参与何种精心组织的适合自己年龄段的活动时，他们在一系列的认知领域内会表现得更有能力，更富创意（CCL, 2006）。课程可以通过包括跨学科学习活动来引发儿童好奇心等方式去促进这种学习行为。开心有趣的活动主题如"活的！"（对生物和非生物的研究）可以使学习更能成为儿童自己的事情，更能贴近儿童（NIEER, 2007）。以小组方式开展这类活动可以促使儿童发挥更大的自主权（Eurydice, 2009；Laevers, 2011），为自发学习或养成学习提供更大的空间（NIEER, 2007）。儿童参与课堂活动的重要性不仅表现在促进各种不同课程内容的有效学习，还体现在维护自己的权利，培养民主价值观上。在重视儿童

的能动作用方面，人们认为应当给儿童以自由表达的权利，应当认可儿童在日常交往中的交际模式，这是非常重要的（Bae, 2009）。

儿童视角

不论是通过研究儿童在课堂活动的参与度还是通过研究他们在做决策时积极的贡献意见，早期教育与保育课程的研究结果都证实了儿童视角的重要性（Broström, 2010；Clark 等, 2003；Sommer等, 2010）。证据表明，与儿童一起磋商问题（只是当与他们的年龄特点相符且有可能时）可以提升他们的自尊心，培养他们的社会能力（Clark等, 2003）。这也有助于早期教育与保育教师、管理人员反思他们自己的做法和教学环境，如室内和室外空间的设计（Pramling Samuelsson和Asplund Carlsson, 2008）。

儿童发起的学习

当儿童学习积极投入、师生互动频繁且有意义、基于先期学习经验设置课程时，他们才能学得最好（Kagan和Kauerz, 2006; NIEER, 2007）。教师在一定时期内创设一系列具有明确目标和具体活动的学习项目的能力，对于儿童的持续发展也非常重要，对学术性题目尤其如此（Doverborg和Pramling Samuelsson, 2011）。

证据表明，使儿童更高程度地发起活动的课程能给他们带来长远利益，包括提高社区服务水平，推动高等教育深造（参见图2.1）。

教师讲授为主的学习

研究表明，教师讲授为主的学习（常见于以学业成绩为取向的教育中）可以缩小儿童早期读写能力、语言习得和数学能力方面的知识差距。众多研究认为，通过直接教学开展的高质量学业课程在短期内对儿童的智商分数、读写能力与数学能力具有积极的影响（Pianta等, 2009）（参见表2.1）。人们发现，这些技能可以很好地预测儿童后期的学业成绩（Brooks-Gunn 等, 2007）。但是，正如上述所指出的那样，儿童自发学习具有长远利益，对儿童将来的社会性发展也极其重要。为了将儿童的学业成绩、发展水平和社会性发展成果最大化，人们建议早期教育与保育课程应当将教师讲授的内容和组织的课堂活动与儿童自发学习的内容和活动结合起来（Sheridan, 2011; Sheridan 等, 2009）。

图 2.1　不同课程模式的效果
社区参与程度与进一步学习的动机

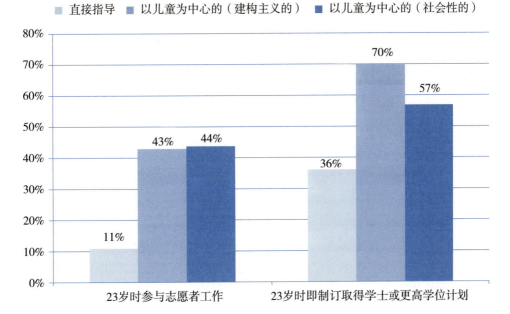

注1：结果采自一项不同课程模式对新泽西州弱势儿童的影响的研究。样本群体随机选择，可资比较的社会–经济背景，其他背景特征。

注2："以儿童为中心的（建构主义的）"是高瞻课程模式，"以儿童为中心的（社会性的）"是一个注重社会性技能的保育学校项目。两种课程模式都十分重视由儿童自身发起的各项活动。

来源：Schweinhart和Weikart，1997。

政策的涵义

对课程进行调整以适应当地情况

　　课程只有在更大程度上适应了当地情况才能加强早期教育与保育机构的适切性。关于儿童早期发展的"民族的"价值观或思想不被所有人所接受时，课程当地化就显得尤为重要（Eurydice, 2009）。教师、家长、儿童和当地社区共同形成的反馈能够极大地促进课程的教学目的和教学目标适合当地的情况（经合组织，2001）。

在认知科学和神经科学基础上设计课程

认知发展学和大脑神经系统研究表明，儿童在特定年龄段以某种学习顺序来掌握某些知识。大脑敏感度的"高峰值"因不同的机能或技能而各不相同，如下图2.2所示（儿童早期发展理事会, Council Early Child Development，2010）。

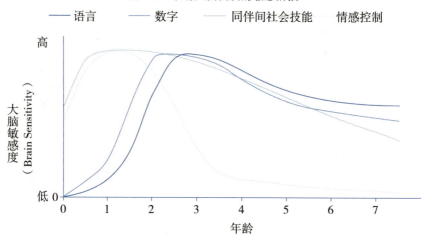

图 2.2　早期大脑发展的敏感阶段

来源：早期儿童发展理事会（Council for Early Child Development, 2010）。

情感控制与同伴交往技能

大脑对情感控制发展的敏感度从出生到1岁会由中等水平提升到高等水平，4岁以后会下降到低等水平。儿童同伴间社交技能一开始处于低等水平，1~2岁之间会快速提升，之后会慢慢下滑，4岁以后将维持在普通中等水平。

语言和数字

儿童的语言发展一开始处于中等水平，1~2岁会上升到高等水平，4岁之前会出现轻微下滑，4岁之后将持续下滑到中等和低等水平。儿童的数学能力一开始处于低等水平，1~3岁之间会快速提高，然后慢慢下滑，但在4岁之后会维持在高等水平。

认识到受人喜爱的课程模式的"长处"

在教学实践中，人们认为综合课程可以更好地促进构建以儿童为中心的教学环境，在这个教学环境里，教育是从儿童的视角出发，在儿童现有的知识基础上展开的。儿童优先考虑的事情会以多种方式得以认可，如他们可以拍摄教室里最为重要的"东西"。像这样的实验能够让孩子们认识到朋友、老师、食物和户外游戏的重要性。其他信息采集方式如采访、问卷调查和角色扮演游戏等表明，孩子们乐意完成他们的活动任务，认识到不同活动之间的过渡时间需要帮助（Clark 等，2003）。孩子们从教师主导的互动交流和正规教导中受益（Eurydice，2009）。但是，与"反复操练"的教学方法相反，建立在游戏活动基础上的课程在设计时考虑到了儿童的发展需求，能够通过开心有趣的教学方式促进儿童的学业发展培养儿童的注意力，收效会更好（Brooks-Gunn，2007）。

通盘考虑到民族特点和早期教育与保育的结构性因素

深入了解民族特点和早期教育与保育的结构性因素可以洞悉课程模式的适宜性。有的教师未获资格证书，没有接受良好培训，也有些地方的早期教育与保育条文规定不够系统完整，在这种条件下，教师如果可以受到额外指导，拥有一份更为具体翔实的课程将会大有裨益。一些国家在教学中鼓励实施以儿童为中心的教学活动，给予教师发展空间进行课程革新和调整以适应当地情况，这种以儿童为中心的教学模式要求教学人员具备合格的资质并接受过充分的培训来掌握范围宽泛（且更为抽象）的儿童发展领域。因此，要实施所选课程，必须具有充分的员工培训、有利的工作条件和适宜的课堂教学材料（经合组织，2001；2006）。

确保充分、适宜的员工培训

为了增进儿童的学习和发展，需要在总体上对教师进行（额外的）课程培训，在某些具体的教学事宜上，如多文化课堂管理、为适应各式各样的语言文化群体而调整课程内容等方面，有的教师可能也需要进行额外的培训指导。而且，社会在不断快速发展，熟知信息与通讯技术的运用也越发重要，这也有利于儿童的早期发展，在儿童阅读能力的培养方面尤其如此（Judge 等,2006）。

确保课程或课程标准完全符合0～6岁及6岁以上儿童的实际水平

课程标准是否呈现到早期教育与保育教学环境中去并不十分重要，但是要确保这些课程标准完全符合0～6岁甚至6岁以上儿童的实际水平：有与儿童的愿景一致的早期教育与保育教学内容才可以确保儿童更为全面更为持久地发展。

尚未研究的领域

不同课程模式的比较优势

在研究结果筛选的基础上，表2.1对比了"以学业成绩为取向的"课程模式与"以综合素质为取向的"课程模式的具体结果。目前仍然不清楚这两种课程模式哪一种会对一个人的卫生健康、高等教育、未来收入等方面产生最大化的长期效益。一个人所处的地域和所持有的政治态度有可能会影响到现有的研究：美国的研究人员更倾向于以学业成绩为取向的课程模式，而在欧洲，人们则倾向于注重非认知学习领域的学习。因此，需要在各个具体国家实施的早期教育与保育模式的教学背景下进行更多的研究来阐释这些复杂的研究结果。

支撑"游戏活动"的教学策略

大多数研究人员认为儿童的"游戏活动"对于他们的认知发展、社会发展和情感发展都十分重要。"游戏活动"一直以来就已经融入了分科学习中以提高儿童的读写能力、数学及科学成果。但是对用以培养不同发展目标的"游戏"类型（如社会性游戏、假扮游戏、客体游戏）却鲜有区分。由于缺乏教学依据，导致了课程（教师设计的具有实用价值的教学活动）中的许多游戏变得相当分散（儿童发起的游戏显得毫无目的）（Bodrova 和 Leong, 2010）。

非西化的课程模式及其效果

在北美和欧洲国家，关于"以学业成绩为中心"的课程模式和"以儿童为中心"的课程模式的相关文献非常之多。但是西方国家的以儿童为中心的课程强调个体利益，事实上不符合其他国家的价值观体系，包括集体利益至上的国家（Kwon, 2004）。因此，有必要去研究和普及可供选择的民族课程模式，以适应当地情况，便于在当地实施。

参考文献

Aasen, W. *et al.*(2009), "The outdoor environment as a site for children's participation, meaning-making and democratic learning: examples from Norwegian kindergartens", Education 3-13: *International Journal of Primary, Elementary and Early Years Education*, Vol. 27, No. 1, pp. 5-13.

Amit, M. and H. Ginsburg (2008), "What is Teaching Mathematics to Young Children? A Theoretical Perspective and Case Study", *Journal of Applied Developmental Psychology*, Vol.29, pp. 274-285.

Aunio, P. and Niemivirta, M. (2010), "Predicting children's mathematical performance in grade one by early numeracy", *Learning and Individual Difference*, Vol. 20, pp. 427-435.

Aunola, K. *et al.* (2004), "Developmental Dynamics of Math Performance from Preschool to Grade 2", *Journal of Educational Psychology*, Vol. 96, No. 4, pp. 699-713.

Bae, B. (2009), "Children's Right to Participate—challenges in everyday interactions", *European Early Childhood Education Research Journal*, Vol. 17, No. 3, pp. 391- 406.

Bennett, J. (2011), "Introduction: Early Childhood Education and Care", *Encyclopedia on Early Childhood Development*, Centre of Excellence for Early Childhood Development and Strategic Knowledge Cluster on Early Child Development, Montreal, available at: www.child-encyclopedia.com/pages/PDF/BennettANGxp1-Intro.pdf.

Bennett, J. (2004), Starting Strong Curricula and Pedagogies in Early Childhood Education and Care, Directorate for Education, OECD, Paris.

Bertrand, J. (2007), "Preschool Programs: Effective Curriculum. Comments on Kagan and Kauerz and on Schweinhart", *Encyclopedia on Early Childhood Development*, Centre of Excellence for Early Childhood Development and Strategic Knowledge Cluster on Early Child Development, Montreal, available at: www.child-encyclopedia.com/documents/ Bertr and ANGxp.pdf.

Björklund, C. (2008), "Toddlers' opportunities to learn mathematics", *International Journal of Early Childhood*,Vol. 40, No. 1, pp. 81-95.

Björklund, C. (2010), "Broadening the horizon: Toddlers' strategies for learning mathematics", *International Journal of Early Years Education*,Vol. 18, No.1, pp. 71-84.

Bodrova, E. and D. Leong (2010), "Curriculum and Play in Early Child Development", *Encyclopedia on Early Childhood Development*, Centre of Excellence for Early Childhood Development and Strategic Knowledge Cluster on Early Child Development, Montreal, available at: www.child-encyclopedia.com/documents/Bodrova-LeongANGxp.pdf.

Brodin, J. and P. Lindstr and (eds.) (2006). "Interaction in Outdoor Play Environments–Gender, Culture and Learning" (No. 47), Stockholm: Stockholm Institute of Education, Department of Human Development, Learning and Special Education.

Brooks-Gunn, J. et al. (2007), "School Readiness and Later Achievement", *Development Psychology*, Vol. 43, No. 6, pp. 1428-1446.

Broström, S. (2010), "A Voice in Decision Making young children in Denmark" in M. Clark and S. Tucker, *Early childhoods in a changing world*, Stoke-on-Trent, Engl and: Trentham Publisher.

Bybee, R. W. and Kennedy D. (2005), "Math and Science Achievement", Science,Vol. 307, No. 5709.

Canadian Council on Learning (CCL) (2006), "Why is High-Quality Child Care Essential? The link between Quality Child Care and Early Learning", *Lessons in Learning*, CCL, Ottawa.

Clark, A., S. McQuail and P. Moss (2003), "Exploring the Field of Listening to and Consulting with Young Children", Research Report No. 445, Thomas Coram Research Unit, University of London.

Council Early Child Development (2010), from the World Bank, Investing in Young Children, an Early Childhood Development Guide for Policy Dialogue and Project Preparation, 2011.

Desforges, C. and A. Abouchaar (2003),"The Impact of Parental Involvement, Parental Support and Family Education on Pupil Achievement and Adjustment: A Literature Review", Research Report No. 433, Department for Education and Skills, London.

Doverborg, E., and I. Pramling Samuelsson (2011), "Early Mathematics in the

Preschool Context", in N. Pramling and I. Pramling Samuelsson (eds.), *Educational encounters: Nordic studies in early childhood didactics*. Dordrecht, The Netherl and s: Springer, pp. 37-64.

Eurydice (2009), Early Childhood Education and Care in Europe: Tackling Social and Cultural Inequalities, Eurydice, Brussels.

Frede, E. C. (1998), "Preschool program quality in programs for children in poverty", in Barnett, W. S. and S. S. Boocock (eds.), *Early Care and Education for Children in Poverty: Promises, Programs, and Long-term Outcomes,* Buffalo, NY: SUNY Press, pp. 77-98.

Harris, A. and J. Goodall (2006), *Parental Involvement in Education: An overview of the Literature,* University of Warwick, Coventry.

Judge, S. *et al.* (2006), "Closing the Digital Divide: Update From the Early Childhood Longitudinal Study", Heldref Publications, Tennessee.

Kagan, S. and K. Kauerz (2006), "Preschool Programs: Effective Curricula", *Encyclopedia on Early Childhood Development,* Centre of Excellence for Early Childhood Development and Strategic Knowledge Cluster on Early Child Development, Montreal, available at: www.child-encyclopedia.com/ documents/ Kagan-KauerzANGxp.pdf.

Kwon, Y.-I. (2004), "Early Childhood Education in Korea: Discrepancy between National Kindergarten Curriculum and Practices", *Educational Review,* Vol. 56, No. 3, pp. 297-312.

Laevers, F. (2011), "Experiential Education: Making Care and Education More Effective Through Well-Being and Involvement", *Encyclopedia on Early Childhood Development,* Centre of Excellence for Early Childhood Development and Strategic Knowledge Cluster on Early Child Development, Montreal, available at: www.child-encyclopedia.com/documents/ LaeversANGxp1.pdf.

Litjens, I. and M. Taguma (2010), "Revised Literature Overview for the 7th Meeting of the Network on Early Childhood Education and Care", Paris: OECD.

Mellgren, E. and K. Gustafsson (2011), "Early Childhood Literacy and Children's Multimodal Expressions in Preschool", *Educational Encounters: Nordic*

Studies in Early Childhood Didactics, Vol. 4, pp. 173-189.

NAEYC and NAECS/SDE (2002), Position statement "Early Childhood Curriculum, Assessment, Program Evaluation—Building an Effective, Accountable System in Programs for Children Birth Through Age 8", NAEYC, Washington DC.

National Institute for Early Education Research (2006), "Early Literacy: Policy and Practice in the Preschool Years", *Policy Brief,* NIEER, New Jersey.

NIEER (2007), "Preschool Curriculum Decision-Making: Dimensions to Consider", *Policy Brief,* NIEER, New Jersey.

NIEER (2009), "Math and Science in Preschool: Policies and Practice", *Policy Brief,* NIEER, New Jersey.

Nicolopoulou, A. (2010), "The Alarming Disappearance of Play from Early Childhood Education", *Human Development,* Vol. 53, pp. 1-4.

OECD (2001), Starting Strong I: Early Childhood Education and Care, OECD, Paris.

OECD (2006), Starting Strong II: Early Childhood Education and Care, OECD, Paris.

OECD (2011), PISA in Focus Nr. 10: What Can Parents Do to Help Their Children Succeed in School?, OECD, Paris.

Philips, D. *et al.* (2000), 'Within and Beyond the Classroom Door: Assessing Quality in Child Care Centers", *Early Childhood Research Quarterly,* Vol. 15, No. 4.

Pianta, R. C. *et al.* (2009), "The Effects of Preschool Education: What We Know, How Public Policy Is or Is Not Aligned With the Evidence Base, and What We Need to Know",*Psychological Science in the Public Interest,* Vol.10, No. 2, pp. 49-88.

Pramling, N. and I. Pramling Samuelsson (2011), *Educational Encounters: Nordic Studies in Early Childhood Didactics,* Dordrecht, The Netherl and s: Springer.

Pramling Samuelsson, I. and M. Asplund Carlsson (2008), "The Playing Learning Child: Towards a Pedagogy of Early Childhood", *Scandinavian Journal of Educational Research,* Vol. 52, No. 6, pp. 623-641.

Prentice, R. (2000), "Creativity: a Reaffirmation of its Place in Early Childhood Education", *The Curriculum Journal,* Vol. 11, No. 2, pp. 145-158.

Schweinhart, L. J. and D. P. Weikart (1997), "The High/Scope Preschool Curriculum Comparison Study Through Age 23", Early Childhood Research Quarterly, Vol. 12, pp. 117-143

Sheridan, S., I. Pramling Samuelsson and E. Johansson (eds.) (2009), "*Barns tidiga lärande. En tvärsnittsstudie av förskolan som miljö för barns lärand* e"[Children's Early Learning: A cross-sectional Study of Preschool as an Environment for Children's Learning] (Göteborg Studies in Educational Sciences, 284), Göteborg, Sweden: Acta Universitatis Gothoburgensis.

Sheridan, S. (2011), "Pedagogical quality in preschool: A commentary", in N. Pramling and I. Pramling Samuelsson (eds.), Educational encounters: Nordic studies in early childhood didactics, Dordrecht, The Netherlands: Springer, pp. 223-242.

Siraj-Blatchford, I. *et al.* (2004), "Effective Pre-school and Primary Education", Primary Practice, Vol. 37, pp. 28-31.

Siraj-Blatchford, I. and M. Woodhead (2009), "Effective Early Childhood Programmes", Early Childhood in Focus 4, Open University, United Kingdom.

Siraj-Blatchford, I. (2010), "A Focus on Pedagogy: Case Studies of Effective Practice", in K. Sylva, E. Melhuish, P. Sammons, I. Siraj-Blatchford and B. Taggart (eds.), *Early Childhood Matters: Evidence from the Effective Pre-school and Primary Education Project,* pp. 149-165, London: Routledge.

Sommer, P. D., I. Pramling Samuelsson and K. Hundeide (2010), *Child Perspectives and Children's Perspectives in Theory and Practice,* New York: Springer.

UNESCO (2004), "Curriculum in Early Childhood Education and Care", *UNESCO Policy Brief on Early Childhood,* No. 26, UNESCO, Paris.

UNESCO (2007), "Strong Foundations: Early Childhood Education and Care", *EFA Global Monitoring Report,* UNESCO, Paris.

UNESCO (2010), *Recognizing the Potential of ICT in Early Childhood Education—Analytical Survey,* UNESCO Institute for Information Technologies in

Education, Moscow.

Vandenbroeck, M. (2011), "Diversity in Early Childhood Services", *Encyclopedia on Early Childhood Development,* Centre of Excellence for Early Childhood Development and Strategic Knowledge Cluster on Early Child Development, Montreal, available at: www.child-encyclopedia.com/documents/V andand enbroeck ANGxp1.pdf.

行动领域 2
通过国际化的比较来拓宽视野

本节包括以下内容的国际比较：

● 课程框架与课程内容

课程框架与课程内容

研究结果

总体框架

● 几乎所有的经合组织成员国，不论是在课程还是在标准方面都有自己某种形式的框架体系。各个国家对儿童接受早期教育的年龄要求——即课程依据，具有不同的界定（见图2.3）。

图 2.3 不同年龄群体中早期教育与保育课程框架或指导文件的覆盖状况

	日托中心标准 / 课程
	教育机构和 / 或保教机构的标准、课程
	特定年龄群体没有适宜的标准课程
	义务教育

国家/地区 ＼ 年龄	0	1	2	3	4	5	6	7
澳大利亚	归属，存在，成长——澳大利亚早期学习框架							
奥地利								
比利时（荷语文化区）			2.5岁	发育（荷语）				
比利时（法语文化区）			2.5岁					
加拿大（不列颠哥伦比亚省）	不列颠哥伦比亚省0～5岁儿童早期学习框架					不列颠哥伦比亚省5～6岁儿童早期学习框架		
加拿大（马尼托巴）		早期教育回报课程						
				马尼托巴幼儿园课程				
加拿大（爱德华王子岛）	早期学习框架							
捷克共和国			学前教育的教育项目框架					
丹麦	学前课程							
爱沙尼亚		1.5岁	学前教育框架课程					
芬兰	早期儿童教育国家级课程纲要						学前教育核心课程	
法国			2.5岁	幼儿园国家级课程				

图2.3（续）

年龄 国家/地区	0	1	2	3	4	5	6	7
德国（巴登–符腾堡州）	巴登–符腾堡幼儿园的教育和教育取向计划　　　　直到10岁							
德国（巴伐利亚州）	0～3岁儿童的教育与保育			巴伐利亚教育–日托中心的儿童教育计划				
德国（柏林）	柏林日托中心的儿童入学前教育与保育							
德国（勃兰登堡州）	勃兰登堡州促进儿童日托机构基础教育的原则							
德国（不来梅州）	基础级别的教育框架							
德国（汉堡）	汉堡日托中心儿童教育与保育的建议　　　　直到15岁							
德国（黑森州）	黑森州0～10岁儿童教育计划　　　　　　　直到10岁							
德国（梅克伦堡–西波美拉尼亚）	梅克伦堡——前波莫瑞州——0～10岁儿童教育理念							直到10岁
德国（下萨克森州）	下萨克森州日托机构儿童基础教育定向计划							
德国（北莱茵–威斯特法伦州）	从开始即通过教育提供更多机会——改善北莱茵–威斯特法伦州0～10岁儿童日托中心及小学儿童教育的原则　　　　直到10岁							
德国（莱茵兰–普法尔茨州）	莱茵兰–普法尔茨州日托教育建议　　　直到15岁							
德国（萨尔州）	萨尔州幼儿园教育计划							
德国（萨克森州）	萨克森州教育计划——托儿所、幼儿园、日托中心教育人员大纲　　　直到10岁							
德国（萨克森–安哈尔特州）	萨克森–安哈尔特州儿童日托中心培训计划							

图2.3（续）

国家/地区 ＼ 年龄	0	1	2	3	4	5	6	7
德国（石勒苏益格－荷尔斯泰因）	成功开始：托儿所教育大纲					直到15岁		
德国（图林根州）	图林根州0～10岁儿童教育计划					直到10岁		
匈牙利				幼儿园的国家级核心项目				
爱尔兰	儿童早期课程框架：（爱尔兰语）							
以色列				学前班的框架项目				
意大利	3个月			课程的教育大纲				
日本				幼儿园的学习课程				
	日托中心的国家级课程							
韩国				幼儿园的国家级课程		5岁幼儿Nuri通用课程		
	标准化的日托中心课程							
卢森堡				研究计划				
墨西哥	日托中心课程			早期教育课程				
荷兰				2、5岁发展目标／内容				
新西兰	（毛利语）							
挪威	幼儿园内容与任务的框架计划							
波兰				学前教育的核心课程				
葡萄牙				学前教育的课程纲要				

图2.3（续）

国家/地区 \ 年龄	0	1	2	3	4	5	6	7
斯洛伐克共和国				国家级教育项目				
斯洛文尼亚	学前机构的国家级课程							
西班牙	儿童早期课程							
瑞典		学前课程98					小学、学前上课与休闲课程	
土耳其				学前教育项目				
英联邦（英格兰）	早期基础阶段法令框架							
英联邦（苏格兰）	出生前至三岁-员工纲要			卓越课程	直到18岁			
美国（乔治亚州）				乔治亚州幼儿园Pre-K内容标准				
美国（马萨诸塞州）				学前教育经验大纲				
美国（北卡罗来纳州）				北卡罗来纳州学龄前儿童早期学习标准及指导策略				
美国（俄克拉荷马州）				优先学术性学生技能				

注：自2009年开始，波兰的义务教育入学年龄从7岁降低到6岁，之后三年是一段过渡时期（到2012年）。在此期间，家长可以选择让孩子6岁或7岁入学。瑞典的情况，"学前课程（Läroplan för förskolan）"是一种学前班课程；"小学课程（Läroplan för grundskolan）"，"学前上课与休闲（förskoleklassen ochfritidshemmet）"涵盖的是学前班、义务教育小学和校外中心的课程。

来源：经合组织关于早期教育与保育的"质量工具箱和早期教育与保育门户网站调查"网络数据，2011年6月。

- 有些国家实行"保教分离"的体制，保育与早期教育分别由不同部门掌管：
多数国家和政体制定了针对早期教育与保育稍大年龄组的学习框架：从2.5或3岁
直至义务教育阶段。

也有些国家，如日本和韩国制定了分别针对儿童保育机构（从0岁到义务教育阶段）和教育机构的（从3岁到义务教育阶段）的学习框架。

- 许多以一体化服务为目标的国家使用从0或1岁直至义务教育阶段的学习框架，
比如，澳大利亚、新西兰、北欧和爱德华王子岛（加拿大）等。

- 有少数国家注重儿童早期教育和后期教育的连续性，课程框架涵盖的儿童的年
龄段上反映出了这个特点，如在黑森州（德国），其课程涵盖了0~10岁儿童的
受教育内容；在苏格兰（英国），"卓越课程"适用于3~18岁的学生，对不同
年龄段的学生设有与年龄相适宜的课程内容。

课程内容与课程科目

- 一般而言，课程描述可以分为"投入"型或"成果取向"型。大多数早期教育
与保育课程框架都含有"员工的投入"，即人们对早期教育与保育员工教育工
作的具体要求（见图2.4）。"价值观和原则"也常常包括在课程框架中，注重
"儿童的成果"和"幼教中心的投入"的国家比较少。北欧国家往往回避使用
"儿童成果"这样的术语，而盎格鲁–撒克逊国家却偏爱这种方式。

图 2.4 早期教育与保育课程的方法[1]

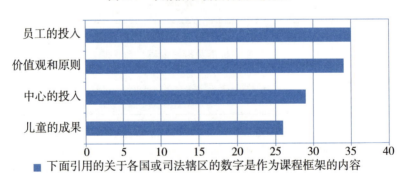

■ 下面引用的关于各国或司法辖区的数字是作为课程框架的内容

注：回应者可能列出不止一种内容类别。

来源：经合组织关于早期教育与保育的"质量工具箱和早期教育与保育门户网站调查"
网络数据，2011年6月。

- 大多数经合组织成员国在他们的课程中高度重视"读写""数学""体育课""科学"和"美术"。"音乐""游戏"和"实用技能"也是课程框架或课程大纲中很受欢迎的课程内容。有些国家在他们的课程里专门分配出了"游戏活动"的时间，还有些国家打算将"游戏活动"融进其他内容领域中，以通过游戏的方式促进相关内容的学习（见图2.5）。
- 几乎没有几个国家在课程中开设新兴科目，应对当今社会持续变化的需求，比如信息通讯技术（如西班牙），外语学习（如斯洛伐克共和国），学习方法（如韩国）。

了解更多信息请登录www.oecd.org/edu/earlychildhood/toolbox 网站，参阅在线"质量工具箱"中关于"课程标准／课程设置框架"和"课程内容"（Excel文件）的调查反馈表。

图 2.5　早期教育与保育课程的内容领域[2]

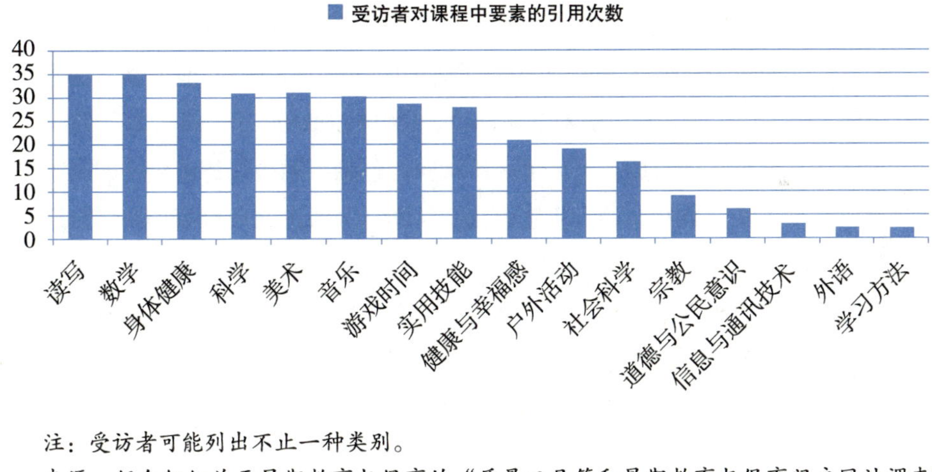

注：受访者可能列出不止一种类别。

来源：经合组织关于早期教育与保育的"质量工具箱和早期教育与保育门户网站调查"网络数据，2011年6月。

定义与方法

课程框架（课程指南或标准）：用以指导儿童保育和学习的相关内容及其方法的准则。

课程内容，可以分为科目要素或科目领域。早期教育与保育课程要素或科目领域重点突出保育、教学法以及教学如何开展清楚明了。在经合组织网络系统上开展的关于早期教育与保育的"质量工具箱和早期教育与保育门户网站调查"中，成员国需要从早期教育与保育所列举的9个科目要素或领域中进行选择：

1. 读写：指所有与阅读写作相关的科目，包括语言学习与发展、词汇识别。

2. 数学：指所有与数字、数数相关的科目，包括运算、数字识别、空间与形状。

3. 科学：指所有与科学相关的科目，如地理、自然科学。

4. 美术：指所有与艺术的某种形式相关的科目，包括图画、着色、绘画、手工艺品制作。

5. 音乐：指所有包含音乐活动的科目，比如，唱歌、乐器演奏、伴随音乐跳舞。

6. 身体健康：指所有在教师指导下进行身体锻炼的科目或与身体健康相关的科目，比如，体操、体育活动和食品课或卫生课。

7. 实用技能：指在其他科目中没有提及到的且与实用技能相关的所有训练（如系鞋带）。

8. 游戏时间：指儿童可以自由玩耍的时间，即儿童的自发游戏时间，期间儿童可以自行选择（在室内或室外）想要做的事情和想要玩的玩具。

9. 儿童早期教育与保育机构之外的活动（课外活动）：指实地考察，如到博物馆、公园、图书馆、音乐会、美术馆和科学活动中心去游玩。

另外还有七个领域为成员国／地区所认同，包括宗教、道德及民主的公民责任感；健康、个人及／或社会的幸福感；社会科学和／或跨文化教育；信息与通讯技术；语言学习（外语）；以及学习方法。

本章节提供的研究结果是基于经合组织的合作网络进行的关于早期教育与保育的"质量工具箱和早期教育与保育门户网站调查"（2011）的数据。每个曲线图和表格中，用数据所分析到的国家或地区均已列出。

行动领域 3
确定战略选择

本节包括可以用来应对以下挑战的一些战略选择:
● 课程研发与课程实施

课程研发与课程实施

挑战1:课程目标与课程内容的界定

　　在很多经合组织成员国中,由于各个利益相关者在课程目标和课程内容方面观点迥异,因此要明确界定出课程目标和内容是一大挑战。决策者,研究人员,早期教育与保育专业人士和家长都认为,设置不同的课程领域很重要,每一群体对早期发展都有他们自己的文化价值观和教育观念。

　　课程目标和课程内容详实度的界定是又一挑战。有些教职员工需要且/或更喜欢课程中包含明确、具体的教学指导和较为详实的课程,而有些教职员工则能够有效地实施非指令性的课程，这类课程可以灵活讲解，因地制宜地进行调整以满足当地需求和特定文化的需求，可以对儿童实行个性化教学。

　　此外，要做到课程目标和课程内容符合社会未来的整体需求也是一大挑战，特别是在社会不断变化发展的背景下，如移民日益增多，信息-知识经济蓬勃发展等。

制定明确的课程目标和指导原则

- 澳大利亚政府理事会于2009年7月颁布了《归属、存在和形成：澳大利亚儿童早期学习大纲》（以下简称《儿童早期学习大纲》），旨在协助教育工作者为婴幼儿提供各种学习机会以使儿童潜力得到最大限度发挥，并为将来学业上取得一定成就奠定基础。这样，《儿童早期学习大纲》就有助于实现澳大利亚政府理事会的教育目标："如果所有儿童都有一个最好的人生开端，这样他们就可以为自己和整个国家开创一个更美好的未来。"《儿童早期学习大纲》阐述了三大核心要素，即课程原则、教育实践和儿童成果，以帮助并促进0～5岁儿童的学习。它特别强调通过游戏的学习，也重视儿童沟通能力、语言能力（包括早期读写和数学能力）、社会发展和情绪发展的培养。总体说来，该大纲是按照《墨尔本宣言：澳大利亚青少年教育培养目标》来制定的。该《宣言》声称，澳大利亚所有的青少年都应当成为成功的学习者，自信而富有创造力，成为积极活跃和见多识广的公民。

- 苏格兰已经制定了《出生前至3岁：苏格兰儿童与家庭教育之积极成果》（以下简称《出生前至3岁》）。该文件体现了"卓越课程"（适用于3～18岁儿童和青少年）的原则和理念。《出生前至3岁》突出了家庭参与和社区参与的重要性。这两个课程文件都重在培养学生的四种关键能力：（使每一个年轻人）都成为成功的学习者，为人自信，敢于负责，积极奉献。"卓越课程"在教育过程中为儿童和青少年设计了体验内容，分为四大类：课程领域和科目；跨学科学习；民族精神与学习生活；成就个人发展的机遇。

- 在新西兰，针对新生儿到学龄儿童而设计的"Te Whãriki"（译者注：毛利语"编织物"）幼教课程特别重视儿童以社会为媒介和以文化为媒介的学习的关键作用以及儿童与周围的人、环境和事物之间交互响应的重要性。人际关系和快乐健康构筑了该课程的基本原则，同样还包括儿童赋权、全面发展以及家庭和社区的参与。该幼教课程采用了一种学习模式，将错综复杂的多元体验与意义模式交织在一起，并不注重培养儿童的各种分散技能。这一课程架构由四部分组成：（1）课程原则；（2）五个部分；（3）早期发展的目标；（4）关联实例——例证幼儿教育、学校生活与适用于各年级学校教育的《新西兰课程框架》之间的关联性。五大部分和儿童早期发展的目标相互关联，着重培养儿童的幸福感、归属感、儿童的贡献、沟通能力和探索能力。早期教育与保育体系内具有适宜于三种不同年龄群体的课程内容，即婴幼儿（0~18个月），学步儿（1~3岁）和幼儿（2.5岁至学龄）。课程框架中对每一年龄群体都有明确的儿童发展观。

- 2011年9月，爱德华王子岛（加拿大）引进了一部新的针对0至学龄儿童的《早期学习框架》课程。该课程：（1）明确阐明了儿童完全有能力促进自己的学习；（2）包括了一系列价值观和指导原则，认识到家庭在儿童全面发展和身心健康方面具有最为重要的作用；（3）在尊重该省内各个社区的多元性，认识到在这层关系中教育工作者在幼儿教育中的关键作用的同时，阐述了明确的学习目标。该《框架》支持爱德华王子岛提出的动议，形成了一个《早期学习社会生态体系》，在三大学习原则（即关系、环境、体验）的基础上，为教育工作者提供了指导教学实践的策略和思考。

- 韩国最新制定的 "5岁儿童通用Nuri课程" 主要有五大培养目标：（1）培养儿童基本的身体素质并养成健康安全的日常习惯；（2）儿童要学会在日常生活中与人沟通并形成良好的语言运用能力；（3）儿童要培养自尊心，学会与人相处；（4）儿童要培养美学兴趣，懂得艺术欣赏，表达富有创意；（5）儿童要怀有好奇心，不断去探索世界，教师要提高儿童在日常生活中运用数学和科学去解决问题的能力。这五大目标体现在下列五大领域内：体育与健康、沟通、社会交往、艺术以及自然探究。这五大领域又细分为20个科目，62个子科目和136个叙述翔实的课程内容／课程目标，这些都是要求5岁儿童应该学会和达到的课程内容／目标。例如，沟通领域包括4个学习版块：听、说、读、写。"说"又包括用词汇和句子来说话，描述个人情感、想法和经历。

- 爱尔兰 "Aistear" 课程框架是针对0~6岁儿童而设置的。该框架阐述了这个年龄段对儿童生命中具有重要影响的一些学习类型，并在此基础上对所有儿童设置了一些宽泛的学习目标。为实现这些学习目标，该框架运用了四个宽泛而又相互联系的主题：幸福感、认同感和归属感、沟通、探索与思考。每一主题都体现了儿童的一些重要品质、技能、态度与价值观、知识水平与理解能力。

- 意大利在2007年9月制定了国家《课程指导纲要》（*Indicazioni per il Curricolo*），用以指导幼儿学校（3~6岁）和义务教育第一阶段（6~14岁）的教学。该课程框架包括教学目标、教学内容、教学方法和教学实践以及学习、健康标准。该纲要也表明，教育机构应当要促进所有儿童的自我认同、自主性、素养、学习能力、身心健康以及公民的归属感。

- 在日本，《幼儿园学习课程》由三部分内容构成。第一部分是对课程的阐释和构想，第二部分论述了课程目标和课程内容。该课程着重培育儿童的情感、动机和态度并以此作为儿童发展的基础。课程目标和课程内容围绕着下列五大领域而展开：健康（身心健康）、人际交往、环境、语言和（情感）表达。课程中融入了这五大领域并在具体的教学活动中得以全面贯彻。第三部分阐述了幼儿园应该要思考的课程计划的发展要点。日本的日托中心则实施《日托中心国家课程》，分为七章：总则、儿童发展、幼儿教育内容、保育计划与评估、健康与安全、为父母提供指导以及员工培训。该课程侧重的五大领域与《幼儿园学习课程》完全相同。

- 2011年，马尼托巴省（加拿大）发布了《早期教育回报：马尼托巴省幼儿中心和幼儿园的早期教育与儿童保育课程框架》。马尼托巴省的这个课程框架支持该省的幼儿中心和幼儿园的教职员工去制定、阐述并改进他们的课程，这有助于教师去设计以游戏为基础的与发展相适宜的课堂互动、人际交往、学习环境以及学习体验，以便让所有儿童都能够充分发挥自己的潜力。

- 在德国，所有联邦州的课程中都蕴含了一个重要因素，即注重个人能力的发展，包括社会技能。社会化是所有联邦州课程关注的重点，旨在促进民主发展，促进儿童早期的社会发展和个人发展。儿童应该形成的学习能力也有助于促进儿童的社会化。所有课程都包括了某一特定年龄的儿童应该要实现的学习目标并说明了教师如何去帮助儿童实现这些目标。另外，整个德国境内的课程均含有促进了解跨文化知识并接受不同文化的内容，阐明了在幼儿教育方面该课程期望早期教育与保育员工以及家长所发挥的作用。

- 2004年，捷克共和国教育、青年与体育部针对早期教育与保育部门颁布了《教育课程框架》。该《框架》体现了学龄前儿童发展的最新研究成果，涵盖了五大领域：（1）儿童与身体；（2）儿童与心灵（语言和言语，认知能力）；

（3）儿童与他人；（4）儿童与社会；（5）儿童与世界。该《框架》为每一领域都设置了一个合适的教育课程（教学方法和学习方法），列出了一揽子预期成果以及可能会影响到教学效果和学习效果的一些障碍（风险）。在该《框架》的基础上，每个学校根据具体条件制定出自己的教育课程（自2007年9月始成为学校应尽的义务）。

- 比利时法语区议会正式通过了关于2.5～6岁儿童应该要掌握的核心技能和各种能力，所有课程都必须基于这些新标准来设置并需经过法语区地方政府的批准。另外，所有由教育部门及其代理机构制定的新课程都必须提交给由各地教育网和督察员组成的代表委员会审议之后，经教育部批准方可生效。专门针对0～3岁早期教育与保育机构并设有全国统一的这个年龄段儿童应具有的技能标准和能力标准，但是所有教育部门依法都要遵守《儿童保育质量法规》，该法规阐明了发展与健康的相关原则。每一保育机构均需制定一份保育计划以阐明该机构对《儿童保育质量法规》的遵守程度，这个保育计划也需要经过孕期教育与儿童早期教育办公室（Office de la Naissance et de l'Enfance——ONE）批准方可生效。

- 2008年，斯洛伐克共和国将1948年针对3～4岁、4～5岁和5～6岁儿童设置的三个课程合并为一个针对3～6岁儿童的课程。新课程对1948年以来的内容进行了一些修改，充实了教育和保育的内容，主要由四个主题构成：自我、民族、自然和文化。每一主题中均设置了儿童的认知能力、运动技能和社会情感技能。另外，课程中还确立了儿童升入小学前应达到的成就标准。

- 2002年土耳其确立了该国的学前教育课程，2006年又进行了修订，增加了课程内容实施和儿童发展评估的指导和说明，对课程目的和目标也进行了修订，进一步明确了课程目标——提高入学准备度。另外，家庭参与也纳入了课程框架中，旨在提高儿童的发展水平。

- 瑞典已经修订了该国的学前教育课程，并于2011年7月开始生效。修订版的课程中不仅阐明了语言与交流、数学、自然科学与技术等科目的教学目标，强化了学前教育的教学任务，而且还新增加了对儿童随访、评估和发展的章节以及幼儿园领导的责任这一章节，更新并修订了课程指导方针，明确了幼教人员的职责。从教育理念上讲，该课程的教育观认为儿童是有能力的学习者、积极的思考者和专注的行动者。早期教育与保育教育计划中课程开发和实施的基础就在于能够很好地把培养儿童的民主价值观、持续学习能力和持续发展的目标与儿童的体验、在团体学习中的发展以及教学中保育和游戏的重要性结合起来。

- 在挪威，幼儿园的培养目标就是要保障儿童保育和游戏的需要，促进儿童学习，造就儿童个性，以此作为儿童全面发展的基础。为了便于幼儿园制定一个多样化综合性的教学计划，幼儿园的教学内容分为七个学习领域供孩子们去体验、探索和学习：（1）沟通、语言和文字；（2）身体、运动与健康；（3）艺术、文化与创造；（4）自然、环境和技术；（5）伦理、宗教和哲学；（6）当地社区和社会；（7）数字、空间和形状。每一学习领域内容广泛且相互联系。教师可以自由地选择教学方法来培养儿童的好奇心、创造力和求知欲。该教学计划的教学目标表明了儿童要学习的内容，对教学计划的评估重点放在教师的教学方法上而不是儿童的个人表现。

- 斯洛文尼亚在《幼教机构国家课程（1999）》中设置了明确的培养目标和教学原则，强调了民主、多元文化和多元性的重要性。该课程设置了六个活动领域：运动、语言、艺术、自然、社会和数学。另外，对不同年龄层的儿童所进行的活动也给出了范例，确定了教师的职责。该课程框架开放，旨在确保所有儿童都有平等发展机会、尊重个体差异、促进儿童早期学习和个人发展，但并没有制定出儿童要达到的发展水平或学识目标。教育体育部对国家课程制定了补充文件，如《对罗姆族儿童教育的课程补充》。该《课程补充》在推动罗姆族儿童的发展、促进沟通、与罗姆族儿童家长构建合作伙伴关系等方面所采用的具体教学方法提供了指导和建议。《民族混合区幼教机构的课程补充》中添加了针对生活在民族混合区（如匈牙利人和意大利人混合居住的地区）的儿童如何开展的学习活动的一些范例。《课程计划调整建议及对有特殊需求的学龄前儿童的附加帮助》文件着重阐述了针对有特殊教育需求的儿童所采取的某些教学原则。

- 英格兰（英国）在《早期教育基础阶段实践指南》（*Practice Guide for the Early Year Foundation Stage*）中详细阐明了不同年龄段的儿童要达到的预期目标。这些目标与儿童的年龄水平相适宜，以适合儿童的发展阶段。《早期教育基础阶段实践指南》中分别为0～11个月儿童，8～20个月儿童，16～26个月儿童，22～36个月儿童，30～50个月儿童以及40～60个月以上的儿童设置了预期学习目标，分为六大类：性情特质与态度、自信与自尊、人际交往、行为与自制、自理能力以及社区意识。《早期教育基础阶段》目前正在基础阶段的审查建议基础上进行修订。根据这次审查结果，更换了一些学习领域，减少了幼儿学习目标的数量，满足了幼教员工和其他利益相关者在实施课程时的需求。

- 2008年波兰最终修订的"核心课程"规定了其学前教育的主要的培养目标[3]，其总体教育目标是通过15个指定领域内的教育活动来贯彻实施的，每一领域都详细设置了儿童在学前教育结业前应取得的学习成果。该课程没有设置具体的教学方法，但突出了基于游戏学习和户外活动的重要性。修订版的课程虽然要求儿童应具有读写准备（阅读和写作准备），但是在学前教育中至少有五分之一的时间应该用于游戏活动，另有五分之一的时间用于户外活动。另外，学前教育水平与小学教育之间的衔接也备受关注。

- 2008年，爱沙尼亚共和国政府正式批准了新修订的学龄前儿童保育机构使用的国家课程。该课程是在1999年实施的学前教育框架课程基础上修订的。新课程不同于旧课程之处就在于它正式确立了"学习"的概念。新添加的"学习"概念强调不拘一格，新课程的关注点是儿童而不是教师：儿童是教育和学校活动的积极参与者，教师是环境的营造者和儿童发展的支持者。在幼教机构的运作中，教师与员工间的合作以及家长的参与都极为重要，有助于营造有利于儿童发展的成长环境和学习环境。国家课程阐述了学前教育的教育目标、教育原则、教学活动、总体预期技能（游戏、认知和学习能力、社会技能和自我管理的能力）以及在教育教学活动的七大领域内儿童要达到的发展水平：自我与环境、语言与言语、爱沙尼亚语作为第二语言学习（从3岁开始学习，所有在家中不使用爱沙尼亚语交流但会用爱沙尼亚语或其他语言对儿童进行教导的家庭中的儿童都应把爱沙尼亚语作为第二语言来学习）、数学、美术、音乐及运动。

发展标准或能力目标的制定

- 在荷兰，阿姆斯特丹大学制定了儿童的学习目标。在此基础上，国家课程开发专家中心（SLO）现在正在制定学前教育结束时（4 / 5岁）和学前教育第二年即义务教育的第一年结束时（5 / 6岁）儿童应达到的能力水平和能力指标。目前，语言能力目标已经确立，包括三大具体模块：口语技能、阅读素养、语言意识与沟通。其他规划模块还有数学及社会情感发展。一些教学活动参考也将补充到这三大模块中去。

- 新西兰实施的Te Whãriki课程由五大部分组成，即幸福感、归属感、儿童贡献、沟通能力、探索能力，每一部分均设置了"品质"，也叫学习成果。这些"品质"是激发出来的而不是教出来的。每一部分都阐述了知识、技能和态度，给出了儿童体验范例，以帮助实现这些成果。由于课程强调社会交往和个人幸福，因此交往和幸福感成为了学习成果的评价依据。学习成果的范例有：自信与情感需求的表达能力；健康知识；为个人和他人谋幸福的责任感。

- 弗兰德斯（比利时）教育部已经制定了幼儿的发展目标。这些目标在1997年5月27日颁布的《弗兰德斯政府令》中确立下来并在1998～1999学年开始实施。这些目标是政府规定儿童需要达到的最低要求，涉及政府当局所认为的2.5～6岁儿童理应具有的四种素养，即儿童的知识面；洞察力；技能和态度。

- 苏格兰（英国）在"卓越课程"中明确规定了儿童在不同教育层次上应该了解的知识和亲身体验的内容。成果目标和体验活动是在八个不同的科目领域基础上设计的，包括表现性艺术；健康与幸福；语言；数学；宗教和道德教育；科学；社会学科以及科技。总体说来，对不同年龄段的儿童所设置的成果目标和体验活动各不相同，体现了每个儿童应该具有的品质和能力。

- 英格兰（英国）在《早期发展基础阶段》中为儿童设置了六个领域的能力目标：个性发展、社会性与情感发展；沟通、语言与读写能力；问题解决、推理和数学能力；了解世界、认知世界；身体发展与创造性发展。《早期发展基础阶段》在结尾处根据儿童在接受小学教育前应该了解的知识和能够做到的事情对每个领域都进行了阐述。目前正在对学习领域进行修订，2012年9月开始实施。

- 葡萄牙教育部正在为学前教育（3～6岁儿童）制定《儿童学习成果》。学习成果是以儿童成果的方式进行界定的，被公认为是儿童能力的证明。这些成果可以用来作为教师日常工作的辅助手段。《学前教育框架法》阐明了学前教育的总体目标。

- 澳大利亚在儿童成果基础上制定了《儿童早期学习框架》，其目标是为了培养所有儿童的整体综合学习能力，包括下列五大成果目标：儿童应（1）具有强烈的认同感；（2）能够接触社会，贡献社会；（3）有强烈的幸福感；（4）做事自信，学习专注；（5）善于沟通。

- 新加坡制定了儿童在完成早期教育与保育课程时应取得的预期成果。比如，《幼儿学习：新加坡幼儿园课程框架》在总体上规划了幼儿园教育结束时儿童应具有的能力：（1）能够判断是非；（2）乐意与他人分享、轮流活动；（3）能够向他人陈述自己的观点；（4）富有好奇心，乐于探索；（5）听和说具有一定的理解力；（6）身心愉悦；（7）身体协调能力好，养成健康的生活习惯；（8）爱家人、爱朋友、爱老师、爱学校。

- 爱尔兰颁布的《幼儿课程》（《小学课程（1999）》中的部分内容）中设置了课程内容目标，用来指导儿童在小学教育中最初两年里（4～7岁）的学习，内容目标重在培养儿童的技能、态度与价值观、概念、知识与理解力。

- 爱德华王子岛（加拿大）制定的《早期学习框架》中包含了学习目标，主要集中在培养儿童学习品质与态度而不是各个分散的技能，总体说来有四大学习目标：（1）幸福感；（2）探索与发现；（3）表达与沟通；（4）社会责任与个人责任，每一目标都明确阐述了0岁到学龄儿童要达到的具体目标。这种方案更符合该省的"21世纪教育"原则。

课程审查／课程分析：提高适切性

- 韩国自1969年《国家幼儿园课程》第一版实施以来，已经常规性地对该课程进行了七次修订——每一次修订都基于最新研究成果。每次课程修订时，教育部都会委托一个由专家和教师组成的委员会进行课程修订调研。《国家幼儿园课程》在2010年调研基础上更注重培养儿童的创造力和品格教育。2007年首次颁布实施了0～4岁儿童使用的《幼儿保育标准课程》。为了提高日托儿童保育服务质量，根据家庭需要错开日托中心的开放时间，增强了儿童保育和基础教育之间的衔接，该课程在2010年又作了修订。历次课程修订都是在最新研究结果基础上进行的，这样才能满足不断变化的家庭和社会需求。修订版课程已于2012年颁布实施。另外，2011年9月，教育科技部与卫生福利部共同制定、颁布了"5岁幼儿通用Nuri课程"（Nuri韩语意指"世界"），这个通用课程可以提高儿童保育和儿童教育的适切性。

- 在苏格兰（英国）的早期教育与保育的员工认为先前3～5岁和5～14岁儿童使用的课程描述性说明过多，很难做到课程本土化，因此，重新修订了课程。修订版的课程可供3～18岁儿童使用，减少了描述性的成果目标和教学做法。

- 英格兰（英国）的一些早期教育与保育工作人员认为《早期发展基础阶段》课程中指令性说明过多，缺乏足够的创新空间。因此，2010～2011年间对该课程进行了审查，以期使课程框架简单明了、通俗易懂，少用一些指令性说明。本次审查也建议对《早期发展基础阶段》进行修订，以便于家长使用，促进教师对进步过于缓慢的儿童采取相应措施。

- 2006年土耳其课程修订过程中，学前教育总指导委员会汇报了所有专家和教师的反馈意见。土耳其对现行的学前教育教学实践和先前历次修订的小学教育课程都进行了审查。对其他国家的课程也进行了分析，在这些审查和分析结果的基础上对课程框架作了进一步修订。

- 瑞典审查并修订了学前教育课程，以改进、更新其1998年实施的早期教育与保育课程。修订版课程将于2011年7月生效。修订后的课程明确了语言与沟通、数学、自然科学与技术等领域的目标，强化了学前教育的教学任务。此外，课程新增了一个章节，包括随访、评估和发展等；新增另一章节，阐明了幼教机构领导的责任。

- 爱尔兰在制定的通用课程框架（0～5岁儿童使用）前，优先审查了因内容庞杂、游戏匮乏而受到批评的《幼儿课程》（适用于4～5岁儿童）。

- 为了把课程研究与课程改革衔接起来，日本成立了由外部专家组成的理事会来审查幼儿园教育标准和托儿和保育的标准。根据审查结果，必要时对课程进行改编。《日托中心国家课程》1965年颁布实施，2008年进行了最新修订。修订版的课程明确阐明了卫生劳动福利部颁布的最低目标标准，并对课程内容作了概括说明（第7～13章）。

- 在对学前教育的现状和世界发展趋势认真分析后，并在国际组织和欧洲理事会的建议下，斯洛文尼亚对1979年实施的《教育方案：学前儿童的教育与保育》进行了修订。先前的课程太过严格，1999／2000年实施的新课程注重学前教育中不同教学方法之间的关联，更具灵活性，并指出在教学中应当考虑到儿童年龄组的多样性。

支持地方构建当地课程

- 荷兰并没有统一的国家课程，每个幼教机构都可以设计自己的课程。政府为幼教中心推荐一些国家认可的课程框架。政府推荐的课程都已经过试点推行，认为可以有效激发儿童早期发展。幼教中心可以使用政府推荐的课程，也可以自行设计课程。在荷兰，许多早期教育与保育机构会选择自行设计课程框架，框架内可以包括最符合本地情况的不同课程元素。

- 澳大利亚制定的《儿童早期学习框架》是用来指导幼儿教育工作者开发有效的课程。经过一段时间的熟悉之后，每个幼教机构都有望结合自己独特的教学环境，制定自己的《框架》实施策略。

- 在苏格兰（英国），教职员工可以制定自己的课程来满足当地需求或者特殊发展需求。与先前课程相比，"卓越课程"细节性的内容少了，指令性的说明也减少了，因此，幼教中心可以在此基础上构建自己的课程。"卓越课程"为教师和其他员工提供了专业空间，以满足所有儿童和青少年的各种不同需求。

- 弗兰德斯（比利时）幼儿教育的培养目标虽然对儿童应掌握的知识技能规定了最低要求，但并没有说明其实现方式。学校可以自由设计并选择课程。课程通常由学校理事会或学校的下属教育机构开发，然后由教育督学会进行评估，经教育部审批之后学校方可使用他们自己开发的课程。

- 根据挪威的《幼儿园法案》，幼儿园负责人可以对《幼儿园国家框架规划》进行调整，以适应当地的具体条件。由员工、家长和负责人组成的幼儿园统筹委员会必须对幼儿园的教学活动制定一个年度计划。教职员工需要在《幼儿园国家框架规划》《框架规划本土化》以及年度计划基础上开展课程教学。

- 在"Te Whāriki"幼儿课程的基础上，新西兰每个早期教育与保育幼教机构都制定了自己的课程来满足本地儿童、家庭、特定环境和当地社区的需求。所有课程都应在幼儿课程的原则基础上依据课程领域内容和培养目标进行规划设计。设计"Te Whāriki"课程是为了使之适应当地条件，满足儿童特殊需求。此外，每个课程都应包括毛利语言和文化，以促进幼儿对本土文化的了解和尊重。因此，"Te Whāriki"课程运用双语编写，保存了毛利的语言和文化。

- 韩国每个省市的教育机构都可以根据本地的具体需求自主实施《国家幼儿园课程纲要》。根据该《纲要》的要求和幼儿园的实际需求，每个地区的教育支持机构需筹备以实践为导向的指导材料供幼儿园使用。然后，每个幼儿园根据自己的教学条件和具体需求组织实施课程。

- 瑞典的幼教中心可以依据1998年国家课程（Lpfö）中制定的原则自行设计当

地的课程和教学方法。全国早期教育与保育课程规定了总体目标和指导原则但并没有阐明其实现方式。

- 德国联邦政府没有制定适用的课程：每个联邦州都制定了自己的课程框架。各个联邦州都鼓励本州的早期教育与日托中心和机构去修订本州的课程框架，以满足他们自己的需求以及在他们幼教中心学习的儿童的需求。但是，如果幼教中心根据自己的需求修订了课程框架，那么该修订的课程应该以本州的课程框架为依据，并明确注明已经参考了本联邦州课程框架的相关内容。

- 意大利的每个幼教机构都应该依据《国家课程说明》确定的培养目标来制定课程。教师可以起草课程，称之为《教学提议计划》，内容包括每一科目的教学活动、教学用具、教学日程表以及评估程序等。由于早期教育与保育幼教中心可以制定自己的《教学提议计划》，他们的教学计划就能够符合当地社区的需求，时间安排上具有灵活性，能够满足移民儿童和家长的需求。每个教学计划必须先呈送给儿童家长和社区审阅，征得同意之后方可正式实施。

- 西班牙的幼儿课程包含总体指导方针，这种方式可以使教职员工对课程和教学进行调整，以符合当地环境和所在社区的特点。他们可以制定并改进教学课程以满足儿童的需求，使之符合当地社会文化的特点。

- 爱尔兰制定的Aistear不是一个指令性课程，也不局限于某一特定教学法。该课程可以在地方层次上进行修订，以支撑各种不同类型教学环境下的教学实践，与此同时，该课程还提供了一系列学习目标来指导处于各种教学环境下教学工作者的教学和儿童的活动。

- 日本的《幼儿园学习课程》的标准只是一个总体概要，因此，每个幼儿园都可以创造性地制定实施自己的课程来满足儿童身心发展的实际需求，满足本地区或幼儿园自身的需求。

- 墨西哥教育部制定了一个课程框架大纲作为课程框架开发指南。每个幼教机构都可以依据这个指南来制定课程，满足自己的教学需求。这有助于幼教机构制定一个适合本地儿童、家长和社区需求的优质课程。

- 美国的各个州都会制定本州的《儿童早期学习和发展标准》。每个州制定的课程目标、指导方针或发展指标都体现了本州的法律以及本州的需求和期望。大多数早期教育与保育幼教机构，有些是私立机构，并没有强求使用《儿童早期学习和发展标准》，但是州政府会发行纸质版和电子版的《儿童早期学习

和发展标准》，促使处于各种不同教学环境下的幼教机构意识到该标准的存在
并自愿使用它。

- 波兰的学前教育机构可以在"核心课程"的基础上制定自己的课程。"核心课程"设置了总体培养目标、儿童学习成果要求和指导方针，但没有规定明确的教学方法。幼教中心的课程必须确立教学目标以及用以实现这些目标的教学方法。同时要制定一种方案，以便对儿童完成学前教育后的入学准备进行评估。教师可以独立开发或团队开发自己的课程，也可以使用他人研发的课程。但所选课程必须经过教师董事会研讨，然后经幼儿园负责人批准之后方可使用。

让利益相关者参与课程设计

- 在澳大利亚，早期教育与保育机构和儿童发展组织均参与了课程设计过程，这样就可以确保不同的观点和文化价值观都能反映在课程中。遍布全国的网络也会适宜地为幼儿教育工作者提供帮助和培训，大学和继续教育机构在引进《框架》课程方面也达成了一致。

- 苏格兰（英国）的"卓越课程"是在苏格兰不同教育机构间已有的良好教学实践基础上构建起来的，详细阐述了研究成果和国际对比，认可了在儿童培养过程中教师的敬业精神。从2002年"全国教育大辩论"起一直到教育体验和教育成果出版的起草和筹备，整个过程都汇集了教师的智慧和专长。开发团队的主要责任之一就是要确保他们能够合理利用来自幼教机构、学校、大中院校等一切学习场所中广大教职员工所提供的专业知识和建议。他们可以采用会议、组织活动、研讨会和专题讨论小组的形式来集思广益，对良好的教学实践开展个案研究，与学科网络和其他专家论坛保持联系。苏格兰学习及教学机构是一个非政府部门公共机构，它以草案的形式刊发了人们提议的教学体验和教学成果，供教学从业人员和更大范围的利益相关者进行评论，从草案完善过程一直到出版这段时期还有更多参与活动。

- 在韩国，不同的利益相关者都参与了课程的修订工作，表达了不同的观点和需求。通常一个课程开发／修订团队是由20～30位专家组成，包括学术协会的代表。他们从事研究的目的是为了与150～200人的商讨会或工作组（包括教授、研究员、部门主管、早期教育与保育从业人员、小学课程专家等）一

起合作，制定出指导方针、课程目标和课程内容。课程设置过程中还会对教师和家长进行全国性的民意调查，以了解他们的观点和需求。课程框架和细则在一系列研讨会和公众听证会之后才能最终定稿。国家通常利用三年的时间来修订课程并试点推行，之后才会正式实施修订版课程。在制定"5岁儿童通用Nuri课程"时，来自幼儿教育机构和儿童保育机构的利益相关者以及部级官员组建了一个专门工作组，共同设计课程，制定课程内容。

- 芬兰成立了一个督导委员会以及由政策决策者和儿童早期教育与保育机构代表组成的工作委员会，讨论并确定儿童早期教育与保育课程的内容。许多儿童早期教育与保育专家也应邀参与这项工作并对草案大纲发表见解。

- 瑞典政府正式委托国家教育署对现行使用的课程起草修订方案，之后教育部成立一个协商小组进行商讨，该协商小组是由来自大学（研究人员）、市政当局（学前教育主任）、工会等部门的代表以及幼教领域的其他利益相关者组成的。研究人员提供咨询意见，并对草案进行评论，他们的见解将纳入修订版的提案中。

- 卢森堡成立了一个督导委员会来监管课程的所有修订内容。该委员会把各个相关利益团体和他们的代表召集起来，相互分享观点、交流最佳教学做法和教学体验。课程修订时他们的交流意见和观点将会考虑在内。

- 2004年9月，西班牙教育科学部开展了一次教育公开辩论活动，探讨教育体系中存在的难题并对其解决方案取得一致意见。这次辩论维持了六个月，一些主要利益团体对各种不同观点和想法陈述了利弊。自治区（地方政府）和学校委员会组织机构也应邀参加并发表见解。普通民众和其他利益协会也可以向教育科学部献计献策。达成一致意见之后便展开了一场媒体攻势，以便让公众和西班牙教育系统的工作人员都熟知这部正式批准的《教育组织法》。

- 2005年挪威针对幼儿园教育制定了一部新的立法。这部新法案的基本宗旨就是为了提高幼儿园教育质量，增强儿童的参与权并对幼儿园教学内容进行了更新和拓展。新法案为《框架规划》的修订提供了先决条件。教育部成立了一个主要由研究人员和幼儿从业者组成的工作组，依据教育部的授权起草一个课程修订计划。修订工作结束后，教育部对方案举行公众听证会，之后以法规的形式确立下来。听证会包括儿童早期教育与保育领域内的所有利益相关者，如机构举办者、家长、教育工作者、研究人员以及各个级别的部门、组织和行政机构。最近新成立了一个公共委员会，对儿童入学前在幼儿园里应该体验到的内容提供咨询。该委员会的主题报告需提交到公众听证会上进行听证，在将来对《幼儿园课程内容和活动任务框架规划》进行修订时以供参考。

- 在卢森堡，新课程重在培养儿童能力，其制定过程具有参与性特点。2006年12月，有关儿童在四个基本教育阶段结束后必须要掌握的跨学科技能的第一版课程发放到了所有从事学前教育和小学教育的教职员工手中进行审查。教师应邀对草案发表见解并对草案中规定的儿童能力目标要求的可行性进行探讨。在地区审查会议上，教育部部长会亲自约见教职员工，倾听他们的观点和见解，修订文件时他们的观点将会作为参考。

- 葡萄牙为3～6岁儿童制定的课程纲要是在从事学前教育的教师和研究人员当中进行广泛的磋商的基础上形成的。在经历了一个长期的讨论过程，筹备了三个草案之后，官方的《学前教育课程纲要》才正式颁布。第一个草案是由机构部门一起研讨分析的，如地区教育理事会、教育督查总署、职前教师培训学校、教师协会、教师工会、私立教育机构协会以及家长协会。第二个草案是在机构部门达成的意见基础上形成的，分发给由幼儿教师组成的各个讨论小组供其评论。评论之前，教师需要先将提议纲要运用到教学中。教师的评论内容将纳入《学前教育课程纲要》的最终版本中。葡萄牙在为0～3岁儿童制定课程纲要的过程中参照了3～6岁儿童使用的课程纲要。相关利益团体包括地方当局、儿童早期教育与保育员工、教师与家长协会以及研究人员均参与了课程设计。在2011年6月举办的论坛辩论中，利益相关者对0～3岁儿童使用的课程纲要中应该包含哪些内容以及如何实施这些内容展开了讨论。

- 斯洛伐克共和国教育、科学、研究与体育部委派国家教育协会（部级机构）进行课程设计，该协会随后组织了儿童早期教育与保育专家来设计课程。国立学校督查组和大学机构在课程设计过程中也发挥了重要作用，他们与儿童早期教育与保育专职人员展开了广泛的讨论。

- 在各个幼教机构课程开发的经验基础上，结合新西兰过去二十年间在儿童发展方面取得的研究成果、相关国际文献和达成的共识，新西兰政府制定了"Te Whāriki"课程。课程草案修订时参考了来自包括儿童早期教育与保育员工、地方当局、研究人员和家长在内的不同利益相关者对草案文件的反馈意见。该课程也可视为探索性研究的成果。

- 2006年，土耳其修订了学前教育的课程。由国内外专家、学前教育指导委员会的主管部门、幼儿园园长和幼儿教师组成的修订委员会对课程开展了修订工作。

- 2011年，爱德华王子岛（加拿大）成立了一个由利益团体组成的咨询委员会来监管《早期学习框架》的开发工作，这是为出生到学龄儿童制定的儿童早期发展的新课程。

- 在美国，《儿童早期学习与发展标准》是由各州来制定。修订过程中通常会参考来自儿童早期教育与保育社区不同利益团体的反馈意见。

挑战2：课程与儿童连续发展的关联性

一些国家实行儿童保育和早期教育相分离的体制，分别由不同部门进行管理，因此，要确保儿童从出生到小学教育能够持续发展是一个重大挑战。在这些国家里，往往没有专门为0~3岁儿童设置的课程，即使有，也往往不能与3~6岁儿童的课程紧密衔接。这种分离体制的合理存在通常是因为儿童保育和早期教育这两个部门存在差异，如历史渊源不同，培养目标和内容重点不同。

确保从早期教育到小学教育的平稳过渡也是一大挑战。在早期教育教学环境下和在义务教育中，儿童往往会体验到不同的教学方法和教学惯例。

使课程具有更宽泛的质量目标与教学评估

- 在澳大利亚，早期教育与保育的教育课程与教学实践，包括《早期教育学习框架》的实施，是《国家质量框架》设定的"国家质量标准"之一。儿童早期教育与保育条文规定是在课程教学的基础上进行评估的，应该符合《国家质量框架》设定的更为宽泛的质量目标。这就保证了不同部门和辖区之间能够实施全国统一的高质量的早期教育课程与教学。

- 弗兰德斯（比利时）制定的幼儿教育发展目标成为当局衡量教学质量的依据。在对学校进行审计时，教育督查依据学校情况和儿童群体特点来衡量这些目标的实现情况。

- 挪威、瑞典和苏格兰（英国）的幼教课程均符合国际公约的要求，如《联合国儿童权利公约（1989）》。在苏格兰，这些权利也是《0~3岁幼儿教育国家

指南》确立的四大关键原则之一。挪威的法律体系（《幼儿园法案》与《幼
儿园课程内容和活动任务框架规划》）规定了幼儿园教学质量的预期目标，
其中包括学习条件和儿童的幸福感。《幼儿园法案》的一个章节中写道："幼
儿园的儿童……有权利对幼儿园的每日活动发表看法。"在随后的《幼儿园
框架规划》中也体现了儿童的权利。儿童被看作自己权利的主体或代理，在
形式多样的沟通中应该受到尊重。

- 英格兰（英国）实施的《早期发展基础阶段》是一个更为宽泛的儿童保育行
  动计划中的一部分，提出了对儿童实施有效的早期干预方案来解决儿童成长
  中的突出问题，并为亟须指导的家长提供帮助。

- 爱尔兰制定的《早期教育国家质量框架》（Síolta）由三个各具特色的独立部
  分组成。该《框架》第一部分阐述了儿童早期教育与保育机构教学质量评定
  的国家标准；第二部分是《早期教育课程框架》（Aistear）；第三部分是评估
  内容，提供最新信息，保持Síolta的动态发展以充分满足儿童早期教育与保育
  机构、儿童和家庭的实际需求。

采用幼儿教育和幼儿保育相结合的课程

- 韩国制定的"5岁儿童通用Nuri课程"又称"Nuri课程"，已于2012年2月颁布
  实施。"Nuri课程"着重把两个分散的幼儿园课程和幼儿保育课程合而为一，
  这样可以为接受两个课程教育的儿童提供良好的儿童早期教育与保育机构的
  教育质量。该课程重在培养儿童的幸福感、安全意识、游戏活动和公民归属
  感，而不是儿童的认知活动和学业知识。课程包含五大发展领域：运动技能
  与健康、沟通、社会交往、艺术和科学。另外，该课程通过儿童的整体发展
  来培养儿童的创造力，并与小学（一二年级）课程接轨。韩国举办的公众为
  课程征名比赛提高了人们对新课程的公众认识。

- 澳大利亚的《归属、存在和形成：澳大利亚早期教育学习框架》是面向0～5
  岁儿童制定的课程，也是向义务教育过渡阶段所使用的课程。

- 新西兰的"TE Whāriki"课程是针对0岁到学龄儿童而设置的。但是为了确
  保课程框架内容适合各个年龄段儿童，早期教育与保育课程内容又细分为
  三部分，供三个不同的年龄段的儿童使用：婴幼儿（0～18个月），学步儿
  （1～3岁）和幼儿（2.5岁～入学年龄）。

- 英格兰（英国）为0~5岁儿童制定的《早期发展基础阶段》课程取代了先前不同年龄段的儿童使用的三个课程框架（《基础阶段课程指南》《0~3岁：关键阶段》《8岁以下儿童国家教育标准》）。

- 西班牙为0~6岁儿童制定了一个课程框架，为了使课程内容适合不同年龄段的儿童，该课程又分为两个发展周期的内容，分别适用于0~3岁和3~6岁的儿童。这两个发展周期的课程领域大致相同：（1）自我认识与自主性；（2）环境认知；（3）语言发展：沟通与表达。这些领域会根据儿童的年龄和发展水平进行调整。

- 日本正在校准《日托中心国家课程》的内容和培养目标，使之与《幼儿园学习课程》的内容和目标保持一致。这两个课程框架修订之后将会更加连贯，从而确保儿童能够从日托中心向幼儿园顺利过渡。

- 葡萄牙打算为0~3岁儿童设计课程纲要，结合现有的3~6岁儿童使用的课程框架，确保儿童的连续发展。

课程与其他教育水平的课程相结合

- 南澳大利亚（澳大利亚）政府制定了一个课程框架，供0~18岁儿童和青少年使用。巴登-符腾堡州、巴伐利亚州、黑森州、梅克伦堡-西波美拉尼亚、北莱茵-威斯特法伦州、萨克森州以及图林根州（德国）为0~10岁儿童制定了一个课程框架，黑森州正在考虑拓展课程框架，使课程内容一直适用到18岁青少年。汉堡州、莱茵兰-普法尔茨州以及石勒苏益格-荷尔斯泰因州（德国）已经将早期教育与保育课程跟小学教育和初中教育课程结合起来了：他们的课程适合0~15岁学生使用。

- 瑞典致力于促进0~20岁的学生能够在相同原则和价值观的指导下保持学业连贯性，这些原则和价值观有：民主精神、人的生命不可侵犯、个人自由为人正直、人的平等价值、男女平等、扶助弱者、爱护环境。

- 苏格兰（英国）的"卓越课程"是针对3~18岁儿童和青少年制定的课程，这个课程取代了3~5岁儿童和5~14岁儿童使用的两个课程，以确保儿童的持续发展。此外，"卓越课程"是儿童在0~3岁的关键时期里，在新版《出生前至3岁幼儿教育国家指南》课程指导下所形成的学习基础上制定实施的。

- 在美国既没有国家标准也没有国家课程，但在每个州都有自己的幼教标准和幼教课程。美国所有50个州外加上哥伦比亚特区都为学前儿童（3~5岁）制定了本州使用的《早期学习与发展标准》，其中有24个州已经制定了或者正在制定《早期学习与发展标准》来指导婴幼儿和学步儿（0~3岁）的成长发展。各个州通过使用《早期学习与发展标准》，结合《K-12通用核心标准》，确保儿童在学前教育中所掌握的各种技能与他们从幼教机构过渡到幼儿园，在升入小学一年级和更高年级时期望取得的深层能力发展之间保持连续性。

- 新西兰的"Te Whãriki"课程与该国学校教育中使用的《课程框架》相互衔接。学校课程中的原则同样也体现在"Te Whãriki"课程中。早期教育与保育课程中的每一部分（幸福感、归属感、儿童贡献、沟通与探索）都与学校课程中的学习领域和技能相关联，从而使儿童能够从幼儿教育向小学教育顺利过渡。

- 2009年，卢森堡在基础教育的几个阶段中实施了重在培养学生能力为目标的新课程方案。该课程确立了学前教育（3~4岁儿童）、小学教育和中学教育学生需掌握的核心技能，包含了基础教育的四个学习阶段中学生要形成的能力并对其实现途径提供了范例。

- 葡萄牙教育部正在制定《各个教育层次学习成果》，旨在使不同教育层次上的学习成果具有衔接性。虽然教育部并没有强制要求各个学校来实施这些学习成果，但还是期望教师、儿童、学生和家庭能够开始利用这些成果，并作为一种实用工具来实施课程，促进儿童早期发展。

- 挪威为幼儿园、学校和职业培训机构最新制定的专用条款具有相同的内容结构，表达了相同的价值原则。这一举措有助于更好地促进幼儿园、学校和培训机构之间的教育衔接。该专用条款仍然能够反映出幼儿园教育的独特性。挪威政府还把《早期教育与保育课程框架规划》与《挪威小学课程》很好地衔接起来了。由于儿童早期教育与保育跟小学教育的科目很相似，所以幼儿教育与小学教育的学习领域在很大程度上是一致的。

- 在弗兰德斯（比利时），幼儿教育和小学教育设置的各种不同科目的课程目标相互关联，其中有五门科目是完全相同的。这提高了透明度，促进了儿童在幼儿园和小学间的连续发展。

- 在爱尔兰、荷兰、瑞典，幼儿教育往往是小学教育的一部分。在荷兰，四岁儿童的学前教育是免费的，而幼儿园的义务教育则是从五岁开始的。

- 在瑞典，儿童从3岁开始接受学前教育，每年可免费提供525个学时，但是义务教育则是从7岁开始的。

挑战3：对课程框架的普及与沟通

许多国家着手制定一门新课程或修订一门课程时，总会感到很难使早期教育与保育员工和儿童家长充分了解课程。早期教育与保育专职人员意识不到课程在哪些方面可以帮助他们确保并促进儿童发展，也缺乏相关知识。对于具有较低资质或在偏远地区工作的专职人员来说，这种情况更为突出。

同样地，家长也没有足够的兴趣通过了解课程目标和课程内容来了解孩子在早期教育与日托中心的活动内容。对于社会经济地位低或文化程度低的移民家长和家庭来说，这种情况更为突出。

国家政府、地方政府和早期教育与保育员工之间，或者教职员工与儿童家长之间缺乏定期交流也是造成课程难以普及的关键因素之一。

通过研讨会和会议的形式让利益相关者了解课程变化

- 在意大利，教育、大学与研究部（MIUR）负责将课程变动下达给地区学校办公室（部级）的主要负责人。该部将课程变化通知到督导员，督导员再将课程变化下达给校长和教师，通过组织国家研讨会的形式向校长和教师们讲解主题领域的课程变化。部级网站上也会张贴出课程变化，相关阐释说明也会以电子邮件的形式发送给教师。
- 修订版的《国家幼儿园课程》和《儿童保育标准课程》正式公布前后，韩国政府都会举办大型的公众听证会和研讨会，让众多利益相关者包括地方政府官员、在职教师培训师、大学教授以及幼儿园与幼儿日托中心协会的代表们了解课程变化并就此展开讨论。省、市级教育局和儿童保育信息中心也会组织会议、研讨会和专题讨论会，向地方教师和负责人传达课程变化情况。
- 苏格兰（英国）通常以会议、组织活动和研讨会的形式告知早期教育与保育教职员工有关课程变化事宜。幼教机构则举办家长会，以PPT演示（由苏格兰教与学机构制作）的方式向家长讲解"卓越课程"。
- 瑞典政府委托国家教育署负责课程修订工作。国家教育署则组织市级管理部门和幼教机构负责人召开会议，向他们传达课程修订事宜。

- 在卢森堡，督查协会在课程实施过程中至关重要。该协会依法有责任确保教育要遵循法律法规。该领域内的相关人员了解课程变化的主要策略就是要求即将实施新文件和新课程的部门代表必须要与督查人员一起参加地区会议。在地区会议上，新课程将予以公布并加以说明，各教育机构也将获知相关的法规要求。

- 墨西哥教育部与早期教育与保育机构举办会议，组织专题研讨会、论坛和代表大会来说明课程的修订情况。教育部也会组织实地参观，通知幼教机构和教职员工有关课程变化的情况。

- 日本通过组织简要发布会的形式向所有市府、县府负责幼儿教育的管理部门告知课程修订情况。

通过书面推广形式与教职员工交流沟通

- 爱尔兰把《婴幼儿课程》的复印件发送到所有幼教机构和教职员工手中。教育部也会在早期教育与保育员工网站上提供相关信息和帮助。

- 在墨西哥和瑞典，早期教育与保育负责部门为早期教育与保育机构制作课程手册来讲解课程变化。这些手册将发送到幼教机构和早期教育与日托中心的员工手中。

- 韩国目前正通过制定课程大纲说明、教师手册、DVD音像、光盘、PPT演示以及开发网站等形式使早期教育与保育员工不断熟悉"5岁儿童通用Nuri课程"。

- 日本制定了课程大纲说明，用通俗易懂的语言为早期教育与保育员工讲解《幼儿园课程学习》和《日托中心国家课程》的内容。

- 英格兰（英国）、意大利、卢森堡、西班牙和瑞典（国家教育署）的早期教育与保育负责部门为教职员工开发了在线支持网站，就课程变化提供信息、指导和帮助。

与家长进行沟通

- 韩国往往通过使用宣传手册、网站、组织会议和讲座的形式来向儿童家长普及课程修订的最新信息。

- 澳大利亚向每个儿童的家庭发布有关《早期学习框架》的信息，这类信息用20种语言编写，可以直接在网上查询。

- 苏格兰（英国）为教职员工提供了网络材料制作模板或定制模板，以方便与家长进行沟通。苏格兰教与学机构是一个非政府部门的公共机构，也为家长制作了有关不同科目的信息表，包括读写、数学、不同教育体制间的过渡以及户外学习。除此以外，一系列的宣传海报也会发放到各个幼教机构，以帮助家长对幼儿教育所使用的"卓越课程"有更好的了解。
- 英格兰（英国）开发了一个网站，用以告知家长和其他人员有关新课程的信息，并为家长在选择儿童保育课程时提供帮助。

挑战4：课程的有效实施

要为课程和课程实施赢得广泛支持是许多国家面临的一大挑战。如果得不到愿意实施课程改革或愿意推行教学新理念的人们的支持，任何改革都将难以成功。在课程实施阶段，如果没有进行充分的战略性的磋商就难以得到人们的支持，难以达成共识。

同样，如果得不到人们的支持就难以实施课程改革或推行教学新理念。有效实施课程需要人们提供怎样的支持取决于教职员工和教学环境的各种不同特点。

另外，为员工创造有效实施课程的条件也是一大挑战。如果缺乏必要的课程指南和相关资源，很有可能会加大课程实施的难度，特别是对缺乏教学经验的新员工或具有较低资历的教职员工来说尤为如此。特定的工作环境，比如，有太多的孩子需要照看，可能也难以实施课程所提供的教学法。

对于国家政府部门来说，如何对课程本身的有效实施进行监督或评估也是一大挑战。

让利益所有者参与课程设计过程，以赢得他们的支持

- 澳大利亚政府让儿童早期教育与保育机构和组织参与了课程设计，制定了一个全国通用的《早期学习框架》实施方案。所有的州、地区都同意在各自辖区内利用其他各种策略措施来执行该实施方案。由于利益相关者都参与了课程设计，因此，课程框架实施伊始便赢得了他们的支持。
- 在苏格兰（英国），凡是对教育感兴趣的有志人士都将受邀参与"卓越课程"的修订工作，提出反馈意见。草案进展和草案成果都将在网上公布，个人、团体、学校和组织机构也参与了网络问卷调查，反馈他们的观点和想法。另

外，举办了37场专题研讨会，涉及了课程的每一领域，从业人员、资深教育主管以及专业机构代表、行业代表、家长和学生代表都参与讨论草案起草工作和草案成果，然后委托格拉斯哥大学对草案研讨的反馈意见进行分析。

- 弗兰德斯（比利时）在幼儿教育发展目标的制定过程中（1992～1995）采取了许多措施来赢得人们最大可能的支持。负责制定第一稿课程提案的研发委员会中不仅有学者，也有教师代表和学校管理团队代表。之后，研发委员会的提案提交给各理事会小组进行审查。各理事会小组中的教师，学校负责人、顾问和督察员对提案发表反馈意见。最后，对课程提案进行社会辩论。广大民众、个人和组织机构（如社会文化组织、工会组织、家长协会）均有机会以书面交流的形式在晚间讨论会上对课程提案发表意见，这些意见在修订课程提案时都会考虑在内。

- 斯洛文尼亚在国家课程改革期间特别注重相关部门的参与性。首先，组织公众对课程草案发表意见，各个机构组织如大学院系、学校、协会、非政府组织以及其他机构均参与课程评论。由500名专家组成的课程委员会根据各个机构组织的评论意见对学前教育一直到后期中等教育（高中）的课程初稿进行修订。另有300名专家以审查员或顾问的身份参与初稿修订工作。之后，课程委员会举办代表会议，与地方政府代表、家长代表、学前教育和学校教育代表一起提出课程改革方案。斯洛文尼亚立法规定：课程改革应当循序渐进，即实施课程改革的学前机构和学校要逐年增加，并不是所有的幼儿园同时实施课程改革。只有在人力（在职培训）和其他资源方面满足一定要求的学校才有资格实施课程改革。在实施新课程之前，每一学前机构和学校需要委任一个监督团队来负责新课程的引进和实施。

- 在挪威，修订版的《幼儿园课程内容和活动任务框架规划》是《幼儿园法案》内的一个管理规定。该规划修订之前，挪威政府与利益相关者进行了集中磋商，赢得了广泛支持并使该《规划》得以立法。

在全国范围／全州范围内实施课程之前进行试点推行

- 在荷兰，幼教中心和市政当局都可以自由选择一个早期教育与保育课程，也可以自行开发课程或采用已有课程。"Piramide"课程以"Van Kuyk–Slavin"教学模式为基础，是目前使用最广泛的课程。该课程以游戏活动为中心，教师教学具有灵活性，可以适应儿童的需求。"万花筒"（Kaleidoscope）课程是荷兰根据美国的"高瞻学前课程"改编而成的。荷兰的这两个课程在正式实施之前在小学和学前机构中试点推行了三年。试点评估结论如下：（1）这两个课程都可以为教职员工提供良好的教学体系；（2）对参与儿童的认知发展和语言发展都有正面影响，但不显著；（3）对在幼教机构就开始学习课程的儿童来说影响最大。课程试点推行期结束后，其他幼教机构可以自愿实施这些"经政府批准的"课程。政府为课程实施提供资金援助。

- 2009年2月至4月，澳大利亚在全国28个试验点试用了《早期学习框架》草案及其辅助材料，以检验该《框架》在正式实施之前在儿童早期教育环境下的使用情况。在这些试验点中，幼教环境和幼教机构形式多样种类繁多，有学前班、校内预备班、全天日托中心、家庭托儿中心、多功能土著儿童机构以及在大都市、小城市和偏远地区设立的儿童早期干预机构和临时的托儿机构。

- 在苏格兰（英国），600多所幼教机构和学校参与了"卓越课程"的正式试点工作，以试验该课程所有领域在实际教学中的具体应用内容和课程成果。各个学校和幼教中心根据他们已规划的教学课程来选择试验课程的应用内容和课程成果并提交课程使用报告，包括翔实的课程使用反馈意见。这些反馈意见将贯穿在课程修订过程中。

- 2008年6月，卢森堡颁布了基础教育（含幼儿教育）的新课程。该文件包含了儿童在四个教育阶段结束时应该掌握的核心技能。课程在全国推广实施之前，先在五所学校里进行了试点试用。课程修订时参考了这五所学校的反馈意见。

- 为了保证课程顺利实施，墨西哥教育部规划了课程框架实施的试点期（2010年9月至2011年12月）。

- 弗兰德斯（比利时）就"技术"方面修订发展目标时，其学业目标首先在17个教学机构中试点使用之后才在全国推广使用。

提供含有"教学实例"的辅助教材

- 澳大利亚幼儿教育是全国最大的非营利性非政府部门的幼教宣传机构，担负着为早期教育与日托中心及其员工开发辅助教材的任务。所有教材都以《早期学习框架》和《教育者指南》为依据，围绕着《早期教育学习框架》制定的重点进行开发。《教育者指南》包含两部分内容：第一部分着重阐述了课程决策，提倡反思性教学和探究，并提供了最佳教学实例和案例分析；第二部分讲述了教育者的教学经验以及他们为培养儿童学习成果所采用的教学计划模式，提供了思考问题，对《早期教育学习框架》的教学原则、教学实践和教学成果展开了讨论。教育、就业与劳资关系部开发了一揽子"偏远地区本土专业发展"的《早期教育学习框架》辅助材料，包括DVD、书籍、支撑学习成果的一套50张教学卡片、一套精美挂图以及只读光盘，供当地本土员工使用。

- 苏格兰（英国）制定的《0～3岁》教材中包含了教学实例分析，教职员工实施课程时可作参考。另外还制定了全国通用的课程实施指南和一些教师辅助教材，包括与教材相关的DVD、CD光盘以及挂图，供员工教学使用和婴幼儿、儿童学习使用。这套教学材料发放给所有幼教机构，另外还配有网络互动版，也把这套教学材料的所有内容包含在内。苏格兰还为教职员工开发了一个沟通工具包，阐述了在儿童不同教育阶段实施"卓越课程"相应内容时可采用的教学手段。该工具包备有预制教材，如供儿童早期教育与日托中心和学校使用的挂图、一系列小册子，总结了从儿童视角和家长视角进行的案例分析、"儿童之声"的影像材料和"教师之声"的影像材料，以及其他辅助资料和网络链接。

- 英格兰：（英国）已经发行了可供教师使用的《早期教育基础阶段实用指导手册》。该手册提供了非法令性的指导原则、有关学习和发展领域的相关信息以及对专职员工的建议。

- 新西兰实施的早期教育与保育课程框架为专职员工提供了有助于实现课程成果的教学范例。教学范例分为婴儿、学步儿和幼儿三部分进行辅助指导，以确保教学做法和教学活动与教学对象的年龄相宜。该指导为教学活动提供了教学理念，使与孩子们相处的教职员工明确了教学重点所在；同时也列出了供教职员工进行反思的问题，帮助专职员工在实施课程时去分析他们需要改进的地方。

- 在职前培训阶段，墨西哥为教职员工制定了新课程实施指南。该指南由一部分教师试用后，评估发现教职员工对如何实施新课程仍有许多疑惑。尽管教师已对课程有了更好的准备，但仍有50%的教师无法充分实施新课程，因此，还需要研究进一步的措施。

- 爱尔兰国家课程及评估理事会制定了"Aistear"工具包，包括内情报告、信息手册、播客、PPT演示以及各种教学活动，来帮助早期教育与保育员工以及儿童家长理解课程框架。爱尔兰也为早期教育与保育员工准备了培训录像，旨在使他们了解课程改革，并培训他们能够有效地实施课程改革。

- 为了推动《课程框架规划》的实施，挪威就各类相关主题发行了指导手册，如幼儿教育、多元文化、儿童的能动作用和参与性、语言与语言刺激、数学能力、户外活动以及性别平等。这些手册是由教育与研究部负责，由专家编写而成，旨在促进教职员工对《框架》实施以及在当地教学环境下如何实现教学目标进行反思和研讨。

- 葡萄牙进行了一项研究，以确定实施课程纲要时在哪些领域需要辅助材料。在这项研究的基础上制作了一些教学手册，辅助读写、数学和实验科学的教学。另外，社会保障局还为社会保障幼儿护理服务机构制定了《指导手册》。该手册对实施课程教学提供了指导，对教学活动提出了建议。

- 2001年，来自斯洛文尼亚的专家为国家课程《学前机构里的儿童》制作了手册，阐述了开展学前教育的出发点，并提供了学前教育工作中的一些很好的教学范例。

- 瑞典国家教育署发行了课程实施的辅助材料和一般准则，为市政管理机构、幼教机构负责人和教职员工提供了指导和监督。

- 日本在制定幼儿园学习课程时一并制作了大纲说明，在制定日托中心国家课程时附上了DVD光盘：这些材料都是为地方官员和市政官员而准备的。

- 韩国目前正在制作大纲说明、教学手册、DVD光盘、只读光盘、PPT演示材料，开发相关网站，旨在提高早期教育与保育教职员工对"5岁儿童Nuri课程"的熟知度。

- 爱沙尼亚教育与研究部发行了课程手册供教师和家长使用，帮助学龄前儿童保育机构实施国家课程。手册探讨了幼儿教育的所有领域、教育活动及其组织开展、幼儿一般技能的发展、学龄前儿童保育机构中儿童发展评估与援助。在教育与研究部的倡议下，塔尔图大学伦理研究中心与塔林大学教育科学学院合作撰写了一份实用研究材料：《学龄前儿童的价值观：学龄前儿童保育机构对儿童价值观的培养》，并于2010年发行。另外，国家考试与资格中心和

"Lasteveeb OÜ"合作开发了网络学习材料，辅助学前教育中爱沙尼亚语作为第二语言的学习。

- 斯洛伐克共和国和土耳其为早期教育与保育员工制定了课程实施辅助手册。斯洛伐克共和国制定了《学校教育课程设计手册》，土耳其制定了《学前教育课程指导书》。斯洛伐克共和国还制定了《小学前教育之教学方法》，书中为幼儿园教师就如何培养儿童核心能力方面提供了教学方法上的建议和做法。此外，还向早期教育与保育员工发放培训影像材料，使他们了解课程改革并培训他们如何实施课程改革。
- 在弗兰德斯（比利时）、卢森堡和西班牙，早期教育与保育负责部门制定了有关（新）课程或课程框架改革的指导书和课程手册，确保教职员工拥有课程实施的实用辅助材料。

设定教学材料指导原则或制定教学材料

- 在澳大利亚、意大利、日本、韩国、卢森堡、葡萄牙、西班牙和土耳其，教师和保育员在幼儿教育中所使用的教学材料是由国家机关或地方当局来制定的。
- 在美国的几个州中，早期教育与保育机构所使用的教学材料是由地方当局来制定的。
- 马尼托巴（加拿大）教育局已经为幼儿园教师制定了幼儿园层次的课程材料以促进儿童的语言能力发展。《听与说：读写能力第一步——幼儿园教师与语音语言病理学家辅助文件（2008）》有助于幼儿园教师激发所有幼儿的口语表达能力、学习策略和学习态度。

改进职前教育内容，提供教育所需的培训

- 在实施课程改革之前，为了提高幼教机构的教学质量，斯洛文尼亚扩展了早期教育与保育学前教育教师的职前教育项目。实施新的学前教育课程之后，所选定的课程主题将融入学前教育教师的职前培训和在职培训的学习内容中。
- 在意大利，负责培训早期教育与保育专职员工的大学把新课程的科目融入职前教育培训项目中。负责早期教育与保育教育职前培训的教育机构为早期教

育与保育专职员工组织研讨会和教学活动，给他们讲授课程改革相关内容。国家政府也为教职员工发放培训影像材料，确保所有学员对新课程有充分的了解，为实施课程做好准备。

- 爱德华王子岛（加拿大）提供了课程研发与实施基金，确保所有在幼教中心工作但尚未具备教育资格的员工能够接受入职培训，使他们具备幼儿教育工作者的资历并了解新版《学习框架》的内容。该省还为在幼教中心工作的幼儿教育负责人和教育工作者提供新版《幼儿学习框架》的在职培训，这是培养0到学龄儿童的幼教机构所使用的课程文件。

- 澳大利亚幼儿教育是一个非营利性非政府部门的幼教宣传机构，负责为全国幼儿教育工作者提供《早期学习框架》课程实施的培训工作。同时，还开发了有关《框架》课程的网络在线论坛、高级讲习班以及网络在线内部通讯。这个框架课程也引进到了澳大利亚本科课程中。此外，每个州的职业援助协调员协会、本地职业援助单位以及州内援助机构也为幼儿教育工作者提供了《早期学习框架》的相关援助和培训。

- 在卢森堡，早期教育与保育教职员工依法必须接受不少于一定学时的持续培训。这款在职培训条文要求员工要了解课程的任何变化，不断深化他们的专业化水平。课程发生变动时也会组织有关儿童观测和评估方面的培训课程。此外还通过培训教育同僚（早期教育与保育工作人员）的方式使他们的同事了解诸如课程改革之类的信息。采用这种方式进行员工培训很有效，员工跟自己的同事咨询问题时会感到更自在一些。

- 弗兰德斯（比利时）每年都会为幼教机构划拨资金提供在职培训。政府优先为员工提供了实施教育改革所需的在职培训计划。

- 在美国，许多州都把《早期学习与发展标准》纳入了职业教育体系中，也有许多州对《早期学习与发展标准》提供了培训项目，并把课程培训纳入职业发展体系中。

- 为有效实施修订版的课程，墨西哥教育部为教职员工开发了培训课程，成立了终身培训中心，为早期教育与保育员工和教师提供在职培训；针对《幼儿健康、保健与福利课程》框架制定了专门的培训策略，以确保课程得以合理实施，儿童能够接受优质教育。

- 土耳其为相关从业人员、校长和教育督察员提供了在职培训。校长负责为他们幼教机构的教师提供培训。

- 葡萄牙为负责3~6岁儿童教育的早期教育与保育员工举办了培训班，对在读写、数学和实验科学等领域有培训需求的员工提供了培训课程。
- 挪威政府为教育部修订的《框架规划》划拨了项目资金，用以提高员工的教育能力以及2007~2010年的员工招聘工作。在市政当局制定能力发展规划以及制定符合国家优先培养目标的课程实施计划时，将依据具体条件划拨资金。国家优先培养的目标有教学领导能力、儿童的参与程度、语言环境和语言刺激、幼儿园教育与学校教育的合作与衔接。
- 英格兰（英国）将为早期教育与保育员工制定培训项目，来推动实施《早期发展基础阶段（修订版）》。

为早期教育与保育机构提供专家援助

- 斯洛文尼亚国家教育学院的教育顾问为早期教育与保育机构提供了课程实施援助。项目小组顾问与实施新课程的学前机构保持联络，并帮助他们解决在课程实施过程中遇到的各种问题。
- 澳大利亚政府为每个州和地区的职业援助协调员协会、当地职业援助单位提供资金，为早期教育与保育机构提供课程培训和职业辅导业务，帮助他们实施《早期教育学习框架》课程。澳大利亚幼儿教育机构为政府制定的《早期学习框架：专业学习计划》在幼教机构实施《早期学习框架》过程中也为他们提供了持续援助。该学习计划由国家倡议，在2010年开始推行，一直持续到2011年年底。在该计划中，早期教育与保育专职人员可以通过《早期学习框架：专业学习计划》网络论坛进行在线互动，他们可以提出问题，分享观点，与其他实施《早期学习框架》课程的教育工作者相互交流。在这个网络论坛上，来自全澳大利亚的高水平早期教育专家和从业人员对所提问题进行释疑解惑，并就《早期学习框架》课程的实施开展主题讨论——这些主题是由专家和从业人员通过论坛和国家研习班计划而提出来的。
- 弗兰德斯（比利时）的每一个教育网点都是托儿所/幼儿园和学校的分支机构，有着自己独特的教育/教学辅导机构。这个机构为幼儿园提供专业的内部援助，担负着帮助教育机构实施教学任务的责任。
- 爱德华王子岛（加拿大）教育与儿童早期发展部成立了援助小组，为幼儿教育工作者和负责人在实施最新引进的《早期学习框架》时提供职业援助，帮助解决工作难题。该援助小组在教育与儿童早期发展部中长期存在，为课程框架的实施提供援助，帮助早期学习和儿童保育机构或政府部门采取进一步举措，提高教育质量。

改善工作条件，促进课程有效实施

- 在弗兰德斯（比利时），儿童保育员可以帮助幼儿园教师做一部分工作，既减轻了教师的工作负担，又能在大班中保持一个较好的员工–儿童比率。
- 澳大利亚正在不断推进改革，改进员工／儿童的比率，这将有助于有效地实施课程。2012年1月1日，澳大利亚0～2岁幼儿教育中，员工–儿童比率将达到1：4。
- 2004年，瑞典政府加大了对地方当局的援助，拨款20亿克朗供地方当局扩招6000名幼儿教师和助手。这笔资金用于缩小班级规模，将0～6岁幼儿教育中员工–儿童比率改善到平均1：5，从而提高早期教育与保育课程质量，促进课程实施效果。

挑战5：（课程）系统评价与评估

许多国家在进行课程评价、收集有效、实用、充分可信的信息和数据、确立评估流程和实用有效的评估手段时缺乏相关政策支撑，因此，要确定课程的有效性和实用性极具挑战性。

把"课程"纳入监测程序

- 斯洛文尼亚已经开发了一个质量评估模型，涉及评价体系、程序质量和课程质量三个方面。该模型对学前机构里的保育教育分三个层次进行质量评价：（1）结构性质量（活动空间、活动安排等）；（2）程序质量（员工间合作、家长参与、职业发展、员工满意度、与其他幼教机构的合作等）；（3）课程质量（课程设计、课程实施、日常教学活动等）。监管结果以年度报告的形式进行公布，既有助于幼儿教师和幼教机构开展工作，也有利于改进教学实践。
- 挪威市政当局有责任对幼儿园进行监督监管，以确保幼教机构的教学活动能够依据立法和《幼儿园课程内容和活动任务框架规划》正常进行。普华永道

　　最近的一项研究表明，55%的市政机关已经制定了地方监测标准，确保幼儿园课程内容符合立法和框架规划。市政机关的监测报告主要有以下几个方面的内容：家长和公众关注的内容、政府当局的指导意见、每个幼儿园制定的年度教学计划以及家长对幼儿园教学质量调查的反馈意见。

- 在弗兰德斯（比利时），幼儿教育的常规评估／评价是由督导组负责的。根据审核结果，如果受资助或接受拨款的幼教机构没有贯彻各个课程目标或培养目标，那么政府就可以削减对幼儿园提供的部分甚至全部资金或拨款。运营费用由幼儿园负责管理，以便尽可能地帮助更多的儿童实现他们的学业目标和发展目标，并对课程框架规定的教学任务提供活动资金。此外，保育机构自我评价工具（SICS）也得以开发。该设备以程序为导向，用以辅助儿童保育机构的员工进行自我评价，由鲁汶大学体验教育研究中心的一个工作组所开发，在评价教学质量时，主要看重该环境下儿童的切身体验。保育机构自我评价工具（SICS）的设计目的是为了帮助幼教机构在营造儿童发展的最佳条件时能够认识到自己的优势和不足。自我评价流程分为三步：首先要对儿童的幸福感和参与度的实际情况进行评估，然后对观察结果进行分析，最后精选出改进方案并加以实施。为了帮助用户熟悉这个工具，也制定了使用手册。

- 葡萄牙已经制定了《学前教育课程开发监测监管（2006）》。课程开发与改革总署聘请波尔图大学对20个幼儿园开展了一项案例研究，收集了课程纲要的不同运用所带来的实际教学质量的数据。这项研究结果具有实际意义：幼儿园需要更多的辅助材料；需要开设一些关于幼儿评估方法与学习环境方面的教师培训课程；需要提供更多的文献参考资料；需要制定有助于幼儿向小学教育第一阶段过渡的教学策略；需要明确幼儿在诸如实验科学、写作技能和数学等领域的培养目标。

- 澳大利亚从2010年7～11月对全国近200家幼儿教育与保育机构制定实施了新的课程评估和等级评定程序。依据《国家质量标准》将对这些机构进行评估并给予一个临时评级。政府已经为幼教机构和员工开发了交流平台和辅助材料，以推动实施新的课程评估和等级评定程序，包括培训手册和业务准则。同时，还为早期教育与保育教职员工制定了自我评价工具包并分发给澳大利亚所有的幼教中心。

- 在苏格兰（英国），课程评估是实施"卓越课程"和《出生前至3岁课程》工作的一部分。作为课程评估的一部分，自我评价已经在苏格兰幼教中心确立下来，后来又确立了监管标准和达标要求。《我们的学校有多棒？》和《幼教中心的儿童》所设置的课程框架质量指标使人们对学前教育的教学和课程有了自我反思的主题，为学校和幼教机构提供了改进完善的重点。另外，政府还组织学校以外的督查机构监管课程与教学。政府与教育部门和其他合作机构共同制定出评估程序，共享评估信息，这样教育部门就可以利用这些数据信息去了解学校和幼教机构的教学工作，并且可以了解到课程在哪些方面需要进行合理改革、在哪些方面需要提供帮助。

- 斯洛伐克共和国加强了与国立学校督导组的合作。该督导组有权负责监管学校教学课程的实施，现今每年都会进行常规性的检查。斯洛伐克共和国还为员工制定了自我评价工具包，教师和保育员可以依此评估自己的知识和技能。

- 新西兰推行了《学习评估》（*Kei Tua o te Pae*），希望教师能够形成有效的评估手段来满足"Te Whāriki"课程的期望要求。国家政府为早期教育与保育员工提供了这种评估做法的相关培训。该课程大纲的评价依据是看其能否创造各种教学活动，能否营造各种关联以激发儿童的早期发展。儿童和家长也可以协助确定对大纲与课程进行评估时应包含的内容。

- 英格兰（英国）、爱尔兰[4]、意大利、墨西哥以及瑞典都已经开发了自我评价工具包，这样，早期教育与保育专职人员就可以评价他们对课程框架的了解程度以及他们对框架的实施情况。

从质量改进方面评价／审查课程框架

- 在卢森堡，法律要求所有的幼儿教育专职人员在常规团队会议期间必须开展团队合作，相互协商，并规定了团队协商的最低学时量。团队会议期间要对常规教学和课程实施进行评价和评估，相互分享教学体验，群策群力解决问题。早期教育与保育员工认为组建协商团队、开展协商会议大有裨益。另外，国家近期内将计划对基础教育四个阶段的修订课程进行审查。

- 挪威西富尔德高等学院受教育与研究部委托，对课程框架计划的实施方案进行了评价。评价内容由两次定量调查研究和两次定性调查研究构成，调查研究的对象群体有儿童、家长、幼儿教师、学前教育助理、学前教育负责人、市政当局以及当地幼儿园管理部门和郡县官员。研究报告阐明了课程实施的积极效果，同时也指出了所面临的一些挑战，如对文献资料的理解不透彻，对儿童的发展和学习缺乏规划，幼教机构培养能力不足，课程实施资源短缺等。

- 在《国家质量框架》指导下，澳大利亚《早期学习框架》课程将于2012年1月1日正式实施。课程实施之前，计划进行一项基线研究，建立一个关于儿童早期教育与保育教学实践的基线数据库。2014年将对《早期学习框架》进行评估，以确定该课程在提高早期教育与保育教学质量方面的效能。

- 荷兰的早期教育与保育机构制定出课程框架之后可以自愿提交给国家青年协会（属于私立组织）进行审查和评估。该协会将对课程框架是否适合幼儿水平，是否可以促进早期学习质量进行评估。

- 爱尔兰国家课程与评估理事会依据已发行的《儿童早期课程框架》（Aistear）优先审查了《婴幼儿课程》。

- 英格兰（英国）在2011年对《早期发展基础阶段》课程进行了独立审查。之后，政府就该课程的修订方案征求了意见并计划在2012年9月实施。修订后的课程语言通俗易懂，阐述清晰明了，减少了规定性的内容。同时也体现了儿童发展的最新研究成果。政府还提议要完善课程框架，以便于家长使用，促进教师对进步过于缓慢的儿童采取积极的行动。

- 卢森堡计划在课程实施三年之后对课程框架进行评估。

- 在斯洛文尼亚，新课程的实施过程包括对课程改革的评估。

行动领域 4
管理风险：从他国政策实践中汲取经验

本节总结了以下内容的国别经验:
- **课程设计、课程实施及其标准**

它的目标是能够快速获悉政策倡议实施时需要考虑的风险与挑战。

课程设计、课程实施及其标准

经验一：课程改革的方向是关注"儿童"和"全面发展"

在修订课程时，意大利将重点放在儿童上。该国认为，要重视所有幼儿的个性特点，家长和社会环境的影响也很重要。意大利特别指出，关注幼儿及其个人能力的发展对于课程成功实施及利益相关者认可和接受来说都是极其关键的。他们称之为"课程构建过程的核心"。

　　弗兰德斯（比利时）的团队发现，为幼儿提供在现实场景下发展技能的机会非常重要。幼儿是在自身及他人的生活环境中学习的。人的全面协调发展要求成人均衡地关注儿童各个领域的发展。弗兰德斯的经验表明，要想给儿童提供全面的教育，不仅应注重认知和运动方面，还应注重社会-情感的发展。

　　受到联合国《儿童权利公约》第12条的启示，挪威在《幼儿园法案》（2005）中增加了"幼儿园中的孩子……享有在幼儿园的每日活动中表达自己的观点的权利"。这将体现在《幼儿园工作内容和任务规划大纲》（2006）中。幼儿被视为自身权利的主体，应该受到尊重，并能以多种形式进行自我表达。这个计划强调成人处理与幼儿相关事务、理解幼儿等方面的态度、知识和能力，这样才能使"幼儿参与"融入到幼儿园的工作中，培养幼儿积极参与到一个民主的社会中。幼儿园应充分了解幼儿的家庭并与之紧密合作，保证幼儿在保育和游戏方面的需求得以满足，促进其学习，为全面发展打好基础。

经验二：吸引主要的利益相关者和相关专家参与到课程的修订过程中

　　在重新审视婴儿的课程时，爱尔兰的做法是与婴儿班的相关人员直接合作，如园长、家长和幼儿。国内外的研究无论是在评论中还是在与更广泛的教育部门进行商议时都会用到。爱尔兰认为，这对于获得更多人对课程的认知以及利益相关者认可和接受课程、支持课程实施来说，是非常有利的。

　　墨西哥发现，吸收各机构团体、家长和其他利益相关者各自的观点，以合作的方式最终达成一个关于总课程框架的协议会很有效。课程草案提出时，才能反映出人们观点和需求的差异性以及方法的多样性，并予以尊重。

　　瑞典在修订课程时，会设置一个参考小组。政府发现，组成一个广泛的、能力各异的咨询小组，有助于形成一个适宜的修改草案，能够反映不同专业人士和不同背景幼儿的需求。瑞典也认为，研究者的参与非常重要。他们的投入与咨询是修订的重要基础。

　　在西班牙，早期教育与保育质量改善和义务教育草案的意见反馈期非常重要，因为在这一时期可以确认主导早期儿童教育体系的准则。自治型社区（地区政府）、学校委员会的代表以及其他的利益相关者应邀表达各自的观点，并对直接提供给教育部的建议方案表明他们的立场。这种做法促成了关于早期教育与保育学习质量问题的公开、开放的辩论，对西班牙这方面课程设计的改善十分有益。

卢森堡强调外国专家参与到修订过程中的重要性。由于卢森堡面临不同语言区使用不同语言的挑战，所以让外国专家参与进来，将有助于在修订课程时更多地关注区域背景和幼儿的不同需求。

韩国发现，非常有必要通过组建专门工作组和评审委员会来收集不同观点、识别不同利益群体（比如，家长、教师、主管主任、学术协会及当地／全国的学术权威）的需求。韩国发现，早期教育与保育体系以市场为驱动，意见有分歧。因此，许多时候，尤其是在研发"5岁幼儿通用Nuri课程"的时候，协调教育与保育部门的意见并使其达成共识，是必须采取的重要步骤。

经验三：确保幼儿持续发展中学习和培养的连续性

根据弗兰德斯（比利时）经验，早期教育与保育的不同学习领域的横向连续性非常重要。不同科目的目标应是相互联系的。弗兰德斯的团队注意到，保持科目间的联系性会使幼儿早期学习和发展更加具有连续性。

韩国在研发"5岁幼儿通用Nuri课程"的时候强调，无论是何种类型的早期教育与保育机构，在幼儿发展和学习经验上保持纵向和横向的一致性和连续性都是很重要的。从日托课程到小学课程的标准序列，与国家幼儿园课程相比相对薄弱，将会得到加强。而且，与"5岁幼儿通用Nuri课程"相协调的、针对3～4岁的国家幼儿园课程和标准的保育课程也正在积极的推进中。

日本在2008年修订《幼儿园的学习过程》以及《日托中心活动的国家课程》时，考虑到了近期幼儿环境背景的变化。这其中包括幼儿抚养方式的改变，不同的生活方式、习惯和家庭构成，社会规范以及新的交流方式。这使得在家庭和学习环境之间在培养幼儿时更具有一致性。也将使幼儿园和日托中心的概念更加清晰，并使利益相关者更加了解早期儿童服务的重要性。

经验四：留出充足的时间，以更好地理解课程变化的意义，并在实施中体现这种变化；计划一个可行的回顾审视过程

卢森堡发现，与利益相关者有较好的沟通，对实施这些课程的变化极其重要。这样才能保证课程的变化在实施中的连续性。就课程的变化进行交流，应在政策水平上进行较好的协调，以推动修订课程的使用。如果交流组织有效的话，就能够促

使从业者和督导员更好地理解课程。

　　爱尔兰在今后的两年中的优先任务是继续加强对"Aistear"课程的意义的宣传，并为早期教育部门的实施提供支持。他们发现，要留出充足的时间，让（服务）提供者来用"Aistear"课程，然后再组织对它的评估；估计至少需要两年的时间才能较好地实施这个课程。

　　斯洛文尼亚发现，逐步实施课程是很重要的，要给各机构留出足够的时间做准备。每一年，实施这个新课程的幼教机构和小学都在增加。对于课程实施，每个幼教机构和学校都要设置一个团队，来负责介绍和实施课程。依据斯洛文尼亚的经验，逐步地实施可以正确使用课程，使实施效果更好。

　　爱德华王子岛（加拿大）称，2011年9月开始启动的《早期学习框架》得以成功实施，很大程度上依赖于受过良好教育的早期儿童教育者和负责人的教师领导力。两者对于课程的成功实施都是很关键的。

经验五：确保早期教育与日托中心领导人能够有效地管理资金和人力资源，以及教学实践，并且为了课程的有效实施而培训员工

　　挪威强调，早期教育与日托中心的良好管理与成功的实施课程之间是高度相关的。挪威的团队发现，应该合理调配资源，管理团队（包括校长和班主任）应该鼓励其他员工更有效地实施课程。管理者也有责任确保自己和其他员工能够胜任，适合为早期教育与保育（服务）提供者工作，并且员工的工作是以目标为导向的。另外，管理也应符合法定的标准和规定。在挪威，管理团队里有能力的管理人员能够进行有力管理是成功实施课程的关键。因此，在挪威，能力发展方面的重点是之一就是增强教学的领导力。

　　在2009年，瑞典进入了"学前教育领域的加速发展时期"，包括对幼儿教师的在职培训（大学课程）［15分的欧洲学分转换和积累系统（ECTS），10周］以及对幼儿保育人员在语言／交流、数学方面的培训（5周）。对于教学领导者，也提供在语言／交流、数学和评估方面的大学课程的培训（30 ECTS，20周）。实施会议由国家教育部门为市级管理人员和幼儿园园长组织。这项创新增强了员工和管理人员的能力，以实施这个崭新的、目标更加明确的瑞典课程。

经验六：用简单的和共通的语言起草课程，易于为员工和家长理解

澳大利亚、弗兰德斯（比利时）、芬兰、新西兰、挪威和瑞典发现，用简单的语言讲解课程，避免术语是很重要、很有用的。用容易理解的语言讲解课程的时候，可以发现不同背景的员工和家长都对课程有了进一步的了解。也就使得教育者和其他的早期教育与保育员工能够更好地实施课程。新西兰发现，这样做能激发家长在家庭学习活动中进一步拓展使用课程。

行动领域 5
反思当前的实施状况

这张列表是在国际趋势的基础上设计制定的，目的在于帮助使用者对本国进展进行反思：

● 课程框架、标准和指南

　　设计此工具的目的是为了提高对新问题的认识，确定课程需修订的领域而不是对常规教学进行评分。请从1～5（代表完全不符合至非常符合5个等级）中圈出一个数字，对活动现状进行反思。

课程框架、标准和指南

符合程度	完全不				非常好
1. 幼教课程设计目的是为了与早期教育与保育的总体目标保持一致。	1	2	3	4	5

符合程度	完全不				非常好
2. 幼教课程与小学课程相互衔接，从而保证了儿童能够从早期教育与保育向义务教育顺利过渡。	1	2	3	4	5
3. 幼教课程符合评估核查标准，如在儿童达标要求或幼教机构教学质量方面。	1	2	3	4	5
4. 课程修订内容与应届毕业生的职前教育内容以及为有效实施课程而对管理人员和从业人员开展的持续职业发展的培训内容保持一致。	1	2	3	4	5
5. 课程实施符合监管要求和拨款规定。	1	2	3	4	5
课程目标、范围、内容	完全不				非常好
6. 课程目标和指导原则阐述清晰。	1	2	3	4	5
7. 在本国教学环境下对课程适用的年龄群体进行了合理界定。	1	2	3	4	5
8. 课程内容范围设计合理，符合家长期望，满足社会未来需求。	1	2	3	4	5
9. 开发新课程或修订课程时采取了参与方式，采纳了利益相关者的意见（如从业人员、校方、私立机构、独立的志愿者组织、学者、家长、地方政府等）。	1	2	3	4	5
10. 有条件安排课外活动，来补充课程中未涉及的内容。	1	2	3	4	5
11. 使用本课程可以使各种不同类服务保持均衡稳定的教学质量。	1	2	3	4	5
12. 使用本课程可以引导、帮助专职员工的工作。	1	2	3	4	5
13. 使用本课程有助于促进员工、家长和儿童之间的沟通交流。	1	2	3	4	5
员工培训与援助	完全不				非常好
14. 课程合理兼顾了指导性和自主性原则，既提供了具体指导和详细说明，又留有员工发挥主动性和进行创新的空间。	1	2	3	4	5
15. 课程同时为从业人员提供了实用材料（如评估工具包、玩具书籍、其他课堂教学材料）。	1	2	3	4	5

续表

员工培训与援助	完全不				非常好
16．明确了从业人员（包括管理人员和领导）的具体培训内容和相关援助需求。	1	2	3	4	5
17．课程培训设计内容能够在下列方面确保具有相关性和实用性：（1）课程内容和教学法；（2）培训形式和筹备方式（如研讨会、工作坊、现场指导）；（3）培训方法（如由从业人员、早期教育与保育教育工作者和政府官员进行的逐级培训法或培训员培训法）。	1	2	3	4	5
18．除了培训材料和辅助材料之外，管理人员和从业人员都有机会享受其他形式的援助（如电话热线／网络咨询、按需培训等）。	1	2	3	4	5
课程实施	完全不				非常好
19．新课程／修订课程已经得到利益相关者的认可。	1	2	3	4	5
20．课程的关键要素和课程实施已经进行了试点试验。	1	2	3	4	5
21．实施计划有具体明确的措施、实际可行的实施期限，主要的利益相关者能够参与其中。	1	2	3	4	5
22．课程编写使用的语言对决策者、从业人员、家长等通俗易懂。	1	2	3	4	5
23．考虑到了早期教育与保育机构多层次管理和分权特点。	1	2	3	4	5
监管、评估和质量保证	完全不				非常好
24．明确界定了监管课程实施的目的；监管结果已经用来实现监管目的。	1	2	3	4	5
25．监管目标、监管方法和监管手段已经进行了仔细筛选。如果适用，课程实施监管将纳入现有的教学安排中。	1	2	3	4	5

注释

1．基于以下国家和地区反馈的信息：澳大利亚、奥地利、巴伐利亚（德国）、不列颠哥伦比亚省（加拿大）、捷克共和国、丹麦、英格兰（英联邦）、爱沙尼亚、芬兰、荷语文化区（比利时）、法语文化区（比利时）、乔治亚州（美国）、黑森州（德国）、爱尔兰、以色列、意大利、日本、韩国、马尼托巴（加拿大）、马萨诸塞州（美国）、墨西哥、荷兰、新西兰、北卡罗来纳州（美国）、挪威、俄克拉荷马州（美国）、波兰、葡萄牙、爱德华王子岛（加拿大）、苏格兰（英联邦）、斯洛伐克共和国、斯洛文尼亚、西班牙、瑞典、土耳其。

2. 基于以下国家和地区反馈的信息：澳大利亚、奥地利、不列颠哥伦比亚省（加拿大）、捷克共和国、丹麦、英格兰（英联邦）、爱沙尼亚、芬兰、荷语文化区（比利时）、法语文化区（比利时）、乔治亚州（美国）、德国、爱尔兰、以色列、意大利、日本、韩国、卢森堡、马尼托巴（加拿大）、马萨诸塞州（美国）、墨西哥、荷兰、新西兰、北卡罗来纳州（美国）、挪威、俄克拉荷马州（美国）、波兰、葡萄牙、爱德华王子岛（加拿大）、苏格兰（英联邦）、斯洛伐克共和国、斯洛文尼亚、西班牙、瑞典、土耳其。

3. 为幼儿园设立的学前教育的核心课程、小学及其他形式的学前教育和保育机构里的学前课程；国家教育部于2008年12月23颁布的条例。

4. 只适用于婴儿课程。

政策杠杆 3
提高资质，改善培训与工作条件

员工资质、职前教育和专业发展都影响着教学质量，这些因素最后都与儿童发展的结果紧密相关。并非资质本身影响儿童发展，而是具有更高资质的员工的能力会创造一个高质量的教学环境。高质量员工的关键因素是员工融入儿童活动的方式，是否能刺激员工与儿童的互动和儿童之间的互动，能运用多种"脚手架"策略等。

研究显示，工作条件也能提高早期教育与保育服务的质量：更好的条件将提高员工工作的满意度、减少人员流动。这将影响员工的行为，鼓励他们更稳定、与儿童之间的互动更加积极和敏感，这些行为都能促进儿童更好地发展。研究已经指出以下条件能影响早期教育与保育服务的质量：（1）高员工-儿童比率和小班／组；（2）有竞争力的工资和福利；（3）合理的时间表／工作量；（4）低员工流动率；（5）良好的物质环境；（6）一个有能力的支持性的机构主管。

行动领域 1
运用研究成果为政策制定与公众提供信息

本节包括以下研究要点：
- 资质、教育和培训的重要性
- 工作条件的重要性

资质、教育和培训的重要性

什么是早期教育与保育的"资质、教育和专业发展"

早期教育与保育的资质表示员工经过认证的、知识、技能和能力的水平和类型。[1] 早期教育与保育的正规教育指员工为获得该领域的知识、技能和能力所接受的教育程度和类型。专业发展是指为在该领域中工作的员工提供的更新知识和提高实践能力的机会，也就是常说的"在职培训""继续教育"或者"专业培训"。

导致风险的因素

最近的社会变革已经对传统的儿童观和儿童养育的观念提出了挑战：（1）女性的社会-经济角色改变了；（2）发达国家日益增长的伦理多元化倾向；（3）关于（早期）教育和（早期）教育目标的观念变化了。后两个变化对于大众对从事早期儿童教育人士的期望有着重要影响。

正如经合组织教师评估（OECD, 2005）中指出的，如果教师要高质量的教育产出，教育系统需要在教师教育和培训方面大力增加投资。在早期教育与保育中（OECD, 2006）也指出了早期教育与保育工作人员需要有特定的专业知识、技能和能力。有一个由研究支持的共识：受过良好教育的、良好培训的专业工作者是产出具有良好认知和社会性发展的、高质量早期教育与保育的核心因素。研究显示，早期教育与保育领域工作者的行为十分重要，并且与其所受教育程度相关。因此，早期教育与保育员工的资质、教育和培训，是一个重要的政策问题（OECD, 2006）。

尽管经过良好培训的员工的重要性已属共识，各国政府还是经常担心为了提高员工资质而带来的经费问题。更高素质的员工可能增加工资的需求，结果势必提高服务成本。虽然进一步的培训和资质水平能提高早期机构师生互动和教学质量的证据很充分，类似证据也支持员工资质的正向作用，但是政府经常选择不投资提高资质或者员工培训（OECE, 2006）。由于员工没有接受最理想的促进早期学习和发展的培训或者教育，就可能会严重影响早期教育与保育的质量，进而影响儿童发展的结果。

虽然研究强调员工职前教育是否充分和持续的专业发展机会之间的相关性，但是，不同国家的早期教育与保育工作者的资质有极大的不同。在参与专业发展和在职培训的机会方面，不同国家之间有极大的差异，教育和保育的分轨体系之间也有极大差异。对资质的要求从完全没有正规教育到要求有相关专业的学士甚至硕士学位，专业发展和培训要求也不同，也从强迫性到没有培训经费资助的自愿行动等（OECE, 2006）。

通常，从事0~3、4岁儿童工作的人员和3、4岁到入学前的儿童教师的资质要求有所不同，这个现象在教育和保育分轨体系的国家尤其明显：0~3、4岁的儿童更多地进入不同类型的儿童早期教育与保育机构（通常为日托服务），3、4岁到入学前的儿童通常接受学前教育服务。在具有教育和保育一体化系统的国家通常所有幼

儿（0岁~入学前）进入同样的机构，所有员工在教育和培训方面通常有同样的要求
（Eurydice, 2009; OECD, 2006）。后者鼓励持续的对学龄前各年龄的儿童发展的培训，
确保从事不同年龄儿童工作的员工更专业化（Shonkoff和Philips, 2000）。

为什么资质、教育和专业发展很重要

员工资质／教育／专业发展　教学质量　儿童发展结果

员工最重要的作用在于对早期教育与保育的过程质量及内容质量的影响[2]
（Sheridan, 2009; Pramling和Pramling Samuelsson, 2011）。早期教育与保育工作人员的
培训和教育通过他们传递的知识、技能和能力以及他们倡导和鼓励的内容影响着服
务的质量和儿童发展的结果。工作人员相信自己的组织能力和行动将带来如愿以偿
的效果也是很重要的（Fives, 2003）。在认证什么是从事幼儿工作的重要知识和技能
方面，体现出了资质的重要性。研究认可的、影响高质量的服务和结果的技能与特
征如下。

- 对儿童发展和学习的深刻理解；
- 发展儿童观点的能力；
- 表扬、安抚、提问和回应儿童的能力；
- 领导技能、解决问题和开发课程计划的能力；
- 丰富的词汇和诱发儿童思考的能力。

然而，并非资质本身影响儿童发展，造成不同的是员工的能力。高资质的员工
更善于创造一个高质量的教学环境（Elliott, 2006; Sheridan等, 2009）。有充分的证据
说明，丰富刺激的环境和高质量的教学是靠更好资质的员工产生的，高质量的教学
产生更好的学习效果（Litjens和Taguma, 2010）。员工优秀素质的要点在于员工与孩
子互动的方式、刺激员工与孩子的互动以及孩子之间的互动，还有员工的脚手架策
略，比如，指导、示范和提问等。

在早期教育与保育领域，专业教育和培训更多地与稳定、敏感和富有启发性的
互动密切相关（Shonkoff和Philips, 2000）。其他的员工优秀素质因素包括员工的课程
内容的知识和创造多领域学习环境的能力（Pramling和Pramling Samuelsson, 2011）。

什么是至关重要的

教育水平和／或教学实践

　　有些研究已经回答了是否更高的员工资质带来更好的教学实践；此类研究已经衍生出混合的结果。有多个研究显示，一般来说，更高的教育程度与儿童教育和保育机构中更高的教学质量有关。有一个研究发现，早期教育与保育机构中拥有学士学位的教师是最有效的实践者。他们的效率在教室里、以儿童在学习活动中的刺激、反应和参与为依据体现出来（Howes 等，2003）。来自英国的学前教育有效性追踪研究（EPPE）显示，高质量早期教育与保育的关键解释性因素是"高资质的员工，有领导技能和从业时间长的员工；经过培训的员工和低资质的员工配合工作；对儿童发展和学习有正确理解的员工"（Siraj–Blatchford, 2010）。高比例的低资质员工与较低的儿童社会–情感发展（与同伴的关系和合作）结果是存在关联的。

　　然而，并非所有的研究都支持更多早期教育与保育员工的教育能带来更好的教学质量和儿童发展的结论。Early和他的同事强调教师质量是一个非常复杂的问题（Early等，2007）。在员工的教育水平和课堂质量或学习结果之间不是一个简单的关系。他们研究发现，儿童发展和员工资质之间没有关系，或者存在一些矛盾的关联。

　　他们认为：更多的员工教育不能促进教育质量或者儿童学习，提高学前教育的有效性可能需要更大范围的专业发展活动、支持员工和儿童的互动等。提高员工教学质量的实践包括用分享和可持续的方式提高员工与儿童沟通和互动的能力（Sheridan 等，2009）。

　　研究也指出，并非所有的员工都需要高学历。高资质的员工对与他们一起工作的低资质员工有积极的影响。英国研究学前教育有效性的教师通过观察发现，与高素质员工一起工作的低资质员工受到前者积极的影响。

专业化教育和培训

　　除了教育程度外，员工教育的内容或者培训课程也对早期保育和教育的质量有重要影响。专业化教育也与更好的儿童发展，以及提高员工为儿童提供适宜的教育和学习机会有关。专业化指"任何针对早期儿童教育、儿童发展或者类似内容的教育或培训，超出或者高于一般的教育水平"（Litjens 和 Taguma, 2010）。

这个领域的职前教育和培训，如早期儿童发展和早期教育提高了教育者在推动儿童的教育、社会情感和健康发展方面的有效性。

员工关于教学内容和教学法知识不充足或者不正确时，他们就会欠缺创造丰富和富有刺激性的教育和保育环境的能力。经过早期发展和保育的培训，员工能有更好的儿童观（Sommer 等，2010）；更能将游戏和学习融合到教育实践中（Pramling Samuelsson 和 Asplund Carlsson, 2008; Johansson 和 Pramling Samuelsson, 2009）；有更好地解决问题和开发特定学习计划的能力；有更丰富的词汇来促进早期文字发展（NIEER, 2004）。而且，受到更多教育和专业化培训的员工能更积极地融入师生互动，比如，表扬、安抚、提问和回应儿童的需要（Howes 等, 2003）。

然而，专业化教育和培训并不能保证更好的教育效果（Hyson 等，2009）。教育或者培训的质量对于员工促进儿童的学习与发展的能力可能起到更加至关重要的作用。好的员工职前准备固然非常重要，从初始的专业准备到提高质量之间还需要更多、更好、坚持不懈的培训。

持续的教育和培训也很重要。研究显示，为了保持员工的专业质量，他们需要参与持续的专业发展[3]。一个训练有素的员工不仅有良好的职前教育背景，而且要保证职前教育得到及时的更新以免过时（Fukkink 和 Lont, 2007; Mitchell 和 Cubey, 2003）。持续的专业发展能潜移默化地补充员工可能缺乏的知识和技能，或者可以更新特定的知识领域。这在教育观念和实践不断发展的早期教育与保育领域是很重要的。关于有效因素的研究在增加，教育和保育的质量讨论在继续，焦点已经转变为（儿童——译者）发展的观点。

在职教育和培训可以在工作中进行，也可以由外来资源，如培训机构或者大学提供，比如，员工会议、教研活动、演讲大会、学科培训、某领域的研讨、示范活动、以老带新等都是在职教育和培训的形式。有效的专业发展的关键是运用正确的培训策略，帮助教育者不断更新科学的方法和课程领域的知识，以便他们将这些知识运用到实践中（Litjens 和 Taguma, 2010）。在职培训也是一个长期的过程，员工应该有长期或者常规的培训机会（Sheridan, 2001）。只有针对员工的需要，具有发展机会的、真实的学习经验，才能达到最好的专业发展效果（Mitchell 和 Cubey, 2003）。

一个有效地提高知识和技能的方法是分科目培训。分领域的专业研讨也是很有效的，因为它提供员工反馈自身实践的可能。而且，实践证明，那些没有学历，但是接受相关的专业培训活动的工作人员，比没有参加培训的人员更能提供高质量的服务。然而，一般说来，什么是最有效的专业发展方式尚无定论。原因之一是员工有不同的需要，他们的背景很不同，有效的培训方式应该适应他们的不同需要（Elliott, 2006）。

管理人员的领导力

管理人员在支持专业发展中起非常重要的作用。管理人员能决定本机构专业发展需要的支持、激励、补贴的范围（Ackerman, 2006）。提高员工的质量靠机构领导支持和鼓励团队合作、信息分享和专业化员工发展（OECD, 2006）。英国的学前教育有效性研究也证明，领导和机构管理人员的质量也与他们的教育程度和专业发展紧密相关（Sylva 等, 2010）。

不同年龄组儿童教师教育和培训的不同

美国儿童健康和发展研究所（NICHD）指出，虽然员工的教育和培训对婴儿和学步儿有影响，但是，员工的正规教育程度对3～6岁儿童的影响比幼小年龄儿童的影响更大。对于婴儿和学步儿这些幼小儿童来说，有针对性的和实践类的培训，与教学质量、认知和社会性发展更加密切相关。

社会平等和专业发展

早期教育与保育经常被看作给社会弱势群体儿童未来接受义务教育带来"良好开端"的载体。早期儿童教育者面对日益复杂的社会环境，儿童的家庭和经验背景也参差多样。这些因素导致他们必须应用新型教学法和各种类型的实践，才能适应多元化的情形（Elliott, 2006）。不同的国家对员工的知识和技能的要求也各不相同。

为了符合政治家和专业人员消除和防止社会不平等的需要，现有的以及正在出现的专业发展内容包括：跨文化途径，学习第二语言的方法，特殊需要儿童的教育和保育，危机中儿童、特别是语言获得时期的儿童教育和保育（Eurydice, 2009）。然而，对于这些途径的有效性，我们还所知不多。

政策的涵义

提高早期教育与保育人员的资质

高资质的从业人员常能提供更高质量的儿童教育和保育。这些在短期和长期的社会性和学习成绩方面都有更好的儿童发展结果。不是所有的儿童教育和保育工作人员都要有高学历，实际上恐怕也不可能。然而，那些资质低的员工应该跟着资质高的员工一起工作。

给员工提供持续的专业发展机会

持续的专业发展能带来高质量的服务和儿童发展结果。参加一个学习班可能是一个容易想到的专业发展途径；但是，高质量的科目培训、特定领域的研讨培训或者示范活动可能效果更好。持续的专业发展不仅是可行的，而且是在这个专业领域工作和成长的必备要求。另外，专业发展应该是针对员工需要的。

为直接从事幼儿工作的员工提供专业化的培训课程

为从事儿童教育和保育的员工提供在职培训有很多好处，因为教育幼小儿童需要多种学科和发展领域的专业化的技能和知识。

尚未研究的领域

早期教育与保育的质量概念

早期教育与保育的"质量"这一概念在学术界还存在争论。质量的判断牵涉到价值观的不同。早期教育与保育的教师教育和培训在质量方面的效果，要视质量的定义和用以衡量质量的尺度而定。在评价儿童教育和保育的质量时，儿童发展的结果经常被作为最重要的因变量；不过由此也引出另一个争论，就是应该考察儿童发展哪些方面的结果。

早期教育与保育的员工培训和教育内容

围绕早期教育与保育的质量概念的争论，也让该领域的员工培训和教育内容问题始终没有定论。一些专家对以下一些做法是否适合幼儿表示担忧，如，强调（1）标准和测试（强调表现而非有意义环境的营造）；（2）预先设定的知识教学而非游戏、发现、儿童的个人选择和责任感–早期学习的传统工具；（3）忽略发展准备的早期课程（见《研究概述：课程至关重要》）。

教育程度的效果和不同的在职培训策略

即使已经发现了受教育程度和教学质量之间的相关性，二者之间的确切关系尚不清楚。还有，很少有研究能够证实不同的培训策略帮助儿童保教人员提高素质的效果。还需要更多的研究来揭示如何让员工了解掌握并执行切实有效的实践方法（Diamond 和 Powell, 2011 ）。

管理人员的知识、领导力和能力

除了对员工的个体的资质的重视，管理人员的知识、领导力和能力也证明是很重要的。这些问题需要进一步研究，比如：这些资质有多重要？为什么重要？什么资质和培训对管理人员最重要？最有效的培训途径是什么？等等。

培训和教育中的伦理多元化

很少有人重视社会和伦理多元化的教师培训（职前和在职）的有效性。然而，这个问题显得越来越重要，因为许多国家正在面临越来越突出的种族和民族多元化问题。

参考文献

Ackerman, D.(2006), "The Costs of Being a Child Care Teacher: Revisiting the Problem of Low Wages", *Educational Policy,* Vol. 20, No. 1, pp. 85-112.

Burchinal, M., D. Cryer, and R. Clifford (2002), "Caregiver Training and Classroom Quality in Child Care Centers", Applied Developmental Science, Vol. 6, No. 1,pp. 2-11.

Diamond, K. E. and D. R. Powell (2011), "An Iterative Approach to the Development of a Professional Development Intervention for Head Start Teachers",

Journal of Early Intervention, Vol. 33, No. 1, pp. 75-93.

Early, D. *et al.* (2007), "Teachers' Education, Classroom Quality, and Young Children's Academic Skills: Results From Seven Studies of Preschool Programs", *Child Development,* Vol. 78, No. 2, pp. 558-580.

Elliott, A. (2006), "Early Childhood Education: Pathways to Quality and Equity for All Children", *Australian Education Review,* Vol. 50, Australian Council for Educational Research.

Eurydice (2009), Early Childhood Education and Care in Europe: Tackling Social and Cultural Inequalities, Eurydice, Brussels.

Fives, H. (2003), "What is Teacher Efficacy and How does it Relate to Teachers' Knowledge? A Theoretical Review", Paper presented at the American Educational Research Association Annual Conference, Chicago.

Fukkink, R. G. and A. Lont (2007), "Does training matter? A Meta-analysis and Review of Caregiver Training Studies", *Early Childhood Research Quarterly,* Vol.22, pp. 294-311.

Howes, C., J. James and S. Ritchie (2003), "Pathways to Effective Teaching", *Early Childhood Research Quarterly,* Vol. 18, pp. 104-120.

Hyson, M., H. B. Tomlinson and C. A. S. Morris (2009), "Quality Improvement in Early Childhood Teacher Education: Faculty Perspectives and Recommendations for the Future", *Early Childhood Research and Practice,* Vol.11, No. 1.

Johansson, E., and I. Pramling Samuelsson (2009), "To Weave Together: Play and Learning in Early Childhood Education", *Journal of Australian Research in Early Childhood Education,* Vol. 16, No. 1, pp. 33-48.

Litjens, I. and M. Taguma (2010), "Literature Overview for the 7th Meeting of the OECD Network on Early Childhood Education and Care", OECD, Paris.

Mitchell, L. and P. Cubey (2003), Characteristics of Professional Development Linked to Enhanced Pedagogy and Children's Learning in Early Childhood Settings. Report for the New Zealand Ministry of Education. Wellington: NCER.

NIEER (2004), "Better Teachers, Better Preschools: Student Achievement Linked toTeacher Qualifications", *Policy Brief,* NIEER, New Jersey.

NICHD Early Child Care Research Network (2000), "Characteristics and Quality of Child Care for Toddlers and Preschoolers", *Applied Developmental Science,* Vol.4, No. 3, pp. 116-135.

OECD (2005), Teachers Matter. Attracting, Developing and Retaining Effective Teachers, OECD, Paris.

OECD (2006), Starting Strong II: Early Childhood Education and Care, OECD, Paris.

Pramling Samuelsson, I. and M. Asplund Carlsson (2008), "The Playing Learning Child: Towards a Pedagogy of Carly Childhood", *Scandinavian Journal of Educational Research,* Vol. 52, No. 6, pp. 623-641.

Pramling, N. and I. Pramling Samuelsson (in press 2011), *Educational Encounters:Nordic Studies in Early Childhood Didactics.* Dordrecht, The Netherlands:Springer.

Sammons, P. (2010), "The EPPE Research Design: An Educational Effectiveness Focus" in: Sylva *et al.* (eds.), *Early Childhood Matters: Evidence from the Effective Pre-school and Primary Education project,* Routledge, London/NewYork.

Sheridan, S. (2001), "Quality Evaluation and Quality Enhancement in Preschool – AModel of Competence Development", *Early Child Development and Care,* Vol.166, pp. 7-27, (B).

Sheridan, S. (2009), "Discerning Pedagogical Quality in Preschool", *Scandinavian Journal of Educational Research,* Vol. 53, No. 3, pp. 245-261.

Sheridan, S., I. Pramling Samuelsson and E. Johansson (eds.) (2009), *Barns tidigalärande. En tvärsnittsstudie av förskolan som miljö för barns lärande* (Children's early learning: A cross-sectional study of preschool as an environment for children's learning), Göteborg Studies in Educational Sciences, Vol. 284,Göteborg, Sweden: Acta Universitatis Gothoburgensis.

Shonkoff, J. P. and D. A. Phillips (2000), *From Neurons to Neighborhoods: The Science of Early Childhood Development,*National Academy Press,Washington DC.

Siraj-Blatchford, I. (2010), in Sylva *et al.* (eds.), *Early Childhood Matters:*

Evidence from the Effective Pre-school and Primary Education Project, Routledge,London/New York.

Sommer, D., I. Pramling Samuelsson and K. Hundeide (2010), Child Perspectives and Children's Perspectives in Theory and Practice, New York: Springer.

Sylva, K. *et al.* (2010), *Early Childhood Matters: Evidence from the Effective Pre-school and Primary Education Project,* Routledge, London/New York.

工作条件的重要性

什么是"工作条件"

早期教育与保育机构的工作条件经常指结构性的质量指标（比如，工资、员工-儿童比率、最大班级人数、工作时间等），还有其他一些能影响专业人员做好工作的能力，及其对工作环境、任务和性质的满意度等的因素（比如，非经济福利、团队合作、管理人员的领导力、工作量等）。

什么是重要的

吸引、培训和留住合适的有资质的早期教育与保育员工是一个很大的挑战。良好的工作条件对于有资质的员工进入这个专业领域是一个强大的激励。结构性的质量指标已经引起相当重视，因为它们通常是由国家规定或者指导的。对于员工质量来说，当他们学以致用时会得到支持和鼓励也是极其重要的。

欧盟的"早期重要意义"研讨会（European Commission, 2009）得出结论，许多研究发现，除了员工培训和教育外，员工的工作条件在为儿童提供安全、健康和良好的学习环境方面很重要。尽管如此，教育和保育机构经常存在恶劣的工作环境和低工资导致的高流动率。有些机构的人员年流动率超过40%，导致降低了保教质量（Moon 和 Burbank, 2004）。

为什么早期教育与保育的工作条件如此重要

研究指出，员工满足儿童需要的能力不仅受教育程度和培训的影响，而且受一些外在因素，如工作环境、工资和福利等影响（Shonkoff 和 Philips, 2000）。工作条件能影响员工的工作满意度和执行任务的能力，以及他们与儿童积极互动、给予充分关注和刺激儿童发展的可能性。

与儿童之间稳定、灵敏和富有激励性的互动是与员工工作密切相关的工作背景和条件。有一个研究指出，低工资：（1）影响员工与儿童的互动方式；（2）与高流动率相关（Huntsman, 2008）。高流动率对教育和保育有消极的影响，因为人员不稳定会影响儿童发展。当保教人员经常流动时，员工和儿童不容易发展稳定的关系，也更少出现有培养性的、富有启发性的互动（CCI, 2006）。

对于工作条件对儿童发展影响的研究并不多，研究结果也没有指向相同的方向。这主要是因为员工-儿童比率、员工资质、机构质量和机构种类之间有复杂的内部关系，复杂的关系很难得出共同的工作条件的结果（Sammons, 2010）。

什么是至关重要的

首先，这个领域需要更多的研究。现有研究结果聚焦在员工的满意度而非儿童发展。许多工作条件的因素是与儿童教育和保育服务的质量相关的，也有一些被证实与儿童发展是相关的。表3.1呈现了一个研究发现的概览，从中可以看出重要的工作条件的特征。

表3.1　哪些员工工作条件影响早期教育与保育的质量

最好的员工工作条件	提高领域	
	早期儿童教育和保育服务	儿童发展的结果
1. 高员工-儿童比率和小班额	×	×
2. 优厚的工资和福利	×	不清楚
3. 合理的工作时间安排和工作量	×	不清楚
4. 低员工流动率	×	×
5. 激励人心的有意思的物质环境	×	不清楚
6. 有能力的给予支持的机构管理人员	×	不清楚

注：需改进领域的"不清楚"指出了将来早期教育与保育研究的重要机会。

来源：Ackerman, 2006; Burchinal et al., 2002; De Schipper et al., 2004; De Schipper et al., 2006; De Schipper et al., 2007; Diamond and Powell, 2011; Huntsman, 2008; Litjens and Taguma, 2010; Loeb et al., 2004; Moon and Burbank, 2004; Sheridan and Shuster, 2001; Sheridan et al., 2009; Torquati et al., 2007。

员工-儿童比率

高员工-儿童比率指每个员工带更少的孩子，一般被看作提高早期教育与保育机构质量、促进儿童更好发展的因素（Burchinal 等, 2002, De Schipper 等, 2006;

Huntsman, 2008; Torquati 等, 2007）。一些较早的研究结果比较矛盾，而大量证据倾向于表明：幼教机构中的员工–儿童比率与质量紧密相关（Huntsman, 2008）。"质量"的发现总结如下。

更好的师生互动，员工的压力更小

越高的员工–儿童比率与更好的工作条件和更小的员工压力相关。员工负责的班额越小，他们越能创设支持性的环境（De Schipper 等, 2006）。高员工–儿童比率改善了早期教育与保育机构内部的工作条件，因为员工能给不同发展对象更加充分的注意力，为儿童创造更富有爱心的和有意义的互动。随着每个员工负责的儿童数量的增加，员工要花费更多的时间维持纪律和常规交流，积极言语互动的时间则相应减少（Litjens 和 Taguma, 2010; Rao 等, 2003）。

更好的儿童发展

员工–儿童比率更高的情况下，儿童在活动和互动中更加合作，他们在认知和语言评价中的成绩也更好。而且，高员工–儿童比率似乎能提高学业成绩，虽然还没有很多近期研究关注这个课题（Huntsman, 2008; Sylva 等, 2004）。上述研究的一个局限性是大部分发现几乎是特定的相关，但是关于这个现象的实验研究却很少（Huntsman, 2008）。Chetty 和他的同事在2011年的实验研究发现，即使3、4岁儿童班级的小员工–儿童比率也能促进儿童的成果，对其成人后的收入没有长期的影响。然而，研究确实证实了早期机构的整体质量对成人收入有影响。

高员工–儿童比率对幼小儿童来说特别重要。有证据证明，婴儿和学步儿从中特别受益（De Schipper, 2006）。很多国家已经对幼小儿童规定了比较高的员工–儿童比率，对相对年长的学前儿童规定了相对低的员工–儿童比率（NICHD, 2002）。虽然目前还缺乏相关研究可以确认什么样的员工–儿童比率能提高教师满意度、早期机构质量和儿童发展的结果，但是，许多早期教育工作者相信，对于2岁以下的儿童来说，不低于1∶3或者1∶4的员工–儿童比率有助于员工有效地与每个儿童互动（Litjens 和 Taguma, 2010）。

班额

虽然直接的效果还不清楚，但是适当的班额提高了互动过程的质量

班额大小通常是有规定的，规定作为小组需要看护和指导的儿童数量。并非所有研究都能发现班额对儿童教育和保育质量的影响：合适的班额通常是小班额，在

一个研究中，如果涉及员工-儿童比率，就很难单独提取出班额因素。班额研究还有一个局限性，就是很少考虑混龄班的问题，其实混龄本身也许就是个重要的因素（因为通常同龄组的班级更容易管理）。尽管如此，综合、全面的研究结论是：班额影响过程质量（比如，师生关系，家园沟通）。如果员工感觉工作环境更为愉快，就会更加爱护孩子，做出更多富有激励性的行为（Huntsman, 2008; Burchinal 等, 2002; Clarke-Stewart 等, 2002）。

班级质量和员工工作满意度

研究发现，不仅是员工-儿童比率，而且一个教室里成人的数量也影响质量和工作满意度。教室环境的质量受教室里每一个工作人员的影响和推动。当他们在一个教室里一起工作，就有了分担管理、商讨工作中挑战的机会（Goelman 等, 2006）。在早期教育与保育机构中必须清楚地提出对各位员工的分工和期望，以便使团队工作最为优化。就目前的情形来看，增加教师的助手一般对大额班的帮助不大，这些助手与教师的合作也不够（Chartier 和 Geneix, 2006; Finn 和 Pannozzo, 2004）。

酬劳：工资和福利

更高的工资和更好的工作条件影响着人们的工作满意度和工作动力，也间接影响教育、保育以及员工与儿童互动的质量（Huntsman, 2008; Moon 和 Burbank, 2004）。

低工资导致儿童发展的低质量

研究显示，早期教育与保育机构的工资很低，低工资"首先阻碍了高质量和高能力的儿童保育和早期教育人员考虑加入本领域工作，影响了机构的质量"（Manlove 和 Guzell, 1997）。低工资也与上面提到的员工高流动率有关（Moon 和 Burbank, 2004），高流动率影响儿童语言、社会情感以及他们与保教人员间形成的关系（Whitebook 2002; Torquati 2007）。低估保育和教育工作者的专业性也是造成低工资的因素（Ackerman, 2006）。

虽然在大部分经合组织国家从事早期教育与保育职业的人员工资不是非常高（OECD,2006），但并非所有国家都这样。例如，在斯堪的纳维亚国家，学前儿童教师必须有学士学位，员工工资更高，社会地位也比那些低收入国家的人要高一些。实行教育和保育分轨制的国家，通常对从事3、4岁以下教育和保育的人员教育程度的要求低、工资也低，而对从事3、4岁到学龄前儿童工作的人员教育程度的要求高，相对的工资和社会地位也高。

非现金奖励带来更好的工作满意度和更好的过程质量

带薪假日的天数和加班补贴对工作满意度有积极的影响，也因此影响到师幼互动的质量（Doherty 等, 2000）。

社会地位和专业认同感

即便行业中的幼儿教师地位高，他们也不一定得到外部世界的认同，在丹麦和瑞典似乎看到这样的现象（Berntsson, 2006）。为了转变低估该行业专业性以及导致性别刻板印象等价值倾向，必须提升儿童教育与保育工作者的"专业身份"（OECD, 2006）。

人员流动

稳定的员工队伍对儿童发展有强烈和持续的、正向的影响（Loeb 等, 2004）。然而多个国家的研究都发现较高的员工流动率，有的甚至达到每年30%～50%（Huntsman, 2008; Moon 和 Burbank, 2004）。

员工流动率高与服务质量低和儿童发展差相关。在员工流动率低的机构，员工与儿童互动时更得当、更专心。高流动率打断了照顾儿童的连续性。Moon 和 Burbank（2004）认为，当员工流动率高的时候，孩子花在有意义活动中的时间更少。

工作量

沉重的工作量让员工感觉很累。工作量指工作时间，可以表明员工的时间表是否能兼顾家庭生活和工作要求。大班额、低员工-儿童比率和繁重的工作是儿童保教机构员工的潜在压力。一般说来，有压力的员工干不好。一些研究证明了工作量对保教机构质量的影响，时间表合理的员工比工作量沉重的员工干得更好（De Schipper 等, 2007）。

机构的物质条件

一个丰富的游戏和学习环境也很重要。虽然物质条件对儿童的全面的影响结果还不很清楚，但是人们认为更大的空间对儿童发展有益。美国儿童健康和人类发展研究院（NICHD, 2002）发现，积极的保教行为和他们所处环境的物质条件有紧密联系，比如，在空间富裕、设备和材料丰富的机构，孩子更容易专注，不容易被干扰，因为他们有更多适宜的空间。在这样的条件下员工也可以提供更多与儿童年龄更适宜的行为和活动。

早期教育与保育质量的跨文化研究强调这样一个事实：物质空间和员工-儿童比率之间的不同给员工创造了不同的机会。越大的空间，员工越可能组织小组活动，从而给儿童创造更好的学习条件和游戏、放松和学习的机会（Sheridan 和 Shuster, 2001; Sheridan 等, 2009）。研究对适宜的空间方面只给予了很少的指导信息（Huntsman, 2008）。空间对儿童发展的重要性还需要进一步研究。

管理人员在支持专业发展方面的作用

管理人员在创造有利的工作条件和支持专业发展方面是重要的。虽然有一部分工作条件是规定的，还有一部分可以是机构独具特点的。观察发现，早期教育与保育机构如果有更好的工作条件，则会带来更好的保育和教育（Litjens 和 Taguma, 2010; Diamond 和 Powell, 2011）。管理人员作用的重要性在于，他们是为员工创造舒适工作条件的关键因素。

证据显示，很少得到机构管理人员专业支持的儿童保教工作者的工作满意度较低，他们的保教质量比得到专业支持的工作者差（Ackerman, 2006）。专业支持通常指机构对员工专业发展的支持、激励和补助，有常规的、管理人员和员工一起参加的教研活动，也有来自同事的鼓励和研讨等（Ackerman, 2006）。很多研究已经发现（Litjens 和 Taguma, 2010），持续的专业发展的重要性在于确保工作者能跟上不断更新的、有证据的好经验（员工教研活动，会议，培训活动，示范活动等）。

政策的涵义

投资早期教育与保育，改善工作条件

研究发现，快乐工作的员工能提供更好的保育教育，也会是更好的工作者。说到好的工作条件时，班额和员工-儿童比率，还有员工有足够的时间和精力花到每个孩子身上是很重要的。小班额、高员工-儿童比率能改善工作条件。可以看到，员工有足够的时间对工作做计划、记录、分析和反思（不管是以个人还是集体形式）都有利于提高质量。然而，提高员工-儿童比率和减小班额都是很昂贵的，如，把班额从15个儿童减少到10个，需要增加一半的教师数量和教师工资。况且，也没有一个明确的结论说什么样的班额或者员工-儿童比率是最好的（Chetty 等, 2011）。

为了提高早期儿童工作者的地位和质量，政府可以考虑在学前教育和小学教育

领域推行同样的资质和平等的工作条件（工资、福利和专业发展机会），应该关注将在职培训与职业进步和更高资质联系起来（OECD, 2006）。

为了留住训练有素的员工，提供现金和非现金奖励

收入在良好的工作条件中是一个重要因素。提高工资很可能降低员工流动率，吸引有更高资质的员工，而且能提高工作满意度。为工作人员提供非现金支持和奖励也可能提高员工的幸福感，鼓励他们持续进行专业发展。

积极的人员流动应该只是保育教育领域中最低资质的员工离开，这样可以为更高质量的员工敞开大门。新的研究表明，低资质的员工的离开可能极大地提高儿童的发展结果（Hanushek, 2010）。

提高保教机构管理人员的认识

除了相关规定外，研究发现早期教育与保育机构管理人员在为员工提供好的工作条件、促进专业发展和进一步培训方面起到更为关键的作用。管理人员提高对确保员工喜爱的工作条件重要性的认识、设法切实落实这些条件，对于促进保教质量都是非常重要的（OECD, 2006）。

尚未研究的领域

工作条件与儿童发展之间的关系

关于工作条件对儿童发展影响的相关研究证据并不十分有力。关于工作条件研究并不是核心问题。研究把某些工作条件的特点（员工-儿童比率和员工薪酬）和机构质量和／或者员工流动之间的相联系，但并不常衡量儿童发展（Whitebook, 2009）。关于工作条件如何影响机构质量和儿童发展的研究也许能够阐明工作条件的重要性。

关于工作条件哪些方面关系到哪些儿童发展的更多研究

员工-儿童比率对所有学前儿童来说都很重要，但有证据说明对婴儿和学步儿尤其重要（De Schipper, 2006）。改善工作环境对促进儿童发展的确切作用还非常不清楚，早期机构中多个成人的作用对儿童发展的最大影响还没有充分的证据。而且，还没有相关研究调查工作条件（以及工作条件的哪些方面）是否对不同儿童群体产

生不同影响（如，移民儿童或者弱势儿童）。

参考文献

Ackerman, D. (2006), "The Costs of Being a Child Care Teacher: Revisiting the Problem of Low Wages". *Educational Policy,* Vol. 20, No. 1, pp. 85-112.

Berntsson, P. (2006), Lärarförbundet, förskollärare och statushöjande strategier: Ettkönsperspektiv på professionalisering, Göteborg: Department of Sociology, Göteborg University.

Burchinal, M., D. Cryer and R. Clifford (2002), "Caregiver Training and Classroom Quality in Child Care Centers", *Applied Developmental Science,* Vol. 6, No. 1,pp. 2-11.

Canadian Council on Learning (CCL) (2006), "Why is High-Quality Child Care Essential? The Link between Quality Child Care and Early Learning", *Lessons in Learning,* CCL, Ottawa.

Chartier, A.-M. and N. Geneix (2006), "Pedagogical Approaches to Early Childhood Education", paper commissioned for the EFA Global Monitoring Report 2007,Strong Foundations: Early Childhood Care and Education, Paris.

Chetty, R., J. N. Friedman, N. Hilger, E. Saez, D. Schanzenbach and D. Yagan(2011), "How Does Your Kindergarten Classroom Affect Your Earnings?Evidence from project STAR", *Quarterly Journal of Economics* (forthcoming).

Clarke-Stewart, K. A., D. Lowe Vandell, M. Burchinal, M. O'Brien and K. McCartney(2002), "Do Regulable Features of Child-care Homes Affect Children's Development?" *Early Childhood Research Quarterly,* Vol. 17, pp. 52-86.

De Schipper, E., M. Van IJzendoorn and L. Tavecchio (2004), "Stability in CenterDay Care: Relations with Children's Well-being and Problem Behavior in Daycare", *Social Development,* Vol. 13, No. 4, pp. 531-550.

De Schipper, E. J., M. J. Riksen-Walraven and S. A. Geurts (2007), "Multipledeterminants of Caregiver Behavior in Child Care Centers", *Early*

Childhood Research Quarterly, Vol. 22, pp, 312-326.

De Schipper, E. J., M. J. Riksen-Walraven and S.A. Geurts (2006), "Effects of Child–Caregiver Ratio on the Interactions Between Caregivers and Children in Child-Care Centers: An Experimental Study", *Child Development,* Vol. 77, pp. 861-874.

Diamond, K. E. and D. R. Powell (2011), "An Iterative Approach to the Development of a Professional Development Intervention for Head Start Teachers", *Journal of Early Intervention,* Vol. 33, No. 1, pp. 75-93.

Doherty, G., D. S. Lero, Donna S., H. Goelman, A. LaGrange and J. Tougas (2000),*You Bet I Care! A Canada-wide Study on Wages, Working Conditions, and Practices in Child Care Centres,* University of Guelph; Centre for Families, Work and Well-Being Canada, Ontario.

European Commission (2009), *Early Childhood Education and Care - key Lessons from Research for Policy Makers,* NESSE Report to the European Commission,European Commission, Brussels, Belgium.

Finn, J. and G. Pannozzo (2004), "Classroom Organization and Student Behavior in Kindergarten", *The Journal of Education Research,* Heldref Publications.

Goelman, H., B. Forer, G. Doherty, D. S. Lero and A. LaGrange (2006), "Towards a Predictive Model of Quality in Canadian Child Care Centers", Early Childhood Research Quarterly, Vo. 21, No. 3, pp. 280-295.

Hanushek, E. (2010), "The Economic Value of Higher Teacher Quality", NBER Working Paper, No. 16606.

Huntsman, L. (2008), *Determinants of Quality in Child Care: A Review of the Research Evidence,* Centre for Parenting and Research, NSW Department of Community Services.

Litjens, I. and M. Taguma (2010), "Literature overview for the 7th meeting of the OECD Network on Early Childhood Education and Care", OECD, Paris.

Loeb, S., B. Fuller, S. L. Kagan and B. Carroll (2004), "Child Care in Poor Communities: Early Learning Effects of Type, Quality, and Stability", *Child*

Development, Vol. 75, No. 1, pp.47-65.

Manlove, E. E., and J. R. Guzell (1997), "Intention to leave, anticipated reasons for leaving, and 12 Month turnover of child care centre staff", *Early Childhood Research Quarterly,* Vol. 12, No. 2, pp. 145-167.

Moon, J. and J. Burbank (2004), "The Early Childhood Education and Wage Ladder; Amodel for Improving Quality in Early Learning and Care Programs", *Policy Brief,* Economic opportunity Institute, Seattle WA.

NICHD Early Child Care Research Network (2002), "Child Care Structure>Process>Outcome: Direct and Indirect Effects of Caregiving Quality on Young Children's Development", *Psychological Science,* Vol. 13, pp. 199-206.

Rao, N., J. McHale and E. Pearson (2003), "Links Between Socialization Goals and Child Rearing Practices in Chinese and Indian Mothers", *Infant and Child development,* Vol. 12, No. 5, pp. 475-492.

Sammons, P. (2010), "The EPPE Research Design: An Educational Effectiveness Focus" in: Sylva *et al.* (eds.), *Early Childhood Matters: Evidence from the Effective Pre-school and Primary Education Project,* Routledge, London/NewYork.

Sheridan, S., and K.-M. Schuster (2001), "Evaluations of Pedagogical Quality in Early Childhood Education - A cross-national perspective", Department of Education, University of Gothenburg, Sweden, Journal of Research in Childhood Education, Fall/Winter 2001, Vol. 16, No. 1, pp, 109-124.

Sheridan, S., J. Giota, Y. M. Han and J. Y. Kwon (2009), "A Cross-cultural Study of Preschool Quality in South Korea and Sweden: ECERS evaluations", *The Early Childhood Research Quarterly,* Vol. 24, pp. 142-156.

Shonkoff, J. P. and D. A. Phillips (2000), *From Neurons to Neighborhoods: The Science of Early Childhood Development,* National Academy Press,Washington DC.

Sylva, K. *et al.* (2004), *The Effective Provision of Pre-School Education (EPPE) Project: Final Report,* London: DfES and Institute of Education, University of London.

Torquati, J., H. Raikes and C. Huddleston-Casas (2007), "Teacher Education,Motivation, Compensation, Workplace Support, and Links to Quality of Center-based Child Care and Teachers' Intention to Stay in the Early Childhood Profession", *Early Childhood Research Quarterly,* Vol. 22, No. 2, pp. 261-275.

Whitebook, M. (2002), *Working for Worthy Wages: The Child Care Compensation Movement 1970-2001,* Center for the Study of Childcare Employment, Institutefor Research on Labor and Employment, UC Berkeley.

Whitebook, M., D. S. Gomby, D. Bellm, L. Sakai and F. Kipnis (2009), *Effective Teacher Preparation in Early Care and Education: Toward a Comprehensive Research Agenda,* Center for the Study of Child Care Employment, Berkeley,CA.

行动领域 2
通过国际化的比较来拓宽视野

本节包括以下三方面内容的国际比较：
- 工作种类、资质和要求
- 专业发展
- 员工工作条件

工作种类、资质和要求

发现

工作种类和资质

在经合组织国家的早期教育与保育机构普遍存在五种相关工作（表3.2）：
- 保育员
- 学前教师、小学教师、学前班教师、幼儿园教师
- 家庭和日托中心工作人员

● 主班教师

● 配班员工

在经合组织国家，这五种工作在早期教育与保育机构中普遍存在（见表3.2）。

表3.2　早期教育与保育工作人员的工作种类

儿童保育员	儿童保育员的资质在不同国家和机构有很大的不同。大部分国家要求保育员有职业培训文凭，一般是职高的看护类职业文凭（高中、职高）；许多国家有此类专门的中等教育毕业的专业人才，他们需要经过1～2年师范职业培训的文凭
幼儿园和／或小学教师（或者学前班／幼儿园教师）	在澳大利亚、加拿大、法国、爱尔兰、荷兰、英国和美国，幼儿教师一般与小学教师在同样的机构经过相同的培训。其中的一些国家，例如，荷兰，经过相同小学以前教育培训的教师既可以服务于幼儿园，也可以服务于小学。在联邦国家，不同的州／省之间有差异，但是职前培训是以小学教学法为基础的（入学准备是早期教育的基本目标）
家庭和日托机构的保育员	家庭和日托机构的保育员是指在家托或者以家庭为单位的保育机构中的保育人员。这类机构有在家里提供服务的传统，既可以在看护人的家，也可以是孩子家里由一个具有资质或者注册的看护人照看孩子。这类看护形式在孩子进幼儿园（3岁）以前很普遍
主班教师	在北欧和中欧的国家，有专门针对早期儿童服务而非小学教学的受过中等以上教育或者师范教育的教师。这些教师也可能经过别的方面的培训，如，青少年工作或者看护老年人等。在一些国家，员工主要负责儿童教育和看护
配班员工	儿童服务机构中有不同培训级别的多种配班员工工作。最低标准是不需要在这个领域的正规资质，然而，北欧国家的幼儿机构的配班员工往往需要几年中等以上职业培训教育的经历

来源：经合组织关于早期教育与保育的"质量工具箱和早期教育与保育门户网站调查"网络数据，2011年6月。

在早期保育教育机构有很多种资质（按照ISCED级别[4]）（图3.1）。

图 3.1　对早期教育与保育各类型工作人员ISCED水平的要求

工作人员类型用ISCED排位的最低要求分等级

	保育机构（日托、托儿中心）工作的人员
	教育机构或者保教并规制中的教育工作者
	义务教育工作者

续表

国家	年龄							
	0	1	2	3	4	5	6	7
澳大利亚	保育员（4）/保育管理者（5）							
	学前班/幼儿园教师（5A）							
奥地利	幼儿园主班教师（4A）							
比利时荷语区	儿童保育员（3）			2.5岁　学前教师（5）				
加拿大不列颠哥伦比亚省	早期教育者（3）							
				学前班教师（5A）				
加拿大马尼托巴	早期教育者（5B）							
				学前班教师（5）				
加拿大爱德华王子岛	家托看护人（3）/机构中的保育员（4）							
				学前班教师（4）				
捷克共和国	家托工作者（3）			主班教师（3）				
丹麦	配班员工（5）							
爱沙尼亚	1.5岁　幼儿园主班教师（5）							
芬兰	学前班的保育员（三分之二的员工应该至少达到3级）							
	学前班教师（5B）					学前教师（5B）		
德国	保育员（3）							
	主班教师（4A）							
	儿童期的主班教师或者社会其他机构的主班教师（5）							
匈牙利	保育员（3）			主班教师（5）				
爱尔兰			学前教师（5）					
以色列	儿童保育员（5）							
			学前教师（5）					
意大利	教育者（看护中心）（5B）		学前教师（6）					
日本	看护教师（5B）							
			学前班教师(5B)					
韩国	保育员（3）							
			学前教师（5）					

续表

国家	年龄							
	0	1	2	3	4	5	6	7
卢森堡				学前教师（教研员）/ 教育者（5B）				
墨西哥	土著早期教育与保育教师（3）　土著学前教师（3）							
	早期教育 / 幼儿教师（5）							
荷兰	托儿中心的保育员 / 官方认定的家托工作者（3）							
		游戏中心的领导（3）		12岁以前的学前班 / 小学教师（4）　until 12 y				
新西兰	游戏中心的领导（3）							
	有资质的教育和保育教师 / 学前班教师（5B）							
	太平洋地区 / 土著地区孩子的教师（5B）							
挪威	儿童 / 青少年工作者（3）							
	教学领导（学前班和家庭式学前班）/ 教学组长（5A）							
波兰	保育员（3）			学前班教师（5）				
葡萄牙	学前教师（5A）							
斯洛伐克共和国	托儿中心工作者（3B）			学前班教师（3）				
斯洛文尼亚	家托看护人（3）							
	学前教师（5B）							
西班牙	早期教育教师（5B）			学前教师（5A）				
瑞典		家托看护人（3）						
		学前教师（5A）						
土耳其			学前教师（5A）					
英国的苏格兰	保育员（5）							
		学前教师（5）						

国家	年龄							
	0	1	2	3	4	5	6	7
美国（佐治亚，马萨诸塞，北卡罗来纳，俄克拉荷马）				学前教师（5）				

来源：经合组织关于早期教育与保育的"质量工具箱和早期教育与保育门户网站调查"网络数据，2011年6月。

在保育和教育分轨的国家存在幼儿园／学前班教师和儿童保育员。

学前班和幼儿园教师通常比日托中心的员工要求受过更高的职前教育；大部分国家对前者的要求是ISCED的5级，后者的要求是3级。

葡萄牙和日本是例外，他们要求保育员／托儿中心教师、幼儿园／学前教师具备相同的资质。

希望在早期机构提供一体化服务的国家对从事0～3岁儿童相关工作的人员有更高的资质要求；一些国家对从事0岁至学龄前儿童的员工有统一的资质要求；有些国家有重叠要求。有些国家用不同的途径实行，例如，新西兰的游戏中心和学前班都能收0岁至学龄前儿童，但是，这些机构的员工资质要求不同：0～6岁幼儿园教师的资质是ISCED的5B级，而0～6岁的游戏中心领导者要求是3级。

职前教育安排

大部分国家提供全职或者兼职的幼儿园或者学前班员工职前教育；少量国家提供日托和家托员工职前教育（见表3.3）。

特别是对于幼儿园和学前班员工来说，公立机构对职前教育的要求比私立机构更加普遍（见表3.4）。

职前教育项目通常与机构人员的资格要求有关。例如，当教育要求不同时，保育员、学前／幼儿园教师、小学教师们的教育项目不同。

然而，在一些国家，儿童保育和早期教育是一体化的或者说是综合的（见表3.5）。学生参加同样的教育项目，但可以选择儿童保育或者学前教育的不同专业方向。

表3.3　为不同类型的员工提供的职前教育

	学前班或者幼儿园员工	保育或日托中心员工	家托员工
全职	澳大利亚，奥地利，加拿大不列颠哥伦比亚省，捷克共和国，丹麦，爱沙尼亚，芬兰，比利时荷语区，比利时法语区，德国，匈牙利，意大利，日本，韩国，卢森堡，加拿大马尼托巴，荷兰，新西兰，挪威，波兰，加拿大爱德华王子岛，英国苏格兰，斯洛文尼亚，澳大利亚南澳，西班牙，瑞典，土耳其	澳大利亚，加拿大不列颠哥伦比亚省，丹麦，比利时荷语区，芬兰，比利时法语区，德国，匈牙利，意大利，日本，韩国，加拿大马尼托巴，荷兰，新西兰，波兰，加拿大爱德华王子岛，英国苏格兰，西班牙	澳大利亚，芬兰，德国，加拿大马尼托巴，荷兰，波兰，葡萄牙，加拿大爱德华王子岛，瑞典
兼职[5]	澳大利亚，奥地利，捷克共和国，丹麦，爱沙尼亚，芬兰，比利时荷语区，德国，意大利，日本，韩国，加拿大马尼托巴，新西兰，挪威，波兰，加拿大爱德华王子岛，英国苏格兰，斯洛文尼亚，西班牙，瑞典	澳大利亚，加拿大不列颠哥伦比亚省，丹麦，芬兰，比利时荷语区，比利时法语区，德国，意大利，日本，韩国，加拿大马尼托巴，德国，意大利，日本，韩国，荷兰，新西兰，波兰，加拿大爱德华王子岛，英国苏格兰，西班牙	澳大利亚，丹麦，芬兰，德国，加拿大马尼托巴，荷兰，波兰，葡萄牙，加拿大爱德华王子岛

来源：经合组织关于早期教育与保育的"质量工具箱和早期教育与保育门户网站调查"网络数据，2011年6月。

表3.4　公立和私立机构的职前教育情况

	学前班或者幼儿园员工	保育或日托中心员工	家托员工
公立	澳大利亚，奥地利，加拿大不列颠哥伦比亚省，丹麦，爱沙尼亚，芬兰，比利时荷语区，比利时法语区，美国佐治亚州，德国，匈牙利，爱尔兰，意大利，日本，韩国，卢森堡，加拿大马尼托巴，美国马萨诸塞州，墨西哥，荷兰，新西兰，美国北卡罗来纳州，挪威，美国俄克拉荷马州，波兰，葡萄牙，加拿大爱德华王子岛，英国苏格兰，斯洛伐克共和国，斯洛文尼亚，西班牙，瑞典，土耳其	澳大利亚，加拿大不列颠哥伦比亚省，丹麦，芬兰，比利时荷语区，比利时法语区，德国，匈牙利，日本，意大利，韩国，加拿大马尼托巴，墨西哥，荷兰，挪威，波兰，葡萄牙，加拿大爱德华王子岛，英国苏格兰，西班牙，瑞典	澳大利亚，奥地利，丹麦，芬兰，德国，加拿大马尼托巴，波兰，葡萄牙，加拿大爱德华王子岛

续表

	学前班或者幼儿园员工	保育或日托中心员工	家托员工
私立	奥地利，加拿大不列颠哥伦比亚省，爱沙尼亚，芬兰，比利时荷语区，美国佐治亚州，德国，意大利，韩国，美国马萨诸塞州，新西兰*，美国北卡罗来纳州，挪威，美国俄克拉荷马州，波兰，葡萄牙，加拿大爱德华王子岛，英国苏格兰，斯洛伐克共和国，西班牙	澳大利亚，加拿大不列颠哥伦比亚省，芬兰，比利时法语区，德国，意大利，日本，韩国，新西兰*，挪威，波兰，葡萄牙，加拿大爱德华王子岛，英国苏格兰，西班牙	澳大利亚，奥地利，芬兰，德国，意大利，加拿大马尼托巴，荷兰，波兰，葡萄牙，加拿大爱德华王子岛

*新西兰有关的学前班/幼儿园——私立机构：数据仅参考土著私立职前教育（为土著/太平洋地区儿童服务的教师），不是学前班教师。关于保育——私立机构：数据仅仅参考了游戏小组领导的职前教育。

来源：经合组织关于早期教育与保育的"质量工具箱和早期教育与保育门户网站调查"网络数据，2011年6月。

表3.5　儿童保育员和学前员工的职前教育情况[6]

一体化	分规制
捷克共和国*，丹麦，芬兰，以色列*，意大利*，新西兰**，斯洛伐克共和国*，瑞典**	澳大利亚，比利时，加拿大不列颠哥伦比亚省，德国，匈牙利，韩国，加拿大马尼托巴，荷兰，挪威**，波兰，加拿大爱德华王子岛，斯洛文尼亚，英国苏格兰

*学生经过同样的教育科目，但在职前教育的基础科目上加入儿童保育或者学前教育方面的专业课程。

**新西兰的数据仅参考教育和保育的教师，不包括游戏中心的领导。挪威的数据参考儿童/青少年工作者和有不同教育的主班领导。瑞典的数据仅参考为1～7岁儿童服务的学前教师。

注：比利时指比利时的荷语区和法语区。

来源：经合组织关于早期教育与保育的"质量工具箱和早期教育与保育门户网站调查"网络数据，2011年6月。

在一些国家，学前教师的职前教育与小学教师是一体化的（见表3.6）。比如，荷兰统一为4～12岁的儿童培养教师，他们要接受同样的职前教育。一些别的国家，比如，澳大利亚，也为学前和小学教师提供同样基础水平的教育，但要选择两个资质中的一种作为专业方向。

表3.6 学前和小学教育员工的职前教育情况[7]

一体化	分轨制
澳大利亚*，奥地利，加拿大不列颠哥伦比亚省，丹麦，英国英格兰，法国，爱尔兰，荷兰，波兰	比利时荷语区，日本，韩国，挪威，瑞典

*学生接受同样的基础教育科目，但是在基础教育科目基础上加入学前教育或者小学教育的课程。

来源：经合组织关于早期教育与保育的"质量工具箱和早期教育与保育门户网站调查"网络数据，2011年6月。

员工特点

早期保育教育工作者性别分配高度失衡（见图3.2）。

图 3.2 教师（或者主班教师）概况

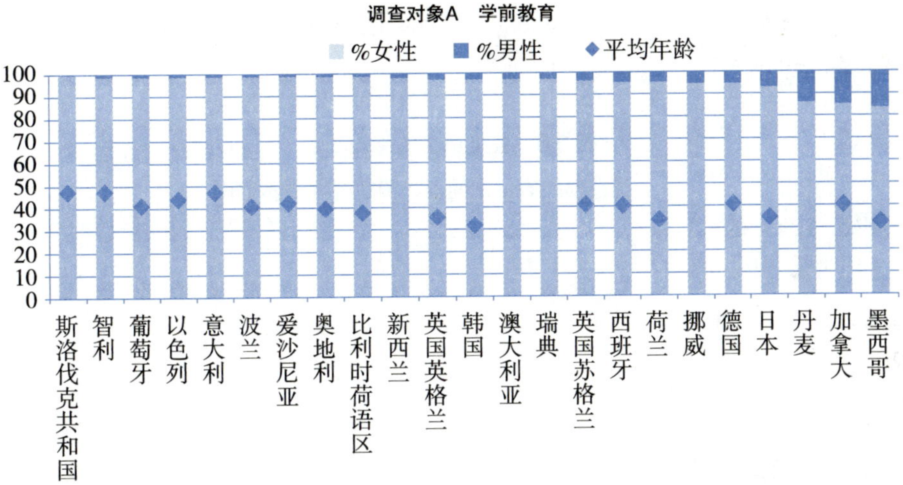

调查对象A 学前教育

大多数国家，女性学前教育人员、保育员、主班教师比例的中位数是95%或者更高。

墨西哥的学前教育人员比例是个例外，男性占17%，在我们观察的国家中是比例最高的。

据反馈，学前教育机构员工的年龄在40岁左右，保育人员稍微年轻一点儿（大概38岁）（见图3.3）。

学前员工的平均年龄是40岁，年龄范围从韩国的32岁到智利的48岁。

图 3.2（续）

调查对象B 机构内的保育人员

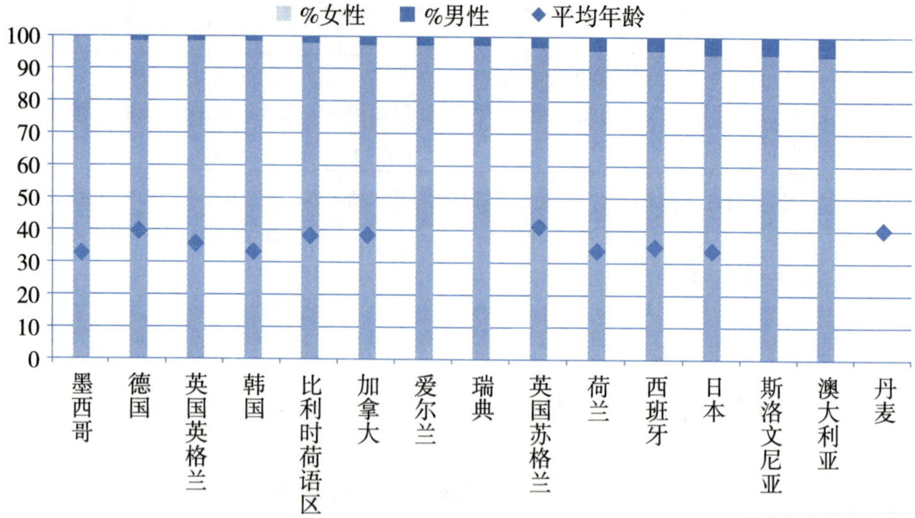

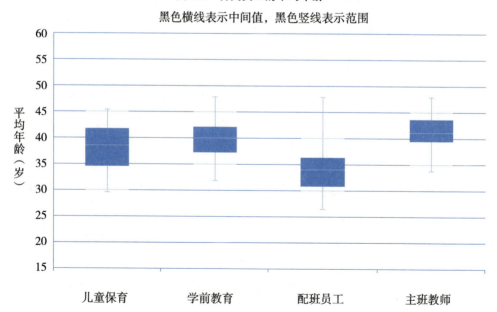

来源：经合组织关于早期教育与保育的"质量工具箱和早期教育与保育门户网站调查"网络数据，2011年6月。

图 3.3 各类员工的平均年龄

黑色横线表示中间值，黑色竖线表示范围

注：数据来自所调查国家和地区上报的各类员工的平均年龄。蓝色的格子表示第一和第三个四分位的范围，交叉黑线代表中位数。黑杠代表每类员工的最小和最大观察值。数据来

自下列国家：澳大利亚、奥地利、加拿大、智力、丹麦、英国的英格兰、爱沙尼亚、比利时荷语区、德国、以色列、意大利、日本、韩国、墨西哥、荷兰、波兰、葡萄牙、苏格兰、斯洛伐克共和国和西班牙。

　　来源：经合组织关于早期教育与保育的"质量工具箱和早期教育与保育门户网站调查"网络数据，2011年6月。

　　保育人员的平均年龄是38.3岁，范围从德国益格鲁-撒克逊的29.4岁到黑森州的45.6岁。

　　配班辅助人员的平均年龄是34岁，范围从墨西哥的26.5岁到智利的48岁。

　　主班教师的平均年龄是41.8岁，范围从荷兰的34岁到智利的48岁。

资格认证

　　早期教育与保育工作者通常需要一个在这个领域工作的资格证。资格证可以通过展示早期教育与保育专业工作能力或者在此类机构中能够承担的责任来获得。

　　在反馈中发现，资格证是否需要更新或者多长时间更新有很大差异（见表3.7）。

表3.7　早期教育与保育的不同类型工作人员更新证书的情况

	学前班或者幼儿园教师	保育员	家托儿童看护人
超过5年	比利时荷语区，日本		
每5年	加拿大不列颠哥伦比亚省，美国佐治亚州，美国马萨诸塞州，美国北卡罗来纳州，美国俄克拉荷马州	加拿大不列颠哥伦比亚省，英国苏格兰	德国
每3年	新西兰	新西兰	加拿大爱德华王子岛
每年			马尼托巴（加拿大）
不需要更新	芬兰，德国，意大利，韩国，马尼托巴（加拿大），墨西哥，挪威，波兰，斯洛文尼亚	芬兰，德国，意大利，日本，韩国，马尼托巴（加拿大），墨西哥，波兰	芬兰，意大利，波兰

　　来源：经合组织关于早期教育与保育的"质量工具箱和早期教育与保育门户网站调查"网络数据，2011年6月。

　　要求更新学前班／幼儿园教师资格证的国家比要求更新日托中心人员或者家托人员资格证的国家要多。

　　加拿大的马尼托巴对家托的要求最严格，每年要更新资格证。德国只要求每五年更新一次。芬兰不要求更新资格证。

　　新西兰要求日托中心工作人员每三年更新一次资格证。英国的苏格兰要求每五年更新。

　　比利时的荷语区要求学前老师每五年更新资格证。日本每十年更新；新西兰每三年更新资格证。

　　芬兰和意大利不要求教育和保育机构的人员更新资格证。

　　详细情况请看在线质量工具箱的"调研反馈图表"中"职前教育和资格证"，"职前教育内容"和"职前教育的结构和内容"（ExcelTM文件），网址：www.oecd.org/edu/earlychildhood/toolbox.

　　以上发现来自经合组织成员国关于早期教育与保育的"质量工具箱和早期教育与保育的调查"（2011）的网络数据以及经合组织的文献研究。每个图和表都列出了数据来源的国家和地区。

专业发展

研究发现

机会和经费来源

　　幼儿园和学前班员工的专业发展要求往往比日托中心的员工严格，对日托中心员工的专业发展的6种资金支持模式（图3.4调查对象A）。

1. 政府、雇主和个人共同出资（比如，澳大利亚和瑞典）。
2. 政府和雇主共同出资（比如，新西兰和挪威）。
3. 雇主和个人共同出资（比如，意大利）。
4. 政府独立出资（比如，比利时荷语区和法语区）。
5. 雇主独立出资（比如，捷克共和国）。
6. 个人独立出资（比如，以色列）。

学前班和幼儿园教师专业发展的五种资金来源（图3.4，调查对象B）。

1. 政府、雇主和个人共同出资（比如，芬兰和日本）。
2. 政府和雇主共同出资（比如，挪威和美国佐治亚州）。
3. 政府和个人共同出资（比如，匈牙利和土耳其）。
4. 政府独立出资（比如，爱尔兰）。
5. 个人独立出资（比如，以色列）。

几乎没有国家为家庭日托员工的专业发展出资（图3.4，调查对象C）。芬兰和比利时的荷语区都报告对家庭日托员工的在职培训有要求。芬兰和比利时都为员工培训提供经费支持，而意大利要求雇主和个人共同承担培训费。

图3.4　谁为专业发展培训提供资金

调查对象A　幼儿园／学前班员工	政府	雇主	个人
澳大利亚	×	×	×
奥地利*	×	×	×
比利时荷语区	×		
捷克共和国**	×	×	×
英国英格兰	×		
爱沙尼亚*	×	×	×
芬兰*	×	×	×
美国佐治亚州*	×	×	
匈牙利*	×		×
爱尔兰	×		
以色列	×		×
意大利	×	×	×
日本*	×	×	×
韩国	×	×	×
加拿大马尼托巴*	×	×	×
美国马萨诸塞州	×	×	
墨西哥*	×		
荷兰	×	×	×
新西兰	×	×	

调查对象B　儿童保育人员	政府	雇主	个人
澳大利亚	×	×	×
奥地利*	×	×	×
比利时荷语区和法语区	×		
捷克共和国**	×	×	×
英国英格兰		×	
芬兰*	×		
匈牙利*	×	×	×
爱尔兰	×		
以色列			×
意大利			×
日本*	×	×	×
韩国	×	×	
加拿大马尼托巴*	×	×	×
墨西哥*	×	×	×
荷兰	×		
新西兰	×		
挪威	×	×	
波兰	×	×	
加拿大爱德华王子岛*	×	×	×

图3.4（续）

	政府	雇主	个人		政府	雇主	个人
美国北卡罗来纳州*	×	×	×	英国苏格兰	×	×	×
挪威	×	×		西班牙*	×	×	×
美国俄克拉荷马州*	×			瑞典**	×	×	×
波兰	×	×	×				
葡萄牙	×	×	×				
加拿大爱德华王子岛*	×	×	×				
斯洛伐克共和国*	×	×	×				
斯洛文尼亚*	×	×	×				
西班牙*	×	×	×				
瑞典	×	×	×				
土耳其	×		×				

调查对象C　家托看护人员

	政府	雇主	个人
芬兰*	×		
比利时荷语区*	×		
比利时法语区	×		
意大利		×	×

带*的国家，对员工有提升专业教育的强制要求；没有带*的国家，员工自愿提升专业教育。

**捷克共和国只对幼儿园／学前班的领导有强制要求的培训。挪威的保育数据指的是儿童／青年工作人员。瑞典的保育数据指的是家托机构的工作人员。

来源：经合组织关于早期教育与保育的"质量工具箱和早期教育与保育门户网站调查"网络数据，2011年6月。

专业培训提供者和激励机制

许多国家（比如，奥地利、日本、葡萄牙）有多种专业培训渠道，包括政府、雇主、大学／学院、非政府机构。

最常见的为幼儿园／学前班员工的专业发展提供培训的是大学或者学院；而最常见的给日托中心员工提供专业发展培训的是非政府机构（图3.5）。

图3.5 专业发展培训的提供者

调查对象A 学前班或者幼儿园员工

	政府	雇主	大学/学院	非政府
澳大利亚		×		×
奥地利	×	×	×	×
加拿大英属哥伦比亚	×	×	×	×
捷克共和国	×	×	×	×
英国英格兰			×	
爱沙尼亚	×		×	×
芬兰	×	×	×	×
比利时荷语区	×		×	×
比利时法语区		×		
美国佐治亚州		×		
匈牙利	×	×		
爱尔兰	×		×	
以色列	×			
意大利			×	
日本	×	×	×	×
韩国				
加拿大马尼托巴	×	×	×	×
美国马萨诸塞州	×	×	×	×
墨西哥	×	×	×	×
荷兰	×			
新西兰				
美国北卡罗来纳州			×	×
挪威	×	×		
美国俄克拉荷马州	×	×	×	×
波兰	×	×		

调查对象B 保育人员

	政府	雇主	大学/学院	非政府
澳大利亚		×		×
奥地利	×	×	×	×
加拿大不列颠哥伦比亚省	×	×	×	×
捷克共和国		×		
英国英格兰	×			
芬兰			×	×
比利时荷语区			×	×
比利时法语区			×	×
美国佐治亚州				×
匈牙利	×		×	
以色列	×		×	
意大利	×		×	×
日本	×			×
韩国		×		×
美国马萨诸塞州	×		×	×
加拿大马尼托巴		×		×
墨西哥	×		×	×
荷兰	×	×		×
新西兰		×	×	×
挪威*			×	×
波兰	×	×		
葡萄牙				×
加拿大爱德华王子岛	×	×	×	×
英国苏格兰	×	×	×	×
西班牙	×	×	×	×

图3.5（续）

	政府	雇主	大学/学院	非政府		政府	雇主	大学/学院	非政府
葡萄牙	×	×	×	×	瑞典*		×	×	×
加拿大爱德华王子岛	×	×	×	×					
英国苏格兰	×	×	×	×					
斯洛伐克共和国		×	×	×					
斯洛文尼亚	×	×	×	×					
西班牙	×	×	×	×					
瑞典	×	×	×	×					
土耳其	×	×	×	×					
	×		×	×					

*挪威数据中日托中心的数据是儿童、青年工作者的。瑞典的数据则是家托人员的。

来源：经合组织关于早期教育与保育的"质量工具箱和早期教育与保育门户网站调查"网络数据，2011年6月。

鼓励员工进行专业培训有不同的激励机制（表3.8）。在所调查国家中常见的有：

提供培训经费支持

预付部分工资的经费支持

通过培训提高资质的机会

带薪离园培训

培训与提高工资挂钩

在学前教育机构和日托中心常用的鼓励专业发展的激励机制包括培训经费支持，然后是更高的资质，还有带薪离职参加专业发展活动。给学前班和幼儿园教师的激励种类多于日托中心和家托的员工。

既往资历认可（RPL）是许多国家用来识别专业发展或者任何正式和非正式渠道学到技能和知识的工具（表3.9）。运用RPL的国家把它看作提升职业技能，招聘员工和让无资质的人具有资质的工具。在日托中心，让没有资质的人获得资质的现象比幼儿园／学前班更加普遍。RPL用于家托机构虽然比较少见，但是个别国家也有不这样做的。

表3.8　为教育和保育工作人员的专业发展提供激励机制
按种类分

	提供培训经费支持		预付部分工资		提高资质[1]		带薪离岗培训[2]		培训与提高工资挂钩	
	儿童保育	幼儿园	儿童保育	幼儿园	儿童保育	幼儿园	儿童保育	幼儿园	儿童保育	幼儿园
澳大利亚	×	×								
奥地利	×	×					×	×		
加拿大不列颠哥伦比亚省*	×	×	×				×	×	×	×
捷克共和国	×	×				×		×		×
丹麦						×		×		×
英国英格兰	×	×			×	×				
爱沙尼亚		×						×		×
芬兰	×	×	×	×	×	×	×			
比利时荷语区		×						×		
比利时法语区	×	×		×	×		×			
美国佐治亚州		×			×					
德国							×	×	×	×
匈牙利	×	×								
意大利							×	×		
日本	×	×			×		×			
韩国	×	×								×
加拿大马尼托巴	×	×	×		×		×	×		
美国马萨诸塞州		×					×			
墨西哥	×	×								×
荷兰	×	×	×	×			×	×	×	×
新西兰	×	×			×	×				
美国北卡罗来纳州		×								
挪威*	×	×			×	×				
美国俄克拉荷马州										
波兰	×	×			×	×	×	×	×	×
葡萄牙		×		×		×		×		×
加拿大爱德华王子岛*		×				×				
英国苏格兰					×					
斯洛伐克共和国			×		×					×
斯洛文尼亚	×	×	×	×	×	×	×	×	×	×

续表

	提供培训经费支持		预付部分工资		提高资质[1]		带薪离岗培训[2]		培训与提高工资挂钩	
	儿童保育	幼儿园	儿童保育	幼儿园	儿童保育	幼儿园	儿童保育	幼儿园	儿童保育	幼儿园
西班牙	×	×			×	×	×	×	×	×
瑞典*	×	×	×	×	×	×	×			
土耳其					×					×

*在加拿大不列颠哥伦比亚省，每类雇主对员工的专业发展激励机制都不同。挪威的儿童保育数据指的是儿童/青年工作人员。加拿大爱德华王子岛的数据指的是新入职的早期教育与保育员工。瑞典的儿童保育数据指的是家托人员。

注1："提高资质"指的通过专业发展的方式可以达到更高专业资质的可能性。在有些国家，早期保育教育方面根本没有设立更高一级的资质，而在另一些国家就存在更高的资质并且通过专业发展是可以达到的。

注2："带薪离岗培训"包括给予员工离岗进行专业发展培训的时间，由临时人员代替离岗员工。

资料来源：经合组织关于早期教育与保育的"质量工具箱和早期教育与保育门户网站调查"网络数据，2011年6月。

表3.9 既往资历认可证（RPL）的激励机制

	没有技能			招聘			给没有资质的人资质		
	儿童保育或日托中心	幼儿园	家托	儿童保育或日托中心	幼儿园	家托	儿童保育或日托中心	幼儿园	家托
澳大利亚	×		×				×		
加拿大不列颠哥伦比亚省				×	×				×
丹麦								×	
英国英格兰							×		
芬兰									
比利时荷语区	×	×					×		×
德国	×	×	×						
以色列				×	×				
意大利	×	×							
韩国	×	×							
加拿大马尼托巴	×	×	×	×	×				×
美国马萨诸塞州							×		
荷兰							×		

续表

	没有技能			招聘			给没有资质的人资质		
	儿童保育或日托中心	幼儿园	家托	儿童保育或日托中心	幼儿园	家托	儿童保育或日托中心	幼儿园	家托
新西兰				×	×				×
英国苏格兰							×		
斯洛文尼亚							×		
西班牙							×		
土耳其	×				×		×		

注：比利时荷语区的数据仅仅指有补助的日托中心。

来源：经合组织关于早期教育与保育的"质量工具箱和早期教育与保育门户网站调查"网络数据，2011年6月。

专业培训的内容和形式

一般说来，幼儿园或者学前班的员工比保育或日托中心的员工更常得到专业发展培训（图3.6）。

图 3.6　专业发展培训的内容[8]

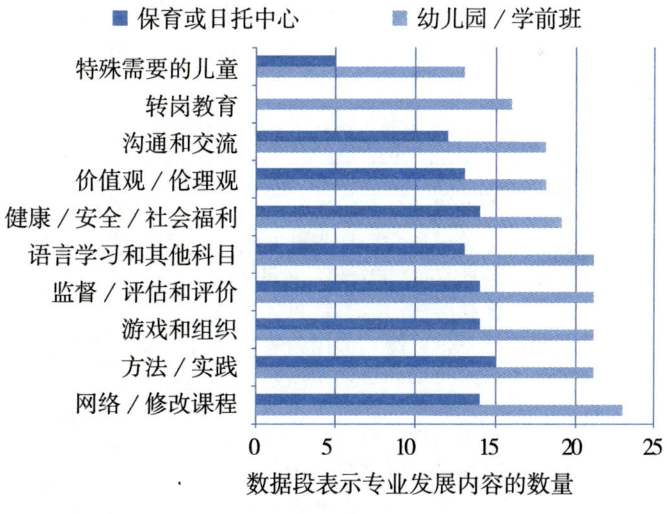

注1：参加调查的国家都有一个可以选择的培训内容范围，也可以列出选项中没有的培训内容。回答"其他"但没有具体列出内容的没有在本表中列出。

注2：早期教育与保育一体化体系的国家，对所有早期教育与保育机构／年龄段服务的人

员的专业发展培训是一样的：由于专业发展指早期教育与保育年龄阶段，因此，培训内容包括"儿童保育"和"学前班/幼儿园"，培训对象包括早期儿童教育和保育工作者，以及其他低年龄儿童（指的"儿童保育"）。

来源：经合组织关于早期教育与保育的"质量工具箱和早期教育与保育门户网站调查"网络数据，2011年6月。

学前班教师专业发展的内容或者重点是"新的"或者"修改的课程"，日托中心着重"方法和实践"。做计划和管理是培训中常见主题，还有监督、评估和评价。

有特殊需要的儿童是学前班和日托机构的专业发展中最少见的主题。教育转岗培训只提供给学前班中从事即将升入小学教育工作的员工。

学前班教师和日托机构工作人员的专业发展的不同形式（见表3.10）。

座谈会或者研讨

实地指导

在线培训

正规培训课程

许多国家更经常采用面对面的培训方式（例如，座谈会、研讨会、实地指导、教育机构的正规培训）而非在线培训；然而，二者并不完全割裂，而是互相补充。

更多细节请看网上的质量工具箱中"专业部门情况"和"专业发展的结构和内容"的调查反馈表（ExcelTM 文件），见：www.oecd.org/edu/earlychildhood/toolbox.

表3.10 专业发展机会的形式和结构

| | | 员工种类 | |
		学前班或幼儿园员工	保育或日托中心员工
培训形式和结构	座谈会或者研讨	澳大利亚，奥地利，捷克共和国，丹麦，爱沙尼亚，芬兰，比利时荷语区，比利时法语区，以色列，意大利，日本，韩国，美国马萨诸塞州，加拿大马尼托巴，墨西哥，荷兰，新西兰，美国北卡罗来纳州，挪威，美国俄克拉荷马州，波兰，葡萄牙，加拿大爱德华王子岛，英国苏格兰，斯洛伐克共和国，斯洛文尼亚，西班牙，土耳其	澳大利亚，奥地利，加拿大不列颠哥伦比亚省，捷克共和国，芬兰，比利时荷语区，比利时法语区，以色列，意大利，日本，韩国，加拿大马尼托巴，美国马萨诸塞州，墨西哥，荷兰，新西兰，挪威*，美国马萨诸塞州，波兰，加拿大爱德华王子岛，英国英格兰，西班牙
	实地指导	澳大利亚，奥地利，捷克共和国，丹麦，爱沙尼亚，芬兰，比利时荷	澳大利亚，奥地利，加拿大不列颠哥伦比亚省，捷克共和国，丹麦，

续表

		员工种类	
		学前班或幼儿园员工	保育或日托中心员工
培训形式和结构	实地指导	语区，美国佐治亚州，爱尔兰，以色列，意大利，日本，韩国，加拿大马尼托巴，美国马萨诸塞州，荷兰，新西兰，美国北卡罗来纳州，波兰，葡萄牙，加拿大爱德华王子岛，英国苏格兰，斯洛伐克共和国，斯洛文尼亚，西班牙	芬兰，比利时荷语区，美国佐治亚州，以色列，意大利，日本，加拿大马尼托巴，美国马萨诸塞州，荷兰，新西兰，挪威*，美国俄克拉荷马州，波兰，加拿大爱德华王子岛，英国英格兰，西班牙
	在线培训	澳大利亚，奥地利，捷克共和国，丹麦，爱沙尼亚，芬兰，比利时荷语区，美国佐治亚州，爱尔兰，以色列，意大利，日本，韩国，加拿大马尼托巴，美国马萨诸塞州，荷兰，新西兰，美国北卡罗来纳州，挪威，波兰，葡萄牙，加拿大爱德华王子岛，斯洛伐克共和国，西班牙	澳大利亚，加拿大不列颠哥伦比亚省，捷克共和国，美国佐治亚州，以色列，意大利，韩国，加拿大马尼托巴，美国马萨诸塞州，荷兰，新西兰，挪威*，美国俄克拉荷马州，波兰，加拿大爱德华王子岛，英国英格兰，西班牙
	正规培训课程	澳大利亚，奥地利，捷克共和国，丹麦，英国英格兰，爱沙尼亚，芬兰，比利时荷语区，美国佐治亚州，以色列，意大利，日本，韩国，加拿大马尼托巴，美国马萨诸塞州，墨西哥，荷兰，新西兰，美国北卡罗来纳州，挪威，葡萄牙，加拿大爱德华王子岛，英国英格兰，斯洛文尼亚，瑞典	澳大利亚，奥地利，加拿大不列颠哥伦比亚省，捷克共和国，英国英格兰，芬兰，比利时荷语区，美国乔治亚州，以色列，加拿大马尼托巴，美国马萨诸塞州，墨西哥，荷兰，挪威*，美国俄克拉荷马州，波兰，加拿大爱德华王子岛，英国英格兰，瑞典

*挪威日托中心的数据指的是儿童／青少年工作者。瑞典的保育数据指家托人员。

来源：经合组织关于早期教育与保育的"质量工具箱和早期教育与保育门户网站调查"网络数据，2011年6月。

定义和方法论

专业发展指的是获得专业提高的知识、技能和能力。专业发展机会目的是提高已经在职的早期教育与保育员工的工作业绩表现。专业发展机会常被说成"在职培训"和"继续教育／培训"。内容包括这些培训重点要提高的学科领域和主题。能从下面表格选择相应国家。

语言学习和其他领域：包括语言学习、语言、艺术、数学、科学、信息交流的技术等。

新课程：包括新的和更新的课程、课程改革等。

价值观／伦理：包括伦理学、反对歧视、公平的机会、公民教育等。

方法／实践：包括教学法，教学策略和实践，如，瑞吉欧·艾米丽亚（Reggio Emilia）或者全纳教育。

计划和管理：包括活动和课程的计划、项目、管理、领导等。

交流和沟通：包括与家长、社区和机构其他教学／保育的员工的沟通交流，运用信息和通信技术等。

监测、评估和评价：包括对儿童发展结果的监测、评估（如，目标／目的），发展评估，项目质量和员工表现等。

健康、安全和社会福利：包括健康、安全、幸福感、社会福利等。

特殊需要和教育过渡：这两个领域不包括在列出的主题中，但是如果国家要在培训中包括这些专业发展领域，可以在"其他"栏目中指出。

既往资历认可指的是政府认证机构、雇主、大学或者学院来评价课堂外的学习，经常授予官方认可的学分、证书、工资提升等的认证。

这里的发现源于经合组织关于早期教育与保育的"质量工具箱和早期教育与保育门户网站调查"（2011）的网络数据和经合组织的文献研究。每个图和表格（如果没有在图中呈现）都列出了数据来自的国家或者地区。

员工工作条件

发现

　　所有早期教育与保育员工的收入都高于所在国家的最低工资标准，但是国家之间存在很大的工资差距。在一些国家，如新西兰和智利，幼儿园／学前班教师的工资将近所在国家最低工资标准的两倍，加拿大不列颠哥伦比亚省和葡萄牙的教师工资是所在国家最低工资标准的四倍（图3.7，调查对象A）。

　　一般说来，幼儿园或者学前班员工的工资比其他早期教育与保育机构员工工资要高。只有西班牙例外，那里的幼儿园／学前班员工和儿童保育人员的工资基本相同。

　　许多国家的幼儿教师和小学教师采用同样的工资标准，如，葡萄牙和加拿大马尼托巴。但是在另外一些国家和地区（如智利、英国的英格兰、墨西哥、波兰和塞尔维亚），小学教师工资比学前教师高（图3.7，调查对象B）。

　　日托中心和幼儿园／学前班的员工流动率都比较高。学前班／幼儿园的平均流动率是17.7%，日托中心稍低，为15.4%（图3.8）。

　　不同国家之间的员工流动率差距巨大，丹麦和美国超过30%，但比利时的荷语区、爱沙尼亚和英国的英格兰不到5%。

　　保育员工在美国的流动率是35%，荷兰的流动率最低，为8.9%。

图3.7 早期儿童教育与保育人员的报酬

调查对象A：不同机构、不同种类的早期教育 与保育人员

调查对象B：学前班／幼儿园和小学教学员工

报酬是最低工资的多倍

报酬是最低工资的多倍

■ 配班／助理员工　■ 学前班／幼儿园　■ 儿童保育　　■ 小学教师　　■ 学前班／幼儿园教师

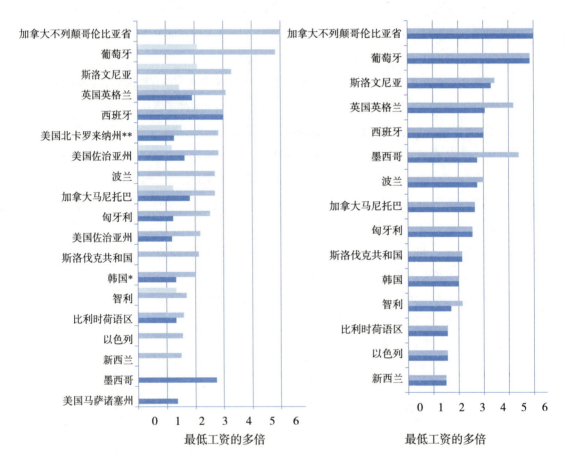

* 韩国私立儿童日托中心的员工起薪平均报酬在最低工资的1.3～1.5倍之间，相当于公立保育机构人员的平均起薪。

**此表中的美国北卡罗来纳州配班人员薪酬数使用的是助理幼儿园教师的薪酬数。

注："助理／配班员工"一般要求比较低的资质，在教育和保育机构中与主要员工一起工作。

来源：经合组织关于早期教育与保育的"质量工具箱和早期教育与保育门户网站调查"网络数据，2011年6月。

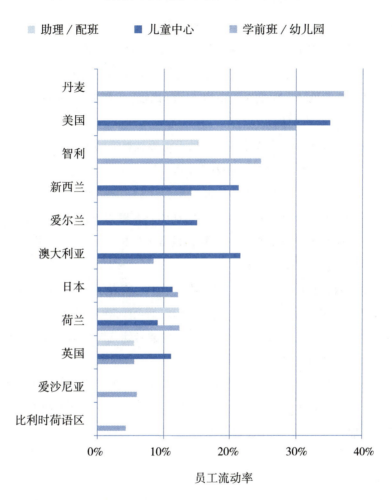

图 3.8　不同岗位的早期教育与保育员工的流动率

注：不同机构中的"助理／配班员工"一般都要求比较低的资质，与机构中的主要员工一起工作。

来源：经合组织关于早期教育与保育的"质量工具箱和早期教育与保育门户网站调查"网络数据，2011年6月。

更多细节请看网上的质量工具箱中"工作条件"的调查反馈表（ExcelTM 文件），网址：www.oecd.org/edu/earlychildhood/toolbox.

定义和方法论

早期教育与保育的工作条件指能影响专业人员做好工作的能力和动机的工作特征和工作场所，也与早期教育与保育员工对工作场所、任务和工作性质的满意度有关。描述的工作条件的指标通常包括工资和员工流动率，也包括非物质福利，如参与培训的可能性（见"专业发展"中的"国际比较"）和员工-儿童比率（见"国际比较"中的"最低标准"）。

员工流动率基于在一个固定时间段后不得不被替换的工作人员数量。以离开的员工数除以工作人员数量，再乘以100来计算[9]。

工作条件是比较不同机构中员工的工作（见OECD家庭数据）。

日托中心类：包含所有具有许可证的、家庭以外的中心的儿童保育机构。服务可以是全日制或者按小时计算，最常见的指保育院，日托中心，托儿所、游戏学校和家长运作的小组。

学前教育机构（学前班）包括依托于中心或者学校、用以满足孩子入学准备教育的机构。大部分国家，这些机构包括至少50%的教育内容，由有资质的员工提供服务。在调查回应者中，学前班或者幼儿园普遍接收从大约3岁开始、年龄偏大的学前儿童。

这里呈现的发现来自经合组织成员国的专业网络的"质量调查工具箱和早期教育与保育网站"（2011）以及经合组织的文献研究。每个表格（如果没有出现在图中）或者图都列出了所用的国家或者地区。

行动领域 3
确定战略选择

本节包括可以用来应对以下挑战的一些战略选择：

● 促进工作人员发展和改善工作条件

促进工作人员发展和改善工作条件

挑战1：提高员工资质

　　早期教育与保育员工的资质在儿童保育工作人员和早期教育教师之间经常是重叠和不清晰的。不同种类的工作的不同资质并不总是与员工或者家长的知识、技能和能力有关。

　　不同机构——早期教育与保育内部——对员工教育和培训有不同的目标和观点。修改或者规范早期教育与保育员工资质会有挑战，特别是在儿童保育和早期教育"分轨制"或者分散多样的服务的国家尤其如此。在全国范围全面提高资质也是一个挑战，因为教育机构的内容是由地方政府控制的。

修改职前教育和要求

加拿大不列颠哥伦比亚省修订了儿童保育资格证的规定，这样早期教育辅助人员和其他在正规机构工作的人员必须完成特殊的课程要求。在这个变化之前，早期儿童教育助手只要求完成任何早期教育或者相关的培训。这个要求在努力提高培训质量方面变得更加具体。这个变化是在修改期间经过到各地进行专门的咨询，根据反馈而做出的决定。相应地执行了两个旨在提高加拿大省区的工作人员流动性，劳动力流动性协议，政府用现有早期教育机构已经设计和运用的课程，而不是创造一个全新的项目或者早期教育助理（ECE Assistants）的课程。这种改变并不影响内容、持续时间、收费或者实施方式。

1986年，新西兰的儿童日托服务从社会福利部转到教育部。在儿童保育和教育机构并轨后一年，政府设立了教育（早期儿童教育）文凭作为新的集中管理系统的教师资格标准。1988年，确定了第一个三年的、包含文化培训内容的教师培训项目。20世纪90年代早期，早期教育与保育部门将重点放在质量、培训和经费筹集。

在2009～2010年，韩国开始更新早期教育与保育领域的职前教育要求。政府规定了幼儿园教师四年制学士学位的资质水平，旨在逐渐减少教师培训学院的学生数量，达到在幼儿园工作领域的供需平衡。对于日托机构教师，政府提升了级别要求，在学院水平的学分要求从35提高到51（如，12到17门课程），而且用第三级资格（如，高中毕业后要求一年的培训）加强培训项目，要求总课时达到1105个小时，包括四个星期的实地练习。从2013年3月开始，只有在经过认证的、最少有15个孩子的机构才能开展儿童保育工作。

在比利时弗兰德斯，政府机构"儿童和家庭"（Kind en Gezin）与日托机构的主要相关人员和专家一起工作，进行一个儿童保育和教育机构的学士学位的职业资格培训。它也与儿童保育机构、教育机构和成人教育机构协商，一起设计家托课程的方案。

芬兰对在职保育人员的教育从1990年代开始。那时候，劳动力市场对于从一个行业转到另一个行业的灵活性有需求。以前有7种不同的考试（家托、日托保育、康复保育、残疾人保育等），现在都合并到一个融合了不同子项目的大考试中。

葡萄牙改变了资质要求。1998年以前，这个工作的资质要求是三年制学士学位。改变要求幼儿园教师必须获得四年制的硕士学位，这与小学和中学教师的要求一样了。教育部和科学与高教部与大学和多个院校一起建立了幼儿园教师学位项目。

在德国，更多的大学设立了学士学位级别的早期教育与保育项目。这个进程在2004年始在柏林的艾丽丝-所罗门学院（Alice-Salomon-Hochschule）和新教弗莱堡大学（Evangelische Hochschule Freiburg）。在2011年，德国各州的青年部同意采用统一学位名称（经过批准的早期教育教师）和共同的学习内容。

在斯洛伐克共和国，日托中心、早期教育与保育的教师进行不同程度的专业培训。虽然国际职业分类（ISCED）的3B级别被接受，政府也在考虑要求教师获得ISCED 5A或者5B的更高职前教育。

在捷克共和国，教学员工的教育和资质的新要求在2005年有了结果。除了ISCED第3级别外，现在的大学也提供ISCED级别4和5的早期教育与保育学习项目。教育部的青年和体育部门在推进大学级别的资质，以努力提高早期教育与保育服务的质量。

斯洛文尼亚已经对职前教育做了如下修改：

　　1994年建立了一个新的学前教育三年高等专业教育项目。此前，学前教育的学习是1987年建立由教师培训学院提供的两年制项目；

　　获得新的三年制项目的学生有可能继续获得硕士级别的项目；

　　到1996年，学前教师助手必须有高中技术资格或者有学前教育专业资格的一般高中培训资格。

在瑞典，2010年，政府宣布现在的教育学位由四个新的专业学位代替：学前教育、小学教育、学科教育和职业教育。新的学位进一步理清了教师教育的构成；学前教育在保证有受过更好教育的教师供应方面有了更加具体的方向。政府在2011年介绍了一个新的培训项目来增加受过良好教育的学前教师的供应。做出了如下决定：

　　幼儿园教师适用与其他教师一样的规定；

　　明确教师资质；

　　创建教师资格证的程序；

　　设计一个省级权威体系（由高级别学科教师组成）来加强幼儿园教师提高活动质量和追求继续教育的激励机制。

加拿大爱德华王子岛在2010年颁布了"学前卓越行动"，要求所有在早期机构的工作人员有省级授予的入门级、机构员工或者管理人员证书。入门级别要求机构中没有资质的员工参与三门课程的培训：身体成长与发展、发展适宜性实践、行为指导。教育部和早期儿童发展部门与当地大学一起设计适合的入门级课程。机构员工和管理人员级别证书要求教育者有早期教育与保育的两年制大专学历。

英国的苏格兰正在讨论和审核早期教育与保育员工应该具备什么样的技能、知识和专业理解。已经成立了一个公共技能工作小组，来确认在职前早期教育与保育员工教育中应该包括什么。相关人员受邀征求早期教育与保育人员的技能和知识的意见。汇总各方意见后将修改计划。到2011年年底，将完成起草早期教育与保育教育的职前教育修改版的执行计划。计划的基本目标就是加强工作人员的知识，提高早期教育与保育质量。

英国的英格兰已经开始了一个独立的审评，对现有早期教育与保育资质和培训进行评估。将考察哪些资质能加强，哪些途径能支持机构的职业专业化，使幼儿及其家庭、早期儿童机构中的工作人员均可受益。

西班牙设立了学前教育的学士学位，要求4学年，比原来的要求长了一年。总量是240个学分，其中50个学分用于实践课，而以前的大专只要求320小时。而且，外语已经成为必修课，在获得学位前，学生必须达到一门外语的一定程度的能力。学生也有机会注册专门的课程，以满足早期教育的特定需要，如，学校图书馆的组织和最优化、信息与通信技术的ICT的创新、学校组织和管理、改善学校与环境之间的链接等。一般培训模块的介绍包含新课程的计划，比如，"社会、家庭和学校"，"孩子、健康和营养"和"系统观察和背景分析"。

在德国，联邦政府开始了家庭日托行动（Action Programme Family Day Care），以促使参与全日托的母亲和父亲有最低160小时培训的资质。培训机构必须申请质量认可。而且，对参与资质培训、成为主班教师或者儿童的保育人员的兼职日托工作人员给予补助。

整合调配学前教师和小学教师的资质

比利时弗兰德斯的目标是将学前教师和小学教师用同样的能力要求并轨。

比利时的法语区已经修改了幼儿园教师的职前教育级别，以便与小学教育达到同等水平。

芬兰提出了幼儿园教师的教育级别要求，使之与小学教师有更加紧密的联系。在1995年，幼儿园教师教育提高到大学水平，课堂教师教育和其他教师培训已经在大学设立了。这个改变强化了早期教育与保育专业培训与小学教师培训的协同增效和互动，更好地支持儿童的发展和学习，培养教师之间在孩子从幼儿园到小学过渡的合作。

　　葡萄牙学前班教师和小学教师在头三年用同样的职前教育，在第四年分化到学前教育或者小学教育。如果想得到两个级别的证书，教师在第五年继续学习。

提高学前教师、保育人员和其他人员之间的流动性／合作

　　斯洛文尼亚允许教育领域、艺术、人文、社会科学和社会工作的教师和其他毕业生，一旦获得额外的学前教育资格，都可以选择学前班教师当职业。

　　在澳大利亚，政府正在扩大专门的儿童早期教育大学入学位置，提供学前教育学位；培养具有大专学历的儿童保育工作者以满足日益增加的早期教育和儿童保育一体化需要。在职业和教育培训机构、高等教育机构已经创造了专门的通道，以通过新的培训机会支持学生。

　　在比利时弗兰德斯，教育机构正在考虑扩展能力资格证书，以促进小学和托儿所教师的流动性。他们也在考虑是否学前教师需要别的资质。这些考虑还只是在前期准备阶段。

　　比利时的法语区，孩子的保育人员从2004年开始同时就有学习学科知识和保育要求的权利和义务。在2006年，政府颁布了一个法律，根据这个法律，保育人员可以与学前班教师在幼儿园合作工作，从2007～2009年，有超过25%的儿童保育人员这样工作。

　　日本鼓励早期教育与保育员工获得幼儿园和日托两种资质以提高工作机构的合作与衔接。大部分大学已经将这两种资质的学分并轨了，在早期教育与保育机构的大约80%的员工拥有这两种资质。

　　在韩国，学习早期教育的教师，如果他们完成保育要求的学分，就可以同时拥有看护儿童的资质。尽管由于两种训练系统和工作差异，有一些限制和障碍，但是保育人员也能在全日制的学前机构里工作。韩国的三个地区已经执行了早期教育与保育合作项目称为"Yeong Cha"项目。这些项目有部分地方当局的资助，用以鼓励不同早期教育与保育工作人员（日托和学前教育机构）之间的互动和合作。在这些项目中，学前机构和保育的专业人员一起计划活动和照顾婴儿等。

设定或者修改职前教育的培训标准或者课程

　　澳大利亚已经有了全国统一的早期教育与保育的职业教育标准（培训包），以满

足个人、行业和社区的需要，并产生高质量的结果。由行业技能理事会或者事业单位开发，每个培训包是一套国家签署的标准、资质和指南，用以识别和评价在这个领域有效工作的技能和知识。这些培训包提出了从事工作的结果而不是培训或者教育要求。一般每三年评估和重新递交一次以获得认证，然而，在三年期间，由于不断改进也许会有变化。而且，在早期教育与保育机构，通过社区服务和健康行业技能理事会，国家级培训包已经发展到儿童服务的三级证书、毕业文凭和高级毕业文凭。这些培训包通过与相关机构的协商，有常规的评估，以保证课程的相关性和有效性。

在韩国，学前班教师的职前培训要求特定的学分和教师专业的课程（至少7门必修课）（教师资质学历2008第19条）。在2009年，保育教师资质和培训的国家标准项目开始执行，有了教师培训科目表和实地实践课指南，以及在职培训课程的标准要求，从2013年开始，这些政策将以法律形式强制执行。

日本在2008年3月修改了日托中心工作的国家课程，明确了提高员工质量和所有工作人员的要求。由于儿童生活环境和家长养育方式的变化，对保育机构的作用和质量的期望提高了。设计了提高日托中心质量的行动方案，以满足以下需要：（1）提高和加强儿童保育实践；（2）保证孩子们的健康和安全；（3）提高保育机构教师的质量和经验；（4）加强支持儿童保育的基础。

在芬兰，针对保育人员的国家课程已经改革了。这次改革比以前的课程更加认真考虑了早期教育与保育，也改革了家庭托儿的国家培训课程。

新西兰有教学毕业标准，由新西兰教师委员会（NZTC）在2007年根据教育条例139AE设定的。新西兰教师委员会靠认证和通过的所有教师教育项目，保证教师教育的最低标准。所有经新西兰教师委员会审批的教师教育的提供者，必须说明他们怎样使学生达到毕业教师标准。学生从这些项目毕业的时候，提供者要保证他们已经满足了这些标准，"适合做一个教师"。

梳理和评估不同的职前教育项目

澳大利亚正在做一个针对所有早期教育课程的梳理研究，以分析师范院校的职前教育的课程内容以保证质量。这个研究可能影响将来提高所有机构的质量和员工职前教育连续性的政策开发，包括确认机构间的质量差异，以及为了确保所有机构的教育连续性而可能需要采取的步骤。期望两个国家级机构——新的澳大利亚儿童教育和保育质量局（Australian Children's Education and Care Quality Authority）和澳大利亚教学和学校领导研究院（The Australian Institute for Teaching and School Leadership）——将在评价和认证初始早期儿童教育职前培训课程上发挥作用，提供保证质量和适宜性的机会。

挪威在2002年成立了挪威教育质量保证机构（Norwegian Agency for Quality Assurance in Education，NOKUT）。在2008年，NOKUT承担了评价学前班教师的教育，目的是针对当前与高等教育质量中有关的学龄前教师教育的质量的框架和规定，开发知识和信息。他们在2010年发布了研究报告，结论是：幼儿教育在大学里和社会上的地位很低；机构没有招到最好的学生，学生也没有花足够的时间和努力在学习上；过多注意力放在3岁以上儿童身上，没有满足3岁以下儿童的需要；机构需要加强员工的多元文化能力。而且，评价报告指出，当前的学前班教师培训没有提供足够的对特殊需要儿童的教学法的学习深度。针对学前教师教育的一个新规定正在准备中。政府已经组织了一个委员会来做一个现代化的、高质量的幼儿教师教育框架。

挑战2：劳动力供应

在许多经合组织国家，保证一个高质量的人才供应市场是一个主要挑战。特别是在偏远和不发达地区，长期缺乏早期教育与保育员工。而且，特别在日托机构，工作人员的资质水平低，经常引发家长和政策制定者关于机构质量的关注。人才市场缺乏的主要原因是低工资、低社会地位、沉重的工作负担、缺乏职业进步的途径，这些因素造成了这个专业没有吸引力，导致或者加剧招收员工的挑战。

劳动力构成比较单一，大部分由女性、年轻人和占人口多数的族裔组成。

资助学生和专业人员

在澳大利亚，减免了儿童保育的毕业文凭和高级毕业文凭的技术和继续教育费，减轻了学生的经济负担。而且，高等教育贡献计划——高教贷款项目为早期教育教师这种在高度弱势领域工作的人提供了债务减免。

新西兰对较难招募员工的专业有学生补助和奖学金，其中包括早期教育与保育的学生，奖学金可以帮助学生和机构获得早期教育资质所需要的经费。许多奖学金用以帮助想去太平洋地区或者毛利地区教学的学生完成学业。而且，政府给职前教育的教师提供做专家助手的资助，以鼓励他们为太平洋地区和毛利地区的学生服务，助手们要执行和完成这些项目。

在英格兰，政府资助当地主管部门增加和维持毕业生的数量，为员工提供教学培训。这也扩大了有资质的毕业生领袖人物的招募和使用以及对提高资质的投资。

当加拿大的爱德华王子岛执行学前教育机构卓越计划（Preschool Excellence Initiative）的入门级证书时，创新和继续学习部为所有被要求参加培训的、以前没有证书的员工提供了学费和书的资助。如果参与者没有满足完成培训要求达到的资质，他们可以到爱德华的职业部门提高学术能力。这种教育对参与者免费，目的是帮助他们再次参加入门级别证书的学习。

对教育和培训项目的资助

在日本，省里得到培训日托教师的政府援助，包括没有经验的在机构中工作的人员。政府计划将日托中心的入园率在2007~2017年之间从20%提高到38%，因此，增加人才市场供应以满足需要。

招募和教育足够的幼儿教师以满足需求；

为家托机构人员提供中等及以上教育；

为学前教师（主班教师和主管教师）提供进一步教育。

这些措施是对于提供足够高质量人员的需要的回应，以满足一段时间以来学前班数量大量增加的需要。挪威也提供8个大学／学院发展需要的帮助，以支持双语学生完成教师教育和培训。这些措施包括提供申请帮助、挪威语支持、多元文化融合课程，还有，在10个大学和学院在整个学前教师教育期间提供一对一的支持。

在韩国，由当地教育办公室组织的在职学前教师培训得到当地教育部门的财政援助。2011年在职教师培训的预算为12.48亿韩元；儿童保育员资质国家办公室管理6.4亿韩元；日托机构信息中心（有18个负责在职教师培训的中心）管理40.4亿韩元。多种途径援助保育机构的在职教师培训和专业发展。

西班牙教育部和地区政府共同出资增加针对"学前教育技术证书"的更高级别的职业培训。部里的2010~2011年行动计划强调增加第一轮学前教育行业人口的数量，把其他种类的日托机构转化为3岁以下儿童服务的机构。为了实现这个目标，教育部与地区政府合作设计了"全域合作项目"（Territorial Cooperation Programme, Educa3）。项目目的之一是推进教师和专业人员的资质和培训，保证学校有足够经过培训的员工。国家和地区政府正在资助增加"学前教育技术人员证书"的培训。

提高早期教育与保育专业人员的地位

在斯洛伐克共和国，幼儿园一直都不是学校系统的一部分，因此，并不强制要求孩子上幼儿园。把幼儿园纳为学校体系的一部分，政府迈出了体制性的提高学前机构和教师的地位的一步。结果幼儿教师现在能够争取大学的本科、硕士和博士学位，而他们一度只有机会获得高级职业教育水平的教育。

加拿大马尼托巴健康儿童顾问委员会加强了与政府部门合作支持孩子和家庭，还有非政府组织、商业和大众。委员会的努力包括人生头几年的公共教育，而且，顾问委员会的教育分会在促进从事人生最初几年工作的服务机构与教育部门之间的理解和尊重方面取得了显著的进步。

西班牙一直努力提高早期教育与保育专业的社会地位。教育部门开展了提高3岁以下儿童入园益处的公共认识运动。重点是提高教职员工的专业地位，目的在于提高他们的社会形象。

通过雇主和家长增加对合格工作人员的需求

英国的英格兰鼓励雇主聘用符合资质的员工，鼓励家长送孩子到有资质员工的中心来刺激需求，建立利益相关者之间的信任。在"有效的学前教育"（EPPE）项目提供了毕业生领导力证据之后引入最初阶段专业资格（Early Years Professional Status，EYPS）。具有EYPS的是那些已经表现出符合一系列国家专业标准能力的毕业生，因而已经获得了最初阶段的专业资格。

促进工作队伍组成的多元化

加拿大的不列颠哥伦比亚省有特别针对增加土著人员工的项目。许多大学和学院提供带有土著视角的培训。有一个大学的一个专业全部是为土著人设立，还有一个学院提供土著专业的基础后（post-basic）培训（为婴儿和学步儿，或者有特殊需要的孩子服务）。

斯洛文尼亚招收ROMA助理作为ROMA社区和教育机构之间的桥梁。他们帮助幼儿园和小学的孩子理解斯洛文尼亚语言和调解偏见，帮助他们的语言沟通和学校功课，也与ROMA孩子的家长合作。ROMA教师助理经过罗马语言、历史和文化的培训。政府的行动提高了ROMA儿童在教育机构的入园率、ROMA家长和教育机构的合作、提高了家长对学习和教育重要性的认识。这个项目也有助于解决种族冲突和仇恨，促进两种文化间的深入理解。

英国的英格兰继续努力吸引和支持在早期教育与保育机构中聘用毕业生，吸引转换专业职业的人们考虑此专业；改进招收目前低从业人群，如男人，黑人和其他少数民族。他们也通过"最初阶段专业资格"（EYPS）和"早期专业新领导"项目来继续投资和鼓励支持毕业培训。

澳大利亚建立了土著人的远程服务递送培训奖学金（Indigenous Remote Service Delivery Traineeships）项目以支持年轻的土著和托雷斯海峡居民的参训者到偏远地区的适当的学校和土著保育机构工作。这种培训是定向面对雇主、在偏远地区的社区进行的。

德国正在通过一个称为"男人进入早期教育"（Mehr Männer in Kitas）的欧洲社会基金，努力提高早期教育机构中男性教育者的数量，这个项目面向1300个学前机构。同时，德国正在寻求进入这个专业的新途径——特别是为男性和正在换工作的人们。

在韩国，经过训练的有移民背景的保育员工经常在有大量多元文化背景儿童的机构工作。

确认现有能力，降低进入专业的难度

英国的英格兰已经开发了一条确立早期机构的毕业级别的"确认通道"，通过这条通道，机构中有经验的毕业生就有机会展示与专业标准相应的能力，因此，获得早期专业地位（EYPS）。

在澳大利亚，政府已经推行了一种既往资历认可（RPL）的倡议，让有经验的早期儿童工作者容易通过一个国家级评价获得或者提升他们的资质。这个倡议包括：为儿童服务机构中的三级证书、大专和高级大专开发一套新的国家级评价工具，资助培训现有的600名评估人员使用这套工具，给农村和偏远地区的早期儿童工作者不超过1125澳元的补助，用于达到资历认可的相关费用。

从2002年起，德国就努力激励和简化在不同早期教育与保育资质之间的转化。大学、技术学校和其他提供早期教育与保育有关的专业学习学术机构有义务认可学生在其他机构完成的课程，而不是只认证他们自己机构的学习，也包括在别的州的学习。当所需的知识已经由别处获得以后，机构应该给学生免修相关的课程。这样做的目的是激励学生获得更高的早期教育与保育资质，使一个级别到另一个级别的教育过渡更加简化和有吸引力。

智利正在做一个实验项目，确认学校和工作经验是有早期教育与保育员工需要的能力。项目也包括认证中等技术培训学校课程的可能性。这个项目是否继续，将根据最后评价决定。

荷兰以专业机构中的集体共识为依据、通过一套确定的有效性程序，接受非正规和非正式学习的有效性和认证。

在认证教师资质最低要求的时候，波兰会考虑他们以前的学习或者工作经历，如，从新教师到正式教师、推荐教师或者有证书的教师。

新西兰进行既往资历认可（RPL）的时候，能将以前的学习经历转到早期教育与保育资质认证的学分。政府已经认证以前的学习，以帮助增加高质量和注册教师的供应。

西班牙想要增加学前教育中有资质的员工数量，通过工作经验和更高的职业培训中非正规知识的培训认证，使他们成为学前教育中有资格的技术人员。他们也会延长和增加特定的课堂教学和远距离培训。

在不同地区和国家推进员工流动性

加拿大不列颠哥伦比亚省允许在别的地方培训过的满足机构工作要求的早期教育者在当地工作。他们只要完成受雇机构准备的一些证书评价之类的必要文件就算合格了。而且，在机构中工作的、符合要求的外部培训的早期教育与保育工作者，只要提供官方记录和其他受雇机构准备的必要材料就算合格了。

新西兰接受符合新西兰的资质标准的外国资质并授予文凭，也就是早期教师要求的教育学历。新西兰也提供安置费、教学补贴等，以协助有资质的员工到缺乏员工的地方（如偏远地区）去工作。

挑战3：维护员工队伍

许多国家经历了稳定员工队伍的困难，保育机构的员工流失率非常高。早期教育与保育机构难以留住人才的因素经常与人们不愿意从事这个职业的因素一样：低工资，沉重的工作负担，缺乏职业进步的途径等。

提高工资，最低工资和福利保障

加拿大的马尼托巴推行工资调整补助，这样那些早期教育2级的员工可以挣到最低每小时15.5加元，经过培训的保育助理至少获得每小时12.25加元。而且在2008年马尼托巴增加了3%的机构运行补助，2009年又增加了3%，主要用于提高员工工资。在2010年，省级政府下拨资金用于早期保育的职工退休金和退休支持。在执行退休金计划和退休支持的征询时，要求保证现有的省级和国家法规规定的待遇。而且，那些临近退休的人不太可能享受新退休金计划的好处，因此，马尼托巴同时推行一次总额退休福利，以示对长期儿童保育工作者贡献的认可。

在新西兰、葡萄牙和斯洛伐克共和国，幼儿园教师享受与小学和中学教师同等的工资待遇。新西兰有早期教育与保育服务的经费资助系统，激励服务机构雇佣更多有资质的注册教师。这样使更多的机构能够支付更好的工资，从而大大增加了在早期教育与保育机构的注册教师数量。

在捷克共和国，教育部、青年和体育部已经同意提高有大学学历的早期教育与保育教师工资，努力与小学教师工资平等，然而，政府预见财政资源的短缺可能对工资平等造成困难。

加拿大爱德华王子岛，靠提高有资质早期教育者的工资，从而承认和支持他们的重要的工作价值。为此，政府开发了一套政策框架，称为"学前卓越行动"（Preschool Excellence Initiative），规定需要提高工资的工资幅度。政府与早期发展协会一起，征求了受工资幅度变化和人员配备要求影响的利益相关者的参与。他们共同达成对政策框架的共识，实现改进早期教育与保育员工的工作条件。

韩国将在2012年把从事"Nuri"课程的保教机构教师工资提高到每月300美元，以缩小保育和教育机构教师之间的工资差距。另外，保育员工会得到额外的补助，如，在农村地区工作的额外补偿。再者，从2012年开始，早期教育与保育机构有义务支付加班工资（如果员工每星期工作超过40小时），夜班或者周末加班也将有额外补偿。

通过奖励鼓励利益相关者的创新

澳大利亚已经开始推行《公平工作法案2009》（Fair Work Act 2009），结合新的国家雇佣标准，要求使用现代行业奖励模式。这种新的早期儿童教师奖励由澳大利亚行业关系委员会（Australian Industrial Relations Committee）在听证所有党派意见的基础上建立，最终裁定建立早期儿童机构与小学和中学教师工资一致的最低工资水平。

在爱尔兰，教育和技能部的早期教育政策部门为早期教育与保育机构创制了"人力资源发展计划"（Workforce Development Plan）。建立了部门间工作小组，以协调相关部门和政府代理的代表。而且，建立了一个工作小组的部门标准，明确了各职业部门的职业作用简介和国家奖励标准，这个小组协调政府代表、教育和培训提供者、国家奖励机构和职工代表。职业作用简介与爱尔兰的国家资质框架的国家奖励标准一致。"员工发展计划"在2010年12月颁布，针对员工的"共同奖励标准"（Common Award Standards）在2011年3月颁布。

帮助早期教育与保育机构员工争取工作条件权利

澳大利亚采用"低收入工种多雇主谈判潮"（Multi-employer bargaining stream for low paid jobs），帮助机构的雇主和低工资的员工如保育员工达成改善工资和工作环境的协议。

在新西兰，幼儿园教师的服务年限和条件由教育部代表幼儿园协会谈判；此外，其他教师可以就工作条件与雇主谈判。

在斯洛文尼亚，学前教育的教师和助理是公务员，因此，一般说来工作条件由国家法规决定，由政府和代表教职员的工会谈判决定。学前教育工作的员工有可能有至少一年5天或者三年15天的专业培训。

留住有经验的或者回归的员工

比利时弗兰德斯政府对在被承认的日托中心工作的有资质、有经验的老员工给予额外的假期，以期留住他们。

加拿大不列颠哥伦比亚省在2008年有了早期教育者奖励项目，鼓励已经离开有执照的保育机构的早期教育者回到有执照的机构中。没有在有执照机构的早期教育机构工作过的员工可以在两年内获得不多于5000加元的补助。进入这个项目的人数不多，因此只持续了15个月。

新西兰提供安置费和回归教学补贴，帮助有资质的员工回到专业队伍中，或者到缺乏早期教育与保育员工的地方工作。

提供与其他教育专业同等的专业地位、酬劳和社会价值

在比利时弗兰德斯，政府计划规范保育机构，对附属于一个机构（如非独立提供者）的家托人员按照全职员工的标准来提供资助。目前，附属于某机构的日托员工的社会地位比较模糊（介于志愿者和雇员之间）：在孩子们没来的时候；自己生病的时候，他们可收到补助，还有累积退休金，但是他们没有带薪休假，退休金和失业福利。

韩国政府对所有执行5岁儿童通用课程（Nuri Curriculum）的早期教育与保育教师采用同等的工资。而且，对幼儿园和保育员工都称为"教师"而非"早期教育与保育工作人员"，以明确这两种机构的员工享有同等的社会地位。

比利时法语区，在2002年以前，家托人员没有福利和任何留在专业领域的激励。2002年，政府为这个工作创立了最低社会保障。他们的工作名称也从"经过培训的看护人"到"注册儿童看护人"。

芬兰在1973年签署了《日托法案》（Day Care Act），规范家托，改善这种服务机构的形式，使之与其他早期教育与保育机构平等。家托看护人变为当地官方的雇员，作为机构里的早期教育与保育员工，现在有自己的工作合同，与一般的官方雇员工作合同一样。在这个行动以前，家托看护人属于个体工作。这个行动确立他们是当地官方的早期教育与保育服务，允许他们参与在职培训和公共事务。同时家托看护人也要遵守国家早期教育与保育课程标准。

提供职业提升和进步的机会

比利时弗兰德斯正在计划一个新的荷兰语的资质结构，与《欧洲资质框架》（European Qualification Framework）对等，改善多方向的能动性，如，从家托保育人到学前教师，从员工到管理人员之间的对等。这要让学历、培训课程证书和既往学历认证对等才有可能。

在意大利，学前教师在经过一段时间培训或者竞争性考试以后可以要求增加基本补助。他们也有机会提升为学校管理人员或者技术主管。现在，他们的工作没有机会提升，但是，教育部正在考虑根据学前教师的教学质量给予更高资质的意见书。

在韩国，"优秀教师系统"（Master Teacher System）会奖励有经验的，高质量的幼儿园教师每月400美元，有经验的教师也有机会成为一个幼儿园的主管。

挪威允许早期教育与保育教师成为学校管理者、市政行政工作人员和早期教育与保育的高级教研员。

在斯洛文尼亚，学前班教师有机会提升，提升的时候会考察他们参与在职培训的情况。

在瑞典，在经过研究性学习、取得证书或者博士学位后，学前班教师有机会提升到高级学科教师。学前班教师也能成为学前班主管、学校管理人员和行政工作人员。

为新员工提供足够的支持

意大利要求新教师有一年的试用期，由一个有经验的教师指导和支持，还要参与学校自主发展的国家机构组织的在线模拟培训。

经过对早期教育与保育学生的毕业检验和一个来自警察局的（安全记录——译者）验证后，新员工获得临时教师注册，开始两年期的教师入门过程，并有一个指导教师管理这个过程。新教师必须向指导老师证明自己能满足"教师满意度"（Satisfactory Teacher Dimensions）的要求。两年结束，当达到教师满意度时，指导老师可以推荐这个教师给早期儿童机构的专业领导。然后专业领导推荐这个教师到新西兰教师委员会成为正式注册教师。头两年的入门和指导项目由教育部资助，一旦一名教师成为正式注册教师，其资格每三年重新注册一次。

比利时弗兰德斯，新的学前教师在工作第一年有权利参与一个配备指导教师的入门项目。在一个大教室里，保育工作人员能帮助学前教师减轻工作负担，形成一种更合理的员工–儿童比率。

挪威从2007～2011年实行学前教师招募策略，包括为第一年参加工作的受过教育的学前教师提供指导。政府也提高学前教师教育，与奥斯陆大学学院和斯塔万格大学合作为幼儿园的助手开设在职教师教育。

监测工作条件

智利已经开始了工作环境改善项目，监控早期教育与保育机构的员工工作条件，目的是执行确保高质量保育模式。这个模式涉及评价每个学前班教育计划的自我评价，然后经过一个外部专业机构证明。诊断结果将用于相应的改进计划。

挑战4：职业发展

许多国家为早期教育与保育员工提供几种专业发展机会。然而，实际参与率常常比较低。第一，也是最重要的，培训机会的信息不容易了解，或者参与专业发展后的好处可能说不清楚，特别是对低资质的早期教育与保育工作人员；第二，在职培训和专业发展可能与他们想学习的东西脱节，因此，培训对象的学习动力可能不足。

即使给予员工这样的机会，他们也有动力参加培训，但是，他们的主管可能不愿意送他们去进行专业发展。经常有这样的争论，当培训带来更高资质的机会时，员工接着可能指望增加工资或者离开现有职位，到别的地方谋得更高工资的工作。

另一个挑战与专业发展的内容、职前教育和课程执行紧密相关。

关注提高质量的专业发展

在挪威，在职培训不是硬性要求。雇主负责在职培训。当政府认为有能力的员工是高质量教育最重要的因素时，设计了一个覆盖2007~2010年注重能力发展的战略计划。这个战略计划每年有6千万挪威元，优先给教学领导、儿童工作者、语言／语言刺激和从学前班到学校的过渡。这个战略增加了地方政府围绕所有公立和私立幼儿园的活动。

比利时弗兰德斯认识到，为了提高早期教育与保育服务质量需要改进职前教育，然而，现在缺乏改进工作人员的职前教育的资金。政府关注继续教育的重要性，以保证员工接受足够的提供高质量服务的培训。

日本在2002年委托了一个"提高幼儿教师质量——以幼儿教师自学为目的"的报告。旨在鼓励现有和潜在的教师们在工作中努力提高服务质量。

在荷兰，给早期教育与保育机构中工作的员工的培训是免费的。有一套帮助早期教育与保育项目的培训机构的资源书。荷兰也正在做一个研究，看培训机构是否能提供专门针对幼儿的项目。

在德国，联邦政府在四年内投资4亿欧元，对机构专家级员工和系统的人力资源的专业发展。强调儿童早期的语言和综合支持。另外，作为"德国资质行动"（Qualification Initiative for Germany）的一部分，联邦和地方政府在2008年解决了要培训更多保育员和日托员工的问题。准备从2013年开始，每一个一岁以上儿童都依法享受保育机构或者日托机构服务。

使继续教育成为工作要求

在英国，所有的早期工作者都要求持续的专业更新。这包括每三年的必备培训和参加当地官方提供的安全看护儿童的培训。

在芬兰，社会福利中每年员工的在职培训量是3~10天，这要看员工的基本教育、工作资质要求和工作职责。这些在社会福利行动（50／2005）中有明确的规定。这个行动也强迫当地政府保证给早期教育与保育工作人员提供足够水平的继续培训。要求的目标是继续培训要改善和更新员工的专业技能。

提高员工和雇主对继续培训重要性的认识

英国通过一场提高认识的运动，让雇主和工作人员相信高水平资质的需要和价值。

在德国，2009年，联邦教育和研究部、Robert Bosch基金会和德国青年研究院发起了一个"推动早期儿童专业工作者的进一步教育（WIFF）"的专业项目。这个项目要分析、启发和提高早期儿童专业工作者的专业发展。项目将不同人员、做决策的人和这个领域的其他机构做认真的经验分析。与专业领域合作，"WIFF"已经开发了早期儿童员工专业培训的好经验的标准，并推动这些标准的推广和运用。已经编制了四套培训的背景材料，培训者可以用来培训以下4个主题：开展3岁以下儿童的工作；与家长合作；培养儿童的语言发展；早期专业工作者在支持早期学习中的作用。这些材料和其他相关的出版物都是免费的，可以在项目的网站上订阅。"WIFF"积极支持终生学习，旨在从职业培训或者专业实践，到学术学习的平稳过渡。"WIFF"雇佣了14个来自不同领域的社会学家，由欧洲社会基金提供资金援助。

设计基于培训者需要的培训

挪威预计有增加学前教师的需要，还有通过工作目标化的衡量提高员工能力的需要。不得不努力让受过教育的学前教师选择到学前领域工作，为所有员工提供专业发展的机会。挪威创建了一个国家级学前论坛，用以开展利益相关人员的对话。这个论坛的主题之一是加强机构的能力和质量。政府也用这个论坛与相关人员讨论面对的挑战和解决方案。

在芬兰，地方政府负责决定社会福利培训的内容。但是，地方政府并不总是知道社会福利机构的多种多样的专业技术。因此，政府在2002年创建了社会福利优秀中心，转达某个领域的专业技术给地方政府，确保培训内容是一致的、相关的。这些优秀中心与大学和教育机构联系紧密，如，坦佩雷大学（University of Tampere）的继续培训是与坦佩雷市和学前班员工（特别是学前班和日托中心的领导）合作的，是基于顾客需要的培训，会明确来自员工和领导对培训的需要和要求。

芬兰和墨西哥的培训要覆盖范围较广的技能，如，与家长的沟通，活动内容和材料的定位，教师策略，以儿童为中心的培养实践策略（如，孩子怎样活动、游戏、体验艺术、探究等）。

葡萄牙和瑞典关注语言发展、数学、科学探究和学习评价以及幸福感。根据最近的一个继续培训项目的评价，瑞典最关注孩子的语言和数学发展，还有学前活动的评价。

韩国早期教育和养育员工能参与多种形式的培训，以满足员工的不同需要。由于时间限制常常阻碍员工的培训机会，现在也有在线培训。

提供多样化培训

比利时弗兰德斯认识到这个领域多样化的需要，使日托中心教学适应多元化的社会。在1995年，"Kind en Gezin"支持了一个关于保育多元化的大范围的行动研究项目。从少数民族和大部分培训对象那里收集了大量的资料，显示项目怎样面对不同情况的工作者。培训对象验证了不同情况和构建全纳性专业领域的困难。

芬兰认识到为早期教育与保育工作人员提供全纳性教育和多元文化工作方式的需要。从2007～2011年，他们参与了欧洲委员会的INCLUDE-ED项目，这个项目分析用于克服不平等，提高社会和谐度的教育策略，概括了社会排外现象，特别关注弱势群体和边缘人群。

澳大利亚资助全纳性和专业支持项目，资助每个州和自治区的专业支持合作者和土著专业支持联盟（Professional Support Coordinators and Indigenous Professional Support Units）。这些合作者／联盟提供专业发展、指导和资源，帮助日托机构提供高质量的保育，确保不同背景的孩子都被纳入。

在2010年，韩国开发了60小时的培训项目，以及教师怎样针对来自多元文化家庭背景的孩子开展工作的教师手册。教师可以自愿注册培训课程。如果他们注册，可以得到全额资助。

为课程实施提供培训

新西兰关注早期课程标准"Te Whãriki"的实施。为了改进所有孩子的学习提供培训，特别是那些危机中的孩子，希望加强教师的教学能力。政府为了实施"Kei Tua o te Pae"，也提供学习型教师评价的培训，希望教师具有满足课程愿望的有效的评价策略。

加拿大爱德华王子岛提供促进教师发展的实施资助，给早期中心的所有没有证书的员工提供入门级培训。以便他们经过教育能成为早期教育者，也能学习新的学习框架。省里也给机构中工作的早期主管和教育者提供在职培训，培训新颁布的《早期学习框架》，也就是早期机构关注的从出生到入学前的课程文件。

墨西哥正在提供培训课程和活动，以支持教师实施新的课程，适应修改后的教学规定。政府也在与教育宣传员协商开发怎样推进自我评价和工作反思的材料。已经建立了一个网站，帮助所有的教育者找到这个主题，交流教学实践经验和建议。而且，政府也在提供针对所有保育工作者的安全策略，不仅关注保育，而且关注教育因素。针对保育工作者的新的专业发展计划正在进行中，关注保育中更多教学方面的培训。

在英国的英格兰，当地政府负责提供实施早期基础阶段的培训和支持。

瑞典的国家教育代理与瑞典电视台合作，制作了一些宣传性的怎样实施和刺激不同学科课程的短片，如，幼儿园的数学和自然科学。语言发展的学科课程培训在瑞典很普遍。

在韩国，2011年培训了20 000个早期教育与保育专业人员，以实施2012年的新课程标准"Nuri Curriculum"。培训重点是新课程标准和现有幼儿园和日托中心课程的不同，包括基本原则、学习与发展领域教学方法等。

英国的英格兰的早期机构新近推出了新的0~5岁儿童学习课程：早期基本阶段（EYFS）。培训根据新的课程标准进行。一般说来，培训／更新的主要领域是排除歧视的做法；机会均等；儿童保护；健康和安全；课程计划和早期学习目标。

芬兰的继续培训和发展方面，当地政府（培训提供者）重视基于国家早期教育与保育计划的机构中的早期教育与保育计划。特别是拟定早期教育与保育计划和内容的过程，如，家长参与，成人与儿童之间的互动，环境，儿童活动的方式（孩子怎样活动、游戏、体验艺术、探究，等等）管理和儿童的特殊需要。

支持雇主创造条件让员工脱产参加培训

在加拿大的马尼托巴，当员工参加在岗培训的时候，员工能得到替班补助。

日本补助员工进行培训，也补助因员工离岗培训而雇来的代班员工。

提供培训费用

为了提高员工的能力，瑞典投资6亿瑞朗创办了一个2009~2011年的学前班教师和家托看护人的继续教育项目"促进学前教育"。这个培训项目的最主要目的是使学前班人员具备先进的教学能力。项目给几千个学前班教师和家托看护人有进一步学习教育课程的机会——大学级别（给学前班教师）和高中以上／高中级别（给家托看护人）。在学习期间，教师和家托看护人员得到由政府和学前班校长组织资助80%的工资。课程主要是儿童语言和数学发展以及学前活动评价。学前班教师还有机会参与研究性学习并获得学位证书，由此增加幼儿园中研究生学历的教师数量。

斯洛文尼亚每年都提供"教学一线工作人员的继续教育学费的帮助"。这个补助帮助在职教师和别的教学员工达到教育或者资质的高水平。只要满足一定的标准，老师们就可以申请，如，他们必须在职；他们必须参加满足法律要求的教育水平的继续教育项目。

芬兰给教师和别的教育者提供政府资助的在职和继续专业发展机会。自2010年以来，教育文化部给专业发展和教师、教育者和早期教育与保育员工在职培训的经费已经翻了一番。现在每年花费大约2100万欧元做这件事。而且，社会福利（包括日托员工）的员工在职培训将从政府得到33%的经费。根据员工的基础教育、工作要求的资质和工作职责，每年培训3~10天。国家资金帮助确保当地官方提供足够水平的继续培训，以保持和更新早期教育与保育员工的专业技能。

在英国的英格兰，早期教育与保育工作人员的培训资金在当地官方的培训预算和别的资源途径可以得到，资金支持完成直到6级的资质。

加拿大的马尼托巴推出培训补助，用以支持保育和援助机构，满足培训员工的要求。补助包括：学生全职学习，还有边工作边学习的兼职员工的补助。省里也给机构补助，用作替代离职培训员工的替班员工补助。

西班牙教育投资到全域合作项目"教师专业发展"（Teacher Professional Development）。这是一个教育部和地方政府的合作项目，共同针对重要的教师专业发展领域，增加教师培训项目的供应；保证关注少数民族；为教师之间合作和交流经验开放新渠道；培养分享和传播成功的教育实践模式的合作行动的持续性。整个项目由教育部出资，由地方政府执行。另外，全域合作项目第3条，这是由部委和地方政府共同出资的。包括衡量学前教育教师培养的专业发展机构，特别针对0~3岁儿童教育的机构。

资助提供继续培训的机构

加拿大的不列颠哥伦比亚省资助以下专业发展。

持续两年（2005~2007）的补助资金给中等以上教育机构，他们设计和提供建立在反思实践能力基础上、提高儿童保育机构质量的专业发展项目。培训关注儿童工作的能力建设和工作创新。省里的农村和偏远社区，因其地理和文化多元化，很难保证所有人都有专业发展机会。中等以上教育机构与省里的南海岸地区的大量早期教育员工，包括土著人、多文化地区、农村、城市、非全日制幼儿园、全日制日托和家庭看护中心等广泛合作开展培训项目。

在2006~2007年度，有200万加元补助提供给一个专业协会，用于开发早期省里的儿童教育领导能力建设。这个协会培训南海岸地区，还有北部和内陆地区的来自以下背景的员工：土著人、多元文化地区、农村、城市、非全日制幼儿园、全日制日托和家庭保育机构。这个项目不允许持续的资金投入，为一次性投入。

在2006~2007年度，给了省里的机构2000万加元的补助，用于培训儿童看护人员，提高他们工作的质量。一部分资金用于高质量保育和促进孩子发展的学习材料、用品和设备；少量资金改善和／或者设施维修或者翻新；余下的资金用于专业发展和培训机会。这个项目也不允许持续的资金投入。

在日本，政府提供经费，用于培训新教师和具有十年经验的教师。教师培训主要付钱给培训提供者。

新西兰教育部开发了一个新的中央财政资助的专业发展项目。这个项目是针对处在政府优先工作的群体的需要而产生，毛利族、太平洋岛民和低社会经济地位的社区，可用于提高有针对性的早期教育与保育服务的专业发展减少了。中央支付的专业发展合作是三年期。要求提供者进入这些社区，做一个需要分析、一个工作计划，分析满足这些特殊社区需要的最好项目。这个给培训提供者的中央支付新途径意在为提供者减少竞争环境，用更加合作的、有针对需要的途径提供专业发展。

挑战 5：私立机构

在许多国家都面临一个挑战，就是私立机构的作用，特别是那些私立机构占多数的国家挑战更大。在那些大部分都是公立机构的国家，改变可以从政府行为发起，然而当私立市场在早期教育与保育服务占相当比重的地方，行动也许需要通过法规或者刺激达到。

私立、社区或者志愿者服务的机构，经常面临资金不足，可能不能遵守基本的组织标准，如，提供常规的在职培训或者对员工资质有一定级别的要求。因此，与公立服务相比，私立机构的质量可能相当低。当私立机构没有得到充足的补助时，政府将面临更大的困难，因为他们会更不遵守法规和政策。

与规范公立机构一样严格地规范私立机构

英国的英格兰要给所有服务机构推行单一证书和支付结构。所有检查综合到一个办公室，也就是教育标准办公室，负责制订所有种类服务的标准，地方当局有法定责任为所有需要的家庭保证有足够的、可以承担的早期教育与保育。这些变化的目的是建立影响跨多种类型机构的统一的标准。比如，单一资质保证私立和公立机构的员工在进入机构时有同样的培训标准。

在比利时的法语区，儿童服务的执照很严格，也受到严密监督，早期教育与保育系统由一套公立和私立机构组成。在保育机构，公立服务有执照、受到监督和持续的评估；私立服务有执照，也受到监督。在教育机构，三种主要的组织通过所有公立机构的开放注册提供免费的教育。这是按照法律规定的公立机构功能。

芬兰的立法虽然地方化，但是对员工资质和员工–儿童比率有严格和清楚的要求，适用于所有公立和私立服务机构。

为了防止私营的家托保育员缺乏外部监督，比利时弗兰德斯不给不使用有执照日托看护人的家长免税和儿童保育补贴。这可以确保私营家托看护人有执照，遵守公共权威部门的规定。

行动领域 4
管理风险：从他国政策实践中汲取经验

本节总结了以下内容的国别经验：
● 提高资质，改善培训和工作条件

提高资质，改善培训和工作条件

其目的是迅速了解在执行政策时要考虑的挑战和风险。

经验一：提高资质，改善培训和工作条件时考虑投入内涵，谨慎设定有资质工作人员百分比的数量目标。

在新西兰，在早期教育与保育的需求增加、行业迅速扩张，转向有资质的工作人员的需求也随之而来。政府设定了教育学历（早期教育）作为新的中央集权体系的教师资质的基本标准，也设定了这个行业中有资质的人员的目标。政府发现，由于雇佣教师的总数增加，关于资质的目标很难实现。而且，增加有资质教师的要求对他们的工资有很大的影响。幼儿教师与中小学教师工资平等；政府政策要提供资金满足提高资质的费用，这样才能不增加对家长的收费。新西兰发现这个政策导致政府的早期教育与保育经费有了极大的增加。结果，政府把原来要求的到2012年机构中有100%注册教师下降到最低80%，但是这仍然是相当高的标准。

经验二：为执行修订的资质留出足够的时间

加拿大不列颠哥伦比亚省修订了资质规定，他们发现，立刻执行新要求导致很多人不遵守。员工需要相当长的时间和范例适应新的标准。不列颠哥伦比亚省注意到，确保受资质标准修改影响最大的一批人有时间为满足新要求做必要的改变很重要。

经验三：改变资质要求时，确保让职前教育和在职培训机构了解这些变化

葡萄牙发现，当改变资质要求，要求学前教师必须获得四年制的硕士学位时，培训学前专业人员从他们的第一个学位直到在职培训都很重要。尽管资质要求提高了，但教师在获得学历后，由于教育实践变化仍然需要继续支持。

挪威的学前教师教育质量评估项目让政府人士认识到提高职前培训的需要。挪威发现，幼儿园机构的复杂性、规模大小，还有早期教育与保育的要求混合在一起，要求政府认真看待评价结果。为了让孩子拥有高质量的早期教育与保育，要优先考虑加强教育者、教学领头人和管理人员的教育。这要求学前教师教育的资源布局合理，要持续努力地提供理论与实践相结合的培训。

经验四：改变课程时，要让工作人员做好准备，确保员工培训纳入执行计划中

墨西哥在培训教师执行新的课程标准和教学法指导时，政府在制定新政策以前就已经认识到，有必要让教育者意识到改变的需要。同样在培训后跟踪监测教师的实践、观察他们是否执行新的政策也十分重要。

来自瑞典的一个主要经验是，员工能力决定了幼儿教育的质量。幼儿教师的教育和技能是确保幼儿教育体系成功的最重要的因素之一。员工必须具备丰富的儿童发展和学习的知识，才能根据课程开展活动。

通过向综合性早期教育与保育方向长期的努力，韩国在2011年开发了新的5岁儿

童通用课程标准（Nuri Curriculum），设定了为2万名从事5岁儿童工作的幼儿园和日托教师的在职培训，为他们开展新课程的内容和教学做准备。大约150名来自教育和保育机构的教师培训者在2011年12月接受首次培训，当地的教育和保育管理机构则合作安排教师培训。

经验五：考虑采用整体培训还是以个体需要为基础的培训更适应国情

比利时的法语区强调早期教育与保育服务必须由有力和相关的保育项目来开展，否则继续培训的效果将减弱。另外，培训项目应该是综合的，不是按照个人需要制定的，否则将缺乏方向，从而会影响早期教育与保育机构的质量。

葡萄牙强调保证针对需要的培训的重要性，以满足教师、孩子和家庭的需要。墨西哥也强调培训对象的需要，确保专业发展课程和课程内容的质量。政府会问教师他们觉得哪些培训课程有用。

韩国的职前培训强调未来教师需要的通用的内容，在职培训看重个体教师的需要和能力水平，按照他们的教学专业性（比如，初学者、有经验者、管理人员）发展阶段设计课程。韩国越来越强调在职培训内容和方式的多元化，为教师和他们的工作环境（比如，农村地区、班级大小）提供量体裁衣式的培训。

经验六：考虑是通用还是有针对性的途径更适合国情

新西兰的经验是，让早期教育与保育机构自己选择专业培训活动会让有些机构参与过多的专业发展，而有些机构完全不参加培训。吸取了这个教训，政府采用新的途径资助专业发展，要求提供者进入需要的社区，根据他们的情况确定培训方案，以最好地满足这些社区的需要。

经验七：把早期教育与保育纳入认证的教师专业发展主流，确认成本的意义

芬兰提高了幼儿园教师的级别，与小学教师的教育联系更加紧密。主要的经验之一是，当幼儿园和小学教师在培训时互相结合，在儿童从学前过渡到小学时他们就知道怎样合作，来更好地支持儿童的发展和学习。

在斯洛伐克共和国，重要性放在推动幼儿园和教师的地位方面，这样可以确保

高质量的职业后备力量。政府支持以下的专业发展：幼儿园教师追求与小学和中学教师同样级别的教育；各类教育的报酬相等；幼儿园教师应该像别的教师一样有同样的权利和义务追求继续培训。

经验八：保证利益相关人通过常规的商议／监督过程参与

澳大利亚发现与早期教育与保育机构咨询收集反馈对成功的改革是至关重要的。比如，在开发满足行业、社区和传播需要的、高质量早期教育与保育职业教育的国家培训包时，机构的参与起了很重要的作用。澳大利亚认识到，机构的常规的咨询／审议过程对于保持培训针对性很重要，可以确保培训适合行业现有状况。政府注意到在追求基本原则和目标时获得广泛的赞同的重要性，然后制订具体的执行要求，以针对现有体系和执行过程的需要。为了支持国家质量议程（National Quality Agenda）的制定，在开发阶段，澳大利亚做了广泛的咨询，现在正在广泛咨询如何将这个改革落实到机构行动中。

加拿大不列颠哥伦比亚省发现，在做计划时，征询利益相关者意见可能有助于满足机构的不同需要，特别给地理、文化和有特点地区的多元化发展提供潜力。

经验九：行业中使多元化成为主流

在挪威，培训会说少数民族语言的助理，招募少数民族学生到幼儿教师教育中，已经增加了少数民族、包括有移民背景的幼儿教师的员工比例。

在员工组成的多元化背景下，比利时弗兰德斯发现多样化可能更多是接受那些难以被理解的差异的事实，而不仅是试图在个人背景基础上理解事情。这要求对多种观点和范例的开放、灵活性和认同。应对多元化表现为不能用某一种技术知识解决工作人员面临的复杂因素。弗兰德斯的工作人员表达了一种基于持续反馈实践、超越反思、发展反思能力的需要。

经验十：创造优秀早期保教机构来沟通机构需要并促进联动

在芬兰，社会福利培训是强制要求的，新建的社会福利中的优秀中心让市政府了解各种社会福利机构的需要，确保培训内容的相关性。芬兰发现，中心的创设在地区级社会机构联动工作方面已经取得成功，因为早期教育与保育机构与社会机构有紧密的联系，早期教育与保育机构也从中心受益。

经验十一：支持私立机构中工作人员的工资

　　韩国已经认识到，提高早期教育与保育的服务质量应该有提供工作和增加工资的平衡。由于韩国的早期教育与保育私立机构超过公立机构。韩国在早期政策的重点是力图让私立和公立机构的教师收入对等。当地官方现在提供不同种类的教师津贴和补助、基本工资，作为鼓励这些私立机构和监测并确保早期教育与保育服务质量的办法。

行动领域 5
反思当前的实施状况

这张列表是在国际趋势的基础上设计制订的，目的在于帮助使用者对本国标准进行反思：

● 工作人员

目的是改善对新问题的认识，明晰变化发生的地方；不是评判实践本身。请围绕1～5的范围反思当前实施情况。

工作

资格工作人员	完全不				非常好
1．ECEC岗位描述和资质反映当今ECEC机构的相关技能。	1	2	3	4	5
2．ECEC岗位描述和资质是透明的，容易被想从事这个职业的人、员工和家长理解。	1	2	3	4	5
3．ECEC员工资质与小学教师，特别是低年级教师适宜地连接在一起。	1	2	3	4	5

续表

资格工作	完全不				非常好
4．为了提高质量和资质相关性，定期评估内容和职前教育。	1	2	3	4	5
5．不同类型的早期教育与保育培训机构有相同的资质质量。	1	2	3	4	5
6．在0～3岁和3～6岁机构工作的资质能有流畅的通道，没有不必要的资质系统重复。	1	2	3	4	5
7．幼儿教师、保育工作者和其他不同工作种类的人员和资质之间没有抵触和相似。	1	2	3	4	5
8．在不同地区和国家质检，早期教育与保育资质可以对等转换。	1	2	3	4	5
人力供应与保留	**完全不**				**非常好**
9．对人力供需市场有监控系统。	1	2	3	4	5
10．从业人员多元化（比如，男性工作者、移民、不同民族人员等）。	1	2	3	4	5
11．有工作条件监控系统（比如，提高工资、提高非经济福利、提高员工-儿童比率）。	1	2	3	4	5
12．对保教人员有综合的招募策略（比如，相关学生、新毕业生、换工作者、少数民族、在偏远和不发达地区工作的员工）。	1	2	3	4	5
13．有适宜的支持和激励策略鼓励学生和毕业生到机构，特别是难以招到员工的机构和地区工作。	1	2	3	4	5
14．为验证进入这个专业的途径是否容易而检验现有何保教人员能力。	1	2	3	4	5
15．采取有针对性的行动留住有经验的员工，减少员工流动率，提高师生依恋性。	1	2	3	4	5
16．使保教人员有充足的机会追求职业发展、进步和动力。	1	2	3	4	5
17．保教人员在工作中得到工作所需要的、融合儿童发展多领域的、更综合的技能支持。	1	2	3	4	5

续表

18．为员工提供在职培训，特别是新员工，比如，由有经验的员工给予指导。	1	2	3	4	5
专业发展	完全不				非常好
19．员工和雇主非常理解持续专业发展的重要性。	1	2	3	4	5
20．有明确的专业发展要求，有多样化的内容和灵活的选择。	1	2	3	4	5
21．很容易得到专业发展的信息。	1	2	3	4	5
22．给在职专业人员的专业发展的费用合理，时间灵活，地点布局合理。	1	2	3	4	5
23．由保教人员做专业发展课程的质量和相关性评价。	1	2	3	4	5
24．监控专业发展的课程的参与率，将结果用于评估其比例是如何提高的。	1	2	3	4	5

注释

1．本文献中，"员工"一词通常用来指代早期教育与保育领域中直接从事儿童工作的人。这一词语也指"专业人士""教师""保育人员"或"业内实践者"。

2．"过程质量"指的是儿童在项目进程中的实际体验：机构环境中具体发生的事件。"内容质量"具体指儿童学习到的内容（比如，课程）。

3．"持续的专业发展"指的是任职期间的教育和培训。Litjens和Taguma（2010）对于在职教育做出了清晰的定义。这一概念"包括一切含有学习机会的计划项目，对象是早期教育与保育员工，宗旨在于改善提高每位员工在指定职位上的工作表现"。

4．国际教育职位分类系统（ISCED）分类体系常常用于便捷的国际比较，其中四项与经合组织调查结果相关，第二级：初级中学——常规上被视为基础教育的终结；第三级：高级中学——常规上被视为义务教育的终结；第四级：中学后的非高等教育（比如，短期职业项目、大学前的预备课程）；第五级：第一阶段的高等教育（比如，第一级大学学位）；第六级：第二阶段的高等教育（导向高级研究资质）。

5.　"兼职"的意思是在一段时间内，教育或培训课程占用的时间不如全职工作时间多。

6.　综合性职前教育：保育和教育人员的职前培训是综合性的；学员接受同样的教育，即，学员接受的教育是为了在保育和早期教育领域工作（尽管项目后期也许会将儿童保育或早期教育分别开来）分轨制职前教育，保育和学前员工的职前教育是分隔开来的：两类员工接受的教育不同，培训也是各自进行的。数据仅限于以项目中心为基础的早期教育与保育员工（不包括家庭日托工作者）。

7.　综合性职前教育：为学前和小学教学员工准备的职前教育是综合性的；学员接受同样的教育，也即，学员接受教育的目的是在学前机构和小学教学（尽管项目后期也许会将学前和小学部分进一步细分开来）。分轨制职前教育：为学前和小学教学员工准备的职前教育是分隔开来的；学员接受不同的教育，培训也是各自进行的。

8.　幼儿园／学前班方面的数据来自：澳大利亚、奥地利、不列颠哥伦比亚省（加拿大）、捷克共和国、英格兰（英联邦）、爱沙尼亚、芬兰、爱尔兰、以色列、意大利、日本、马尼托巴（加拿大）、墨西哥、荷兰、新西兰、挪威、波兰、葡萄牙、爱德华王子岛（加拿大）、苏格兰（英联邦）、斯洛伐克共和国、斯洛文尼亚、西班牙、瑞典、土耳其。保育或日托中心方面的数据来自：澳大利亚、奥地利、不列颠哥伦比亚省（加拿大）、捷克共和国、芬兰、以色列、意大利、日本、马尼托巴（加拿大）、墨西哥、荷兰、新西兰、挪威、爱德华王子岛（加拿大）、苏格兰（英联邦）、西班牙、瑞典。

9.　Capko, J.（2001），"确认员工流失的原因"，《家庭实践管理》，Vol. 8, No. 4。

政策杠杆 4
促进家庭与社区的参与

　　家长的参与越来越被视为促进儿童的健康发展与学习的一个重要的政策杠杆。我们认识到，家长对孩子教育的参与，是他们的一项基本权利和义务。与家长的合作关系也是增进早期教育与保育机构人员对儿童了解的关键。此外，有研究表明，家长的参与——尤其是在确保儿童的优质的家庭学习及儿童与早期教育与保育机构人员的沟通方面——是与儿童日后在学业上的成功、高中学业完成率、社会-情感发展及社会适应能力等密切相关的。

　　社区参与也日益凸显为一个重要的政策杠杆。它可以作为家庭、早期教育与保育机构服务以及其他儿童服务之间的"连接器"；一个来支持父母减轻压力和做出明智选择的"社会网络"；一个促进社会凝聚力和公共秩序的"环境"，也是一个"提供资源的资源"。

行动领域 1
运用研究成果为政策制定与公众提供信息

本节包括以下研究要点：
● 家长与社区参与意义重大

家长与社区参与

什么是家长与社区参与

　　家长参与是指父母与早期教育与保育机构服务之间的正式的或非正式的关系。这种参与可以具有多种形式和意义，这主要取决于孩子的教育阶段（例如，婴幼儿或学龄前）和角度问题（例如，早期的实践者，教师、父母、研究者）。文献中经常交替使用以下术语："家庭与学校的合作伙伴关系""家庭参与""家长参与"等。

　　社区参与是指早期教育与保育机构与针对早期教育的所有形式的社区服务投入和贡献之间的联系（Litjens and Taguma, 2010）。从狭义上来看，社区可以被定义为"同一个街区的人", 或者从广义上来说, 指 "包括非政府组织等在内的整个社区"。

最常见并广泛使用的家长和社区参与策略 (Oakes and Lipton, 2007; Epstein, 1995) 可以被总结为六类建设性参与。

表4.1 父母与社区参与的类型

以儿童为重点的	
沟通	就项目与儿童的进步问题, 设计从中心到家庭式的和从家庭到中心式的有效沟通形式
家庭教育	帮助所有家庭建立家庭环境, 来支持作为学习者的儿童 (例如, 育儿课程)
激励在家里的发展	向家庭提供以下信息和理念: 如何刺激孩子在家里的发展, 如何进行其他与课程相关的活动, 如何决策与规划
以中心为导向的	
自愿	征集、组织家长 / 社区的帮助和支持 (例如, 帮助规划和主持中心活动、筹款活动、陪伴旅行、奉献私人时间来改善设施, 或协助中心, 分享专业技能和知识)
决策	请家长与社区 (人员) 参与中心的决策, 建立家长委员会和家长–员工组织
社区合作	确认、整合社区的资源和服务, 以巩固项目、改善家庭实践、促进儿童的学习和发展

来源: 改编自Epstein等, 1995。

导致风险的因素

儿童在直接的家庭环境中度过早期生命中最长的一部分, 包括与父母[1]、兄弟姐妹、其他家庭成员和邻居之间的互动。然而, 在过去的几十年间, 在很多经合组织国家, 孩子与家人、邻居等在一起的时间, 以及与家人邻里之间的互动方式等, 都由于下面几个因素而发生了改变: 家庭结构的变化, 母亲就业和移民的增加 (OECD, 2006)。

家长愿意将部分养育工作委托给早期教育与保育服务机构, 并不意味着父母角色重要性的削弱。众所周知, 在孩子的头五年里, 父母的行为对于孩子的学业和社会技能及各项能力的发展是至关重要的。早期教育与保育机构服务目前的挑战是接纳父母在幼儿发展中的重要作用, 促使他们尽可能多地参与到服务中来 (OECD,

2006)。

　　如果家长和工作人员能够定期交换信息，并对于社会化、日常生活、儿童发展和学习采取协调一致的方法，儿童在不同环境中体验的连续性会大大提高。如果做得好，可以提高早期教育与日托中心服务、家庭养育以及家庭学习环境的质量。社会-经济地位较低的家庭由于缺乏相应的资源，会特别努力地为孩子争取适当的儿童保育与经济改善的机会（Barbarin et al., 2008; Boyce et al., 2010; Ermisch, 2008; Feinstein et al., 2007, 2008; Hauser-Cram et al., 2003 ）。

　　幼儿的发展并不是完全依赖于父母的付出和早期教育与保育机构中心（日间护理，早期教育 ）。儿童生长在一个地区，是社区的一部分。因此，重要的是，不同的服务——正式的早期教育与保育机构服务，日托中心，医疗卫生服务，学校之外的服务——共同努力创造一个"服务综合体"，确保让父母满意并满足孩子的各种需求。在早期教育与保育机构中，社区参与的重要性不仅是在必要时提供拓展服务和转介，还在于提供一个家长合作与参与的空间。

　　父母、家庭和社区在早期教育与保育机构中的参与模式在不同国家是不同的。一些正式的和非正式的机制被用来促进全面参与保教和管理。吸引父母参与面临的挑战有文化的、态度的和语言方面的障碍。特别困难的一点在于，参与模式如何确保来自不同背景的家庭的代表性并能够使他们公平参与。

为什么这一点意义重大

家庭参与

　　家长参与幼儿教育是一项基本的权利和义务。经合组织（2006）和联合国儿童基金（2008a）均认为，早期教育与保育机构的服务应该承认父母在有关他们孩子的事情方面具有知情权、评论权以及做出关键决策的权利。研究表明，早期教育与保育机构服务中存在相当大的父母参与的需求和需要（Desforges and Abouchaar, 2003 ）。研究还表明，父母参与到早期教育与保育机构服务中，可以提升孩子的各种成就和适应能力（Blok et al., 2005; Deforges and Abouchaar, 2003; Edwards et al., 2008; Harris and Goodall, 2006; Powell et al., 2010; Sylva et al., 2004; Weiss et al., 2008 ）。

　　促进家长参与方面的早期教育与保育机构服务的成功例子（如"提前开端"计划，美国的佩里学前学校和芝加哥家长中心项目）提供了父母参与意义重大的证据

（联合国儿基会，2008b）。

在美国，联邦政府资助的芝加哥家长中心项目已被引以为证：家长参与对于孩子的学业成就和社会性发展具有重要的影响。这也是降低辍学率的一项有效策略。每年，家长参加该项目都能使他们孩子完成高中教育的机会增加16%。那些六年间完整参与了该项目的家长，他们的孩子有80%以上达到高中毕业，相比较而言，那些父母没有参与该项目的学生只有38%能完成高中学业（Reynolds and Clements, 2005）。

社区参与

在幼儿发展过程中，更广泛的社区服务（如健康或社会服务和运动组织）或早期教育与保育机构中的社区成员，都扮演了重要的角色。为儿童的早期成长提供社区服务，已被视为优质早期教育与日托中心的共同特点之一（Henderson et al., 2002）。越早确认社区在幼儿生活中的角色，儿童越有可能获得在学校及日后在人生道路上的成功（Cotton, 2000）。如果学校和社区的连接密切，儿童将更容易发展出成功所需的各种技能，无论是在社会能力、情感能力、身体素质方面还是学业素质方面，均是如此（Edwards et al., 2008, Oakes and Lipton, 2007; OECD, 2006）。

社会-经济地位（例如，父母的受教育程度、收入和职业等因素的差异）不同的家庭为其子女提供营养丰富的、健康的生活方式的能力是不同的，他们给子女提供高质量的儿童教育与保育和投资其他学习资源的能力也是不同的。例如，书籍和参观图书馆和博物馆的经费（Bradley et al., 1989）。因此，家庭的社会-经济地位与儿童的教育发展紧密相关（Duncan et al., 1998）。

一项有关寄养于不同社会-经济地位家庭的4~6岁儿童的研究说明了成长环境对儿童的重要影响（Duyme et al., 1999）。寄养子女（与他们的养父母无任何遗传关系的子女）的研究表明，无遗传关系的养父母的社会经济地位因素可以影响孩子的认知发展。经过对这些儿童的智商进行了寄养前后的测试，发现无论是寄养于社会-经济地位较好家庭的儿童，还是较差家庭的儿童，其智商都高于寄养之前的智商水平。但是，寄养于社会-经济地位较好家庭的儿童的智商显著高于寄养于较差家庭的儿童，因为前者获得了更富足、更具激励性的成长环境。早期教育与保育机构服务可以与其他服务通力合作，减轻家庭地位带来的负面影响。这对于社会-经济条件困难家庭的儿童尤为重要。

在儿童的成长环境中（家庭、社区），风险因素对儿童发展的消极影响体现在儿童智力发展、学业成就、社会情绪能力、社会适应能力和健康方面（Van Tuijl and Leseman, in press）。贫困甚至会对大脑功能造成不可逆的影响（Hackman and Farrah, 2009）。Edin和Lein（1997）研究发现，在贫困家庭中，儿童保健和医疗护理的安排是不稳定的或低质量的。此外，他们的经济困难常常带来长期压力。这些状况在低收入人群中更为普遍，因为他们赖以改善这种状况的资源更少（McLeod and Kessler, 1990; Shonkoff and Philips, 2000）。经济状况和心理健康之间的联系是非常重要的，因为心理状况欠佳常与严厉的、不协调的，缺乏父母参与或关爱互动的家庭养育相联。反过来，这已经与行为问题相关联，例如，孩子们经常参与打架并且与同伴的合作能力较差；这也可能引发严重的注意力下降问题，导致儿童在学校的表现不佳（Shonkoff and Philips, 2000）。一个强有力的社区可以作为一个社会网络，帮助父母减少压力，保持积极的情绪，找到培养孩子的好办法。

如果社会网络的质量偏低，它可能会导致偏低的情感反应和凝聚力（Van Tuijl and Leseman, in press）。社区参与意味着较高的社会凝聚力（邻里间的相互信任和共同的价值观）和（非正式的）社会控制和集体效能（Shonkoff and Phillips, 2000）。集体效能与邻里间的暴力、个人遇害、凶杀等事件的发生率相关联。

此外，早期教育与保育服务机构、家长、邻居和其他民间社会利益相关者之间的统一，可以加强不同服务之间的合作，从而形成一种全面的服务体系。全面的服务更加适应儿童在整体发展中的实际需要，也更加适应父母在儿童照料医疗保健和其他机会方面的需求。一个强大的社区和正式的早期教育与保育机构服务综合系统，将使困难家庭有能力应对其特定的与贫困相关的困难（Van Tuijl and Leseman, in press, Weiss et al., 2008）。

一个前提条件是，早期教育与保育机构方案和社区——包括父母在内——是按照通行的标准来设计和实施的，培养目标也是相似的，因为这些标准体现了制定者的价值观（Bodrova et al. 2004）。在那些低收入和少数族裔的社区，涵盖家庭和社区服务工作的早期教育与保育机构就显得尤为重要。因为在那些社区，社会-经济地位和养育和教育的文化价值观往往可能会对儿童的发展产生负面影响（Larner, 1996）。

什么是至关重要的

有人认为：关于参与的内容定义纷纭，如何对此类参与进行最有效的评估也存在争议；因此，家长或社区参与对儿童表现与发展成果的评估十分困难（Marcon，1999）。然而，仍有一些研究已经对家长或社会参与的不同效果做出了比较。

家庭学习环境（Home Learning Environment, HLE）

家庭学习环境中的亲子互动

在家庭学习环境中，在10～36个月期间，几乎没有得到亲子互动的儿童与体验过积极的亲子互动的儿童相比，长大后在认知技能测试中的得分较低（如数学测验）（图4.1）。同样的效果在Sylva等（2004）的研究中也得以体现，此外，这些效果在儿童7岁之后仍在持续。

图 4.1 家庭学习环境对学习成果的影响

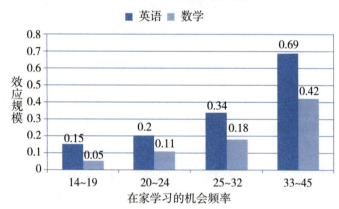

11岁儿童的英语和数学成就

来源：Melhuish, 2010。

指导父母的方案和提供的材料

Deforges和Abouchaar（2003）、Harris 和Goodall（2006）的评论认为，父母积极参与儿童在家庭中的学习活动是促进儿童长大后获得成就和行为调整的最有效方法。家庭学习环境是影响儿童发展的最重要因素之一（Belsky et al., 2007; Melhuish, 2010）。它包括这样的活动：给孩子读书、唱歌、讲童谣，陪孩子去图书馆、玩数字游戏。

英国"有效学前教育（EPPE）"研究项目业已说明亲子互动对儿童家庭学习环境质量的重要作用。研究结果表明，那些直接促进父母与儿童共同参与的活动可能对幼儿是最有益的（Sylva et al., 2004）。

　　研究还发现，家庭学习环境的质量是与孩子的"风险"状态紧密联系在一起的。对于那些在义务教育一开始就表现较差的"风险"儿童而言，他们幼年时较差的家庭学习环境可能是造成这种结果的原因之一。早期教育与保育机构服务提供了几种途径来帮助改善家庭学习环境的质量，其中包括：为家长和孩子一起活动提供活动内容与材料，给家长提供如何向儿童大声朗读的建议，并提供读写学习的套件。早期教育与保育机构的员工也可以通过向家长提供资源和活动的方式，鼓励家长参与儿童早期学习，这些资源与活动能够拓展儿童的校内学习内容。这有助于家长增进和孩子的亲密感，同时也与项目紧密相连（Halgunseth and Peterson, 2009）。

家庭课程

　　早期教育与保育机构服务可以促使父母向子女提供一切类型的家庭学习情境，包括非正式的和场合明确的。Henderson 和Mapp（2002）强调了在非正式交流中抓住学习机会的重要性。家长可以让儿童参与到日常事务中来（例如，吃饭、打电话、购物清单、穿衣等），用激励性的讨论来丰富这些日常事务的内容，引发孩子们的好奇心和探索欲望。这种"家庭课程"会促进孩子的语言发展、认知发展和学业成就（Foster et al., 2005; Weigel et al., 2006）。

　　斯堪的纳维亚地区的研究表明，家庭中现有的社会、文化和宗教实践给儿童提供了各种各样的书写活动（Hjort et al., 2009）。一个更有效的家庭课程还包括更明确的学习活动，如与孩子一起读书。这项活动对儿童的认知和语言发展具有重大影响（Ermisch, 2008; Leung et al., 2010）。有确凿的证据表明，可以培训家长，使之参与阅读活动，从而有效地推动儿童在这些方面的发展（Huebner et al., 2010）。

　　我们尤其需要对低收入家庭和问题家庭的父母提供支持，促进他们子女的学习。受教育程度有限和社会地位低的父母较少有能力参与子女的学习活动（Ermisch, 2008; Feinstein et al., 2007, 2008）。早期教育与保育机构服务可以有效地帮助这些父母在家庭中实现一套成功的课程。

在家里给幼儿读故事

　　在家里给幼儿读故事是一种流行的父母参与形式，能帮助儿童阅读能力的发展，这种形式已被广泛研究并被证实有效（Keating and Taylorson, 1996）。美国对3~4岁儿童的研究已经表明，儿童在家庭里的早期学习活动确有成效：家长经常阅读和讲故事的儿童更容易认识所有的英文字母、数到20或更大、书写自己的名字和阅读。此外，家长教授其字母、单词或数字，并且定期将其带到图书馆的儿童，更有可能表现出读写能力日渐增强的迹象（Nord et al., 1999）。

在40个国家进行的PIRLS研究[2]也显示出，儿童在义务教育之前进行早期家庭读写活动与儿童10岁的阅读表现之间有正向关系。这项研究记录了以下的亲子互动活动：看书，讲故事，唱歌，玩字母玩具（例如，字母方块），玩字词游戏，大声朗读标志和标签等。研究结果表明，得到高频率亲子互动（也就是每天都有亲子互动活动）的儿童，其阅读能力要远远高于那些较少参与亲子互动活动的同龄儿童（Mullis et al., 2003; 2007）。

志愿参与到决策过程中来

研究发现，其他类型的父母参与，如父母参与志愿服务、参与家长委员会或家长–教师组织（虽然确认它对于父母的满意度和工作人员的支持度不无意义），很少或根本没有影响到儿童的成就（Deforges and Abouchaar, 2003; Harris and Goodall, 2006）。

育儿知识和儿童发展的规律

评论认为，育儿计划对父母和子女都有积极的作用。经合组织发现，父母经常为之读书的孩子，比父母从不、或很少为之读书的孩子，在PISA的2009年测试中得到更高的分数的更多，即使后者拥有很好的社会–经济地位也是如此（OECD, 2011）。哈佛家庭研究项目发现，经济困难家庭的孩子和无经济困难家庭的孩子在学校表现上的差异有大约三分之一到二分之一是由养育差异引起的（Brooks–Gunn and Markman, 2005）。父母深刻地影响着孩子的发展成果和认知、语言发展。研究发现，重要的父母特征包括教育、培训和就业情况，影响着儿童发展的育儿因素，包括亲子互动、家庭学习环境、家长对儿童发展的理解或者是对儿童发展规律的认识（Yoshikawa, 1995）。

家庭养育计划的整体结果表明：

- 父母在亲子互动中感到更安全，他们的生活幸福感得以提升，子女也能从中受益（Diamond and Hyde, 2000; Scott, 2003; Sylva et al., 2004）；
- 父母在良好的养育过程中增加了自信，贫困家庭尤其如此（Epstein, 2001）；
- 父母更好地了解如何在实践中恰当地教育孩子，改善孩子的教育效果，尤其是在读写能力方面（Cooter et al., 1999; Bryant et al., 2000）；
- 父母更愿意与工作人员进行直接的交流，也更能够在家庭学习和家庭作业方面帮助孩子（Corter et al., 2006）；

- 参与活动的父母减少了对公共援助的依赖，找到了工作，获得了大学学分或学位，有了自己的住所（Halgunseth and Peterson, 2009）；

- 报告指出，早期教育与保育机构服务中心提供的接入点或家访对于保障父母参与孩子学习的能力起到了关键性作用（Sime et al., 2009）。

通过参与教育课程和参与早期教育与保育机构服务，许多家长获得了养育儿童的技能和儿童发展与学习的知识（Mitchell et al., 2008）。此外，研究发现，无论家庭背景或收入如何，学龄前儿童的父母接受培训，帮助孩子在家庭中学习，这些儿童在日后上学期间的表现都更为积极（Graue et al., 2004）。"提前开端"计划发现，通过家庭探访，提供儿童发展服务与家长育儿教育，参与这些项目的父母，相较于不参与项目的父母，在游戏中对孩子更为支持，也更多地每天为孩子阅读，更少地体罚孩子（Love et al., 2005）。

父母、社区以及早期教育与保育机构服务之间的战略伙伴关系

经常性的沟通

《强壮开端 II》指出，家长与工作人员联系越密切，中心提供的服务质量就越好（OECD, 2006），虽然高瞻研究表明，这在很大程度上取决于相互沟通的内容（Schweinhart 和 Weikart, 1997）。例如，用于拾遗补阙的会议只能依照惯例并且集中于解决眼前最为关注的问题。出于这个原因，我们在《强壮开端 II》中强调指出，如果这些会议无法提供相互学习的机会，就应该辅以家长–工作人员会议、通信和家访（OECD, 2006）。

一项调查显示，韩国的父母主要是利用媒体和在线社区来获得和分享有关育儿和早期教育的信息。相反，日本的父母主要从邻里和祖父母那里获取与儿童有关的信息。日本的父母经常利用儿童福利中心与其他父母交流联系，也去当地的公共健康中心咨询育儿知识并寻求帮助（Hwang, Nam 和 Suh, 2010）。

共同目标

早期教育与保育机构的工作人员应当重视与家长交流项目的各项目标，以及如何最好地实现这些目标，因为家长可能存在一些误解，例如，在入学准备之类的事务上（Bodrova et al., 2004）。家长普遍认为，入学准备主要是关于认识物品、字母和数字的能力，而忽视了推理技能的重要性。尽管如此，不同国家，甚至是不同地区

的家长，对于早期教育与保育机构的理解和期望都是不甚相同的。例如，在瑞典，家长要求早期教育与保育机构不仅要关注以玩耍为导向的活动，还要关注以学习为导向的活动（Sheridan et al. 2009）。

有效学前教育（EPPE）研究发现，产生良好的社会–认知成果的早期教育与保育机构的环境，都具备"充分的父母参与，尤其是在与家长分享教育目标"和提供"关于儿童进步的定期报告以及与家长的讨论"等早期教育与保育（Siraj-Blatchford et al., 2003）。也有证据表明，家庭与日托中心等早期教育与保育机构相结合的方式对儿童发展产生了积极的影响（Blok et al., 2005; Brooks-Gunn and Markman, 2005; Sylva et al., 2004）。然而，真正的伙伴关系和互为补充的实践是实现最好结果的必要做法（Bodrova et al., 2004; Van Tuijl 和 Leseman, in press）。

"小作者（the Early Authors Programme）"计划是针对美国12个月大婴儿的早期读写干预计划。该计划实施于多种族、多语言的城市低收入社区的儿童日托中心。[3] 该计划通过强化在亲子互动活动当中形成有意义的语言交流和积极的态度，使儿童获得读写技能（Bernhard et al., 2008）。

父母的期望

有些人将家长视为早期教育与保育机构的主要支持者和志愿协助服务者；有些人认为家长仅仅是早期教育与保育机构的用户或客户。还有些人视家长为一个合资企业的合作伙伴（Bloomer 和 Cohen, 2008; Moss, 2007）；家长在家里和专业人士在这些中心里，为了相同的教育目标而努力奋斗，以最大可能地达到良好的育儿效果。对于这种共同的努力而言，家长与专业人士之间的沟通是至关重要的，沟通的内容包括家长对于子女的成就期望和使子女得到最佳教育的愿望。

因为孩子们的成就与家长的激励和期望密切相关，所以早期教育与保育机构应该鼓励家长对孩子抱有更大的希望（Fan 和 Chen, 2001）。对于低收入家长，提高这种期望值尤其重要。研究显示，低收入家庭的孩子成长路径缺少期望成长过程（Hauser-Cram et al., 2003）。

家访

父母在参与儿童教育计划中更有自信、掌握更多的儿童发展方面的知识，都与家访有关。研究发现，那些得到早期教育与保育机构工作人员家访的儿童更多地参与到读写能力活动中，他们也更倾向于参与到小组活动当中。工作人员也受益于家访。他们不仅建立了与儿童和家长的积极关系，而且能更好地理解家庭环境如何影响儿童的学校表现（Halgunseth 和 Peterson, 2009）。

更多的证据表明，有针对性的家访计划的确有益，如"HIPPY"计划[4]。"HIPPY"计划是一项基于家庭的计划，它以让父母成为家庭教育者为核心。该计划侧重于前读写和前数学，为期两年，起始于4岁的儿童。在新西兰进行的"HIPPY"计划评估显示，参与"HIPPY"计划的儿童在各项学校学习成绩中取得了较高的分数（读写能力，阅读，认字，识数字），班级适应较好，并且较少出现令人不安的行为（较少与同伴打架，更积极地参与合作）。需要特别指出的是，研究发现HIPPY儿童在发展读写技能发展方面较少需要有针对性的支持（BarHava-Monteith et al., 1999）。

高瞻／佩里学前学校方案[5]为学龄前的困难儿童（3岁以上）提供了学龄前教育和家访。"佩里学习"计划出自一项由3~40岁参加者参与的计划。该计划为期两年，包括每天两个半小时的学前教育和每周一次的幼儿老师家访。研究结果显示，性别差异和年龄差异对研究结果有影响。该计划对男性的显著影响体现在犯罪行为、以后的生活收入，以及27岁、40岁时的就业状况；然而，对女性的影响更多体现在她们的教育和19岁、27岁时的就业状况。一般模式表现为对女性的前期影响较强，对男性的后期影响较强（Heckman et al., 2010）。

与更广泛的社区建立战略合作伙伴关系

挖掘社区资源

研究提到，家庭参与和社区参与是儿童学习与发展动力的关键（Barton, 2003）。在加拿大，当地机构的参与与更为敏感的照料服务及儿童的早期社会性发展积极相关；这些地方机构向早期教育与保育机构提供信息和基于社区的资源（可以借出玩具的图书馆、电话支持等）（Doherty et al., 2000）。

支持难以接触到的家庭

在爱尔兰，已经发现，早期教育与保育计划和社区服务之间的伙伴关系，能够有效地接近和支持难以接触到的家庭，如罗姆人家庭和非定居家庭。专家向这些家庭提供量身定制的服务，服务设计尊重他们的文化背景，提升儿童和儿童家长的各项技能。与社区成员合作以及向旅行教育专家咨询所需的远程学习材料得到了发展，这增强了改善儿童识字率和数学技能的可能性。专家了解如何为社区里的儿童设计有效的学习材料，家长学会了如何对幼儿实施不同的学习方法（Robinson and Martin, 2008）。

针对家庭和居住区

居住区条件对于困境儿童更重要（Cook et al., 1998）。1994年，五项"开端"计划发起了药物滥用防治模式，旨在加强对处于经济困难家庭和社区的学龄前儿童的服务。这个项目叫作"自由成长"，目标群体是"开端"计划儿童的家庭和社区，保护儿童免受药物滥用及相关问题。该计划集中关注以社区为基础的各项策略，强调"安全空间"的合作与执行，确保幼儿安全、无药物滥用、药物滥用预防的培训。不同的社区服务组织都加入了这项计划，如地方警察、青年组织、教堂和众多的基层组织。该计划的实施效果包括：有更多的家长参与到早期教育与保育机构中，学校和居住区会变得更清洁、更安全，居民之间、居民和早期教育与保育机构工作人员之间的关系会更加融洽，家长和社区成员的关系会更加融洽，社区中抵制毒品和酒精的理念也更为深入人心（Harrington, 2001）。

不同的方法相结合

一个项目或中心不必局限于一种方法。多种形式的家长和社区参与可以同时使用，互为补充。由于早期教育与保育机构为不同背景的人提供服务，而不是每一种参与策略或类型都能满足所有需求或适合每一个孩子、家庭或社区；因此，多种方式结合运用有助于鼓励家长和更为广泛的社会参与其中。"REAL"计划就是一个多种不同方式相结合的案例，详情如下。

"REAL"（Realising Equality and Achievement for Learners，"平等学习，学有所成"计划）

研究者（Hannon 和Nutbrown，2001）研究报告了共有10个学前中心参与的谢菲尔德（英国）严重贫困地区所进行的"REAL"计划。有88个家庭参加了为期12~18个月的计划。该计划由五部分组成，包括学龄前老师家访；提供读写学习资源；基于中心的集体活动；特别活动（如，团体参观图书馆）以及邮政通信。针对家长的教育也被纳入该计划当中。家长通过"REAL"计划的一个认证课程可访问由第三方提供的其他课程，从而获得信息、建议和支持。每个学龄前教师负责8个家庭，每周工作半天。

评估结果有力地证实了该计划使儿童、家长、教师都受益。项目报告称，家长的体验"非常积极"。幼儿教师非常重视与家长紧密合作的机会，即便他们感到在学校的其他责任加大了完成该计划的难度，他们依然认为这种合作机会改变了他们的想法。家长和教师注意到，该计划不仅使儿童在读写能力方面受益，还产生了"全球效益"。结果显示，实施计划组比对照组发展了更高的读写能力和字母识别能力（Hannon 和 Nutbrown, 2001）。

政策的含义

家长参与可以作为优质早期与保育服务的标志。

有人建议使用"质量报告卡"，将家长参与作为优质早期教育与保育服务的一个基准。"质量报告卡"基于一系列的评估维度和评估内容，任何非正规的、正式或非正式的活动都可据此评估。这应包括支持共享的教育目标和针对儿童进步的定期沟通（Jualla 和 Van Oudenhouen，2010）。

争取让家长和更多的社团成为早期教育与保育服务的战略伙伴

国家政府应该使地区及当地政府、非政府组织、私营企业和社团参与政策制定及决策，并且将他们作为早期教育与保育联盟的合作伙伴。这样有助于确保公众的广泛支持，并且对决策有着多方面的贡献。成功的关键因素是有大量的可用资金，例如，为计划的主要实施者家长以及社团成员支付报酬。资金同样可用于鼓励和实现合作。

致力于早期家庭学习环境的改善

早期读写项目以及家长的育儿和赋权行为，都可以通过早期教育与保育服务进行，此类服务可与家长形成密切的伙伴关系。这些活动的重点应该是一些"家庭课程"，比如，在家一起读书或者家访。关注社会-经济条件处于弱势的家庭和儿童格外重要。应该加强对良好的家庭学习环境的重视，并且让尽可能多的社团参与到早期教育与保育服务体系中。这些可以通过公关宣传、家长的教育等完成。

对员工开展家长和社区参与的培训

早期教育与日托中心对家长参与的态度在很大程度上是受管理者和从业者影响的。由于领导能力在家长和社区参与中是十分重要的（OECD, 2006），因此，管理人员和从业人员可能需要特殊培训，来发展各项技能，促进以家庭为中心的合作关系和社区的参与（Siraj-Blatchford et al., 2003; Sime et al.,2009）。

从业者的培训项目包括：关于家长和社区参与该项目的好处和障碍的基本信息；不同家庭背景和生活方式下的认知信息；促进家庭／社区和日托中心之间双向沟通的技术；家长在校内外帮助孩子学习的方法；以及日托中心可以帮助满足家庭和社

区的社会、教育和社会服务等方面的需求的方法（Litjens 和 Taguma, 2010; OECD, 2006）。

尚未研究的领域

来自非英联邦国家的研究

人们普遍认为，家长和社区参与对提高儿童的学习成果是很重要的。鉴于此，确认早期教育与日托中心中，哪些因素能够构成成功的家长与社区参与就更为困难。对于一些儿童的长效成果的评估可以用于检测不同形式的家庭和社区参与的效果，但是要收集全面的数据、得出可靠的结论，确定"哪些因素起作用"，就需要高额资金的投入，来进行精心设计的实验性的纵向研究。绝大多数规模较大、技术可靠的关于父母参与效果的研究都是由美国和英国完成的（Desforges 和 Abouchaar, 2003; Harris 和 Goodall, 2006; OECD, 2006）。其他的国家和文化环境中，也需要可靠的研究。在不同的文化中，父母对孩子学习的参与可能有不同的含义（Huntsinger 和 Jose, 2009）。而这些差异对于家长参与的效果的影响，我们还所知甚少。

不同交流策略的影响研究

尽管关于家长与日托中心之间的沟通的重要性的研究日渐增多，但是还没有明显的证据表明哪一种策略是最有效的。

对难以接触群体的影响

对于难以接触的群体，如何加强家长的参与是基本未知的（Harris 和 Goodall, 2006）。我们需要就目标策略进行更多的研究，以促进少数民族儿童家长、对早期教育与保育参与兴趣不大的家长都能参与进来。

对社区主动性的评价

几乎没有什么文献描述，以加强教育为目的的社区倡议和目标在于更为自主的社区倡议，二者之间效果的区别。评估一些非正式的、以社区为基础的活动可能是一项挑战，因为此类社区的成分复杂不同，难以比较。尽管如此，我们仍然需要对非正式活动的效果展开详尽的研究。

邻里之间的影响

尽管有许多文献表明社区条件影响发展和行为，但是很难对关于邻里效应进行的"精确的、健康的、无偏见的"评估下一个清晰的定义（Duncan 和 Raudenbusch，1999; Shonkoff and Phillips, 2000 ）。

参考文献

Barbarin, O. A. *et al.* (2008), "Parental Conceptions of School Readiness: Relation to Ethnicity, Socioeconomic Status and Children's Skill's", *Early Education and Development*, Vol. 19, No. 5, pp. 671-701.

BarHava-Monteith, G. *et al.* (1999), "Hippy New Zealand: An Evaluation Overview", *New Zealand Journal of Social Policy*, Vol. 12.

Barton, P. E. (2003), *Parsing the Achievement Gap: Baseline for Tracking Progress*, Princeton, NJ, Educational Testing Service.

Belsky, J. *et al.* (2007), "Are there Long-Term Effects of Early Child Care?", *Child Development*, Centre of Excellence for Early Childhood Development and Strategic Knowledge Cluster on Early Child Development, Montreal.

Bernhard, J. K. *et al.* (2008), "Read My Story! Using the Early Authors Program to Promote Early Literacy among Diverse", *Journal of Education for Students Placed at Risk*, Vol. 13, No. 1.

Blok, H. *et al.* (2005), "The Relevance of the Delivery Mode and Other Program Characteristics for the Effectiveness of Early Childhood Interventions with Disadvantaged Children", *International Journal of Behavioural Development*, Vol. 29, pp. 36-37.

Bloomer, K. and B. Cohen (2008), Young Children in Charge, Children in Scotland, Edinburgh.

Bodrova, E., D. Leong and R. Shore (2004), Child outcome in Per-K Programs: What Are Standards: What Is Needed to Make Them Work? New Brunswick NJ, NIEER.

Boyce, L. *et al.* (2010), "Telling Stories and Making Books: Evidence for an Intervention to Help Parents in Migrant Head Start Families Support Their Children's Language and Literacy", *Early Education and Development*, Vol. 21, No. 3, pp. 343-371.

Bradley, R. H. *et al.* (1989), "Home Environment and Cognitive Development in the First Three Years of Life: A Collaborative Study involving Six Sites and Three Ethnic Groups in North America", *Developmental Psychology*, Vol. 25, pp. 217-235.

Brooks-Gunn, J. and L. B. Markman (2005), "The Contribution of Parenting to Ethnic and Racial Gaps in School Readiness", *Future of Children,* Vol. 15, No. 1, pp. 139-165.

Bryant, D. *et al.* (2000), *Head Start parents' roles in the educational lives of their children*, paper presented at the Annual Conference of the American Educational Research Association, New Orleans.

Cook, T., J. R. Kim, W. S. Chan and R. Settersten (1998), "How Do Neighborhoods Matter?" in Furtenberg, F., Jr., T. Cook, J. Eccles, G. Elder and A. Sameroff (eds.), *Managing to Make It: Urban Families in High Risk Neighborhoods,* Chicago, University of Chicago Press.

Cooter, R. B. *et al.* (1999), "Family and Community Involvement: The Bedrock of Reading Success", *Reading Teacher*, pp. 52-58.

Cotton, K. (2000), *The Schooling Practices that Matter Most*, Portland: Northwest Regional Educational Laboratory.

Corter *et al.* (2006), "Toronto First Duty Phase 1 Summary Report: Evidence-based Understanding of Integrated Foundations for Early Childhood", Toronto.

Desforges, C. and A. Abouchaar (2003),"The Impact of Parental Involvement, Parental Support and Family Education on Pupil Achievement and Adjustment: A Literature Review", Research Report No. 433, Department for Education and Skills, London.

Diamond, C. and C. Hyde (2000), Parent Education Programmes for Children's Behaviour Problems: Medium to Long Term Effectiveness, West Midlands Development and Education Service, Birmingham.

Doherty, G. *et al.* (2000), "Caring and Learning Environments: Quality in Regulated Family Child Care Across Canada", Centre for Families, Work and Well-being, University of Guelph, Ontario.

Duncan, G. J. and S. W. Raudenbush (1999), "Assessing the Effects of Context in Studies of Child and Youth Development", *Educational Psychologist*, Vol. 34, No. 1, pp. 29-41.

Duncan, G. J. *et al.* (1998), "How Much Does Childhood Poverty Affect the Life Chances of Children?" *American Sociological Review*, Vol. 63, No.3.

Duyme, M. *et al.* (1999), "How Best Can We Boost IQ's of 'Dull Children'?: A Late Adoption Study", *Proceedings of the National Academy of Sciences*, Vol. 96, No. 15.

Edin, K. and L. Lein (1997), Making Ends Meet: How Single Mothers Survive Welfare and Low Wage Work, Russell Sage Foundation, New York.

Edwards, C. P., S. M. Sheridan and L. Knoche (2008), *Parent Engagement and School Readiness: Parent-Child Relationships in Early Learning*, Lincoln, NE: University of Nebraska, available at:http://digitalcommons.unl.edu/famconfacpub/60.

Epstein, J. L. (2001), School, Family and Community Partnerships: Preparing Educators and Improving Schools, Westview Press, Colorado.

Epstein, J. L. (1995), "School/Family/Community Partnerships: Caring for the Children We Share", *Phi Delta Kappan*, Vol.76, No. 9,PP. 701-712.

Ermisch, J. (2008), "Origins of Social Immobility and Inequality: Parenting and Early Child Development", *National Institute Economic Review*, Vol. 205, No. 1, pp. 62-71.

Fan, X. and M. Chen (2001), "Parental Involvement and Student's Academic Achievement: A Meta-Analysis", *Educational Psychology Review*, Vol. 13, No. 1, pp. 1-22.

Feinstein, L. *et al.* (2008), Education and the Family: Passing Success Across the Generations, Routledge, London.

Feinstein, L. *et al.* (2007), Reducing Inequalities: Realizing the Talent of All, NCB, London.

Foster, M. *et al.* (2005), "A model of home learning environment and social risk factors in relation to children's emergent literacy and social outcomes", *Early Childhood Research Quarterly*, Vol. 20, No. 4, pp. 13-36.

Graue, E. *et al.* (2004), "More than Teacher Directed or Child Initiated: Preschool Curriculum Type, Parent Involvement, and Children's Outcomes in the Child-Parent Centres", *Education Policy Analysis Archives*, Vol. 12, No. 72.

Hackman D. A. and M. J. Farrah (2009), "Socioeconomic status and the developing brain", *Trends in Cognitive Sciences*, Vol.13, No. 2, pp. 65-73.

Harris, A. and J. Goodall (2006), *Parental Involvement in Education: An overview of the Literature*, University of Warwick, Coventry.

Halgunseth, L. C. and A. Peterson (2009), "Family Engagement, Diverse Families, and Early Childhood Education Programs: An Integrated Review of the Literature", *Young Children*, Vol. 64, No. 5.

Hannon, P. and C. Nutbrown (2001), "Outcomes for Children and Parents of an Early Literacy Education Parental Involvement Programme", Paper presented at the Annual Conference of the British Educational Research Association, Leeds.

Harrington, M. (2001), Evaluation of Free to Grow, Phase II: Detailed Profile of the Free to Grow Project in California. Final Report, Robert Wood Johnson Foundation, New Jersey.

Hauser-Cram, P. *et al.* (2003), "When Teacher's and Parent's Values Differ: Teacher's Ratings of Academic Competence in Children from Low-Income Families", *Journal of Educational Psychology*, Vol. 95, No. 4, pp. 813-820.

Heckman, J. *et al.* (2010), A Reanalysis of the High/Scope Perry Preschool Program, University of Chicago, Chicago.

Henderson, A. and K. Mapp (2002), *A New Wave of Evidence: The Impact of Schools, Family and Community Connections on Student Achievement*, National center for family and community connections with schools, Austin TX.

Henderson, L. *et al.* (2002), *The report of the findings from the early childhood study: 2001-2002*, Atlanta: Andrew Young School of Policy Studies, Georgia State University.

Hjort *et al.* (2009), "Research Mapping and Research Assessment of Scandinavian Research in the year 2007 into pre-school institutions for children aged 0-6 years", Danish Clearinghouse for Educational Research: Copenhagen.

Huebner, C. E. and K. Payne (2010), *"Home Support for Emergent Literacy: Follow-up of a Community-based Implementation of Dialogic Reading"*, Journal of Applied Developmental Psychology, Vol. 31, No. 3, pp. 195-201.

Huntsinger, C. S. and P. E. Jose (2009), "Parental Involvement in Children's Schooling: Different Meanings in Different Countries", *Early Childhood Research Quarterly*, Vol. 24, No. 4, pp. 398-410.

Hwang, S., M. Nam and H. Suh (2010), "Comparison Between Korean and Japanese Pre-school Parents' Awareness and the Actual Condition of Childcare and Child Support", *Journal of Eco Early Childhood Education Research*, Vol. 9, No. 2, pp. 105-124.

Jualla R., and N. van Oudenhoven (2010), "Community-based Early Years Services: The Golden Triangle of Informal, Nonformal and Formal Approaches", *Psychological Science and Education*, Vol. 3, pp. 22-31.

Keating, I. and D. Taylorson (1996), "The Other Mums' army: Issues of Parental Involvement in Early Education", *Early Years*, Vol. 17, No. 1.

Larner, M. (1996), "Parents' Perspectives on Quality in Early Care and Education", in: S.L. Kagan and N.E. Cohen (eds.), *Reinventing early care and education: A vision for a quality system*, Jossey-Bass, San Francisco.

Leung, C. *et al.* (2010), "Evaluation of a Program to Educate Disadvantaged Parents to Enhance Child Learning", *Research on Social Work Practice*, Vol. 20, pp. 591-599.

Litjens, I. and M. Taguma (2010), "Revised Literature Overview for the 7th Meeting of the Network on Early Childhood Education and Care", Paris: OECD.

Love, J. M. *et al.* (2005), "The effectiveness of early head start for 3-year-old children and their parents: lessons for policy and programs", *Developmental Psychology*, Vol. 41, No. 6.

Marcon, A. (1999), "Positive Relationships Between Parent School

Involvement and Public School Inner-City Preschoolers' Development and Academic performance", *School Psychology Review*, Vol. 28, No. 3, 1999.

McLeod, J. D. and R. Kessler (1990), "Socioeconomic status differences in vulnerability to undesirable life events", *Journal of health and social behaviour*, Vol. 31, 1990.

Melhuish, E. (2010), "Why Children, Parents and Home Learning Are Important", in Sylva *et al.* (eds.), *Early Childhood Matters: Evidence from the Effective Pre-school and Primary Education Project*, pp. 44-70, Routledge, London/New York.

Mitchell, L. *et al.* (2008), "Outcomes of Early Childhood Education: Literature Review", Report to the Ministry of Education, Ministry of Education, Wellington.

Moss, P. (2007), "Bringing Politics into the Nursery: Early Childhood Education As a Democratic Practice", *European Childhood Education Research Journal*, Vol. 15, No. 1, pp. 5-20.

Mullis, I. V. S., M. O. Martin, A. M. Kennedy and P. Foy (2007), *PIRLS 2006 International Report: IEA's Progress in International Reading Literacy Study in Primary Schools in 40 Countries*, TIMMS and PIRLS International Study Center, Lynch School of Education, Boston College, Chestnut Hill, MA.

Mullis, I. V. S., M. O. Martin, E. J. Gonzales and A. M. Kennedy (2003), PIRLS 2001 International Report: IEA's Study of Reading Literacy Achievement in Primary Schools, Chestnut Hill, MA.

Nord, C., J. Lennon, B. Liu and K. Chandler (1999), *Home Literacy Activities and Signs of Children's Emerging Literacy, 1993 and 1999*, United States Department of Education, Washington DC.

Oakes, J. and M. Lipton (2007), *Teaching to Change the World*, New York: McGraw- Hill.

OECD (2011), PISA in Focus Nr. 10: What can parents do to help their children succeed in school?, OECD, Paris.

OECD (2006), Starting Strong II: Early Childhood and Care, OECD, Paris.

Powell, D. R. *et al.* (2010), "Parent-school relationships and children's academic and social outcomes in public pre-kindergarten", *Journal of School*

Psychology, Vol. 48, pp. 269-292.

Reynolds, A. and M. Clements (2005), "Parental Involvement and Children's School Success", in: *School-Family Partnerships: Promoting the Social, Emotional, and Academic Growth of Children*, Teachers College Press, New York.

Robinson, M. and K. Martin (2008), Approaches to Working with Children, Young People and Families for Traveller, Irish Traveller, Gypsy, Roma and Show People Communities: a Literature Review Report for the Children's Workforce Development Council, Leeds.

Schweinhart, L. J. and D. P. Weikart (1997), *The High/Scope Pre-school Curriculum Comparison Study*, High/ Scope Press, Ypsilanti, Michigan.

Scott, S. (2003), "Parenting Programmes: What works? Some UK evidence", Paper presented to DfES discussion group, Department for Education and Skills, London.

Shonkoff, J. P. and D. A. Phillips (2000), *From Neurons to Neighborhoods: The Science of Early Childhood Development*, Washington, D.C.: National Academy Press.

Sime, D. *et al.* (2009), "A report for Save the Children and West Dunbartonshire Council – Improving Outcomes for Children in Poverty Through Home-school Partnerships in the Early Years – Summary report", Save the Children, Strathclyde.

Siraj-Blatchford, I. *et al.* (2003), "Technical Paper 10: The Effective Provision of Pre- School Education (EPPE) Project: Intensive Case Studies of Practice across the Foundation Stage", DfES, London.

Sheridan, S., J. Giota, Y. M. Han and J. Y. Kwon (2009), "A Cross-Cultural Study of Preschool Quality in South Korea and Sweden: ECERS Evaluations", *The Early Childhood Research Quarterly*, Vol. 24, pp. 142-156.

Sylva, K. *et al.* (2004), "The Effective Provision of Preschool Education (EPPE) Project: Final Report", Report No. SSU/FR/2004/01, Department for Education and Skills, Nottingham.

UNICEF (2008a), "The Child Care Transition", Innocenti Report Card 8,

UNICEF Innocenti Research Centre, Florence.

UNICEF (2008b), Innocenti Working Paper 2008-01, available at: www.unicef-irs.org.

Van Tuijl, C. and P. P. M. Leseman (in press), "School or Home? Where early education of Young immigrant children work best" in E.L. Grigorenko (ed.), *Handbook of US Immigration and Education*, New York: Springer.

Weigel, D. J. *et al.* (2006), "Contribution of the home literacy environment to preschool-aged children's emergent literacy and language skills", *Early Child Development and Care*, Vol. 176, pp. 357-378.

Weiss, H., M. Caspe and M. E. Lopez (2008), "Family Involvement Promotes Success for Young Children: A Review of Recent Research" in M.M. Cornish (ed.), *Promising Practices for Partnering with Families in the Early Years*, Plymouth: Information Age Publishing.

Yoshikawa, H. (1995), "Long-term Effects of Early Childhood Programs on Socia Outcomes and Delinquency", *The Future of Children*, Vol. 5, No. 3.

行动领域 2
通过国际化的比较来拓宽视野

本节包括以下内容的国际比较：
● 家长参与和社区参与

家长参与和社区参与

研究发现

　　使家长和社会参与（早期教育与保育服务）最常用的方法包括：（1）使之成为法律规定的义务；（2）使父母或团体参与决策本身（表4.2）。

　　尽管大多数国家把参与早期教育与保育服务的活动规定为父母的"义务"，也有少数国家（如斯洛文尼亚和瑞典）同时规定为父母的"权利"。

　　在一些国家（如比利时的荷语文化区和法语文化区，德国、荷兰和新西兰），如果符合一整套特定的标准或质量框架，父母和社区成员就可以运营一家早期教育与日托中心，并能获得支持相关活动的公共补贴。

表4.2 保证家长参与和社区参与的推荐模式

A组. 家长参与

规定其为法律义务[6]	使之成为父母的权利	政策文件明文规定	让父母参与决策过程	允许父母成为服务提供者
澳大利亚，比利时，捷克共和国，爱沙尼亚，芬兰，德国，日本，荷兰，新西兰，波兰，葡萄牙，爱德华王子岛（加拿大），斯洛伐克共和国，斯洛文尼亚，西班牙，瑞典，土耳其	捷克共和国，挪威，波兰，爱德华王子岛（加拿大），斯洛文尼亚，西班牙，瑞典	新西兰，挪威，斯洛伐克共和国	澳大利亚，比利时，不列颠哥伦比亚省（加拿大），捷克共和国，丹麦，爱沙尼亚，芬兰，德国，日本，马尼托巴（加拿大），墨西哥，荷兰，新西兰，挪威，波兰，葡萄牙，爱德华王子岛（加拿大），斯洛伐克共和国，斯洛文尼亚，西班牙，瑞典，土耳其	比利时，德国，马尼托巴（加拿大），荷兰，新西兰，挪威，波兰，斯洛伐克共和国，瑞典

＊对于日本和葡萄牙，仅考虑幼儿园和学前班；对于荷兰，仅考虑日托机构。

B组. 社区参与

规定其为法律义务[7]	政策文件明文规定	让社区成员参与决策过程	允许社区成员成为服务提供者
澳大利亚，比利时，芬兰，日本，墨西哥，挪威，葡萄牙，斯洛文尼亚，西班牙，土耳其	挪威，斯洛文尼亚，西班牙	澳大利亚，比利时，芬兰，爱尔兰，日本，墨西哥，荷兰，新西兰，挪威，葡萄牙，斯洛伐克共和国，斯洛文尼亚，西班牙，瑞典，土耳其	比利时，芬兰，爱尔兰，日本，墨西哥，荷兰，新西兰，挪威

＊对于日本和葡萄牙，仅考虑幼儿园和学前班。

注：比利时指的是荷语文化区和法语文化区一起。

来源：经合组织关于早期教育与保育的"质量工具箱和早期教育与保育门户网站调查"网络数据，2011年6月。

　　一些国家早期教育与保育服务的评估体系中包括父母。当父母成为监测进程的成员时，他们很少成为单独的一方，而倾向于和早期教育与保育员工、甚至常常和管理者一起工作（表4.3）。某种意义上说，只有在芬兰，儿童才和早期教育与保育员工、父母一起，成为评估方的一员。也只有在日本，评估方才会既包括父母，还包括当地的利益相关者们。

表4.3　请父母参与早期教育与保育服务的评估

国家或区域	受评估的机构	与父母一起	评估类型
丹麦	日托中心，学前基础教育（幼儿园）	早期教育与保育员工	调研
英国（英联邦）	日托中心，学前基础教育	早期教育与保育员工，管理层	观察
芬兰	日托中心，家庭保育，学前教育	早期教育与保育员工，孩子	调查，建档
荷语文化区（比利时）	日托中心	无	调研
意大利	日托中心，学前学校	早期教育与保育员工，管理层	调研，观察，建档
日本	幼儿园，日托中心	当地利益相关团体	评价表，顾问服务
挪威	幼儿园	早期教育与保育员工	观察，调查问卷
波兰	幼儿园	早期教育与保育员工，管理层，当地利益相关团体	调查，访谈
斯洛伐克共和国	学前学校	早期教育与保育员工	核查表
斯洛文尼亚	学前学校	早期教育与保育员工，管理层	评价表，调查问卷
瑞典	学前学校	早期教育与保育员工，管理层	评价表

　　来源：经合组织关于早期教育与保育的"质量工具箱和早期教育与保育门户网站调查"网络数据，2011年6月。

　　当父母参与评估活动时，通常采用的方法有观察、评价表、调查、审核清单、档案集、问卷等。

一些国家公布了管理中的家长的满意度调查。有当地政府管理的（如，丹麦和瑞典），有评估机构管理的（西班牙），或者由早期教育与日托中心自己管理的（如，挪威和斯洛文尼亚）（表4.4）。更多详情请参见www.oecd.org/edu/earlychildhood/toolbox. 在线的质量工具箱上"父母和社区参与"及"监测"（ExcelTM files）的调查反馈表。

表4.4　针对父母的早期教育与保育服务满意度调查

供应类型	调查主持者	频率	国家
幼儿园 / 学前学校	早期教育与日托中心	每三年	韩国
		无	挪威，斯洛文尼亚
		每年1~2次	瑞典
	评价的研究	每两年	丹麦
		无	爱德华王子岛（加拿大）
		无	西班牙
		每年	意大利
	早期教育与日托中心	儿童参与日托中心过程中至少一次	荷语文化区（比利时）
		无	挪威，斯洛文尼亚
日托中心	当地政府	每年1~2次	瑞典
		每两年	丹麦
		无	爱德华王子岛（加拿大）

注：具备一体化早期教育与保育体系的国家，同时列入"幼儿园"和"日托中心"栏中，因为他们的早期教育与保育体系已经将保育和早期教育整合到了一起。

来源：经合组织关于早期教育与保育的"质量工具箱和早期教育与保育门户网站调查"网络数据，2011年6月。

定义与方法

父母和社区参与的是指父母或社区成员与早期教育与保育服务之间的正式与非正式的关系。"社区"的范围包括邻里、非政府组织、宗教组织、私人基金会和其他关注儿童发展（如社会服务、健康服务等）的组织。

这里举出的研究发现，基于经合组织网站上的早期教育与保育机构对于"质量工具箱和早期教育与保育机构门户网的调查"，以及经合组织的基础研究数据。

行动领域 3
确定战略选择

本节包括可以用来应对以下挑战的一些战略选择:
- 吸引家庭参与早期教育与保育
- 吸引社区参与早期教育与保育

吸引家庭参与早期教育与保育

挑战一: 缺乏意识和积极性

　　激励家长参与子女的早期教育与保育, 鼓励保教机构设法吸引家庭参与, 都是具有挑战性的。这是因为家长、中心员工以及管理层缺乏对家长参与重要性的足够重视。此外, 对家长参与的激励也不足。

家庭参与成为政策优先、义务或者权利

　　在芬兰, 家长参与已纳入不同的法规中。根据《日托中心法案》, 日托中心目标

是支持家长抚养孩子，与家长一起促进儿童个体的均衡发展。《基础教育法案》第3.1条指出，"提供教育（包括学前教育）的机构必须与孩子家长合作。"《6岁儿童幼儿教育核心课程》的第5.2条将与家长协作视为课程的一部分，并要求在幼儿园里实现。《芬兰早期教育与保育国家纲要》也将家长参与和与家长的伙伴关系摆在十分重要的地位（2005）。

韩国《早期教育法案》（第5条）和《儿童保育法案》（第6~11条）规定，应该吸收家长参与中央和地方的早期教育与保育政策委员会，并指出委员会必须有家长参与。与家长的沟通与协作已被证明是保证教育质量的重要一环，也是幼教老师职前和在职培训的重要部分。

在西班牙，家长参与学校和幼儿园在《1978年西班牙宪法》（条目27.7）中就有规定。1985年《教育法案（八）》也规定，家长有权参与到孩子的教育计划和决策机构。幼儿园和学校有接受家长参与上述活动的义务。此外，2006年《教育法案》敦促幼儿园和学校提升家长和员工的早期教育与保育参与度。第二轮的早期教育与保育核心课程（3~6岁学前教育）也强调了家长参与的重要性。

荷兰《儿童保育法案》要求所有幼托机构都设立家长委员会，以支持和监督保育质量。

斯洛文尼亚《幼儿园法案》规定幼儿园应开展有家长参与的活动。法案还定义了家长参与的原则。家长有权一同计划幼儿园活动安排并能积极参与幼教中心活动。家长还有权一直与员工就其孩子的发展状况交换信息。

比利时弗兰德斯日托机构有适时促进家长参与的政策。相比独立（非公共资助）的幼教机构，法规对公共资助幼教中心的要求更为严格。新的《儿童保育法令》（制定中）也将会强制要求早期教育与日托中心为家长提供评估早期教育与保育服务的途径。

比利时法语区的早期教育与日托中心具有法律义务为家长提供机会，分享他们对幼教中心的保育与教育服务条款的看法。早期教育中心理事会也具有法律义务，将家长和社区成员纳入理事会中。此外，日托中心的教育项目强调家长参与早期教育与保育的重要性。

在瑞典和北莱茵-威斯特法伦州（德国），幼儿园家长有权每年至少进行一次"关于其孩子发展的对话"，与早期教育与日托中心的员工探讨孩子的发展状况。家长参与还被列入具有约束力的《瑞典幼儿教育课程》中。

在挪威，为确保家长和幼儿园员工间的参与合作，无论是之前1975年和1995年的《学前教育法案》还是目前实施的2005年《学前教育法案》都规定，每个幼儿园必须有一个由保教机构所有孩子的家长（监护人）组成的家长委员会，以及一个由家长（监护人）代表和员工代表组成的家长-员工协调委员会。协调委员会的双方都有平等的代表权。保教机构所有者也可以是委员会成员。通过"保教机构任务和内容计划框架和目的条款"，家长参与被列入法律中。

澳大利亚将家长参与列入《国家质量标准框架》中，要求早期教育与保育机构"形成与家长和社区的合作伙伴关系"。

在马尼托巴省（加拿大），《马尼托巴条例62／86》规定，日托中心获得基金资助的前提条件之一是董事会成员至少有20%以上是儿童家长或监护人。所以法律要求政府资助的托幼中心董事会必须接纳家长入会。

爱德华王子岛省（加拿大）强制要求所有早期保教中心必须有家长顾问委员会。委员会向其服务项目内容和质量直接提供意见。除此之外，整体性的文件《早期学习框架》确认，家长是儿童总体健康幸福的关键因素。

在捷克共和国，家庭参与成为课程框架（FEP）的一部分。该框架认为学校和家庭的关系应建立在相互尊重、理解、互助以及合作的基础上。所以教师应关注儿童和家庭的具体需求，并努力予以满足。此外，捷克在法律上规定了家长有权利参与早期教育与保育。家长有权获知和参加学校活动，也有权获知他们孩子的发展状况。保教机构也为家庭提供促进孩子发展的建议。

爱尔兰"早期教育的国家质量框架"（Síolta）里包括"家长与家庭"部分。该框架认为，家长和家庭应参与孩子的早期教育，而且"让家长和家庭参与和评估需以一种积极的合作伙伴方式，该方式经过一系列表述明晰的并可达到的已经实施的流程、政策和程序，已经证实了其有效性"。

在波兰，各类法规确保了家庭参与到幼儿教育。根据《学校教育法案》，幼儿家长可以成立家长委员会参与制定保教机构决策和相关咨询。这些决策包括预算、教育项目和推选机构主管（家长会的一名代表加入选举委员会）等。家长委员会有权向保教机构管理层和地方政府就保教机构的相关事宜分享观点，提出建议。家长也能参与保教机构董事会。此外，根据"核心课程"，教师有义务告知家长幼儿的活动、课程、儿童发展和促进儿童发展的方法。教师还需在教学过程中吸引家长参与，鼓励他们参与保教机构的决策，积极参与保教机构设施建设。

为家长参与提供公共财政资源

墨西哥为家长协会提供公共财政资源，用于提升早期教育与日托中心质量的措施，如盖一个新房间或者购买更好的学习用品。这既提升中心质量水平，也强化了家长协会在社区的作用。

日本提供经济酬劳来鼓励参与社区学校教育管理委员会的成员。管理委员会由家长和其他社区成员组成。

在澳大利亚，由澳大利亚政府资助的社区游戏小组通常是由家长或看护人发起，并得到国家或地区游戏小组协会的支持。政府还资助专门服务弱势群体儿童和家庭的游戏小组，这些游戏小组往往得到地方支持，并集中管理。政府"家长和社区参与计划"还支持原住民和托雷斯海峡家庭和社区，惠及当地学校和教育提供者，发展伙伴关系以提升儿童教育成果。澳大利亚政府还为在"家长与青少年家庭互动项目"中承担指导教师的家长支付报酬。当前参与以家庭为基础的干预计划的家长会得到财政资助，成为未来的指导教师。

在美国，参加防止药物滥用项目的家长和社区成员每月能通过自己的努力和工作得到报酬。1994年，五个"开端"计划项目通过加强贫困学龄前儿童所在的家庭和社区关系，发展为防止药物滥用项目模式。名为"自由成长"的创意通过服务"开端"儿童的家庭和社区，致力保护他们免于药物滥用及相关问题。这些行动成功的一个关键因素就是得到高额资助，才能实现每月向作为项目主要执行者的家长和社区成员支付100美元的酬劳。

在韩国，作为中央及地方早期教育政策委员会或者保育政策委员成员的家长，参会一次可获得100美元报酬。这既鼓励了家长参与，也确保了家长的专业承诺。

为早期教育与保育项目提供公共财政资源

日本为托儿中心指定财政支出，促进这些中心的育儿信息交流，并为专业人士的育儿咨询费提供资助。

不列颠哥伦比亚（加拿大）政府资助保育资源与转介中心，为家长和保育者提供保育和早期教育方面的支持、资源和项目。它们向家长提供社区可及的保育服务机构和早期教育与日托中心的信息，协助家长选择高质量的保育方案。省级政府还资助不列颠哥伦比亚家庭资源计划协会，支持了大约270项家庭资源计划（FRPs）的专业性发展和倡议。家庭资源计划在家庭和早期教育与保育项目工作中支持家长参与，确保在家庭发展、以游戏为基础的学习、以早期读写与学习、家长教育以及学习和信息交流方面都能实现最佳实践和连贯性。

让家长成为保育和教育的提供者或支持者

比利时法语区的家长可以开设并运营日托中心。比利时弗兰德斯的家长可以加入中心的各项活动，比如，讲故事小组，组织学校派对，参与例如实地考察之类的课外活动。

在新西兰，家长可以联营游戏中心。家长可以紧密参与中心经营，也可以在课上与孩子一起活动。中心一般会每周开一至五节课，提供儿童游戏、社交和学习的机会。相比新西兰其他的早期教育机构，这些游戏中心常常不那么正式。包括家长主导的游戏中心在内的所有早期教育机构都能得到早期教育基金的补贴。每天运营6小时、每周运营30小时以上并获得经营许可的机构才有资格申请早期教育基金补贴。这个基金弥补了提供早期教育与保育的部分成本，从而使家长不用全额缴纳学费。申请机构直接从教育部获取基金资助。

在韩国，联合15名以上家长就可以设立和联营托儿机构（《儿童保育法案执行条款》第9条）。该机构管理模式与其他托儿中心相同。从1997年起，各省、地区和城市的教育主管单位就已实施促进家长参与的政策；基于此政策，培训联营托儿机构的家长，让他们学习儿童发展特点和学习活动。完成培训后，家长就有资格在保教机构从事志愿性助教。这项培训的目的是让班额过大的班级采用家长当助教，同时培养儿童个性的均衡发展，给他们提供安全教育。课堂老师也接受类似的培训，旨在让老师和家长采取一致的教学法活动。

在挪威和瑞典，很多家长创办和经营保教机构。他们得到专项资助和指导材料。2005年，14%的挪威保教机构是由家长经营。2009年保教机构地点权的概念引入以来，家长自营保教机构数量跌至11.6%。在瑞典，家长可以以"家长合营机构"的方式经营保教机构。1983年，政府允许家长合营机构申请国家拨款。在2009年，瑞典有超过900所保教机构由家长合营，服务21 000名儿童（占学龄前儿童总人数的4.6%）。

德国家长可以设立和运营他们自己的日托中心。他们的日托中心也接受公共资助。2010年，50 849所保教机构中的4423所（占8.7%）是由家长推动运营的。

英国家长可以在他们家中从事合法登记过的托儿服务。这些家庭保育员可以在他们自己家中为小群儿童提供托儿服务（最多同时6人）。

爱尔兰家长可以单独运营他们自己的游戏小组（私立游戏小组），也可以成立家长委员会合作运营游戏小组（社区游戏小组）。私立游戏小组是由个人运营，经常是在私人住所中。另一方面，社区游戏小组是由家长委员会组织运营。在社区游戏小组中，除了经理之外，家长也会积极地参与游戏小组的规划、支持并参与日常活动。这类游戏小组着重于通过创造大量探索、发现机会的环境，达到儿童的全面发展。在这里并没有正规学术背景的教学。公共和私人教育提供者开始创办游戏小组都有机会得到爱尔兰公共资金的资助。决定资助水平的是申请人计划提供的活动场地数量，是否需要配备某类教育设施等，地方设立的标准，不同省市各不相同。

日本为家长提供"保育老师生活的一天"体验活动。家长可以自告奋勇地在早期教育与日托中心实习一天，充当保育老师，从而更好地理解这份职业，并参与他们孩子的教育中。这也能促进中心和家长之间的信任关系。

墨西哥为家长提供在早期教育与日托中心当志愿者的机会。一项广受欢迎的活动是家长"上课"，讲述自己的职业。有时为了使活动更吸引人，家长们还向孩子们演示他们的工作。

斯洛文尼亚的家长可以参与保教机构活动的策划准备，如体育日和文化活动。这能增加家长和老师互相理解和尊重，促进他们交流各自在儿童发展方面的观点。

让家长以咨询者、管理者的身份参与早期教育与保育政策及服务

挪威成立一个早期教育与保育的全国家长咨询委员会，称为FUB。委员会的设立使得早期教育与保育政策的制定能够反映家长的声音，确保家长的看法体现在早期教育与保育发展中。委员会还为政府部门提供保教机构与家庭合作的建议。每个早期教育与保育提供者按规定都要具备一个家长委员会。该委员会有权利就有关幼儿园和家长的所有重要事件发表意见。

德国早期教育与保育设施的提供者为家长和员工提供见面的机会。这项服务是为了告知家长所关心的保教机构和早期教育与保育事务。通常家长还会选出顾问委员会作为他们的代表参与重要事件。绝大多数州里面，州级、市级层面都会成立具有顾问功能的家长理事会。

在葡萄牙，"全国家长协会同盟"由非营利性质的家长协会组成，旨在国家层面聚集、协调、促进、争取权益以及代表本地和地区家长的联合运动。此外，协会作为主管部门与地方政府及各机构的社会合作伙伴，捍卫和促进与幼儿园、学校相关

的家长权利和义务的履行。葡萄牙家长协会也派代表参加市教育委员会，与教育机构和社会组织合作，促进协调辖区内的教育政策。

比利时弗兰德斯日托机构和课余看护设立了"地方咨询论坛"，参与者包括专业人员、中心治理者、家长、地方行政服务机构和其他利益相关者。论坛中，不同利益方可以分享他们对儿童保育相关的意见、想法和忧虑。论坛作为市政咨询机构，为地方行政主管单位提供儿童保育方面的建议。目前，弗兰德斯有301家论坛。除此之外，家长可以作为学前学校的校理事会、学校委员会和家长委员会的一员参与决策。家长还可以加入家长协会，这是一种更加非正式的参与。

2004年，日本引入学校管理委员会体系（社区学校）。家长和当地居民有机会参与保教机构的管理，承担部分与中心相关的任务和责任。

在韩国，中央和地方各级政府的早期教育政策委员会和保育政策委员会有义务让家长代表参与政策规划和决策执行。此外，40名儿童以上的儿童日托中心还需具有一个日托中心管理委员会，建议和商讨相关服务运营事宜。从2012年起，作为"提高早期教育规划"的后续行动，法律规定独立保教机构需具备由5～9名家长和教师代表组成的管理委员会。代表审议的事宜包括管理规章的修订、预算、课程实施、伙食等。这些政策期望唤起更多的家长参与，增进私立保教机构运营透明度，为发展与当地需求相匹配的定制化的服务做贡献。

葡萄牙有一个战略性政府主管部门，叫做总理事会（Conselho Geral）。理事会由早期教育机构的教职员工、家长、地方政府和地方社区的代表组成。通过投票程序，该主管部门可以批准学校内的规章制度、战略决策和规划。早期教育与保育员工、家长和社区成员选择哪些个人或者社区组织可以成为总理事会成员。

爱德华王子岛（加拿大）早期教育中心创立了各自的家长顾问委员会。这些家长顾问委员会帮助中心与家长沟通，和所有围绕早期中心非常规类的决策。

斯洛文尼亚的家长可以参与幼儿教育体系内两种不同的委员会：学前教育机构委员会和家长委员会。机构委员会由员工、家长和市政部门组成，其职责包括：机构负责人的任免、年度项目和年度工作计划的批准；针对家长投诉的讨论。家长委员会是为代表家长需求而设立的。家长委员会可以对已提出的发展计划和年度项目发表看法，讨论教育问题，商议家长投诉以及选举学前机构委员会代表。

比利时法语区的教育机构（包括学前学校）必须要求有一个供员工、家长和民间社会成员参与的委员会。每位家长都有权成为委员会成员。委员会中的家长成员由家长选举产生，任期两年。在委员会内，机构的教育项目可供讨论或提出修改。委员会是个咨询机构，无决策权。

让家长参与到课程设置中

"芬兰学前教育核心课程（2010）"认为家长和监护人能有机会参与学前教育课程是十分重要的，包括为课程设立目标、学前教育中教育工作的规划和评估。芬兰的家长参与孩子教育计划的制订，与保教中心员工一起，设立教育计划目标以及策划如何共同达成这些目标。此举让家长熟悉他们孩子的课程计划，从而达到鼓励他们更深入参与的目的。员工还将中心课程告知家长，为家长回家后运用部分课程提供建议。

在韩国，家长代表是全国保教机构课程复核委员会成员。

在西班牙，家长作为保教机构所使用教材团队的一员，直接参与设定教学过程。家长还与老师合作，一起为孩子设定教育计划。

日本将家长参与纳入保教机构课程中（《幼儿园学习课程》）。该课程要求幼儿园应考虑"通过创造与家长交流信息的机会、开发家长与儿童共同完成的活动，深化家长对早期教育重要性的理解"。

挪威家长积极参与设定保教机构年度教学活动计划。每个保教机构的协调委员会里都有家长成员，一同起草这份年度计划。

支持和培训员工开展家长工作

挪威前儿童和家庭事务部开设了家长指导计划（1995~1998）。2006年，挪威教育培训理事会编辑了"多语言家庭儿童"指导用书，为家长解答儿童双语或多语种发展中的常见问题。除此之外，指导用书还能帮助日托中心员工回答家长对儿童双语发展问题以及反思其子女双语发展的状况。该书包含了一系列案例，以及如何让家长积极参与促进儿童语言发展的文章。

瑞典"国家教育组织"开发了一套鼓励家长参与学前教育的资料，分发给早期保育和教育中心。资料内容丰富，比如，有着眼于语言刺激所用资源的小册子，其中提供了关于如何在学前班课上及课余时间吸引家长积极参与促进儿童语言发展的案例和文章。

荷兰正在提升保育员工的培训水平，旨在让所有员工都达到最低水平要求，改变合格与不合格员工良莠不齐的局面。培训的一部分是"家长参与"，旨在激发员工吸引家长参与，提升教学质量。该提升培训计划始于2007年，并将于2014年终止，花费5500万欧元。此外，在2009年，荷兰教育、文化科学部要求ITS（荷兰研究机构）设计一套"完善在早期教育中家长参与的行动方案（ECE）"并制作成册。使用该行动方案（ECE）的中心可以据此设立计划，提升家长参与度。

德国联邦家庭事务、老年、妇女、青年部建立专门促进语言和综合能力的保教中心项目。政府共提供4亿欧元资助全德国4000个保教机构。有了这笔经费，被选中资助的机构就可以聘请额外员工专门开展活动、提供特殊服务，促进儿童的语言学习。这些活动既包括支持儿童个体和小组的语言学习，也包括观察记录儿童的语言发展。活动还涉及为保教团队提供语言学习相关的建议，期间强调和家长的合作。所以这些额外的员工能吸引家长积极参与到口头表达和语言发展的日常事务中。

韩国早期教育与保育教师的职前培训课程含有家长参与和家庭与社区合作两门选修课程（每门3学分）。此外，参加为保教机构老师（等级一）、总监和总监助理准备的资格水平高级培训的老师必须选"家长培训与辅导"课程作为必修课。家庭与社区合作课程内容包括家长参与计划、家长辅导以及家长–教师沟通的理论及实践。

葡萄牙和芬兰开发培训课程，用于培训员工如何能够鼓励和提高与孩子家长的沟通。两国的这类培训都包括教育与保育工作人员的职前培训和继续在职教育中。

为家长提供支持性材料

斯洛伐克共和国由教育与保育员工为家庭提供咨询辅导，帮助实现在家的学习活动，并提供课程材料，确保家长正确完成活动。

荷兰将故事书、光碟等形式的材料分发给家长，鼓励他们在家和孩子一起活动，促进孩子的语言发展。

一项名为"西班牙教育3"项目战略包括增设0~3岁儿童保教场所，促进保教质量和开发幼教网站。该网站将会为家长提供学习资源、材料、早期教育和发展的专家建议等。

捷克共和国保教机构的孩子家长得到来自保教人员的建议和辅导，例如，如何深入参与孩子的早期教育，如何促进早期学习与发展等。此外，保教机构通过为家长提供育儿方法资料、出借儿童书籍等方式，为家长提供各类父母之道的辅导材料。

在比利时的法语区，一家网址为www.parentalité.be的网站为家长提供儿童发展的方方面面的信息。这个网站是由名为儿童、青年瞭望和青年援助的组织建立的，旨在支持家长抚育低幼年龄儿童。网站目前由ONE（生育和儿童部）管理。

挪威和美国为家长提供教材，鼓励他们实施高质量的家庭学习活动，例如，向家长赠予为孩子选读的故事书、儿童歌曲光盘以及在线课程材料等。"好奇的乔治"就是美国在线课程之一，由同名系列电视动画片改编而成，提供可扮演的家庭活动和早期发展的案例。"好奇的乔治"刚开始部分经费来自联邦政府的公共资助。此外，美国"芝麻街"网站列出了一系列可由家长在家庭环境下使用的活动和资源，以促进早期发展。这些活动和资源往往会附上一段视频或者一段可供孩子边学边玩的网站插图链接。网站建立的经费部分来自美国联邦政府的资金，目前仍然得到联邦政府的资助。过去40年里，已进行了数个针对包括"芝麻街"在内的教育类节目和儿童发展关系的纵向研究。研究表明，观看儿童教育类电视似乎可以促进儿童做好入学准备，其中"芝麻街"的效果尤其明显。在相应年龄的字母单词、数学能力和词汇量的标准成绩测验中，观看过儿童教育节目的孩子，表现显著胜于同龄人。

2002年英国开播了儿童频道（CBeebies）。儿童频道是由英国广播公司（BBC）制作的电视频道，目标受众是0~6岁儿童。频道开设了一家跟节目内容有关的网站（如游戏、歌曲和印刷品），便于家长在家里实现与孩子的互动。2011年，BBC一个名为"儿童频道大人"（CBeebies Grown-ups）的微型网站上线，内容丰富，都是建议家长如何抚养儿童和小小孩的信息。BBC（包括儿童频道）是由国家设立，通过收取每个家庭电视许可费的方式获取公众资金。

加入日托中心的印度家长可以获取与其孩子年龄相适应的玩具、印有养育知识和示范活动的小册子，以强化早期发展。

吸引家长参与早期教育与保育服务提供者的评估

日本在2007年引入了学校评估体系。评估委员会由幼儿园相关人士组成，如家长和当地居民。他们对保教机构员工所做的自我评价结果进行评估，决定是否赞同其自我评价。委员会通过观察保教机构日常活动以及分析来自家长与社区的信息完成评估。

韩国从2005年起，政府开始组织管理家长监督小组。该小组旨在提升托幼中心运营中公共服务的质量，评估相关项目和政策。家长作为小组成员，探访调查日托中心，观察/监督其活动，向政府提供保育政策建议。这样的监督每季度都有一次，小组成员任期两年。

芬兰的"早期教育与保育的国家课程指南"指出，家长和儿童必须参与课程的评估活动。家长被赋予监督和评估课程目标达成的任务。

弗兰德斯（比利时）《儿童保育法令》（制定中）将强制规定保教机构为家长提供评估其服务的机会。外部权威机构评估之外，每家保育机构都将必须向家长发出评估调查和满意度调查。家长调查作为中心自我评价的一部分，旨在提高各中心的服务质量。机构还必须实施一套受理和处理投诉的程序。

挪威的《保教机构内容和任务框架规划》要求，必须积极鼓励家长参与质量监督和保教机构活动评估。最常见的家长评估保教机构的方法是由幼儿园员工组织会议和派发调查问卷等。85%的挪威保教机构都开展这些调查。

斯洛伐克的每一个家长都应邀参与保教服务质量的评估，其方式或是直接与员工交换意见，或是间接地通过调研和问卷来参与。家长还可以向学校理事会提出自己对保教服务质量的意见，家长代表也是学校理事会成员。

对家庭参与度的评估

在澳大利亚，作为"国家质量标准"评估及等级评定的一部分，长日制托幼中心、家庭日托、学前班和课余照看服务机构均会从2012年起被一一评估，评估内容包括他们如何保持与家长和社区的合作式伙伴关系。此外，一项名为"家长与青少年的家庭内部互动计划"的项目评估正在进行中。评估结果报告最迟至2011年年底发布。

不列颠哥伦比亚省（加拿大）已经评估了其"强壮开端早期学习项目"（Strong Start Early Learning Programmes）。评估显示，家长非常重视他们自身的参与，乐见其参与对孩子成长的重大影响，提升自身支持儿童发展与学习的能力。不列颠哥伦比亚计划继续长期观察家长满意度。

在韩国，家长参与度是幼儿园评估日托中心合格鉴定的质量指标之一。指标包括保教机构和家庭、社区的联系，各种可供使用的家长教育服务以及与家庭的沟通方式等。此外，该机构还必须就服务质量进行家长满意度问卷调查。

在荷兰，对"儿童早期保教"机构的检查包括家长参与度以及家长对其孩子发展状况的知情程度。"荷兰教育督导机构"评定这些保教机构是否真正吸引家长充分参与了。

西班牙的评估研究所实施了一项针对家庭参与保教机构和学校程度的试点评估，用于分析哪种形式的家长参与最能让家长满意。结果显示家长最喜欢与学前和学校老师见面会，讨论他们孩子的发展情况。评估还显示，虽然87%的幼儿园和学校拥有家长协会，但是只有8.5%的家长参与协会。这项调查帮助我们认识到如何促进家长参与，以及如何提升家长参与的方方面面。

鼓励私人基金会支持家长参与

在日本，索尼公司成立了索尼教育基金会。基金会旗下的"早期发展活动中心"实施大量的活动计划，目标包括公众科普、培养年轻人均衡的人格发展，以及教育大众在家长和孩子间建立健康关系的重要性等。不同项目的成功案例和育儿经验以各种方式在家长、社区和日托中心员工之间分享。基金会组织家长进行摄影比赛，旨在激发家长育儿的兴趣，让他们参与到儿童学习的科学中去。

挑战2：交流传播和外展

许多国家都遇到了这一挑战：让家长知道如何参与。许多家长普遍缺乏参与早期教育与保育的意识，也不了解如何参与、何处可以获取相关知识。国家机关、地方政府和早期教育与保育人员之间缺乏沟通渠道，这是关键性的传播挑战之一。

在以市场为导向的提供早期教育与保育服务的国家中，家长是否得到所有必要信息来帮助选择早期教育与保育服务，是十分重要的。

采用书面形式的传播

在澳大利亚，早期教育与保育办公室在网站上为家长们提供早期保教的全面信息。该办公室隶属于教育、就业和劳资关系部，并负责兑现政府对早期保育教育的主要承诺，指导全国范围内的重大政策改革，并在线向公众发布改革信息。此外，政府还开发了一个为家长准备的网站，提供各类育儿信息，帮助了解保教中心的费用。"抚养孩子"网站和DVD光碟通过网络为家长持续、大量地提供经过科学论证的早期发展信息。

日本将留言板和通知挂在所有早期教育与保育中心里，告知家长中心的最新进展、参与途径、家长会时间以及其他保教相关信息。

斯洛文尼亚保教机构的家长每年都会收到含有保教机构基本信息的册子。此外，地区的公共健康部门会准备一批含有教育以及育儿信息的传单和册子。这些册子告诉家长有关预防性的活动和恰当的儿童保育方法。家长可以在学前班里免费得到这些传单和册子。

在爱尔兰引入保教机构普及方案后，一封纸质邮件会寄给每个适龄儿童的家庭。这方法被证明行之有效：两年内，法定适龄儿童入园率已提升到94%。

韩国规定保教机构向家长寄送通讯和每周课程报告，告知家长即将到来的事件、课堂教育活动、育儿相关政策、郊游等。每周更新的课程报告传递给家长的信息是：早期儿童学习不是简单地照本宣科，而是建立在不同类型的教学活动之上。

在比利时的法语区，生育和儿童部（ONE）为了家长准备并出版了一系列含有0~3岁育儿信息和3~12岁（早期）教育信息类的册子。部分册子配有图片，即使有语言障碍也不妨碍家长理解。

沟通五次，讨论他们孩子的发展，并每年要邮寄三封正式的信函和两封非正式的报告。

斯洛伐克共和国早期教育与日托中心通过通知版、公告栏、电子邮件和中心网站向家长提供中心信息和活动安排。

荷兰、挪威和瑞典的早期教育与日托中心通过他们各自的网站通知家长以下信息：中心服务、花销和家长参与的机会。

在德国柏林兰德、北莱茵威斯特法伦和石勒苏益格-荷尔斯泰因，内含育儿和儿童发展的信和册子被寄到家长手中，家长从中可以找到成功的育儿实践以及如何促进儿童的早期学习的例子。在国家层面，联邦家庭事务、老年、妇女、青年部运营一家网站，用于发布通知和吸引利益相关者，包括家长、早期教育与保育人员、儿童福利部门、商业组织以及早期教育与保育领域其他伙伴。网站信息范围广阔，涉及各类早期教育与保育的相关内容，比如，项目信息、托儿机构选择、资质和专业发展等。网站还提供早期教育与保育的相关新闻、研究报告、实践活动、采访、实用文章以及其他相关网站的链接等。此外。网站还提供调查和在线评论功能，保证利益相关方的参与。

马尼托巴省（加拿大）为家长提供材料和资源来选择不同的保育服务，包括一份正在修改中的供家长使用的保教机构选择指南。马尼托巴省的家长都能得到纸质的和在线的育儿信息、推荐育儿项目和支持计划以及参与决策的机会。最近该省又推出网站：www.ManitobaParentZone.ca，上面有反映目前健康、儿童及青少年发展的最佳范例，还有以马尼托巴省为基础的公共教育和健康相关活动的重要链接。新的"在线日托登记系统"已成为家长和机构获得日托空间实时信息的关键工具。

创建中心信息联系点

澳大利亚政府设立了一条免费提供早期教育与保育信息的电话热线，根据家长、家庭和社区成员需要提供保教服务，并接受对保教服务的投诉。

比利时法语区在城乡街道社区发展了多种服务架构，除了为0~3岁儿童提供保教服务之外，还提供育儿建议，帮助家长提升养育技能。多服务架构还开放关于儿童发展的讨论，解答家长对保育和儿童发展方面的问题。

在韩国，1993年成立的61个儿童保育信息中心通过提供各类信息帮助家长，包括儿童养护、托幼中心以及涉及特殊需求儿童和多元文化背景儿童的保教服务。中心也提供儿童养育的咨询服务。为了加强保教中心的运营效率，信息中心还提供教学材料，提供儿童保教中心认证援助计划，必要时还负责替代性教学项目的教育和管理。

德国各地都设有家庭办公室，提供各类社会服务。家庭可以从办公室得到跟家庭生活和儿童发展相关的任何信息，包括早期教育与保育服务提供的信息。这些办公室可以鉴别学习迟缓问题，并提供相应的支持信息和服务，帮助儿童克服这些障碍。此外，联邦家庭事务部还提供一种中心在线服务，用于早期教育与保育信息咨询。另外还有网上和电话服务，供家庭式日托中心的员工咨询，有专家解答诸如法律相关事务之类的具体问题。

斯洛文尼亚的主要城市都有面对儿童和家庭的咨询中心。这些中心为家庭和儿童提供育儿教育方面的支持。

组织会面和活动

在墨西哥，所有学校校长都会在新学期开学后的15天内与家长见面。组织这些会面是为了告知家长参与方式和家长协会的情况，发现哪些家长有兴趣参与什么活动，选取家长协会理事会成员。墨西哥还在早期教育与日托中心组织教育与保育方面的讲习会，重点在于保育技能和早期教育信息的交流。这些讲习会每周两次，所有家长都能免费参加，主要目标人群还是社会经济地位和教育程度较低的家长。

荷兰的早期教育与日托中心一年至少组织一次公开探访日。探访日当天，中心会向家长、家庭、社区成员以及其他对保教中心感兴趣的人士开放。在探访日上，中心会提供基本信息，解释中心的活动内容以及保教人员如何促进早期教育和早期发展。

在斯洛文尼亚，保教中心老师与家长的例会上会讨论儿童早期教育原理、中心的管理政策和活动等。这样的例会还可用于聆听家庭的需求和关注。通过在会上交换看法，保教中心的老师可以与家长建立更为积极的关系。家长还可以单独与保教老师见面，从老师那里了解他们孩子的活动和发展情况。这一方式还帮助保教老师了解孩子在家里的生活状况。保教机构也会组织"开放日"活动，家长通过参与活动能得到更多的早期发展和相关服务的信息。

巴拉圭的学校和社区中心会组织月度会议。会议向0~5岁孩子的家长告知儿童发展信息，鼓励家长通过游戏促进儿童早期发展。家长还能从中得到儿童健康营养的知识，参与早期教育与保教机构的机会和其他早期干预服务。

西班牙保教机构组织家长会，用于告知家长保教机构大体情况和保教机构制度。除此之外，会议还会向家长介绍保教机构课程，组织家长与老师的会议。在那些会议上，家长和老师可以讨论任何保教机构相关话题和他们孩子的发展状况。西班牙正在发起一项旨在提高相关意识的活动，让家长了解他们如何参与早期教育与保育，促进孩子的发展。

芬兰的市政组织采用同龄分组活动的方式，为头胎父母组织多专业产前培训。培训目标是帮助要生第一胎的家长在产前做好出生一年内的抚养准备。培训重点是可选的早期教育与保育服务，同时还培训其他的相关知识，如教育方法、亲密伴侣关系、怀孕、分娩、母乳喂养、家庭福利和产后期知识等。

土耳其与联合国儿童基金合作开发了一套"家庭基础教育计划（A TEP）"。这项童年养育和教育计划是由联合国儿童基金与保教机构员工合作为社区和家长提供的不同的教育培训。项目持续六周，内容包括对儿童行为的理解，积极正向的管教方法和游戏对儿童发展的影响。

在韩国，每学期都会组织一次家长会（每年两次），提供机会让家长和老师探讨他们孩子发展的整体情况和可能出现的问题。

瑞典每年组织至少一次儿童发展对话。早期教育与保育员工和家长可以在此讨论孩子的发展和学习。此外，保教机构会组织例会，使家长有机会来施加影响，将教学目标转化为有形的教学活动。家长甚至可以参与到保教机构活动评估中，并有机会帮助提高教学质量。

德国早期教育与保育机构提供场所，供家长与员工聚会，交流家长关心的保教机构事务和早期保育与教育的信息。家长通常还会选出建议委员会作为代表参与保教机构的重要事情。在大多数州，具有建议功能的家长委员会往往是在市州一级。

使用联系本

弗兰德斯（比利时）的一些托儿中心使用带回家的小本，由老师记录孩子每天在中心的活动：孩子吃好没，吃的是什么，他睡觉了没，白天做了哪些活动，有没有做游戏、画画等。正因为有了这个记录本，家长知道他们孩子的发展水平，也能感受到更深的参与。

日本发展出的"联系本"是由早期教育与保育员工记录孩子每天的进步。这让家长掌握孩子日常生活中的行为和成长。事实证明，这样的方式吸引家长参与早期教育与保育是行之有效的。

在市场导向的幼教服务体系中，确保家长做出明智的选择

澳大利亚政府制定了"我的孩子"（Mychild）项目，在线育儿门户网站向各个家庭提供不同种类的保教机构信息，并指导家长如何获得帮助来支付托儿费用。"我的孩子"上有附近儿童保教机构介绍、费用、联系方式等信息，以确保家长做出明智的选择。网站指导家长如何申请经济援助来支付孩子的学费。要了解更多信息，请访问"我的孩子"网站：www.mychild.gov.au。

美国爱荷华州设立网站，为家长免费提供州内早期教育与保育服务的在线信息，主要针对的是0~5岁的儿童家庭。家长可以从网站上得到客观的早期发展和教育信息，以及不同儿童服务机构的联系方式和作用。网页指导家长获取促进儿童早期发展的信息，如早期教育和卫生服务。爱荷华"托幼资源和推荐"网站向家长提供社区附近可参加的执证托儿中心。

英国"家庭信息服务中心"（FIS）在多个地区和城市可供使用。该服务像是信息中心点，支持需要抚养儿童和希望获取教育信息的家长和抚养人。家庭信息服务中心与托儿机构、幼儿园、学校、青年俱乐部和图书馆紧密联系，能够通知家长这些机构可提供哪些服务，以便他们按需选择。

爱尔兰"公民信息"网站提供全国各种公共服务信息，包括早期教育与保育信息。网站上有一列选择日托中心或幼儿园的诀窍和一列家长在选择早期教育服务时应记住的注意事项。网站还列有各类可供选择的托儿和幼儿园服务，写明这些不同服务各自的标准和使用的课程，以便家长做出更优的选择。

挑战三：时间限制

吸引全职工作或学习的家长、非标准时间工作的家长和刚刚重新工作的家长参与，是一项巨大的挑战。随着家庭结构、环境和生活方式的改变，这样的挑战在不断增加。

改变运营时间

挪威在20世纪90年代就已应家长需求的变化调整儿童教育与保育机构的开放时间。这样保教机构开放的时间更长，更灵活。此外，白天学习或工作的家长与老师的家长会可以安排在晚上。

从2010年3月起，韩国的主要城市开始提供延时托儿服务，满足家长特别是双职工家庭的需要。儿童在19点全日制幼儿园结束后可以参加延时托儿服务直到22点。目前总共有173家机构（每个行政区一家）试验性运营该项目。延时托儿服务的保教机构要求每组有15~20名儿童。中央政府财政支持这类服务（每个班每月250美元）。自从实行延时托儿服务后，家长满意度从2009年的58%上升到2010年的97%。此外，自2011年3月起，韩国全国范围内的1000家机构正在试运营从早6点30到晚上22点的全日托儿班。中央政府根据地方不同需求采取相对应的服务方式运营班级。比如在某些地区，家长大量需求保教机构和小学合班获得儿童照料服务，政府就在幼儿园和小学里合班管理。这些全日制儿童照料的班级得到来自中央政府的财政支持（50 000美元）。这些服务还让那些具有教师资质但是因承担家庭责任而离职的妇女重新回到工作岗位：她们在早期教育与保育从业者招聘中具有优先权。

指导早期教育与日托中心设置更灵活的联系和沟通时间

日本家长往往没有一整块时间与教师与见面，所以早期教育与保育人员会试着在家长接送孩子时与他们做简单沟通，谈及孩子已完成或计划完成的事，以及儿童发展的大致情况。对于家长来说，这是一个得知他们孩子信息的重要来源。对于员工来说，这也是一个向家长询问孩子状况的机会。此外，这类会谈往往安排在晚上，是为白天没法参加家长会的家长而准备的。

西班牙鼓励学前教育学校（幼儿园）在学校节假日早上及（或）下午早点开门，提供三餐、交通和课外活动等额外服务。这满足了家长对延长服务时间的需求。此类额外服务和时间也增加了员工与家长的交流机会。

　　德国图林根州早期教育与日托中心每天至少开放10个小时，也是早期教育和日托的全天候服务时间。法律允许并鼓励中心每天开放超过10小时。有些中心在周末和假日仍然开放。这让家长在安排工作上有了更大的灵活度。

　　包括比利时弗兰德斯、荷兰和芬兰在内的有些国家会组织由早期教育与保育员工或各类家长网络组织主持的家长信息会议，商讨早期保育教育服务，时间上尽量让在职家长更为方便。由于这些家长在常规工作时间无法参加，这些会议或讨论往往被安排在晚间（甚至是深夜）。

挑战四：日渐扩大的不平等

　　早期教育与日托中心里的儿童当中，由经济、社会和文化背景导致的不断扩大的不平等，已成为许多经合组织国家的挑战之一。尽管生活条件差的孩子最需要高质量的早期保教中心的教育，但是这些家庭却往往缺乏兴趣、知识和时间参与。

　　不断增加的文化多样性也是吸引家长参与早期教育与保育服务的挑战之一。经常被提及的障碍包括不同的文化需求，不同视角或语言等。

　　不同社会经济背景下，不均衡的家长参与会造成更大的不平等。所以至关重要的是真正向那些贫困家庭伸出援手。因而与低收入、少数民族家庭的家长合作十分重要，尤其在儿童保育和教育方面，经济社会背景和文化价值差异很有可能会影响家庭学习环境。

移民家庭或教育水平较低家庭的儿童优先参与

　　弗兰德斯（比利时）优先提供儿童看护的家庭对象包括：单亲家庭、低收入家庭（低于特定门槛）、白天因工作或学习无法照看孩子的家庭、儿童看护成为其社会–经济融合与参与重要因素的家庭。弗兰德斯还为那些被认为接受家庭外指导和看护十分重要的儿童提供优先机会，比如，有可能出现学习困难的儿童。这项规定使得家长能学佛兰芒语（即南部荷兰语），或是学习或是找工作，提高自身社会–经济发展水平。

　　斯洛文尼亚给予经济困难家庭入园优先权。家长和福利中心必须出示低收入证明才能获取资格。

为困难家庭提供免费的早期教育与保育服务

挪威在移民比例高的地区提供免费的非全日制保教机构教育。这些地区此项服务的普及防止了弱势家庭背负不好名声的现象。参与保教机构促进了儿童的社会性和语言发展，预防处于风险中的儿童在同龄孩子中掉队。保教机构还希望该服务能增加家长对儿童早期教育与保育的兴趣。

比利时法语区的有些儿童保育机构为低收入家庭提供志愿性免费日托或极廉价的看护服务（最低收入家庭每日只需交纳2.19欧元）。若中心里有大部分都是低收入家庭背景的儿童，政府就会资助中心的所有开销。

发展定向性干预措施

澳大利亚在全国范围内50个贫困社区实施了对家长和青年人的家庭干预计划，支持大约3000个家庭的家长免费培训。这是一项两年的以家庭为基础的抚养和早期成长环境改进计划，为家长和看护人赋权，使之成为孩子的第一位老师。该计划建立家长和看护人的信心，培养他们的教育技能，用来创造一种积极的学习氛围，为他们孩子的入学打好基础。贫困家庭可选择家庭辅导员，以便帮助家长在家实行计划。此外，还组织角色扮演活动来为家长示范应如何实施活动。

1994年，五个"开端"计划在美国发展成为预防药物滥用的模式，旨在加强贫困学前儿童所在的家庭和社区。初始项目名为"自由成长"（Free to Grow），服务于参加"开端"计划项目儿童的家庭和社区，保护他们免于药物滥用和随之带来的社会问题。这包括以社区为基础的战略联盟形式，组成"安全空间"任务小组，为幼童保障一个安全的、没有药物滥用的空间，组织预防药物滥用的培训。不同社区服务都会参与项目执行，如地方警察局、青年组织、教堂和众多草根组织。项目成果丰富：提高了家长对早期教育与保育服务的参与；学校和社区更安全、更干净；改善了居民之间以及儿童早期保教人员、家长和社区成员三者间的关系；强化了防止吸毒、酗酒的社区规范。

比利时的法语区在儿童保育服务缺乏的地区采用"幼儿巴士"。巴士里有两名专业的幼儿保育人员，还装有适龄的教学材料和为小孩准备的保育材料。这些地区的儿童会被带到体育馆等临时的设施中，每个小孩每天花费7欧元。政府还拨出150万欧元的预算给瓦隆尼亚地区，至2015年，为该地区的省级和地区级伙伴再配备10辆幼儿巴士。另外还为移民儿童设立了"桥梁课程"（bridging classes）。儿童到法语区后，就可以参加为期最高为6个月的培训班，学习法语，适应比利时教育体系，然后再参加常规的早期教育与保育机构或接受其他教育服务。

不列颠哥伦比亚（加拿大）设立有"亲子鹅妈妈计划"（Parent-Child Mother Goose Programmes），服务于全省的婴儿和学步期儿童家庭。该计划是准备一个安全的环境，供家长和孩子交互式唱歌和讲故事，加强家庭纽带，同时带动语言和基本读写能力的发展。计划还着力于加强儿童自信、自尊以及发展社会技能等。

新西兰曼努考家庭读写计划（the Manukau Family Iiteracy Programme，MFLP）为早期教育与保育机构孩子的家庭提供学习培训的机会。曼努考家庭读写计划目标定位在较滞后社区，招录没有受过或者受过较少教育家庭的儿童。该计划是在正规的早期教育中心，采用综合方法，为父母准备每周20小时的培训。计划由四部分组成：（1）成人教育部分，旨在扩展参与者的基础教育，帮助他们获得成功的人际交往能力；（2）儿童教育部分，促进幼童成长和发展，吸引家长参与孩子的学习；（3）"家长孩子共同时间"练习，亲子双方共同分享学习经验；（4）家长学习育儿技巧和其他家庭养育方面的问题。目前有80个家庭参与了该计划。

英格兰（英国）委托名为"国家育儿研究院"主持一项育儿与家庭研究，检查、评估在弱势家庭开展的育儿干预创新项目。该合同为期5年，至2012年3月截止。其中包括一个描述了许多英国家庭服务育儿项目的工具包，并在其中标注了最有效的项目。

提供家访

荷兰和斯洛伐克共和国为学习迟缓的儿童开展了以家庭为基础的早期教育项目。此类项目需要家长的深入参与及早期教育专业人士的定期家访。项目还着力于改善家庭学习环境。

美国的"家庭亲子计划"（Parent-Child Home Programme）是儿童早期读写、育儿和入学准备项目。项目启用受过培训的专业人士，通过家访的形式，服务于文化水平较低的家庭，促进家庭和儿童发展。家访人员帮助家长认识到他们是孩子第一个也是最重要的老师。在每周两次、每次半小时的定期家访活动中，家访人员通过使用书本和玩具调动孩子学习和言语互动的热情。参加完为期两年的项目，参与家庭的孩子从2~3岁长到4岁，继而进入幼儿园小班或者参加"开端"项目。他们孩子最早可以在16个月大的时候参与项目。在一些没有其他可供选择的幼教服务的社区里，享受项目服务的家庭孩子可以一直参与到4岁。

在巴登-符腾堡州和柏林州（德国）存在着称为"家庭访客"或者"受欢迎访客"的人，或是全日制工作，或者是志愿者。他们受过良好的培训，熟知地方上包括早期教育与保育服务在内的所有社会福利服务，可为各个家庭和儿童提供服务。访客们逐户拜访家庭，告诉这些家庭当地可供选择的育儿服务。需要时，访客们还可以用德语之外的语言来提供信息。访客的目的是促进家长使用各项社区服务，比如，托儿服务等，以造福各个家庭，并激发家长对儿童发展的兴趣和意识。

爱德华王子岛（加拿大）提供的家访项目称为"最佳开端"（Best Start），在于支持和协助高危家庭，提供育儿、儿童成长和发展的信息。

韩国向低收入家庭开放家访项目。这些项目的目的是教育家长并告知儿童发展、育儿、社区和社会服务信息。家访人员由一名社会福利协调员和一名幼教机构的老师组成。这帮助参与者提高了对家庭环境的意识和知识，也增加家长在儿童发展方面的育儿知识。

协助家长，提供合格的家庭学习环境

巴西，早期教育与保育机构为处于弱势群体的妈妈们组织工作坊。工作坊会通过游戏来演示如何增强与儿童的互动，改善家庭学习。为了使学习效果最大化。每个工作坊最多有八位妈妈参加。

新西兰已开始实施名为"早期共同阅读"（Early Reading Together）的计划。这项计划帮助幼儿（0~6岁）家长提高其子女语言和读写能力的发展，特别针对多种语言／读写能力、文化、教育和社会经济背景下的孩子和家长。项目由自愿参加的小学老师、早期教育工作者和图书管理员执行，包括三个各自为期1小时15分钟的工作坊。工作坊在三周内完成即可，所以对时间安排的要求很低。最终该项目提高了家长协助儿童在家阅读的能力。

澳大利亚全国展开的"家长参与儿童早期发展故事"（Engaging Families in the Early Childhood Development Story）在神经科学研究的基础上，为家长开发了一套早期学习和发展重要性的关键信息。这个项目希望能创建一组育儿工具包，协助实施各类育儿项目。

为家长提供培训

挪威将保教机构开放与移民家长的挪威语培训结合到一起。家长接受语言培训时，他们的孩子也会得到保教机构照顾。其目的是在促进移民家长学习当地语言的同时，也促进他们的孩子参与到早期教育与保育活动中。当移民家长学会当地语言后，也有机会提高对子女早期教育的参与和兴趣。

弗兰德斯（比利时）早期教育与日托中心在幼儿教育过程中，对移民儿童家长进行荷兰语授课。社区的早期教育中心也会为移民和教育水平低的家长提供早期教育与保育的官方培训。培训在结束后会颁发官方合格证书，促进他们在劳动力市场的参与。

在德国巴登-符滕堡州，一项名为"力量"（STÄRKE）的项目在2008年实施。该项目旨在通过提供塑造家庭生活的专业化建议与理念，强化家长用恰当方式抚育孩子的能力。所有参加项目的家庭在养育孩子的第一年都能收到一份价值40欧元的家长培训课程的礼品券。有特殊困难的家庭，如单亲家庭、太年轻的父母或者移民父母，会获得这个项目额外的帮助：提供在家的初始培训，并为家长处理各自的特殊状况提供建议。这些措施的宗旨在于在养育和教育方面防止对儿童利益的忽视。

拜恩州和北莱茵威斯特法伦州（德国）为幼童（0~3岁）家长提供培训课程，旨在增加家长育儿知识、加深亲子间的关系。课程还会向家长讲述儿童发展规律以及如何促进他们婴幼儿的发展。

莱茵兰-法耳茨州（德国）开展名为"最开始，很重要！——年轻家长课程""In the beginings, it matters − A course for young parents"的培训项目，旨在强化伙伴关系、养育方法、财务管理等养育技能。课程目标人群是所有的年轻家长，尤其是低收入家长。课程获得至少5年的资金支持，在该州广受欢迎，众多家庭都希望参加。

墨西哥教育部要求社会人类学最高调查研究中心（CIESAS）评估一项为农村和原住民地区家长和看护人提供"入职"前培训的早期教育与保育项目。该项目要求家长和看护人参加会议，反思并改善他们的保育实践。评估结果显示，与对照组相比，参加课程的家长保育技能得到提高，最大的改进在于提升了家长的自治、沟通和社会发展技能。有家长指出，入职前教育、自我诊断及方式方法对提升其保育技能大有裨益。

提供多语言支持

荷兰、挪威和瑞典已开发多语言的信息资源包，包括如何在家庭环境下促进儿童早期发展，可参加的早期教育与保育服务，早期教育的重要性，以及家长如何参与到幼年子女的早期教育中。例如，挪威为讲少数民族语言的儿童准备了语言刺激材料的手册。这本手册既可以用于专业人士辅导家长，也可以分发给家长单独使用。

不列颠哥伦比亚（加拿大）向申请早期教育与保育服务或儿童保育补助的家庭提供翻译服务。西班牙各地方政府在学校家长会时向移民家庭提供书面翻译和口译。

韩国出版了名为《每一个父母都应该知道》的家长指导用书，并翻译成8种语言。指导用书用于提高家长对早期教育及相关政策的重视，告知家长他们在促进儿童发展和学习（包括大脑开发、读写能力、创造力、小伙伴关系、艺术鉴赏力、健康与营养等）中应扮演的角色。此书还指导家长如何选择和参与保教机构。

在德国的多个联邦州，所有的新家长都会收到多语言写成的、关于如何教育和抚养幼儿以及如何促进他们发展的信息手册。他们同样会收到用多种语言写成的可供家长参与的协会或董事会信息，例如，保教机构董事会。

吸引社区参与早期教育与保育

挑战1：缺乏意识和积极性

用于鼓励社区参加早期保育与教育、让早期教育中心吸引社区参与并没有成为多数经合组织成员国的主要政策。"社区"的概念在不同国家或者同一国家不同保教中心的含义都不相同：社区被看作儿童成长的邻里以及广泛意义上的社区伙伴，包括公共儿童服务机构、教育服务机构、图书馆、博物馆、非政府组织、私募基金会和宗教组织。

早期教育与保育员工、保教中心的管理人员和家长没有认识到社区的潜在资源。社区的组织者同样缺乏对与早期教育与日托中心合作的了解。

将社区参与列入政策优先内容，使之成为一项义务或权利

芬兰将儿童福利服务的计划安排和发展作为城市的法律义务（儿童福利法案

2007 / 147）。该计划应该包含为幼童提供服务的不同部门、组织和机构的协作安排。此外，芬兰的学前教育的核心课程要求尽可能多的人参与到该教育的执行中，以确保承诺实现和对本国课程的遵守。

在挪威，《幼儿园法案》（Kindergarten Act,）第8、第21和第22章定义了市政府与包括社会、儿童福利服务、保教机构、学校和特殊教育援助在内的各种机构合作的责任，以及所需分享的信息。在第5 章的"保教机构教育内容和任务框架计划"中，更是详细地描述了与其他机构和服务合作。此外，在第28号白皮书草案中，教育部强调了社区参与对早期教育的语言学习和发展的重要性。

西班牙的1978年《西班牙宪法》27.7条规定了社区参与学校和保教机构活动。1985年的《教育法八章》也保证了社区作为学校决策主体一部分的权利。此外，2006年《教育法》敦促保教机构和学校促进社区和员工在早期教育与保育及其他教育中的参与度。早期教育与保育第二轮核心课程（3~6岁儿童学前教育）也强调了社区参与的重要性。

土耳其《小学教育22号法案》包含了对保教机构项目的规定，要求保教机构和小学"必须与社区合作"。该国"国家教育行动计划"也强调社区参与的重要性。

不列颠哥伦比亚（加拿大）在其《幼儿园指南》第五章"幼儿园、家庭和社区"中强调了家庭和社区联系的重要性。

在加拿大马尼托巴省，《马尼托巴儿童健康法》第22章将"儿童家长联盟"列入立法。儿童家长联盟联合家长、早期教育工作者、教育工作者、保健专家和其他社区组织，一同协作计划工作来支持0~6岁儿童健康发展。儿童家长联盟支持既有的服务幼儿家庭的社区项目，同时也发起反映各社区多元化特点和强项的新项目。目前全省已有26个得到资助的儿童家长联盟。

澳大利亚将社区参与列入他们《国民素质标准框架》中，规定早期教育与保育服务机构必须"与家长和社区建立合作伙伴关系"。

爱德华王子岛（加拿大）"儿童秘书处"由代表儿童和家庭的政府和社区成员组成。在省级政府领导下，社区被视为儿童秘书处工作和职能的关键利益相关者。

韩国将社区参与度列入全国保教机构评估和儿童日托中心合格的指标之一。该项指标着眼于考察这些早期教育保育机构与社区之间合作的紧密度，以及如何在其间交换、运用人力和物质资源。社区参与在职前以及在职教师培训中也被反复提及。

爱尔兰《国家质量框架》的"儿童早期教育部分"（也称之为Síolta）将社区参与

定为其16条标准之一，规定"促进社区参与要求根据政策、规程和法案建立网络关联，并进一步扩展支持所有成年人和儿童参与到更为广泛的社区中，比如，要求通过某种表述清晰、可以达到以及可供执行的一系列流程、政策和程序的方式来主动建立伙伴关系的举措"。

日本将社区参与列入其《幼儿园研究课程》中。该课程指出保教机构需充分考虑并"通过创造与社区交流信息的机会，加深对社区成员在早期儿童教育中重要性的理解"。

为社区参与提供财政支持

日本为社区学校的教育管理委员会提供资金报酬，促进其成员的参与。委员会由家长和其他社区成员组成。

澳大利亚对那些希望在服务家长和青少年的"家庭干预项目"中当辅导员的社区成员提供财政奖励：辅导员接受一定报酬会进一步激发工作的兴趣。

在美国，社区成员参与预防药物滥用项目会每月得到报酬。有五项"开端"计划的项目是1994年发展建立的药物预防项目典范。计划目标是增强贫困学前儿童的社区和家庭能力，该举措被称为"自由成长"。"开端"计划儿童所在家庭和社区定向保护他们免于药物滥用及相关问题的侵扰。鉴于这些项目得到大量公共资助，家长和社区成员作为项目主要执行者，每月都能得到100美元的报酬。

在2006年至2008年，不列颠哥伦比亚（加拿大）政府为社区成员（居民）提供资助，在其家中建立正式的儿童保育空间。这项措施增加了省内育儿空间的数量。省政府还资助强化和支持家庭的社区服务机构。资金被分配用来发展中等教育认证项目，为在家庭支持类社区项目中服务的个人提供资助。

比利时法语区的市民在志愿的基础上可以建立有关儿童保育的咨询委员会，并从法语区得到补助来聘请一名咨询委员会协调员，以确保委员会良好构成和协调。此外，2006年文化学校的判定（Culture- école）促进了保教机构和学校与文化机构的合作，增强了儿童的文化知识和体验。为加强这方面的合作，法语区也能提供资助。

在早期保育与教育政策和服务中吸引社区作为咨询者或管理者

弗兰德斯（比利时）在儿童日托中心和校外活动中心建立"地方咨询论坛"，包含早期保育与教育的专业人士、管理者、地方公务员、社区成员，集合了中心、移民代表组织和其他利益相关者。在论坛上，利益相关者可以分享有关早期教育与保育的意见、想法和顾虑。论坛起到了市民咨询机构的作用，为地方行政主管机构就日托中心和幼儿教育问题提供建议。目前已有301家育儿教育论坛。

日本的社区学校2004年引进了学校管理委员会体系。家长和居民有机会参与保教机构管理，并要分担跟中心管理有关的某些任务和责任。委员会讨论课程以及与社区合作的方法，确保家长和居民的观点能反映到课程和参与项目中。

葡萄牙有一个战略主管部门称为总委员会，由早期教育员工、家长、地方政府和地方社区组成。这一主管部门通过投票的方式批准学校内部规章制度和战略计划类的决策。早期保育与教育的职员、家长和社区成员选择哪些个人或社区组织成为委员会成员。跟社区组织相关的有社区卫生院、基金会、音乐学校、企业等。

在不列颠哥伦比亚（加拿大），商业社团的成员可以成为省级保育委员会的一员，作为法定成员向儿童和家庭发展部长就保育问题提供建议和推荐。商业社团参与保育问题，成为建立商业和保育机构紧密关系的新探索。

在韩国，一名社区代表有义务加入"早期教育政策委员会"或是"保育政策委员会"中，并与地方政府合作。

吸引社区成为早期教育与保育的提供者

在挪威，拥有保教机构的群体种类有很多。非政府组织、教会、家长、商业团体、个人和公司只要能达到法律要求并得到地方政府批准，都能开办、运营保教机构。有段时期，保教机构紧缺，商业团体由此参与到保教机构运营中，为早期保教中心提供资助或与保教机构合作。商业团体之所以愿意参与早期教育与保育，是因为这些团体希望保证其员工子女享有保育和教育的处所，促进作为家长的员工在公司的稳定性。

土耳其私人商业团体和公民社会组织都能运营早期教育与保育的组织，或与其组织的活动合作，诸如，实地考察或是根据他们各自专业知识为幼童"上课"，例如，讲解大自然和健康的生活等。

吸引社区作为中心的志愿者

日本为社区成员准备"育儿员的一天"的体验活动。当地居民可以志愿地在早期教育与日托中心"实习"一天，充当育儿员，以更好地理解这份职业。这增强了育儿中心和社区之间的信任。

墨西哥为社区成员提供在早期教育与日托中心充当志愿者的机会。一项受欢迎的活动是家长开办一堂他们职业的"课"，讲述他们是做什么工作的，并给孩子演示他们的工作，使之成为一项互动的活动。

不列颠哥伦比亚（加拿大）的大部分学校欢迎社区志愿者参与幼儿园和学校的活动。常见的有志愿者为儿童讲故事，或跟他们一起阅读故事，还有就是一起体验艺术和体育活动，为保教机构职员提供各种帮助。原住民社区成员还经常为儿童提供文化体验活动，介绍本族文化信息，以增强不同文化之间的互相尊重与理解。

鼓励私人基金会资助的早期教育与日托中心

德国"小小科学家住所"（Haus der kleinen Forscher）在自然科学和技术领域促进全国的早期教育。其目标是吸引3~6岁儿童对自然现象产生兴趣。基金会为教育工作者提供工作坊和教学材料，举办年度促进日以及在互联网上提供综合的科学信息和体验。为在全德国提供工作坊，基金会建立了各地网络体系。

在日本，索尼公司建立了索尼教育基金会。其早期发展活动中心进行大量活动项目，旨在科普、培养儿童完整的人格发展，教育公众建立健康家长儿童关系的重要性。不同的项目成果和育儿课程以不同的方式在家长、社区和保育工作者之间分享。基金会向早期教育与日托中心颁奖，以激励杰出的实践行为，还通过小册子或海报信息、互联网上的相关经验和课程等方式来支持教师。基金会还在自己的科学教育项目中积极促进早期科学教育。

提供资格证书以及就业机会

为促进当地受教育水平低下人群的发展，比利时弗兰德斯社区日托中心为他们提供培训和日托中心的就业机会。培训结束会有一份官方认可的资格，并在被保教机构中心雇佣后生效。

将社区参与植入到更广泛的评估过程中

日本2007年引进了学校评估体系。评估委员会由保教机构的有关人士组成，如家长和当地居民。他们对保教机构员工的自评结果进行评估，并决定是否认同这些自评。评估是通过观察保教机构的日常活动，以及分析与家长和社区交换得到的信息来进行的。

在澳大利亚，作为《国家质量标准》评定打分的一部分，自2012年起，所有的全日制日托中心、家庭日托中心、保教机构和课后托管机构都会就其与家庭社区合作伙伴关系的保持状况接受评定。

挪威早期发展项目"Språkløftet"（语言发展项目）其主要内容是通过与健康服务机构的合作，激励需要语言刺激的儿童参与到早期教育与保育机构。该项目在2012年接受评估。

挑战2：交流和外联

在告知社区的种种参与可能方面，许多国家都遇到了挑战。许多社区成员和组织普遍缺乏与早期教育与保育进行相关合作的意识和了解。他们不知道该如何参与进来，如何进行合作以及在哪里可以找到相关信息等。国家政府、地方政府和早期教育与保育的工作人员之间缺乏沟通渠道，这也是传播挑战的关键因素之一。

员工培训：如何增强社区参与度

荷兰升级了对保育工作人员的培训，以提高资质门槛，取代了以往不合格的人员与合格人员一同工作的情况。培训包括引导社区参与：如何就学习和发展迟缓与其他社会和卫生服务机构进行沟通和合作等。

芬兰、韩国和葡萄牙提供培训机会，专门加强工作人员改善与社区服务机构的沟通与合作能力。在这些国家，这也是早期教育与保育机构工作人员职前培训的内容之一。

采用书面形式的传播

在澳大利亚，早期教育与保育办公室在网站上为家长们提供早期教育与保育的全面信息。该办公室隶属于教育、就业和劳资关系部门，并负责兑现政府对早期教育与保育的主要承诺，指导全国范围内的重大政策改革，并在线向公众发布改革信息。

拥有一个中央信息系统或联络点

在韩国，卫生与福利部于2008年设立了I-Sarang（child-loving 爱护儿童）幼儿保育门户网站（原e-child care system儿童保育系统），以确保家长和社区可以了解各个幼儿中心的实用信息，如工作人员与儿童的比率、费用、餐点和环境。此外，2010年设立的早期幼儿教育综合信息系统电子幼儿园系统为家长和社区提供了有关保教机构里儿童抚育和幼儿早期教育的信息。

澳大利亚政府设立了免费的热线电话为群众提供早期教育与保育的相关信息。此热线可为家长、家庭和社区成员提供国内早期保育教育服务机构的个性化信息，也可以用于对早期教育与保育服务提出投诉或建议。

组织会面

荷兰和柏林（德国）的早期教育与日托中心每年至少组织一次开放参观日。在这一天，各中心对家长、家庭、社区成员和其他对保教中心有兴趣的民众敞开大门，提供中心的基本信息，解释中心通常举行的活动及工作人员如何引导幼儿的早期发展。

挑战3：功能失调的社区

社区可以发挥社会网络的作用，帮助父母减轻压力，为儿童提供资源，以及增加早期教育与日托中心的附加价值。然而，当社区功能失调，缺乏社会凝聚力、（非正式的）社会控制或集体效能时，则需要额外措施去帮助有风险的家庭。

加强早期教育与保育和其他社会服务机构间的合作

在挪威，语言发展项目建立了与医疗服务机构的合作关系，致力于寻找和引导需要语言刺激的儿童参与早期保育教育服务。在格鲁达伦（奥斯陆），此项目每周在幼儿园为4~5岁的儿童提供20小时的免费服务。服务机构之间的合作意味着整体儿童参与度的增加，尤其是少数民族儿童。

不列颠哥伦比亚省（加拿大）的移民安置和服务机构为新移民提供一系列的服务，包括提供早期教育与保育的相关服务信息，以引导新移民的参与。

德国的许多城市已经设立了亲子中心，中心与不同的社会服务机构合作，致力于启发早期儿童发展和发现早期学习困难。其固定的合作伙伴包括有关家庭生活，早期教育和家庭或家长辅导机构。该中心还在其他健康服务机构的指导下为有（幼小）儿童的家庭提供健康信息。

因为与当地医院和公共卫生中心的合作关系，韩国保教机构和幼儿日托中心每年对就读儿童提供免费体检或诊断。如果有来自移民或低收入家庭的弱势儿童，早期教育与保育机构将与多文化家庭支援中心（Multicultural Family Support Centres）、健康家庭支持中心（Healthy Families Support Centres）和梦想启程中心（Dream Start Centres）合作，以便为这些儿童及其家庭提供全面、综合的健康，营养，保健和教育支持。

在目标地区发展社区幼儿日托中心

弗兰德斯（比利时）在低收入地区发展社区日托中心。与常规日托中心不同的是，这些中心专门用来照顾弱势家庭的托儿需求。这一特殊举措的关键在于社区融合，使得目标群体可以积极地参与其中。中心直接从社区招聘员工，员工直接为本社区的儿童工作，并为他们在组织内提供均等的机会。因此，中心的人力是整个社区的代表，从而鼓励了社区参与，达成促进中心儿童的发展以及通过培训提升社区成员能力的目标。

针对低收入社区

1994年，美国5个"开端"计划（Head Start）开展了示范性预防药物滥用项目，名为"自由成长"（Free to Grow）。其目标在于改善有学龄前儿童的低收入家庭和社区。项目针对低收入家庭和社区，希望保护儿童免受药物滥用及其相关问题的危害。强调基于社区具体情况的措施，主要形式包括联盟，设立"安全空间"特别小组保证安全及无药物滥用的幼儿庇护所，以及进行针对预防药物滥用的培训。不同的社区服务组织，例如，当地的警察，青年组织，教堂和众多的基层组织等也加入了进来。最终达成了以下成果：增加了社区对早期教育与保育的参与，更清洁、更安全的学校和社区，改善了其从业者、家长、社区成员和居民之间的关系，以及更严密的反对毒品和酒精的社区规范。

在巴伐利亚（德国），儿童保护和发展服务机构通过幼儿教育协同（Koordinierende Kinderschutzstellen[KOKI]）这一网络而相互合作。"KOKI"是青年福利办公室（由青年部补贴）的一部分，旨在帮助低收入和高压力家庭，由来自网络内的职员给予这些家庭专业支持，包括专业的儿童、青年和健康服务等。"KOKI"使家庭免于遭受不利的家庭情况，减少家庭成员之间的压力，改善家长行为，促进儿童早期发展和学习。

在巴登-符腾堡（德国），大约50所妈妈中心和家庭中心组成巴登-符腾堡的妈妈论坛及其内部网络，为团结当地社区的家庭做出贡献。这一影响力改善了家庭的总体情况。妈妈中心和家庭中心的活动专注于儿童的社会学习，目标是家长之间加强接触及交流不同的生活经历。活动的主要目标群体——妈妈们，可以在妈妈中心深化和扩大自身的社交能力。单亲家长则有机会为自己的未来作可持续的打算。另外，还可以在这里发现导致家庭危机的发展势头，改善甚至避免危机的发生。许多幼儿保育机构已经经历了增加为家庭中心这一过程。由此，他们加强了与家长的联系，并提高了他们的儿童保育能力。

挑战4: 与其他服务和其他阶段教育的合作

尽管跨服务项目的合作对于儿童的全面持续发展是极其重要的，然而很多国家在促进此类合作时都会遇到挑战。原因常常在于，这些服务是归属不同的部门来管理的。

这也是由于早期教育与保育的员工和管理人员对于中心的儿童和家庭还有哪些可供选择的服务缺乏了解。

整合市级保育和早期教育，使服务更加连贯

在日本栃木的佐野市早期教育与保育已经进行了市级整合，鼓励私人幼儿园办成综合儿童中心（Kodomo-en）。综合儿童中心面向社区成员，作为市内社区成员的家庭生活和儿童成长方面的联系方。经常有报告显示，他们确保了更好的儿童发展并激励了社区发展。目前，并非佐野市所有的私立幼儿园都已经整合成了综合儿童中心，虽然佐野市正在着手把一些私立幼儿园变成综合儿童中心。为了实现这一目标，工作人员正在接受在综合性儿童中心工作所需的培训。

鼓励早期教育与保育机构和小学之间的合作，为平稳过渡做准备

在斯洛文尼亚，小学内可以组建保教机构。该保教机构由小学校长领导，共享小学的辅导服务及其他方面的资源，如走廊和厨房等。在这样的一体化系统下，保教机构和小学的孩子们有机会经常见面和互助。每个教育机构都有自己的教学人员来负责教学工作及其各自领域的工作内容。由于系统的一体化，幼儿教师所使用的

一些工作方法被更频繁地使用于小学一年级的义务教育中。这使从保教机构到小学的过渡更加平稳。当斯洛文尼亚的早期教育与保育的分支机构和小学分开后，小学生经常探望学龄前儿童，并为他们准备如木偶表演或舞蹈等各种活动。他们还共同举办庆祝活动，共享一些教室和区域（操场）。实施这些举措就是为了使保教机构到小学的过渡更为顺利自然。

在不列颠哥伦比亚省（加拿大），小学内有资质的儿童保育场所数量迅速增长。在2009~2010年，约有800个儿童保育设施机构分建于小学内，保育场所达27 000个。学校董事会和儿童保育分支机构的合作降低了儿童从幼儿保育到学校之间的过渡难度。

在德国，为了使孩子从保教机构到小学能平稳过渡，保教机构和小学进行了频繁的合作。这两个机构分享双方的课外活动和教学方法，并尽量保证他们最相关的科目和主题相互匹配。除此之外，关于儿童发展的讨论是跨领域展开的，保教机构及小学的工作人员会和家长一起参与探讨这个过渡期以及孩子在这种过渡中会面临的变化。这是为了确保孩子学习和发展过程的一致性，并使学校和孩子都做好准备。

连接早期教育与保育和其他社区服务

在挪威，"BOKTRAS"项目是基于公共图书馆和保教机构的合作，以带领孩子进入文学世界为目标。项目为期三年，内容包括设立保教机构内的分支图书馆。除了那些已经了解并开始使用图书馆服务的家庭，这些图书馆使更多的家庭能够接触到图书馆服务。这样一来，家庭要得到儿童读物就不再受限，不用再考虑到离家最近的图书馆所需的时间和距离，或是图书馆的开放时间。图书馆把保教机构作为积极推动文学教育的舞台，从而帮助培养了孩子们的语言和社会技能。

中国发展研究基金会（CDRF）在早期教育中心实施专注于健康和早期教育的早期儿童发展项目。他们对幼龄儿童的健康发展做出了许多贡献，其中一部分就是对孕妇提供免费营养补充剂和健康检查。此外，乡镇卫生院医务人员为孕妇及两岁以下儿童的母亲提供培训课程，培训营养学和补充喂养知识。他们还给六个月以上的婴幼儿（不大于24个月）分发营养包（膳食补充剂）。

在荷兰，教育和福利服务则更常被整合到综合性学校中。荷兰有许多不同类型的综合性学校，但它们都是基于服务整合的理念所建。教育设施、娱乐设施、儿童保育服务、儿童健康服务等，都整合在一个以区域为基础的网络内，或甚至就整合在一栋多功能建筑中。

在澳大利亚，早期教育与日托中心邀请社区服务机构，如健康服务机构，参加家长们的会议，向与会者介绍他们的服务。这增强了家长们以及早期保教的员工关于社区服务的知识，促进了教育机构和社会服务的合作。

爱德华王子岛（加拿大）教育和早期儿童发展部下设一个儿童早期发展的分支部门，该部门与其他学校分支、政府部门、服务部门以及社区合作，共同参与和决定关于早期发展的事务。

在不列颠哥伦比亚省（加拿大），越来越多的保教机构与健康服务机构合作，进行儿童听力和视力筛查，为疾病儿童设立安全规划，或为保教机构里需要医疗干预的孩子进行针对性的培训或护理。言语治疗，物理治疗和职业治疗也会提供给有特殊需求、可能需要医疗干预才能入园的孩子。如果孩子不再受父母照顾，早期教育与日托中心也与儿童福利服务部门合作照顾他们。

2011年4月，马尼托巴省（加拿大）成立了早期教育部门，以加强早期学习与保育机构同保教机构到学校12年级的省级教育体系之间的连接。该部门的工作包括通过与学校部门，其他政府部门（省，联邦），早期学习和儿童保育部门，教育方面的利益相关者团体，和家长们加强跨部门协作，促进合适的发展服务计划的实施。这些计划有助于孩子们成功进入学校，在早期以最佳状态学习。除此之外，一些儿童保育设施及其他社会福利服务建在一起。这些中心使社区成员更容易地接受服务，也能更好地应对社区的需要。

在斯洛文尼亚，由区域公共健康研究院发起的健康保教机构项目（The Healthy Preschool）正在大量的保教机构里推行。这个项目包括开展各种活动，促进儿童、家长和专业人员在各个区域做出健康的日常选择。这些选择会影响人们的健康，比如，交通（步行）和食物（水果）。为了确保所有的斯洛文尼亚儿童都能享有健康的生活，保教机构会聘请健康与卫生专家。专家们负责收集高质量有营养的食谱，为中心内部的卫生和安全提供建议并进行监督。中心为由于种种健康问题在饮食上有特殊需求的儿童提供特殊食谱。在给孩子做入园登记之前，家长们必须出示孩子的儿科医生开具的证明书，该证明书含有孩子疫苗接种情况，身体健康状况和潜在的健康问题等信息。这是为了保证工作人员和管理层能够切实了解每一个儿童的健康情况。

德国支持建立600个旨在加强早期保育与教育的地方积极举措。这种支持包括推动、调整、能力培养和公共交流。在这些网络中，早期教育与保育中心和其他当地活动者参与一个分析当地议程设置的过程。这些网络中包括地方当局和当地的独立机构，以确保与当地情况相吻合的理念的发展。该项目在全国开展；当地发起者有机会在地方或国家层面开展交流分享经验。项目的首要目的是：（1）提高早期保育与教育的质量和数量；（2）促进公开辩论，吸引地方和国家各级层面决策者参与；（3）在不同的联邦、州和地方发起者之间建立针对早期保育与教育的协同合作。这个项目称为"推动"（Anschwung），是一项联合倡议。倡议者包括联邦政府，家庭、长者、妇女和青年部以及德国儿童和青少年基金会。

西班牙的保教机构经常寻求与当地社区服务和社区公司的合作，以资助额外的课外活动，帮助或支持他们设立教学活动。另外，当地健康服务或其他社区服务也可以来到保教机构或学校内向儿童讲解关于卫生、健康等方面的知识。

搭建一个促进早期发展和健康的网络

2007年，在罗伯特·博世基金会（Robert Bosch Stiftung）的支持下，斯图加特市（德国）发起成立了欧洲儿童城市网络（European Network Cities for Children）。该网络使欧洲城市有机会去交流和发展跨国别的先进理念，探讨如何促进儿童、青年人和家长在城市环境中的健康发展。该网络的成立基于欧洲人口形势会带来城市的长期生存能力巨大挑战的认识。2008年，斯图加特市、儿童城市网络、罗伯特·博世基金会、欧洲委员会地方和地区政权代表大会、欧洲市政和地区理事会设立了欧洲"儿童城市"（City for Children）卓越奖，用来颁给积极促进儿童与父母健康的城市。该奖项每年颁发一次，获奖城市因为在儿童和家庭友好方面提出了积极倡议和进行了最佳实践而受到奖励。

加拿大的爱德华王子岛政府在2000年通过建立儿童秘书处（Children's Secretariat）重申其所做出的对儿童和家庭的承诺。PEI儿童秘书处由社区和政府代表群体组成，他们作为一个联合体进行跨部门协作，目标是改善八岁以下儿童的成长状况。本质上，秘书处是一个"网络中的网络"，它连接了现有的其他代表幼童及其家庭的网络和联盟。工作重点在于为儿童健康发展存档，促进知识交流和公众教育，鼓舞相关行动和影响相关政策。"爱德华王子岛"秘书处的成员包括来自7个政府部门和12个社区网络的代表。

行动领域 4
管理风险：从他国政策
实践中汲取经验

本节总结了以下内容的国别经验:

● 促进家庭与社区的参与

旨在快速了解执行政策时应考虑的挑战和风险。

促进家庭与社区的参与

经验一：跨越行政边界，认识到家庭与社区的参与关系到社会政策和教育政策

比利时荷语区及法语区，不列颠哥伦比亚省（加拿大），日本，韩国，墨西哥，荷兰，挪威和斯洛文尼亚都发现，与其他服务机构（如社会或健康机构）培养良好关系，促进公开交流尤为重要。主要是因为这让我们尽早发现更多学习困难，同时

也促使未参加早期教育与保育的儿童父母意识到他们可以参加。在日本的研究表明，与相关社会机构和发展机构协作，儿童养育可由全社会来以整合的方式进行；托儿中心也从其他服务机构学习如何改善幼童的学习环境。韩国通过面向困难家庭和儿童的"梦想启程"（Dream Start）项目发现，要提供包含健康、营养、保育和教育在内的全面服务，多部门合作至关重要。他们发现，一个部门可以带来其他部门的人员，共同整合内容（例如，教育部门人员可以带来医疗部门人员从而在家庭扶持项目中加入相关健康信息，反之亦然）。

新西兰研究表明，父母参与不仅可以纳入早期教育与保育政策，而且可以加入与家庭相关的社会政策中，用来维护家庭环境的稳定，同时辅助儿童早期发展。新西兰服务机构要么把父母的发展活动加入已有的幼儿教育中心，要么将幼儿教育融合到某社会服务机构提供的服务中。无论哪种举措，父母都在很大程度上参与了活动和项目实施。这些创新大都是在困难家庭数量众多的地区开展。

美国的"提前开端"计划（Early Head Start）尝试将早期教育政策和社会政策整合到一起。结果明确显示，不同政策的融合及不同社会服务机构的合作更好地满足了家庭需求，而家庭也更愿意参与进来，对儿童教育也更有兴趣。"提前开端"计划帮助家庭可直接或通过推荐间接获得必要的社区服务，包括为家庭提供紧急或危机支持，例如，食物、住房、衣物和运输服务、营养教育、心理健康教育、家庭读写能力教育及孕妇产前和产后保育和健康教育。

经验二：阐明家庭与社区的参与目的，确保政府、早期教育与保育经理及员工知晓如何与家庭和社区进行沟通和参与

澳大利亚、比利时荷语及法语区、芬兰、墨西哥、荷兰、挪威、日本、斯洛文尼亚、瑞典和土耳其研究表明，在服务中心和政策层面都应当有通知父母和社区成员他们可以参与进来的系统。各国研究表明，和教育人士之间建立持续、诚实、公开的双向沟通有助于让家庭感觉他们与儿童在教育和日托中心紧密相连，并且有助于增强他们对服务机构的信任和信心。也正因此，让有可能参与进来的各方接触到公开的信息就非常有用，比如通过网络。各国研究还指出，向公众解释父母和社区参与的目的及目标，有助于让范围更广的群体了解各种类型参与的目的。

不列颠哥伦比亚省（加拿大）、荷兰、挪威、葡萄牙、斯洛伐克共和国、瑞典和土耳其研究发现，管理层激励和鼓励基层从业人员执行参与活动意义重大。管理层

疏于支持，服务中心里家庭与社区的参与就会减少。

日本保教机构教师和托儿中心工作人员会每天在父母接儿童走时主动与父母交谈。他们已发现，这会激发父母对儿童发展及服务中心工作的兴趣。芬兰和斯洛文尼亚的研究称，需要正确认识父母及一线保教人员的关系，所有的利益相关者对于儿童发展都同样重要。这些关系的目标应当是儿童早期的福利——这也是终极目标。挪威研究也指出，这些参与者关系应该适应多元文化社会，因为各个家庭通常来自不同的文化和语言背景。

经验三：根据不同家庭背景和需求建立多种沟通渠道和方法（例如语言，时间安排和信息传递方法）

挪威的研究显示，让来自不同背景的父母（包括少数民族和受教育程度低的父母）加入挪威保教机构父母咨询委员会，可以促进保教机构和儿童家庭的合作。该合作有助于减少社会不平等。让父母参与，就需要考虑语言和文化差异。荷兰的研究指出，提供清晰易读的多语言书面指导，对于提高家长参与的可能性极为重要。这将激发社会–经济地位低的家庭和少数民族家庭的参与兴趣。韩国一直在努力发展多种方式与多元文化家庭交流，因为到2010年，多元文化家庭中0～5岁儿童的数量几乎达到18岁以下儿童数量的60%。他们通过对多元文化家庭的访谈和经过翻译的问卷，调查到父母对于早期教育与保育机构的日常工作以及项目的了解程度，以及在养育儿童时最需要的信息，然后据此开发了多种信息资料。除此之外，一本父母指导书已经译为8种语言，也派出人员上门帮忙照料儿童，翻译服务和咨询热线也已开启等。

澳大利亚研究显示，通过对少数民族和经济困难家庭进行家访，为父母和青少年提供的家庭互动项目非常有用。父母反映这一项目对他们与子女间的关系以及儿童在校表现均有积极的影响，这也增强了他们对早期干预项目的兴趣。儿童和父母都发现，这增强了他们的自我认同感和自尊。对其中的一些父母而言，参与到项目中也为他们提供了追求更高教育或者工作的机会。澳大利亚认为，持续、公开的双向沟通使父母感觉与服务中心或项目紧密相连，帮助父母更加信任服务机构和教育者。

爱尔兰的研究发现，主动为父母和社区成员提供信息极为重要，并可以促进参与。尽管网络在爱尔兰应用甚广，符合条件的家庭还是会统一收到关于介绍普及性学前教育服务的书面信件，事实证明，这些信件促使更多的家庭为其儿童注册儿童早期教育与保育服务。

韩国的研究显示，早期教育与保育满足父母关于开放时间的要求，极大地提高了父母对服务的满意度。自从学前学校有了深夜保育服务之后，虽然更长时间的保育服务对儿童发展的影响还不确定，但是父母对全日制幼儿园的满意度由2009年的58%增至2010年的97%。据估计，更高的父母满意度将会促进更多的女性就业。

弗兰德斯（比利时）不列颠哥伦比亚省（加拿大）、日本、墨西哥、荷兰、挪威、葡萄牙、斯洛伐克共和国、斯洛文尼亚和瑞典发现，为在职父母提供正常工作时间以外的保育机会十分有效（即：不仅仅是在多数人工作的白天）。这增加了父母的参与，尤其是关于儿童发展的会面中。

经验四：对父母参与的长期成果进行总结和宣传，显示早期参与会增进今后对子女学习的参与

在不列颠哥伦比亚省（加拿大），对强壮开端早期学习项目（Strong Start BC）的评估显示，父母高度评价自身的参与，认为这对子女产生了重大影响，而且增强了自身对协助子女发展和学习能力的信心。不列颠哥伦比亚省（加拿大）的研究表明，参与早期教育与保育项目的父母更倾向于在后续上学阶段，继续参与其子女的学习，而这也对儿童的学业成功产生积极影响。

行动领域 5
反思当前的实施状况

这张表是在国际趋势的基础上设计制定，目的在于帮助使用者对本国标准进行反思：

● 家庭与社区的参与

该表的目的在于提升对于新生问题的关注度和发现可以改进的领域，而不是对实践的打分。请反思当前的状况，并在1~5中圈出对应的数字。

家庭与社区的参与度

家庭参与	完全不				非常好
1. 为了让家庭参与早期教育与保育服务，向不同的社会和教育服务机构分享了全面的家庭与儿童政策	1	2	3	4	5

家庭参与	完全不				非常好
2. 中央政府和地方政府在父母参与战略上能够开展并确保充分的沟通与合作	1	2	3	4	5
3. 政策制定者和早期教育与保育提供者认识到"家庭课程（即日常教育、鼓励与儿童的讨论、家庭阅读等）"的重要性	1	2	3	4	5
4. 已做出各种努力，帮助父母确保良好的家庭学习环境，以实现有效的儿童发展，例如，人员培训、定期课程、公关活动	1	2	3	4	5
5. 早期教育与保育员工通过工作指引和培训变得训练有素，以支持父母们	1	2	3	4	5
6. 为最需要或需求最为相关的人提供育儿技能项目或其他辅助项目	1	2	3	4	5
7. 父母们不仅仅是以"用户"的角色参与到早期教育与保育的服务中，而是以更多方式参与其中（例如，早期教育与保育提供者、志愿者、决策者、合作伙伴）	1	2	3	4	5
8. 为了提升质量，对早期教育与保育机构的父母参与程度进行监测	1	2	3	4	5
9. 对需要此类项目的家庭安排了家访	1	2	3	4	5
社区参与	完全不				非常好
10. 早期教育与保育机构和其他为家庭而设计的合作项目之间（如健康机构、社工组织）存在合作	1	2	3	4	5
11. 地方政府和早期教育与保育机构在社区参与战略上能够开展、确保充分的沟通与合作	1	2	3	4	5
12. 开发和利用社区现有资源（如图书馆、博物馆、非政府组织、企业）	1	2	3	4	5
13. 社区领导人在课程及教材的计划和开发阶段即会参与其中，在教材因地制宜的改编中体现出社区价值	1	2	3	4	5
14. 居住于问题社区的儿童及其父母在为解决社区及其他问题的措施中得到帮助	1	2	3	4	5

注释

1.　在本文中，"父母"指所有在儿童保育中承担首要责任的人（有时习惯译为家长——译者）。

2.　国际阅读素养进步研究，http://pirls.org.

3.　干预强调在早期教育与保育中父母积极参与合作的重要性，包括五个主要方面：（1）读写专家与学前教师通力合作；（2）将科技和教材制作仪器带进课堂；（3）儿童在读写专家，教育家和父母的帮助下自己"写书"；（4）父母实地参加父母/家庭小组会议，同其他家庭成员分享家庭故事并一同以此写书；（5）经常在班级和更大的社区中阅读、分享、展示及分发儿童自编的图书。干预并不是为了专门提高儿童的读写技巧，而是侧重于为儿童和家庭提供有意义的书籍编写素材，根据推断，这将会激发儿童、教师及家庭参与到读写活动中来。评估包括考试前和考试后评估。评估结果具有积极意义：参加评估的3岁和4岁儿童的语言和读写能力都因项目活动而得到提高。该项目不仅能提高儿童的语言技巧，而且能避免贫困儿童与国家年龄标准相比，一直处于落后状态从而居于劣势。也有证据显示教室内发生的质的改变：教师们和读写专家称"儿童变得更喜欢说话，说出更完整的句子，发现书写和阅读之间的联系"。质量性数据显示该项目增强了儿童的自我意识和自尊（Bernhard et al., 2008）。

4.　HIPPY即父母和青少年的家庭互动项目（Home Interaction Programme for Parents and Youngsters），于20世纪60年代后期始于以色列，后在很多国家实施并取得良好成果。更多内容见www.hippy.org.il/。

5.　高瞻/佩里学前教育方案（High/Scope Perry Preschool approach）有其自己的课程（高瞻/佩里课程），并且应用于公立和私立、半日制和全日制学前班、托儿所、婴幼"提前开端"计划、日托中心、居家托儿看护项目以及为有特殊需求儿童所进行的项目。最初旨在为低收入、"有风险"儿童创建的高瞻/佩里学前教育方案，现已应用到所有儿童，已在美国及海外的城市及乡村儿童中成功实施。

6.　规定其为法律义务：早期教育与保育按规定必须为父母或社区成员提供参与的机会，或者说，他们有义务让父母/社区参与。

7.　规定其为法律义务：早期教育与保育按规定必须为父母或社区成员提供参与的机会，或者说，他们有义务让父母/社区参与。

政策杠杆 5
促进数据的收集、研究和监测

　　通过提供关于儿童是否有平等的机会接受优质早期教育与保育的事实、趋势和证据，数据和监测能够成为有力的杠杆来促进早期教育与保育的质量。数据和监测可以用以确保项目的问责，并／或支持项目的改进；也可以借助适当的指标，帮助分析和确定适当的政策回应。数据和监测还可以帮助家长对于服务的选择，做出有选择的决定。各国使用不同的监测工具，如面谈、观察、标准化测试、作品档案、质量评定和调查，来达到不同的目的。

　　研究也能够成为有影响的工具来为政策和实践提供信息。在早期教育与保育领域中，研究在解释早期教育与保育项目的成功或者失败、优先区分早期教育与保育投资的重要领域、通过证据指导早期教育与保育的实践等方面扮演了重要的角色。在促进研究方面，各国报告的主要挑战包括：（1）在早期教育与保育方面需要更多的证据和成本−收益分析；（2）缺乏研究的领域或者是新兴的研究领域；（3）宣传。

行动领域 1
运用研究成果为政策制定与公众提供信息

本节包括以下研究要点：
- 数据收集和监测意义重大
- 早期教育与保育领域的研究意义重大

数据收集和监测意义重大

什么是数据收集和监测

在早期教育与保育领域中，数据收集包括关于早期教育与保育服务策略性信息的收集（比如，设备、资金使用、待满足的需求和教师资质）来促进国家和地方的决策（OECD，2001）。

早期教育与保育的监测是指出于问责制和／或为了改进的目的，对系统业绩进行持续评估和对项目质量的评定，以阐明早期教育与保育领域的发展趋势，并服务于家长的知情选择（OECD，2006）。

导致风险的因素

近期全球的经济危机和教育经费的压力表现在教育领域包括早期教育与保育强调了问责制和寻求"性价比"的重要性，和以证据为基础的政策制定。为了实现以证据为基础的决策，政府行政部门需要组织在早期教育与保育中政策的重要领域的数据收集，并且覆盖，比如，需求、供给和早期教育与保育场所的使用；公共财政的数量和分配；接受与未接受早期教育与保育的儿童的状况（人口统计学意义上的，健康方面，社会经济方面的等）；以及员工的招募和培训层面（OECD，2006）。

在教育研究中，人们常常假定用相同资金支持的或是服务于相同年龄群体的项目所提供的服务内容和质量是同等水平的[1]（Patton，2008）。和早期儿童政策相关的信息经常来自为其他目的和其他年龄段收集的数据集里。这些限制都导致了国家层面上政策制定的不确定性，在国际层面也缺少可靠的、可比较的数据（OECD，2006）。

尽管好几个经合组织的国家正在修改信息系统，收入幼儿的数据，早期教育与保育数据收集的连贯性和协调性仍然是一个挑战。举个例子，美国的"数据质量行动"鼓励和支持各州政策制定者去促进关于早期教育与保育及其他层面教育的优质数据的可及性和使用。这项行动提供工具和资源，帮助每个州执行和使用纵向数据系统（Laire，2008）。尽管对促进数据收集和监测已经做出努力，婴幼儿（0~3岁）的数据仍然很难得到（OECD，2006）。这些知识差距限制了在早期教育与保育领域政策的制定，已经不仅影响到国际可比较性，并且也影响到儿童保护等国家层面的事务（OECD，2006）。

为什么数据收集和监测很重要

增强问责，促进服务

数据收集和监测可以帮助建立在早期教育与保育领域的事实和证据，比如，儿童是否可以平等地接受高质量的早期教育与保育；这也保证了优质早期教育与保育系统的问责制。比如说，财政的跟踪和监测可以帮助影响规划，有助于更有效的资源分配并促进成本的有效性（Bennett，2002）。

一些研究发现，优质数据的收集和监测可以促进项目质量，更高标准的采纳、班级环境评估方法的改进以及教师资质的提高都反映了这一点（儿童发展和早期学习办公室，2010；RAND，2008）。[2]

有助于更好的儿童发展结果

项目质量的促进可以在儿童发展方面产生更重要和有意义的影响（Pianta等，2008）。监测和数据收集可以给工作提供反馈并帮助确定需要促进的领域。比如，在新泽西，引进质量评分使得实践者和管理层都改进了工作，对儿童的读写能力也产生了具有统计学意义的显著积极影响（图5.1）（Frede 等，2007；Frede 等，2011）。

图 5.1　新泽西在读写质量分数方面的课堂变化

注：SELA（早期读写能力评估的支持）是一种以观察为基础的评估工具，目的在于测量以中心为基础的学前环境（如日托中心、托儿所、开端计划等）中，对幼儿语言与读写能力发展方面提供支持的质量。

来源：Frede et al., 2011。

什么是至关重要的

监测目标

数据收集和监测可以贡献于以证据为基础的政策制定并促进教学实践。首先要确定的是监测或评估的对象。最通行的做法是要监测最低标准（规章）或者说儿童的发展（盎格鲁-萨克逊国家中对后者的监测更为常见）（OECD，2006）。监测最低标准可以帮助了解早期教育与保育领域的当前状况，也可以帮助探查儿童特殊的学习需求。后者在提供补充性的早期干预和支持方面起到了关键的作用。

为了更好地理解早期教育与保育员工的工作条件及不同的影响因素，比如说流失率，以及工作条件是否符合规定等，数据收集和监测贯穿全过程就很重要。课程执行的监测可以改进课程、教学实践，课程培训的措施可以提高项目质量和更好地促进儿童发展。除此之外，家庭满意度通常是通过调查来监测的。监测早期教育与保育的这些方面，有助于达到对于优质早期教育与保育组合要素的深入理解（经合组织，2006）。

数据收集的协调工作

数据收集需要有能力去协调重要数据，并要保证在不同时间段收集的数据、多个数据收集者得到的数据、不同地理区域数据之间的可信度（Zaslow 等，2009）。收集关于早期教育与保育的数据对很多国家是一个挑战。一个关于美国早期教育与保育数据系统的回顾表明，国家在大量收集与早期教育相关的数据时，经常是缺乏协调的。很多国家的数据系统不能将个体的儿童或者是在幼儿项目点层面上的数据与工作人员的数据联系起来（图5.2）。尽管事实上很多确凿的研究都表明，员工素质对于促进儿童发展是一个关键的质量指标，但这仍然很难让各州理解其人力资源政策或者

图 5.2　美国全国早期教育与保育项目数据收集方面协调性的缺乏

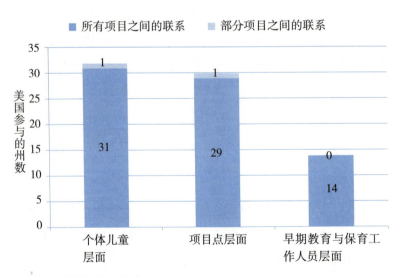

来源：儿童早期数据协作，2011。

是职业发展投资等因素与儿童的学习和发展的相关性。并且，几乎各州都不能测定哪些儿童同时参与了多种早期教育与保育项目。如果这些个案无法监测出来，就会造成早期教育与保育服务的重复性，也造成不同机构间对同一个儿童不能够提供相互协调和互为补充的教育和保育（早期儿童数据收集协作，2011）。[3]

指标的选择

认真地选择指标可以帮助促进服务项目和人力资源发展，增加服务的可及性（尤其是在还未开展服务的社区），改进实践经验并产生有利于儿童的结果（早期儿童数据收集协作，2011）。关于结构的信息和过程指标可以增加关于质量供给方面的认知；数据系统中还可以收录儿童的人口学信息和背景特征，用以检验项目对于目标人群的效果以及早期教育与保育服务的当前状态。

一项全面的效果研究应该测量服务项目的内容和儿童的发展，以告知利益相关者特定条件（如最低的标准或者说家庭收入）与儿童发展之间的关系。这样的信息可以让研究者对于谁在哪种情况下受益于哪些条件有一个更清楚的结论。美国的研究机构已经强调指出了几种对于早期教育与保育数据收集和监测的"基础"指标（早期儿童数据收集协作，2011）：

- 全州范围的或地区级的儿童身份唯一标志，这样即使儿童在不同时期转校或者迁移到其他城市，也可以让政府追踪早期教育与保育服务的参与者；
- 儿童个体的人口统计学和项目参与的相关信息，包括家庭背景的条件；
- 在儿童发展方面，儿童个体和组别数据；
- 将儿童个体的数据与学校和其他关键数据系统联系起来的能力；
- 唯一的服务项目点身份标志，具有将儿童与早期教育与保育工作者的信息联系起来的能力；
- 项目点的结构、质量、工作环境（如员工-儿童比率）等方面的信息；
- 唯一的早期教育与保育工作人员身份标志，具有将项目点与儿童信息联系起来的能力；
- 早期教育与保育工作者个体的人口统计学信息，包括教育和专业发展信息等。

监测方法

即便是对于那些有明确目标和可测量的预期结果的早期教育与保育项目，质量的监测和有效性的评估可以说仍然是一个巨大的挑战（OECD，2006）。大量的评估和观测系统已经被开发来监测早期教育与保育项目的质量。这些包括项目记录、儿童发展的结构性观察和儿童学习效果的评估工具。评估项目结构和在基层层面上执行状况的评估工具，如核查表和问卷等，已经非常流行，尽管它们的应用仍然大大少于其他评估方法。比如说，在美国，官方的项目记录是监测信息最常用的来源（75%），而问卷是最少被用到的方法，只占18%（图5.3）（Barnettt等，2010）。

然而，既然不同的方法提供不同的信息，而每种方法各有其目的，因此，需要谨慎地加以选择。《强壮开端》报告指出，除国家和地方的行政人员、早期教育与日托中心和工作人员以外，让家长参与监测、采用一种更加协商性的方式，对于信息和数据的收集是很重要的。通过这种方法，可以采集到信息的各种变量，比如，服务是否便捷可及、开园服务的时间是否方便、有效的行政管理和入学位置的分配、对家庭背景的敏感度（社会-经济、文化、宗教、语言），还有家长对于幸福和孩子良好发展的理解、食物的提供和对儿童的常规健康照顾、和老师的关系等。这些信息对家长为孩子选择合适的幼儿园也十分有用（OECD，2001；OECD，2006）。

图5.3　美国州级层面的监测方法

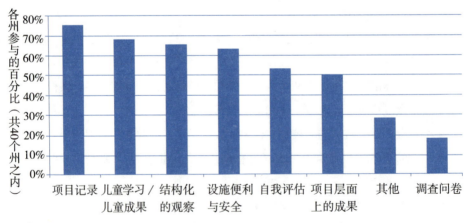

来源：Barnett et al., 2010。

数据的使用

在不同的国家，对于收集来的数据的使用是不同的。在收集数据和监测体系开始工作之前，就应该好好考虑数据的目的（OECD，2006）。数据最多见的应用是提供技术支持（83%），其次是教师的职业发展（80%），再次是纠错或者处罚（73%）

以及政策的改变（38%）。图5.4表明，数据和监测并没有经常用于政策变化的执行，但是以证据为基础的政策制定可以在更大层面上贡献于政策的效率和效力（Barnett等，2010）。

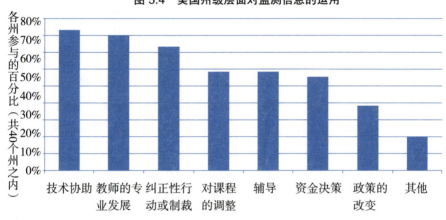

图 5.4 美国州级层面对监测信息的运用

来源：Barnett et al., 2010。

政策的涵义是什么？

目标、范畴和关键政策问题的定义

如果对为什么需要数据没有一个清晰的理解，政府就会陷入单纯收集数据的风险，而不是将数据收集作为持续改进的方法。不同的目的可能会需要不同的数据及收集方法、严谨的研究设计、考虑测量什么和如何去测量等。因此，开始收集数据之前对于目的和数据收集范围的定义是很重要的（Patton，2008）。

对正在进行的数据收集工作进行梳理，确定是否每一个预设的数据收集活动都是需要的，并评估现有数据存在的差距，以及需要各种早期教育与保育项目间的哪些联系，将有助于回答既定的政策问题。政策问题决定了监测的目的和监测信息的潜在用途。这方面的例子包括（Barnett等，2010）：

- 确定将引导教师培训或专业发展的需求；
- 确定需要纠正错误或进行处罚的服务项目；

- 为了做出项目的资金决策或担保；
- 为了调整课程；
- 为了向员工提供技术支持；
- 为确定向员工提供辅导；
- 对学前教育政策进行修改。

一致认同的监测目的将有助于定义数据收集的范围，根据目标来结合不同的方面。最合适的指标组合应该是取决于国家早期教育与保育的质量目标，并结合具体的政治、社会–文化和财政背景。这种数据的采集和监测，将需要高层次的协调和大量的资金。每个国家都必须平衡项目的规范性和资源的有限性。这三者（指质量目标、国家背景和财政状况——译者）之间的联系，对于理解政策在一个方面产生的变化（例如，专业发展）是如何影响到另外一个方面（例如，儿童发展）是至关重要的。

在国家层面建立一个统一的数据和质量监测体系

数据系统需要将不同项目、治理结构间儿童的信息、服务项目特征和人力资源的数据等联系起来，以帮助政策制定者、服务提供者和其他利益相关者获得对于系统的全面了解。由不同部门负责保育和早期教育，即采取"并轨"或"分轨"系统的国家和采用分权监测和问责程序的国家，会发现自己越来越难以进行国家间的比较，更难确保提供为普惠所有孩子的高品质的学前教育，因此，在国家层面上设置一个统一的数据系统和质量监测是有益的。

财务数据的收集和监测

有用的数据包括早期教育和托儿服务方面公共和私人开支（总数和／或单项的），育儿假和子女津贴（现金福利和纳税减免）。这些信息可以帮助政府制订各个部门关于儿童的目标和政策，并在具体某国的社会–经济和人口环境下，鉴别是否适宜制定普惠的或有特定针对性的政策（OECD，2001）。

在早期教育与保育领域开发跨国的有质量的数据

在经济日益全球化的形势下，各国来开展跨国的进展比较，共享最佳实践，在全球促进早期教育与保育的发展比以往任何时候都更有价值。一项关于在韩国和瑞典采用相同的服务项目评估量表的研究表明，学前班质量方面的跨文化比较是可实现和有价值的（Sheridan等，2009）。

　　家长和当地行政管理者是一个宝贵的信息来源。父母可以就他们感到的孩子的幸福感提供重要的观点并说出其忧虑所在。让当地的行政管理者参与监测过程，能鼓励他们多加努力，在早期教育与保育的责任放权到地方的情况下尤其如此。（OECD，2006）。

尚未研究的领域

早期教育与保育的数据概况

　　国际上，早期教育与保育的服务供给在各个方面都缺乏信息（Hustedt 和Barnett，2010），这使得实施效果的研究和维护精心设计的数据库变得很困难。我们对接受不同的早期教育与保育的人群、什么样的资源可以供项目使用、工作人员的特点、许多项目的结构特点和质量的动态特性都知之甚少。虽然现存的对儿童和项目的广泛数据将有助于回答关于某些组别的和项目的有效性的问题，政府和其他资助机构往往不进行设计严谨的研究，因此留下太多悬而未决的问题。美国发现，大多数关于研究学龄前儿童服务提供的研究在设计中存在很大的缺陷，因而在阐释其结果方面有很大的限制（Gilliam和Zigler，2004）。因此我们不光需要开发和建立跨越早期教育与保育各个机构的广泛的数据库；如果我们要利用它们来促进项目进展，从而在全球提高我们在早期学习工作方面的有效性，就必须同时确保这些数据库都通过严谨的研究验证而相互关联。

尤其是关于质量、财政和成本的数据

　　用早期教育与保育数据系统验证行动理论，实在是言之过早。虽然已经有一些一次性的关于模式使用的研究和儿童保育服务的各个方面的调查，但大多数国家都没有关于早期教育与保育项目范围的永久的、定期的信息源，尤其是关于财政和成本的信息（Cleveland等，2003）。

对儿童发展与学习的影响

　　虽然有一些关于数据收集和监测的影响的证据，如质量评定对项目和课堂质量

的影响等正在显现，仍需要更多的研究来说明如何使用数据和数据系统以提高儿童的学习和发展效果。

国际比较研究知识不足

在国家层面上缺乏连贯的监测政策，使得我们很难获得国家在早期教育与保育服务方面的一个完整图景，这也阻碍了各种国际项目及其结果的比较。

参考文献

Barnett W. S., D. J. Epstein, M. E. Carolan, J. Fitzgerald, D. J. Ackerman and A. H. Friedman (2010), *The state of preschool 2010: State preschool yearbook*, National Institute for Early Education Research, New Brunswick.

Bennett, J. (2002), "Strengthening Early Childhood Programmes: A Policy Framework", *Education Policy Analysis*, OECD, Paris.

Cleveland, G., S. Colley, M. Friendly and D. S. Lero (2003), *The state of data on early childhood education and care in Canada*, Toronto: Childcare Resource and Research Unit, University of Toronto.

Early Childhood Data Collaborative (2011), "10 Fundamentals of Coordinated State Early Care and Education Data Systems", *Inaugural State Analysis*, Berkeley, available at: http://ecedata.org/files/DQC%20ECDC%20brochure%202011%20Mar21.pdf.

Frede, E. (2005), "Assessment in a Continuous Improvement Cycle: New Jersey's Abbott preschool program", invited paper for the National Early Childhood Accountability Task Force with support from the Pew Charitable Trusts, the Foundation for Child Development and the Joyce Foundation, available at: http://nieer.org/docs/?DocID=192.

Frede, E. and W. S. Barnett (2011), "New Jersey's Abbott Pre-k Program: A Model for the Nation", in E. Zigler, W. Gilliam, and W. S. Barnett (eds.), *The Pre-k debates: Current controversies & issues*, Baltimore, MD: Brookes Publishing.

Frede, E. C., G. S. Walter and L. J. Schweinhart (2011), "Assessing

Accountability and Ensuring Continuous Program Improvement: Why, How and Who" in E. Zigler, W. Gilliam and W. S. Barnett (eds.), *The Pre-K debates: Current Controversies & Issues*. Baltimore, MD: Brookes Publishing.

Frede, E., W. S. Barnett, K. Jung, C. E. Lamy and A. Figueras (2007), "The Abbott Preschool Program Longitudinal Effects Study (APPLES)", Interim Report, New Brunswick, NJ: National Institute for Early Education Research.

Gilliam, W. S. and E. F. Zigler (2004): "State Efforts to Evaluate the Effects of Prekindergarten: 1977 to 2003", Yale Univeristy Child Study Centeer, New Haven, available at: http://nieer.org/resources/research/StateEfforts.pdf.

Hustedt, J. T. and W.S. Barnett (2010), "Issues of Access and Program Quality" in P. Peterson, E. Baker and B. McGaw (eds.), *International Encyclopedia of Education*, Vol. 2, pp. 110-119, Oxford: Elsevier.

Laird, E. (2008): "Developing and Supporting P–20 Education Data Systems: Different States, Different Models", *National Center for Educational Achievement, Data Quality Campaign*, available at: http://dqcampaign.org/files/meetings-dqc_quarterly_issue_brief_011508.pdf.

Montie, J. E., Z. Xiang and L. J. Schweinhart (2006), "Preschool experience in 10 countries: Cognitive and language performance at age 7", *Early Childhood Research Quarterly*, Vol. 21, pp. 313-331.

OECD (2001), Starting Strong I: Early Childhood Education and Care, OECD, Paris.

OECD (2006), Starting Strong II: Early Childhood Education and Care, OECD, Paris.

Office of Child Development and Early Learning (2010), "Keystone Stars: Reaching Higher for Quality Early Education", *Program Report*, Pennsylvania Department of Public Welfare.

Patton, M. Q. (2008), "Utilization-Focused Evaluation - 4th Edititon", Saint Paul, Minnesota.

Perlman, M. and G. Zellman (2008), "Child-Care Quality Rating and Improvement Systems in Five Pioneer States: Implementation and Lessons

Learned", RAND Corporation, Santa Monica.

Pianta, R. C., A. J. Mashburn, J. R. Downer, B. K. Hamre and L. Justice (2008), "Effects of Web-mediated Professional Development Resources on Teacher-child Interactions in Pre-kindergarten Classrooms", Early Childhood Research Quarterly, Vol. 23, pp. 431-451.

RAND (2008), "Assessing Child-Care Quality: How Well Does Colorado's Qualistar Quality Rating and Improvement System Work?", *Policy Brief*, RAND, Santa Monica.

Sheridan, S., J. Giota, Y. M. Han and J. Y. Kwon (2009), "A Cross-Cultural Study of Preschool Quality in South Korea and Sweden: ECERS Evaluations",*The Early Childhood Research Quarterly,* Vol. 24, pp. 142-156.

Zaslow, M., K. Tout, T. Halle and N. Forry (2009), "Multiple Purposes for Measuring Quality in Early Childhood Settings: Implications for Collecting and Communicating Information on Quality", *OPRE Issue Brief*, Washington, DC: Office of Planning, Research and Evaluation, Administration for Children and Families, U.S. Department of Health and Human Services.

早期教育与保育领域的研究意义重大

什么是早期教育与保育研究

早期教育与保育研究是指所有在早期教育与日托中心的，与早期教育与发展环境相关问题的研究和分析。早期教育与保育领域中已经和正在进行的包括定性和定量两类研究，但二者采用不同的研究方法。下面给出简要概述，详细的分析放在后面的章节。

定性研究

定性研究对早期教育与保育的某一主题提供了深入的分析方法，通常样本量是很小的，因为深入分析非常耗时。定性研究在数据收集方法，包括案例研究、叙事描述、人种学等领域都有应用，而最常见的是访谈或观察技术。在早期教育与保育中，研究的重点往往放在如下主题上：如何促进儿童的发展，工作人员和家长如何与孩子互动，这些不同的互动是如何影响儿童发展的，工作人员和家长如何才能达到积极的互动，员工的工作满意度以及父母满意度受哪些因素的影响等。

定量研究

可以进行数字编码、大规模管理、统计学分析的标准化测量及其他测量，可以应用于量化研究。定量研究方法的一些例子如下。

对早期教育与保育的描述性统计。这些信息可以帮助我们建立事实和报告趋势，如地点数、小时数、在早期教育与保育方面的支出，和不同类型的家庭中口语交流的类型（社会福利家庭、工薪阶层家庭和专业人士家庭等）。

相关性的研究可以在一定程度上控制其他因素的影响，从而告诉我们要探求的因素之间的关系。相关性研究的研究问题可以包括如下一些：如果无论儿童的家庭背景如何，参与早期教育与保育与孩子的发展具有正相关关系，那么哪些质量指标可能会对儿童发展造成较大影响？相关性并不能证明是因果关系，也就是说，并不足以证明该因素是影响儿童发展效果的直接原因。

实验研究最有可能控制影响结果的某些因素或方面，而其他变量保持不变，从而对因果效应的结论提供有力支持。对于因果关系的问题（例如，"这个政策或项目是否改善了儿童的发展结果？"）最好是进行大规模的随机试验或准实验研究，同时至少有一些纵向随访来跟进。然而，从经济的角度来比较政策和项目来评估他们的工作效率，研究和分析的管理很昂贵且费时，特别是成本有效性和成本效益分析。可靠的经济分析必需基于强大的干预影响的研究和成本研究，如对一定儿童早期教育与保育项目中的投资回报的计算等。

导致风险的因素

在全球范围内，自20世纪60年代以来，早期教育与保育入学率已经有大幅增长。同时，早期教育与保育项目的支出极大地增加，支持了这一增长。因此，告知政策制定者（其他利益相关者）项目成效，也成为一个不断增长的需求。

早期教育与保育政策的设计和实施通常会包含特定的目标。此类目标可以包括：减少不同儿童群体学习和发展的不平等（对于移民和其他弱势群体多加关注），解决贫困问题、改善儿童发展、增进教育成就和支持妇女在劳动力市场的参与度、推进工作与生活的平衡以及增加生育率等。这些目标在多大程度上实际由早期教育与保育教育政策推动，往往是未知的。另外还有一个不断增长的实践需求，以确保并促进早期教育与保育服务为儿童、工作人员和家长提供的服务质量（OECD，2006）。研究可以提供对这些问题的洞察。没有研究就没有基于证据的决策，也就不可能达到更大的政策有效性和成本效率；我们也将基本不能得知早期教育与保育政策和项目的效果。

为什么早期教育与保育的研究至关重要

评估早期教育与保育项目以改善和问责

研究可以提供一些洞见，即为什么一些项目成功而另外一些项目失败，以及如何改进从而使它们更有效。早期教育与保育项目在过去的半个世纪中有很大的增长，评价研究也被开发作为一种手段，以促进公共政策和实践。许多研究已经从短期和长期的效益来评估早期教育与保育方面的公共投资对儿童、家长和社会的推动力。

为改进早期教育与保育质量的投资提供依据

政治和公众对早期教育与保育的支持在一定程度上依赖于研究证据，证实早期教育与保育项目在大范围内产生了理想的效益（OECD，2006）。在过去，早期教育与保育政策往往更加专注于提高数量而不是质量。今天需要更多的研究来确认质量的价值，并且识别出在改进质量方面产出最高的投资，以增加早期教育与保育项目的成效和投资回报。

通过证据促进早期教育与保育的实践

以证据为基础的实践在医学、心理学、社会工作和教育领域中都在不断发展。这些领域以寻求目前最好的科学实践证据为支持，而不是依靠理论和信念。从业者的经验，背景和价值观在实践决策中起着重要作用，但基于证据的实践更多地依赖于有效的研究发现来提高有效性（Slavin，2002年；Thomas and Pring，2004年）。

在早期教育与保育领域，有哪些普遍开展的研究

比利时、芬兰、法国、荷兰、挪威、瑞典、英国和美国等国家都建立了协调良

好的研究议程，同时与数据系统和政府–大学间的协议相关联。虽然在早期教育与保育方面的研究发展迅速，但是这方面仍有很大的增长空间（OECD，2006）。以下类型的研究是最常开展的——虽然不同国家之间最青睐的研究方法和主题可以相差很大。

针对不同国家的政策研究

针对不同国家的政策研究是面向政策管理者所提出的政策问题。这种类型的研究往往是由政府直接资助并且经常侧重于项目或政策评估。有些国家，一些大学院系或私人机构从事这种类型的研究。在早期教育与保育领域，针对这种类型的研究已经逐渐增多；不过，将一个国家的发现应用到其他国家和文化中时，仍是需要注意的（OECD，2006）。

大型项目评估

项目评估的目的是对项目评估目的有效性进行的评估。其目标包括：（1）项目的改进；（2）问责制；（3）价值，以及（4）评估项目中一些特定方面的效用。此类例子包括对"开端计划"（HEAD START）项目（美国），和英国的"确保开端"（SURE START）项目，"学前教育有效性"（EPPE）项目和"邻里看护项目"（英格兰，英国）的评估。

随机抽样的实验和准实验是最强效的影响评估。然而，对它们的批评包括：（1）技术（即选择无偏见的样本），伦理和政治上的困难，也就是在被认为会对早期发展产生积极影响的项目里随机抽取样本，设立一个对照组，而该组儿童不接受项目干预；（2）大量所需的资源；（3）需要项目的全面实施；（4）缺乏项目如何实现其影响的信息和（5）专注于容易测量的结果，而不是重要的却不易量化的目标（Meisels等人，1996；Wortham，2004）。

结果能否直接影响决策，取决于研究、政治和政策决策三者之间的相互作用。如果有纵向研究追踪，研究结果的可信度——达到统计学意义上的显著性的程度——增加，该结果影响决策的可能性就加大了。

纵向研究

纵向研究已经开始在一些经合组织国家开展，但通常是由美国支持的。纵向研究会在很长一段时间内追踪相同的样本，目标是观察早期教育与保育项目的有效性和长期影响（OECD，2006）。经常被引用的研究包括：高瞻／佩里学前教育研究，芝加哥家长中心项目，北卡罗来纳州的初学者项目，国家儿童健康机构与人类发展研究，和美国的成本质量和儿童成果研究，新西兰的有能力的儿童／学习者项目和英格兰（英国）的学前教育有效性（EPPE）研究。这些研究都有助于厘清一些问题，例如，有哪些重要的质量指标及其对儿童发展的作用，家庭背景与孩子发展成果之间的关联（包括教育，卫生，劳动力市场和经济成果）等。纵向研究给予儿童和项目成长、成熟的时间，显示出直接结果是如何随着时间的推移而改变的（Chatterji，2004）。

比较的、跨国的研究

比较的、跨国的研究确定了具体的政策和实践，其他国家的人可以从中汲取灵感。它的意图不是认同一个"模式"来模仿或设立比赛名次，而是要协助决策者从更广泛和批判的角度思考早期教育与保育。它揭示了管理和实践的重要区别，例如，公共资金或员工-儿童比率在不同的经合组织国家是不同的。这种关于差异的意识可能会导致对国内政策的重新评估，并为进一步的研究和一些重要问题提供动力，如资助模式或读写和数学能力对于不同国家的相对重要性。跨国比较研究的实例包括政策评论，如经合组织专题评论，同伴学习如经合组织早期教育与保育网络，或社会-文化、社会-经济分析。社会-文化和社会-经济分析旨在了解在不同的国家背景下早期教育与保育的发展。这种分析有助于帮助各国了解教育与保育政策环境是更大的社会经济结构或劳动力市场组织的一部分。这种分析的一个例子就是对母亲就业的研究和在早期教育与保育工作人员中性别平等的研究（OECD，2006）。

神经科学和脑科学研究

在过去的几十年中，对幼小儿童的研究重点已经从什么是固定遗传转移到什么是受环境影响的。最近的神经科学的研究已经表明，儿童发展过程中"经验是很有决定作用的"，并需要社会性的互动和结构性的经验（OECD，2006）。

一些最为相关的发现包括（OECD，2006）：

- 在生命的头四年，对学习是最敏感的；
- 互动的环境有助于提高大脑的发育；
- 学习和社会-情感发展紧密相连；
- 儿童会在既有经验和新获取信息的基础上，在与他人和外界环境的互动中，持续不断地构建（对客体和自身的）理解。

什么样的研究最能影响政策和实践

质量指标对儿童成果影响的深入研究

结构性因素在实施之前该充分研究其影响，因为这一研究可以大大地促进以证据为基础的政策制定和儿童的发展。例如在《研究摘要：最低标准至关重要》之中解释的，结构质量因素，如员工-儿童比率、员工资质、最小空间（及其他），都会影响孩子们的学习成果以及实践者的工作效果。

虽然这样的质量指标可以影响儿童的学习成果，研究表明儿童教育与保育的有效性在很大程度上取决于工作人员的能力（见《研究摘要：资质、教育和培训至关重要》）和对课程的支持（见《研究摘要：课程至关重要》）。

比较不同类型的干预

有多种途径可以改善儿童的发展和成果。比较不同类型干预的不同效果，有助于人们做出明智的政策选择，并能增加关于不同项目产生效果影响的知识。表5.1对不同干预措施的影响大小进行了比较：（1）营养服务；（2）现金福利；（3）早期教育与保育。对于认知和学校教育的成果，效果最大的是早期教育与保育，而营养服务对社会交往的成果的影响最大。为了改善健康状况，营养提供和现金福利比早期教育与保育影响更大。

表 5.1　不同类型的儿童早期发展政策的效果差异

一种标准偏差的百分比

	营养	现金激励	早期教育与保育
认知的	0.26	0.17	0.35
社会的	0.46*	0.21	0.27
学校的	0.11	—	0.41
健康的	0.38	0.38	0.23

注：* 此类只有一项研究。

来源：Nores and Barnett (2010)。

比较不同的教学策略和项目方法

研究项目，比如欧盟委员会支持的"INCLUDE-ED"项目，是寻求更直接地促进从业人员和利益相关者之间的知识交流从而带来更好的实践做法。识别表现良好的机构和采访从业者都可以鼓励对实践的反思并拓宽思路。这可以用于从不同指导实践的方法来定义质量。一种方法是在教师为主导活动的与儿童发起的活动之间保持平衡（见《研究摘要：课程至关重要》）。另一种是为了确保一个合理的较高的师生比率，运用小组活动来促进员工和孩子之间的个性化互动（见《研究摘要：质量目标至关重要》）。

关于特殊教育需求的研究和早期干预的研究可以确定更有回应性的教学方法，以减少进一步的弱势状况，并确定那些可以疗愈残疾的课程（OECD，2006）。要想将有特殊需求的儿童成功纳入正常教育，要求早期教育与保育的环境组织和管理更为完善，尤其是要做出适应儿童需求的改变，聘用或分配专职工作人员，以及更灵活的小组规模和房间，以开展特殊干预课程。如果有足够密集的早期干预，一些不利的影响可以逆转甚至避免，这些措施的成本也远低于之后提供特殊服务的成本。

深入关于实践和过程的研究

对于实践和过程的研究，有时也被称为"行动"或"实践研究"，是一种有价值的研究模式，能使研究人员对自身的实践做出系统的反思。一些研究者对这种类型的研究持保留意见，宣称其方法过于基本，缺乏严谨性和可靠性。但是，如果从业者在大学的研究部门的支持下开展研究，研究方法和可靠性即可以得到保证。作为一种实践，它也践行了早期教育与保育的一个主要目的：鼓励参与者在一个民主和相互支持的方式下，创建理论、进行实验，反思他们的环境。实践研究由于在方法论上与教学法、反思和质量改善过程等明确相连，作为一种专业发展工具具有很高的价值。它可能有一个弱点，就是许多有价值的发现和见解停留在地方一级，并没有以有系统的方式向上传递到部一级；除非部级能够积极地保持开放的沟通方式才会不同（OECD，2006）。

政策涵义是什么

以持续的资金设置研究框架支持长期政策目标

如果研究是指导政策和实践，重要的是制订出长期的早期教育与保育政策的研究框架（OECD，2001）。如果没有一个稳定的研究基础设置和长期的资金，就很难进行研究来影响政策和实践，通过大规模推进国家或国际研究来进行时尤其如此。这将需要政治意愿去投资于研究，并用研究指导政策和实践。

此外，用本地研究来影响实践的潜力也很可观。早期教育与保育项目有很强的实践者质疑和研究的传统，其中包括瑞吉欧·艾米丽亚（Reggio Emilia）等反思性实践和其他形式的参与式自我评价。然而，除了少数例证之外，国家对于实践研究的支持十分薄弱（OECD，2006）。有效地利用研究来影响实践的做法需要和有计划的研究议程相结合；需要为早期教育与保育研究提供培训机会；需要研制评估工具；需要研究程序对各国的具体情况保持敏感度（OECD，2001）。

提高定性研究的质量

在定性研究中，在明确说明研究设计和方法选择（及后果）方面仍然是有难度的。例如，对儿童互动的案例研究有很多例子与细节，它们为专业人员的反思提供了一个完善的基础，这也可以支持早期教育与保育的工作人员更好地支持孩子的学习与发展（Jensen等，2007）。然而，由于缺乏在研究方面的协调，导致了文献记录较随意，并且缺少随机试验或其他能够清楚地识别效果的方法，因此，还不能够让我们明确了解不同项目特征或工作人员行为对儿童的影响。

支持严谨的定量研究和元分析

决策需要依靠一个整体的研究，而不是单一的近期评估和研究。为了确保有足够的研究来提供总结，必需增加支持严谨研究的数目。研究的质量会造成结论的差别：在某些情况下，质量差的研究会大大低估项目的影响，而在另外的情况下低质量的研究又大大夸大了项目的影响（Camilli等，2010；NORES和Barnett，2010）。如果重点是纵向研究，足够严谨和样本量够大，那么同时整合研究和实践对研究质量是大有裨益的（Jenson等人，2007）。一个良好的回顾研究的重要功能就是评估证据的质量，并报告所使用的不同研究方法在何种程度上产生各种不同的发现。

各国政府应针对在关键问题上的政策和实践，建立和支持系统的研究框架的重点。为了针对各项政策与项目特色（尤其是成本较大的）建设长期信息库而设计的系统的研究方案将是特别有用的。这种项目将优先考虑研究政策或服务项目的一些便于政府主导的特征，并且已经有些证据初步证明这些特征的有效性可能会更有效地测试政策或项目的有机联系的一组特征，而不是单独检查单个特征。

早期教育与保育领域应采用实验性方法，以此将研究与实践整合到政策和项目制订中，这样各项创新成果在大规模应用之前，可以通过随机试验得到系统地检验。如果这些研究可能与现有的大规模数据系统（出生队列研究、教育、社会福利、纳税记录和国家调查，见《研究摘要：数据收集和监测的重要意义》）相关联，数据系统的信息就会大大增加。当做不到随机抽样的对象为个别儿童和家庭时，有时就会采用以地点为基础的随机试验。例如，在国家层面，在做出全国范围内实施的决策之前，一个新的早期教育与保育的项目或者方法可以在随机选择的社区进行试点。在地方层面，在将一种新方法推广到整个城市和地区之前，替代性的课程可以和随机抽取的邻里和当地的项目进行比较。

扩展研究议程，纳入现在代表性尚嫌不足的学科和方法

《强壮开端I》（OECD，2001）指出，在早期教育与保育领域，一些单纯来自项目评估和发展心理学的关注点和方法占据了主导地位。虽然在早期教育与保育领域认为这个重点是重要的，但也需要引入一个更广泛的、运用其他各种学科的研究视野。人类学、社会学、公共政策、性别研究和学习理论等均可用作学科基础，从中可以发展出相关的政策和实践的研究。跨国家的研究在评估不同政策举措的影响方面也是十分有用的。

让政策制定者和实践者可以接触到研究

对决策者、管理者和教师进行研究的解释以及研究总结的培训是十分重要的，同样地，也应该培训研究人员，以便他们能够用非技术性的语言解释研究结果。将研究摘要和研究报告转化成从业者可以理解的方式是特别重要的。同样重要的是，将研究成果广泛传播，并通过建设性的批评和反馈来提高研究的理论和方法论（Jensen等，2007）。

最新的研究结果可以帮助引导实践者的行为，前提是这些实践者能很好地理解这些结果并感受到支持。高质量的早期教育与保育服务需要结构性因素和实践者能力的结合，以便于他们用自己的知识来支持和促进儿童在不同学习领域的发展。工作人员还需要有一些在各领域学习的内容知识，学习如何引导孩子对公共学习目标的注意力，以及用一种反思性的方式与孩子沟通（Pramling和Pramling，出版中；Sheridan，2001；Sheridan等，2009）。

研究在国际社会的推动与传播

国际合作可以极大地促进有益的研究总结来指导实践。纳入共同的衡量标准和使用通用的报告惯例将会特别有用。将研究内容和研究报告翻译成多国语言也会很有帮助。

尚未研究的领域

对儿童的空间和环境的研究

一个重要的质量指标是幼儿教育的投资水平以及儿童早期阶段建筑物和学习环境的恰当性，这包括室内和室外。从健康和卫生的角度来讲，这个观点已得到普遍承认；但从教育的角度上讲，人们对这一点往往缺乏理解。

关于儿童的空间和环境的研究是一个在美国和欧洲（芬兰、意大利、荷兰、挪威、英国等）不断发展的研究领域。跨国家的比较有助于这个问题得到关注，例如，和北欧国家大量的室外活动相比较，对"严肃"的学习和幼儿的教育只能在室内这一假设提出质疑。将越来越多的残疾儿童纳入正规教育，已经提醒学校的设计师和建筑师注意这一事实：在许多国家中，方便残疾儿童进出的建筑很少，其设计往往也不利于小组工作和儿童活动（OECD，2006）。

如何优化早期教育与保育的成效

要影响政策和实践，必须有极为丰富的严谨、相关的证据。迄今为止，绝大多数的严谨研究一直专注于儿童对早期教育与保育的参与是否会产生积极效果，而非关于此项目本身的质量及其影响。关于项目质量，目前还不清楚能够提供具体到什么程度的指导性研究。如何优化早期教育与保育的成效，仍然是一个需要学习的问题。

普及干预与针对性干预孰更有效

虽然与一般人群相比，移民和弱势儿童更多地受益于早期教育与保育；当他们参与早期教育与保育项目时，似乎也比一般人群受益更多。是有针对性的干预有益还是普及性干预有益，还需要进一步的研究来廓清。

对不同背景下的儿童有效干预措施的研究

增加的移民类型对各机构的日常功能可以产生深远的影响（Jensen等，2006）。关于对背景各异的人群进行的整合研究尚嫌缺乏，但却极为重要。还有一个相关问题需要澄清，即怎样才是满足移民人口语言发展的最好方式，尤其是如何在有效成本下提供双语环境。在一般情况下，北美之外的国家地区，对于此类政策和项目成本的信息极少，对这些支出的经济回报更是知之甚少。而无论是在国家层面做出可靠的政策选择，还是在地方层面上进行的项目设计，这样的信息都是至关重要的。

参考文献

Camilli, G., S. Vargas, S. Ryan and W. S. Barnett (2010), "Meta-analysis of the Effects of Early Education Interventions on Cognitive and Social Development", *Teachers College Record*.

Chatterji, M. (2004), "Evidence on 'What Works': An Argument for Extended-Term Mixed-Method (ETMM) Evaluation Designs", *Educational Researcher*, Vol. 33, No. 3, available at: http://edr.sagepub.com/content/33/9/3.

Jensen, B. (2007), "Action Competencies in Social Pedagogical Work with Socially Endangered Children and Youths – Intervention and Effects (The ASP Project): An Introduction to the Daycare Study", Paper Presented at the *Eurochild Conference: Policy and Practice for Social Inclusion of Children and Young People*, Berlin, Germany, 14-16 November, 2006.

Meisels *et al*. (1996), Assessment of Social Competence, Adaptive Behaviour and Approaches to Learning with Young Children, Washington, NCES.

Nores, M. and W. S. Barnett (2010), "Benefits of Early Childhood Interventions Across the World: (Under) Investing in the Very Young", *Economics of Education Review*, Vol. 29., pp. 271-282.

Pramling, N., and I. Pramling Samuelsson (in press), *Educational Encounters: Nordic Studies in Early Childhood Didactics*. Dordrecht, The Netherlands: Springer, in press.

Sheridan, S. (2001), "Quality Evaluation and Quality Enhancement in Preschool – A Model of Competence Development", *Early Child Development and Care*, Vol. 166, pp. 7-27.

Sheridan, S., J. Giota, Y. M. Han and J. Y. Kwon (2009), "A Cross-cultural Study of Preschool Quality in South Korea and Sweden: ECERS Evaluations", *The Early Childhood Research Quarterly*, Vol. 24, pp. 142-156.

Siraj-Blatchford, I., K. Sylva, S. Muttock, S. Gilden and D. Bell (2002), *Researching Effective Pedagogy in the Early Years*, University of London, London.

Slavin, R. E. (2002), "Evidence-based Education Policies: Transforming Educational Practice and Research", *Educational Researcher*, Vol. 31(7), pp. 15-21.

Thomas, G. and R. Pring (2004), *Evidence-based Practice in Education*, Open University Press, United Kingdom: McGraw-Hill Education.

Wortham, S. 2004, *Assessment in Early Childhood Education* (4th ed.), Prentice Hall.

行动领域 2
通过国际化的比较来拓宽视野

本节包含以下两方面内容的国际比较：

● 监测实践

● 纵向研究

监测实践[4]

发现

根据国家对"质量工具箱和早期教育与保育调查门户网调查"的回应，监测实践可以根据目的／目标分为七种类型（表5.2至表5.8）。

1. 儿童发展或发展结果

2. 员工表现

3. 服务的质量水平

4. 规定的遵守情况

5. 课程实施

6. 家长满意度

7. 人员储备和员工工作条件

上面列出的所有主题在早期教育与保育中都有监测——幼儿园／学前班，幼儿日托中心和家庭日托——唯有日托中心没有针对"课程实施"和"工作人员供给和工作条件"提供有报告的监测。

在这七个目标之中，许多国家广泛采用的是："儿童发展与成果"，"员工表现"和"服务质量的水平"。

儿童发展成果

很多国家监测儿童发展或成果；更多国家的报告是对于幼儿园／学前班的监测，而不是对于日托中心的。极少数国家——也即北欧国家、比利时的弗兰德斯社区和爱德华王子岛（加拿大）——监测家庭日托的儿童发展或结果。

大多数国家使用内部评估或将内部评估和外部评估结合使用。一个外部评估很难单独使用；也有例外，如苏格兰（英国）和爱尔兰对日托中心、日托机构的监测。

常用的监测工具，包括内部评估所用的量表、核查表、观察和档案；外部评估所用的核对表、核查表和问卷调查。在爱尔兰幼儿园中，标准化测试用作一个内部评估工具；而在芬兰的日托中心，它是一个外部评估工具。

员工表现

更多的国家报告了其对员工表现的外部评估，而不是儿童发展或成果。

更多的国家报告称，他们在早期教育与保育的任何领域——幼儿园／学前班，日托中心或家庭日托中——都混合使用外部评估与内部评估。

外部评估使用的工具很多，常用工具包括视察、调查和观察；内部评估的常用工具则包括自我评估和分级量表。

服务质量

很多国家对不同的早期教育与保育服务类型监控服务质量；但它不像上述对儿童发展或成果的监测那样既有内部评估也有外部评估，更多的国家对服务质量报告的是外部评估而不是内部评估。另外也有许多将内部评估和外部评估相结合。

更多的国家监测家庭日托的服务质量，而不是儿童发展和员工表现，但不如对各机构是否遵守规定方面的监测那么多。

各国报告称，外部评估中大量使用的工具包括检查、观察、调查、问卷调查、分级量表和核查表等；内部评估的工具则包括分级量表、核查表、自我评估、评估报告和档案分析。

规章的遵守情况

监测是否遵守规章通常是通过国家部门或独立的检查机构来进行外部检查的。

更多的国家报告对日托机构是否合规的监测，而不是对幼儿园或学前班进行这方面情况的监测。在这两种情况下，报告中的外部评估都多于内部评估。对于日托中心，只有外部评估或者是内部和外部相结合的评估报告；没有一个国家只报告内部评估情况。

课程实施

更多的国家报告对幼儿园／学前班和日托机构的课程都实施了评估，均为内部和外部结合的评估。

常用监测课程实施的工具包括：外部评估时用的检查和观察，交换意见和评定量表等；对内部评估所用自我评估，评定量表及档案文件。日本对于"交换意见"作为外部评估方法的反响显示，外部评估可以促进对话并改善项目效果。

没有国家报告他们对家庭日托的监测。这可能是由于在大多数国家，家庭日托没有课程或任何其他学习框架或标准。

家长满意度

一些国家表示他们会监测家长的满意度，这由早期教育与保育的机构来实施。

丹麦、挪威、斯洛文尼亚和瑞典报告说，他们监测了父母对幼儿园和日托中心的满意度。

工作人员供给／工作条件

只有少数几个国家监测与工作人员相关的方面。它主要是通过外部，如国家或地区的主管部门或统计机构，来完成评价的，如芬兰、新西兰和挪威；而丹麦是由早期教育与保育管理者和员工进行内部评估。斯洛伐克共和国将国家和地区主管部门执行的外部评估和早期教育与保育管理者的核查表结合使用。

如需详细资料，请参阅在线质量工具箱www.oecd.org／EDU／earlychildhood 中关于"监测"（EXCELTM文件）的"调查反馈表"。

表5.2　监测儿童的发展状况或发展结果
小组A：幼儿园

评估类型	监测方法	管理者／评估者	频率	国家
内部评估	量表，核查表，自我评估	早期教育与保育工作人员	每6周	佐治亚州（美国）
			每年2次	马萨诸塞州（美国）
			每2年1次	马尼托巴省（加拿大）
			缺失	法国，匈牙利
	标准化测试，档案，核查表	早期教育与保育工作人员	每年（标准化测试），正在进行（档案）和核查表（根据不同的机构）	爱尔兰
	观察，档案	早期教育与保育工作人员或／和管理者	正在进行	爱德华王子岛（加拿大），爱尔兰，挪威，斯洛伐克共和国，西班牙，瑞典
		地方的利益相关者	每年	比利时（法语社区），葡萄牙
		国家、区域和地方主管部门	每年2次	马萨诸塞州（美国）
		HM 教育机构的监察人员	每年3次	以色列
	观察	家长，早期教育与保育工作人员和管理者	正在进行	英格兰（英国）

续表

评估类型	监测方法	管理者／评估者	频率	国家
内部评估	标准化测试 观察 核查表 档案	当地的主管部门（标准化测试，核查表和问卷），家长和早期教育与保育工作人员（档案）	正在进行	芬兰
		认证的学前教育专家（标准化测试），早期教育与保育工作人员（观察和档案）	每5～12个月	土耳其
		国家层面的主管部门，早期教育与保育工作人员	缺失	荷兰
	量表，核查表，档案	国家层面的主管部门，早期教育与保育工作人员	每2年	丹麦
		国家层面的主管部门，早期教育与保育工作人员和管理者	每5年（量表和核查表），每年2次（档案）	斯洛伐克共和国
外部评估和内部评估结合使用		缺失	每年	意大利
	监察和量表	国家、区域和地方主管部门（监察），早期教育与保育工作人员（量表）	每10年（监察） 缺失（量表）	荷语社区（比利时）
	监察和档案	国家、区域和地方主管部门（监察），早期教育与保育工作人员和管理者（档案）	缺失（监察）； 每年（档案）	爱沙尼亚
	监察，调查，观察和量表	地区负责人办公室（监察，调查，观察，量表）；早期教育与保育工作人员和管理者（观察，选择内部评估的方法）	每年（内部）； 根据不同机构（外部）	波兰

小组B：托儿中心

评估类型	监测方法	管理者／评估者	频率	国家
外部评估	监察	关爱委员会	缺失	苏格兰（英国）
	缺失	国家、区域和地方主管部门	每1~2年	爱尔兰
	核查表	早期教育与保育工作人员	正在进行	爱德华王子岛（加拿大），土耳其
			视情况	德国
			缺失	匈牙利
	观察／档案	早期教育与保育工作人员和／或管理者	正在进行	爱德华王子岛（加拿大），挪威，西班牙，瑞典
			每年	芬兰，土耳其
内部评估	自我评估（SICS）	早期教育与保育工作人员	缺失	荷语社区（比利时）
	量表	地方主管部门和早期教育与保育工作人员	每2年一次	丹麦
	档案	早期教育与保育工作人员，管理者和家长	正在进行	英格兰（英国）
外部评估和内部评估	标准化测试，核查表，问卷，档案	地方主管部门（标准化测试，核查表，问卷），家长和早期教育与保育工作人员（档案）	正在进行	芬兰
	监察，观察和档案	外部机构（监察），早期教育与保育工作人员和／或管理者（观察，档案）	每1~3年（监察），每年（观察，档案）	日本

小组C：家庭日托中心

评估类型	监测方法	管理者／评估者	频率	国家
内部评估	观察，档案，量表	家庭日托中心工作人员／管理者	正在进行	爱德华王子岛（加拿大），挪威，瑞典
	自我评估（SiCS）	家庭日托中心工作人员	缺失	荷语社区（比利时）
	量表	地方主管部门，家长和早期教育与保育工作人员	每2年1次	丹麦
内部和外部评估的结合使用	标准化测试，核查表，问卷，档案	地方主管部门（标准化测试，核查表，问卷），家长和工作人员（档案）	正在进行	芬兰

注：在英格兰，英国国家早期教育纲要实施的前三四年间至少进行一次。在比利时的弗兰德斯，SICS代表"保育环境的自我评价工具"。对于葡萄牙来说，只有非营利组织每年进行评估；私人组织则每三年评估一次。

来源：经合组织关于早期教育与保育的"质量工具箱和早期教育与保育门户网站调查"网络数据，2011年6月。

表5.3 监测员工表现

小组A：幼儿园

评估类型	监测方法	管理者／评估者	频率	国家
外部评估	监察	国家、区域和地方主管部门	最少一次	英格兰（英国）
		高级监察员和教育监察员	视社区情况而定	西班牙
	量表，核查表	外部教育监察员	缺失	荷兰
	调查	家长	缺失	斯洛伐克共和国
	自我评估	早期教育与保育工作人员，管理者	每年	葡萄牙
			缺失	荷兰

续表

评估类型	监测方法	管理者／评估者	频率	国家
外部评估	自我评估和量表	早期教育与保育工作人员（自我评估），管理者（量表）	每年	芬兰
	外部意见交换和内部自我评估	家长和本地利益相关者（外部意见交换），早期教育与保育工作人员和／或管理者（自我评估）	不定期的（外部评估），每年（自我评估）	日本
	观察	区域和地方主管部门早期教育与保育工作人员	每3个月／每年	墨西哥
		州、区域和地方主管部门，早期教育与保育工作人员和管理者	缺失	澳大利亚
内部和外部评估的结合使用	观察和自我评估	外部（观察）和早期教育与保育工作人员（自我评估）	对学前班，每1～2年；对幼儿园（外部观察），每4~8年，根据提供的情况（自我评估）	爱尔兰
	调查	早期教育与保育工作人员和管理者，家长	每年1~2次	瑞典
	缺失	国家主管部门，早期教育与保育工作人员和管理者，家长	缺失	斯洛文尼亚
	监察，调查，观察，量表，核查表	区域负责人办公室（监察，调查，观察，量表，核查表），早期教育与保育工作人员和管理者（选择内部评估的方法）	每年（内部），视机构而言（外部）	波兰

小组B: 托儿中心

评估类型	监测方法	管理者／评估者	频率	国家
外部评估	监察	外部	每1～3年一次	日本
		国家、区域和地方主管部门	最少一次	英格兰（英国）
		高级监察员和教育监察员	视社区情况而定	西班牙
		保育委员会	缺失	苏格兰（英国）
	调查	国家主管部门	每年	新西兰
	缺失	国家、区域和地方主管部门	每1～2年一次	爱尔兰
内部评估	自我评估	早期教育与保育工作人员和／或管理者	每年	日本
	自我评估和量表	早期教育与保育工作人员（自我评估）和管理者（量表）	每年	芬兰
	量表，核查表和自我评估	外部教育监察员（外部评估），早期教育与保育工作人员和／或管理者（自我评估）	缺失	荷兰
	观察和自我评估	国家、区域和地方主管部门，早期教育与保育工作人员	每3个月/每年	墨西哥
		国家、区域和地方主管部门，早期教育与保育工作人员和管理者	缺失	澳大利亚
内部和外部评估的结合使用	调查	早期教育与保育工作人员和管理者，家长	每年1～2次	瑞典
	缺失	家长，早期教育与保育工作人员和管理者	正在进行	挪威
		国家、区域和地方主管部门，早期教育与保育工作人员，管理者和家长	缺失	斯洛文尼亚

小组C：家庭日托

评估类型	监测方法	管理者／评估者	频率	国家
外部评估	监察	国家、区域和地方主管部门	最少一次	英格兰（英国）
	量表，观察	区域主管部门	正在进行	墨西哥
	自我评估和量表	（自我评估）家庭日托中心工作人员和管理者（量表）	每年	芬兰
内部和外部评估的结合使用	观察和自我评估	国家主管部门，家庭日托中心工作人员和管理者	缺失	澳大利亚
	缺失	家长，家庭日托中心工作人员和管理者	正在进行	瑞典

注：对澳大利亚来说，监测的频率取决于以往的监测结果。在英格兰，英国国家早期教育纲要实施的前三四年间至少进行一次。对于葡萄牙来说，只有非营利组织每年进行评估；私人组织则每三年评估一次。

来源：经合组织关于早期教育与保育的"质量工具箱和早期教育与保育门户网站调查"网络数据，2011年6月。

表5.4　监测早期教育与保育服务的质量水平

小组A：幼儿园

评估类型	监测方法	管理者／评估者	频率	国家
外部评估	监察	国家、区域和地方主管部门	每4年	匈牙利
			每10年	荷语社区（比利时）
			最少一次	英格兰（英国）
		国家主管部门	每3年	新西兰
		外部团体	根据要求	意大利

评估类型	监测方法	管理者／评估者	频率	国家
外部评估	监察	教育监察员	有需要的时候	苏格兰（英国）
		区域和地方主管部门	缺失	挪威
		区域主管部门	视情况	德国
		区域和地方主管部门	缺失	北卡罗来纳州（美国）
		外部教育监察员	缺失	荷兰
	问卷／调查	评估机构	每年或每2年	西班牙
	评估报告	早期教育与保育工作人员和管理者	每年	瑞典
内部评估	核查表，观察，档案	早期教育与保育工作人员和管理者	正在进行	瑞典
			每年	佐治亚州（美国）
			每2年	捷克共和国
			每3年	爱沙尼亚
			缺失	匈牙利，斯洛文尼亚
内部和外部评估的结合使用	外部评估，自我评估，观察和档案	国家、区域和地方主管部门（外部），早期教育与保育工作人员（自我评估，观察和档案）	对学前班，每1~2年；对幼儿园（外部评估），每4~8年；视提供情况（儿童早期教育与保育工作人员）	爱尔兰
	量表和自我评估	国家、区域和地方主管部门（量表），早期教育与保育工作人员（自我评估）	每年	葡萄牙
	问卷／调查	地方主管部门，早期教育与保育工作人员和家长	每2年	丹麦

续表

评估类型	监测方法	管理者／评估者	频率	国家
	问卷／调查	国家和地方主管部门，早期教育与保育工作人员和管理者以及家长	视需求和资源而定	芬兰
	观察	区域和地方主管部门，早期教育与保育工作人员	每3个月／每年	墨西哥
		家长，早期教育与保育工作人员和管理者	缺失	英格兰（英国），意大利
内部和外部评估的结合使用	观察，监察和自我评估，调查	国家主管部门（监察），早期教育与保育工作人员（自我评估）和家长（调查）	每年	日本
		国家和地方主管部门（监察），早期教育与保育工作人员和管理者（自我评估）	每3年（监察），正在进行（自我评估）	韩国
		外部团体（观察）和早期教育与保育工作人员（自我评估）	视情况	爱尔兰
		捷克学校监察员（监察），早期教育与保育工作人员和管理者（自我评估）	每4年（监察），每2年（自我评估）	捷克共和国

续表

评估类型	监测方法	管理者／评估者	频率	国家
内部和外部评估的结合使用	观察，监察和自我评估，调查	国家主管部门（监察），早期教育与保育管理者（自我评估），州／地区部门（监察）和早期教育与保育工作人员和管理者（自我评估）	每5年（监察），每年2次（自我评估）	斯洛伐克共和国
		早期教育与保育工作人员和管理者（自我评估）	缺失	澳大利亚
	自我评估，调查	早期教育与保育工作人员或管理者（自我评估）；家长（调查）	每年1~2次	瑞典
	监察，评估，观察，量表	区域负责人办公室（监察，调查，观察，量表），早期教育与保育工作人员和管理者选择内部评估的方法	每年（内部），看机构情况（外部）	波兰

小组B：托儿中心

评估类型	监测方法	管理者／评估者	频率	国家
外部评估	监察	国家主管部门	每年	新西兰
		外部团体	每年	意大利
		独立机构	每5年为有补贴的机构，每18个月为独立的服务提供者	荷语社区（比利时）

续表

评估类型	监测方法	管理者／评估者	频率	国家
外部评估	监察	地方主管部门	每1~3年	葡萄牙
		国家、地区和地方主管部门	最少一次	英格兰（英国）
		保育委员会	缺失	苏格兰（英国）
	核查表	国家，区域和地方主管部门	每2年	马尼托巴（加拿大）
			视情况而定	德国
			缺失	捷克共和国
			每1~3年	葡萄牙
		地方主管部门	缺失	爱德华王子岛（加拿大）
		外部教育监察员	缺失	荷兰
	问卷，调查	评估机构	每年或每2年	西班牙
	量表，核查表，问卷，调查	国家，区域和地方主管部门	缺失	斯洛伐克共和国
	缺失	国家，区域和地方主管部门	每1~2年	爱尔兰
	评估报告，档案	早期教育与保育工作人员和管理者（评估报告）；早期教育与保育工作人员（档案）	每年（评估报告）；正在进行（档案）	瑞典
	监察和自我评估	外部团体（监察）；早期教育与保育工作人员和管理者（自我评估）	每1~3年(监察)，每年（自我评估）	日本

续表

评估类型	监测方法	管理者/评估者	频率	国家
	观察	国家，区域和地方主管部门，早期教育与保育工作人员	每3个月/每年	墨西哥
		早期教育与保育工作人员和家长	每年	挪威
	内部评估	地方主管部门，早期教育与保育工作人员和家长	每2年	丹麦
		国家和地方主管部门，早期教育与保育工作人员和管理者，家长	根据需求和资源	芬兰
外部评估	观察，调查和自我评估	国家主管部门（监察），早期教育与保育工作人员和管理者（自我评估）	缺失	澳大利亚
		国家和区域主管部门（监察），早期教育与保育工作人员和管理者（自我评估）	每3年（检查），正在进行（自我评估）	韩国
		国家和区域主管部门（检查），早期教育与保育工作人员和管理者（自我评估）	每4年进行检查	匈牙利
内部和外部评估的结合使用	自我评估和调查	早期教育与保育工作人员和/或管理者，家长（调查）	每年1~2次	瑞典

小组C：家庭日托中心

评估类型	监测方法	管理者／评估者	频率	国家
外部评估	监察，量表，核查表	地方主管部门	缺失	芬兰
				挪威
		国家，区域和地方主管部门	每18个月	荷语社区（比利时）
			最少一次	英格兰（英国）
	观察	国家和地方主管部门	每3个月／每年	墨西哥
			每1~3年	葡萄牙
内部评估	量表，核查表	早期教育与保育工作人员和管理者	自愿	马尼托巴（加拿大）
	自我评估表	早期教育与保育工作人员和管理者	缺失	斯洛文尼亚
	问卷，调查	地方主管部门，早期教育与保育工作人员	每2年	丹麦
		国家和地方主管部门，早期教育与保育工作人员和管理者，家长	根据需求和资源	芬兰
内部和外部评估的结合使用	观察和自我评估	国家主管部门（观察），早期教育与保育工作人员和管理者（自我评估）	缺失	澳大利亚

注：对澳大利亚来说，监测的频率取决于以往的监测结果。在英格兰，英国国家早期教育纲要实施的前三四年间至少进行一次。对于葡萄牙来说，只有非营利组织每年进行评估；私人组织则每三年评估一次。

来源：经合组织关于早期教育与保育的"质量工具箱和早期教育与保育门户网站调查"网络数据，2011年6月。

表5.5　监测规定的遵守情况

小组A：幼儿园

评估类型	监测方法	管理者／评估者	频率	国家
外部评估	监察	国家主管部门	每3年	新西兰
			每年	意大利
		国家，区域和地方主管部门	每4年	匈牙利
			最少一次	英格兰（英国）
		高级监察员和教育监察员	视社区情况	西班牙
		教育监察员	缺失	荷兰
内部和外部评估的结合使用	自我评估表	早期教育与保育工作人员和管理者	缺失	匈牙利
	问卷，调查	地方主管部门，早期教育与保育工作人员	每2年	丹麦
		国家主管部门，早期教育与保育工作人员	缺失	芬兰
	量表和自我评估	国家，区域和地方主管部门（量表），早期教育与保育工作人员和管理者（自我评估）	每年	葡萄牙
	内部评估	捷克学校监察员（监察）和早期教育与保育工作人员和管理者（自我评估）	每4年监察，每2年自我评估	捷克共和国
		州、区域和地方主管部门，早期教育与保育工作人员和管理者	缺失	澳大利亚
		国家和区域主管部门（监察），早期教育与保育工作人员和管理者（自我评估）	每3年监察，正在进行自我评估	韩国

续表

评估类型	监测方法	管理者／评估者	频率	国家
外部评估	内部评估	国家主管部门（监察），早期教育与保育工作人员和管理者	每5年监察，每2年自我评估	斯洛伐克共和国
	监察，核查表，面谈和自我评估	地方主管部门（监察，核查表和面谈），地区主管部门（监察）；早期教育与保育工作人员和管理者（自我评估）	视当地情况	挪威
内部和外部评估的结合使用	检查，调查，观察，量表	地区负责人办公室（监察，调查，观察，量表）；早期教育与保育工作人员和管理者（观察，选择内部评估的方法）	每年（内部），视社区情况（外部）	波兰

小组B：托儿中心

评估类型	监测方法	管理者／评估者	频率	国家
外部评估	监察	国家主管部门	每3年	新西兰
		国家，区域和地方主管部门	最少1次	英格兰（英国）
			每年	不列颠哥伦比亚省（加拿大）
		地方主管部门	缺失	爱德华王子岛（加拿大），葡萄牙
			视机构情况	波兰
		高级监察员和教育监察员	视社区情况而定	西班牙
		市长，健康理事会	缺失	爱沙尼亚
		保育委员会	缺失	苏格兰（英国）
		独立机构	缺失	荷语社区（比利时）

续表

评估类型	监测方法	管理者／评估者	频率	国家
内部和外部评估的结合使用	量表，核查表	国家，区域和地方主管部门	缺失	捷克共和国
		教育监察员	缺失	荷兰
	监察，量表和核查表	区域主管部门	每年检查，每2年量表	马尼托巴（加拿大）
		地方主管部门	每年对公共服务提供者，每3年对私人服务提供者	葡萄牙
	观察和调查	国家，区域和地方主管部门	缺失	斯洛伐克共和国
	问卷，调查	地方主管部门，早期教育与保育工作人员	每2年	丹麦
	调查，自我评估	国家主管部门，早期教育与保育工作人员和管理者（自我评估）	缺失	芬兰
外部评估	观察，监察和自我评估	外部团体（检查），早期教育与保育工作人员和管理者（自我评估）	每1~3年	日本
		国家和地方主管部门（监察），早期教育与保育工作人员和管理者（自我评估）	每3年检查，正在进行自我评估	韩国
		国家主管部门，早期教育与保育工作人员和管理者	缺失	澳大利亚
内部和外部评估的结合使用	监察，核查表，面谈和自我评估	地方主管部门（监察，核查表和面谈），区域主管部门（监察），早期教育与保育工作人员和管理者（自我评估）	视当地情况	挪威

小组C：　家庭日托中心

评估类型	监测方法	管理者／评估者	频率	国家
外部评估	监察	地方主管部门	缺失	爱德华王子岛（加拿大），意大利，挪威
			视机构情况而定	波兰
		国家，区域和地方主管部门	至少一次	英格兰（英国）
			每年	马尼托巴（加拿大）
		国家主管部门	每3年	新西兰
		市长，健康理事会	缺失	爱沙尼亚
	核查表	地方主管部门（多方位的健康服务）	缺失	荷兰
	观察	地方主管部门	缺失	葡萄牙
	问卷，调查	每两年	每两年	丹麦
		国家主管部门，家庭日托中心工作人员	缺失	芬兰
内部和外部评估的结合使用	观察和自我评估	国家主管部门，家庭日托中心工作人员和管理者	缺失	澳大利亚
	监察和自我评估（自我评估只是针对拿津贴的家庭日托中心）	监察员和家庭日托中心工作人员	每18个月检查	荷语社区（比利时）

　　注：对澳大利亚来说，监测的频率取决于以往的监测结果。在英格兰，英国《国家早期教育纲要》实施的前三四年间至少进行一次。对于葡萄牙来说，只有非营利组织每年进行评估；私人组织则每三年评估一次。

　　来源：经合组织关于早期教育与保育的"质量工具箱和早期教育与保育门户网站调查"网络数据，2011年6月。

表5.6　监测课程的实施情况

服务提供者类型	评估类型	监测方法	管理者／评估者	频率	国家
幼儿园	外部评估	监察	国家，区域和／或地方主管部门	缺失	法语社区（比利时）
			高等监察员和教育监察员	视社区情况	西班牙
	内部评估	自我评估	早期教育与保育工作人员和管理者	每3年	爱沙尼亚
	外部评估和内部评估混合使用	监察和自我评估	国家，区域和／或地方主管部门（监察），早期教育与保育工作人员和管理者（自我评估）	每3年（监察），正在进行（自我评估）	韩国
		外部观察和量表，内部量表和档案	缺失（外部评估），早期教育与保育工作人员（内部量表和档案）	缺失（外部评估）；每5个月（内部量表），每年（内部档案）	土耳其
		观察	国家主管部门，家长，早期教育与保育工作人员	正在进行	斯洛伐克共和国
			早期教育与保育工作人员和家长	每年	挪威
		外部交换意见和自我评估	地方利益相关者和父母（外部意见交换），早期教育与保育工作人员和管理者（自我评估）	缺失（外部评估），每1～3年（自我评估）	日本
		监察，调查，观察，量表	地区负责人办公室（监察，调查，观察，量表）；早期教育与保育工作人员和管理者（观察，选择内部评估的方法）	每年（内部），视机构情况（外部）	波兰

续表

服务提供者类型	评估类型	监测方法	管理者／评估者	频率	国家
幼儿园	外部评估和内部评估混合使用	缺失	早期教育与保育工作人员和家长	正在进行	芬兰
	外部评估	监察	高等监察员和教育监察员	视社区情况而定	西班牙
日托中心	外部评估和内部评估混合使用	监察和自我评估	外部团体（监察），早期教育与保育工作人员和管理者（自我评估）	每1~3年（检查），每年（自我评估）	日本
			国家，区域和地方主管部门（检查），早期教育与保育工作人员和管理者（自我评估）	每3年检查，正在进行自我评估	韩国
		观察	早期教育与保育工作人员和家长	每年	挪威
			早期教育与保育工作人员和家长	正在进行	芬兰

来源：经合组织关于早期教育与保育的"质量工具箱和早期教育与保育门户网站调查"网络数据，2011年6月。

表5.7　监测家长的满意度

服务提供者类型	频率	国家
幼儿园	每年1~2次	瑞典
	每2年	丹麦
	每3年	韩国
	缺失	挪威，斯洛文尼亚

续表

服务提供者类型	频率	国家
日托中心	每年	意大利
	每年1~2次	瑞典
	每2年	丹麦
	儿童在中心的时候至少一次	荷语社区（比利时）
	缺失	爱德华王子岛（加拿大）挪威，斯洛文尼亚

来源：经合组织关于早期教育与保育的"质量工具箱和早期教育与保育门户网站调查"网络数据，2011年6月。

表5.8 监测人员储备／员工工作条件

服务提供者类型	评估类型	监测方法	管理者／评估者	频率	国家
幼儿园	外部评估	评估报告	国家，区域和地方主管部门	正在进行	芬兰
		调查	国家主管部门	每年	新西兰
		行政记录	挪威统计部门	每年	挪威
	内部评估	自我评估	早期教育与保育工作人员和管理者	每3年	丹麦
日托中心	外部和内部评估	监察，调查，核查表	国家，区域和地方主管部门（监察和调查），早期教育与保育工作人员和管理者（核查表）	核查表正在进行中	斯洛伐克共和国
		自我评估，行政记录	由国家主管部门管理的教育信息系统（行政记录），早期教育与保育工作人员和管理者（自我评估）	每年	波兰

续表

服务提供者类型	评估类型	监测方法	管理者／评估者	频率	国家
日托中心	外部评估	评估报告	国家，区域和地方主管部门	正在进行	芬兰
		调查	国家主管部门	每年	新西兰
		行政记录	挪威统计部门	每年	挪威
	内部评估	自我评估	早期教育与保育工作人员和管理者	每3年	丹麦

来源：经合组织关于早期教育与保育的"质量工具箱和早期教育与保育门户网站调查"网络数据，2011年6月。

定义和方法

监测是指出于问责制和评定项目质量的需要，对系统表现的持续评估，突出趋势，以便让家长做出选择。在早期教育与保育领域，监测对于促进服务提升和儿童学习成果的改善能够起到关键作用，确保服务能遵照一定的标准和规范，儿童得到适当的照顾和教育，跟踪工作人员的供给和工作条件，调查家长满意度。

标准化测试是一种用"标准化的方式"来进行测试和积分的方法。标准化测试是通过，在问题、测试过程、记分程序和诠释的一致，达到用一种预定标准的方式来管理和记分。

监察是一个对各机构的质量和／或表现、各种服务、项目等加以评估的过程，由那些不直接参与以上工作、通常受特别指派来承担这些责任的人员进行。

量表是在一个既定范围内用来评级的监测或评估工具。在早期教育与保育领域，经常用来对照一组质量标准评价早期教育与保育服务的质量和／或儿童所在的环境。

核查表是以特定秩序排列的一系列的项目、任务或步骤，用来做检查或咨询。在早期教育与保育领域，经常用来通过观察各项制度的遵守情况，来评价儿童的发展状态、员工表现和服务质量。

观察是一种局外人的客观视角采用科学的工具收集数据的、或是定性的直接的研究工具和方法。在早期教育与保育领域，可以用它来收集有关儿童发展和结果、工作人员的能力及其与儿童的互动方式、员工之间的互动，管理者和他们的工作人员的互动等数据。

档案是个人（例如儿童，工作人员等）所做的各种记录文件的收集。在早期教育与保育领域，它可以被用来作为评估，收集数据或监测的工具，通过观察孩子或工作人员产出的作品，以监测早期教育与保育的服务质量。

问卷／调查是由一系列问题组成的一项工具、也是面向潜在的大量受访者收集数据的一种有效方式。在早期教育与保育领域，它往往可以用来收集工作人员和家长的满意度的相关信息。

自我评估是个人对自己的看法。它是一个人的成长和进步的过程。自我评估表是自我填写的，回顾自己的知识、技能、表现或能力。

评估报告是根据监测和评估的结果定期发布的一份报告。可以告知早期教育与保育工作人员、家长及相关委员会或协会等有关实践的广泛数据，例如，早期教育与保育服务的提供，员工对儿童的比率，工作内容和资质，与其他机构的合作等。

这里给出的发现结果是基于经合组织（OECD）早期儿童教育和保育网络的"对质量工具箱和儿童早期教育与保育门户的调查"（2011）和经合组织（OECD）的案头研究。然而，由于没有足够的调查回复，目前还不可能进行关于家庭早期教育与保育的服务监测的国际比较。

纵向研究

发现

过去二十年以来，越来越多的国家已经进行了纵向研究（表5.9）。

最早的纵向研究是在美国进行的。第一个纵向研究可以追溯到美国的1962年开始的高瞻／佩里学前教育项目，测量参与学前教育对儿童学习成果的影响。这个研究的样本量很小，只有123名儿童。另一个长期的、经常被引用的美国的纵向研究是在20世纪70年代初进行的"初学者计划"。

越来越多的欧洲和亚洲国家，如英国、韩国、挪威和荷兰，以及澳大利亚和新西兰，都在对早期教育与保育及其对儿童的影响进行纵向研究。这在全球范围内对进一步深入了解不同早期教育与保育项目的影响，以及增加对具体国家的早期教育与保育方面的服务提供和政策都提供了很好的见解。

最近的例子包括加拿大对儿童和青年的纵向调查（1994年至今），丹麦儿童纵向调查（1995年至今），"有能力的儿童：新西兰有能力的学习者"，英格兰学前教育项目有效的服务提供（英国）（1997年至今），美国关于成本、质量和成果的研究（1993年至今）等。这些研究已经开始揭示关于早期发展或学前教育的新发现，或巩固了此前的相关知识。

如需详细资料，请参阅在线质量工具箱www.oecd.org/ EDU/ earlychildhood的调查反馈表"研究"部分（EXCEL文件）。

表5.9　纵向追踪研究列表

国家	题目	时间	样本量（队列）	管理	资助
澳大利亚	在澳大利亚成长：澳大利亚儿童的纵向研究（LSAC）	2004~2018	每组（1,2）5000名儿童	家庭，住房，社区服务与原住民事务部，澳大利亚家庭研究学院，澳大利亚统计局，和一系列杰出研究者所提供的建议	澳大利亚政府，家庭，住房，社区服务与原住民事务部
	时间的脚印—对原住民儿童的纵向研究（LSIC）	从2008年开始	在第一阶段，1687名原住民儿童	家庭，住房，社区服务与原住民事务部	澳大利亚政府，家庭，住房，社区服务与原住民事务部
比利时（荷语社区）	儿童政策研究中心关于"学习和学校生涯的研究"	2006~2012	6000名儿童	缺失	教育和培训部，经济、科学和创新部
比利时（法语社区）	在2000年成长	1989~2009	387名儿童	列日大学进行的研究	比利时法语社区部

续表

国家	题目	时间	样本量（队列）	管理	资助
加拿大	国家儿童和青少年的纵向研究（NLSCY）	1994年至今第8周期正在进行（每2年一次）	在第8周期，6685名儿童	加拿大统计部，加拿大人力资源和技能发展部	加拿大统计部，加拿大人力资源和技能发展部
丹麦	丹麦儿童纵向研究	1995年至今正在进行	5000名儿童，来自全国各地不同社会阶层、不同文化背景（丹麦人，其他种族背景等）	SFI–丹麦国家社会研究中心	社会事务与集成部
德国	Nubbek（国家早期教育与保育研究）	2009~2012	2006名儿童	Paedquis HU 柏林，DJI 慕尼黑，IFP 慕尼黑，行为生活学研究团体，Nubbek工作团体，波鸿大学/奥斯纳布吕克大学	联邦家庭事务部；巴伐利亚州、北莱茵–威斯特法伦州、勃兰登堡州、下萨克森州；雅各布基金会，罗伯特–博世基金会
	欧洲儿童保育与教育研究	1993~1998	大约400名德国儿童，1244名来自德国、澳大利亚、葡萄牙、西班牙各国儿童。	柏林自由大学，吕内堡大学，奥地利萨尔茨堡大学，葡萄牙波尔图大学，西班牙塞维利亚大学	国家和欧盟
	巴伐利亚未来的幼儿园	2004~2010	191名儿童	班贝克大学	
	BiKS: 学前和小学年龄段的教育进程、能力发展和选拔程序	2005~2012	来自幼儿园队列的547名儿童	班贝克大学	DFG（德国研究基金会）

续表

国家	题目	时间	样本量（队列）	管理	资助
德国	NEPS（早期教育和学校教育的国家教育小组）	2011年至今进行中	3000名儿童	班贝克大学合作组织，来自不同机构的150名研究者	联邦教育和研究部
爱尔兰	在爱尔兰成长	2006~2012	婴儿队列：11 100名；儿童队列：8500名	儿童部办公室的卫生与儿童处	儿童部办公室的卫生与儿童处
韩国	韩国儿童小组研究（PSKC）	2008~2020	2008年2078个新生儿家庭	韩国儿童保育和教育研究所	韩国教育、科学与技术部，韩国卫生与福利部
荷兰	Pre-COOL	2009~2020	来自150所小学和450所儿童教育与保育服务机构的大约2000名儿童，覆盖50个直辖市	荷兰学术研究组织	教育、文化与科学部
新西兰	有能力的儿童：有能力的学习者	1994~2009	1994年，接受儿童教育与保育最后一年服务的500名儿童	缺失	新西兰教育部
	在新西兰成长	2009~2014	2008~2010年间出生的7000名儿童	缺失	新西兰社会发展部牵头，其他多家机构联合筹资
挪威	挪威母亲与儿童研究	1999年至今正在进行＊早期教育与保育部分2011~2016	108 599名参与者，包括新生儿、儿童、母亲和父亲	挪威公共卫生研究所（MOBA）	教育与研究部为儿童教育与保育领域筹资

国家	题目	时间	样本量（队列）	管理	资助
挪威	行为展望——挪威发展研究（BONDS）	2006年至今正在进行*早期教育与保育部分 2008~2011	1159名儿童及其双亲，135家儿童日托中心	挪威儿童行为发展中心（BONDS）	挪威儿童行为发展中心、教育与研究部为儿童教育与保育领域筹资
波兰	学校有效性预测——波兰儿童纵向研究II	2012~2015	10 000名儿童（第二队列包括六龄童和七龄童）	教育研究所	国家教育部
斯洛文尼亚	学前对儿童发展和学校成就的影响	2001~2006	430名儿童	斯洛文尼亚共和国研究机构	教育和体育部
土耳其	早期干预对成年期的长效影响	1982~2005	133名儿童	母亲-儿童培训基金会（ACEV）	母亲-儿童培训基金会（ACEV）
英国	国家儿童发展研究（NCDS）	1958年至今正在进行	17 634名儿童	国家儿童局，社会统计研究所（城市大学），纵向研究中心（教育研究所）	国家生日信托基金会及其他机构
	1970年不列颠队列研究（BCS70）	1970年至今正在进行	17 200名儿童	布里斯托大学儿童保健系，国际儿童研究中心，社会统计研究所（城市大学），纵向研究中心（教育研究所），国家社会研究中心	国家生日信托基金会、妇科与产科医生皇家学会联合进行

续表

国家	题目	时间	样本量（队列）	管理	资助
英国	千年队列研究（MCS）	2000年至今正在进行	19 000名儿童	经济与社会研究理事会	政府各部门与惠康基金会联组的一家机构
英格兰	学前教育的有效提供（EPPE）计划	1997~2003 *2008~2013年进行中	3000名儿童	伦敦大学教育研究所	教育部
苏格兰	在苏格兰成长（GIS）研究	2005年至今正在进行	队列1：8 000名儿童；队列2：6000名儿童	苏格兰社会研究中心，与爱丁堡大学家庭及社会关系研究所、格拉斯哥的MRC社会与公共卫生科学所合作	苏格兰教育部执行处
	AVON家长与儿童纵向研究（ALSPAC）	1991年至今正在进行	超过14 000名母亲	布里斯托大学社会医药系	布里斯托大学、惠康基金会、药物研究理事会及其他机构
北爱尔兰	北爱尔兰学前教育的有效提供（EPPNI）计划	1998~2004	超过800名儿童	北爱尔兰统计与研究处	北爱尔兰教育处
美国	Abecedarian项目	1972~1985	107名低收入家庭儿童	FPG儿童发展研究所，北卡罗来纳大学教堂山分校	国家儿童健康与人类发展研究所的精神障碍与发展残疾处，北卡罗来纳州人类资源部
	芝加哥儿童家长中心	1986年至今正在进行	1539名儿童	威兹曼中心（Waisman Center）	国家儿童健康与人类发展研究所，教育部教育与研究促进办公室的国家风险儿童教育研究所

续表

国家	题目	时间	样本量 （队列）	管理	资助
美国	成本、质量和成果研究	1993~1997	826名儿童	国家早期发展与学习中心	纽约卡内基基金会，威廉·格兰特基金会，JFM 基金会，A. L. Mailman 家庭基金会，戴维·帕尔德和露西尔·帕尔德基金会，皮尤慈善信托基金会，美国西部基金会，史密斯·理查森基金会，教育研究与发展中心项目，由美国教育部教育研究及改进办公室（PR/Award Number R307A60004）管理
	儿童早期纵向研究-出生队列（ECLS-B）	2006年至今正在进行	大约14 000名儿童	国家教育统计中心	美国教育部教育科学学院
	开端计划（Head Start）	2002~2006	4667名儿童	维思达特（Wes-tat，一家研究公司）	美国卫生与人类服务部儿童与家庭处，规划、研究与评估办公室

来源：经合组织关于早期教育与保育的"质量工具箱和早期教育与保育门户网站调查"网络数据，2011年6月。

定义和方法

纵向研究是指在一定的时间内重复观测相同变量的一项研究多次反复收集的数据，如在不同时间段收集的、关于某个有代表性的国家样本或一定类型的人口队列数据，让研究人员得以进行深入的、跨时性的研究，针对现代社会中和儿童相关的重要问题，如质量参数及其影响、家庭特点和儿童健康之间的关系，以及教育成果与就业情况等。

这里给出的调查结果是基于经合组织关于早期教育与保育的"质量工具箱和早期教育与保育门户网站调查"（2011年）的网络数据和OECD的案头分析而来的。

行动领域 3
确定战略选择

本节包括可以用来应对以下挑战的一些战略选择：
● 数据收集和监测
● 研究

数据收集和监测

挑战一：缺乏有关早期教育与保育场所的需求和提供的可靠数据

在许多经合组织国家，如何获得有关早期教育与保育场所的需求和提供的可靠数据是一个挑战。如果在这些领域没有足够的数据，政策制定者就不能为今天和未来充分地筹划。没有透明的信息，有工作的父母难以找到早期教育与保育的服务，而希望重新工作的人可能不会积极寻求就业。

如果在地方主管部门和 / 或服务提供者之间没有一个统一的框架，国家层面的数据收集也会是一个挑战。

启动一个统一的，符合国家或地区目标的儿童早期教育与保育数据系统

在澳大利亚，在"国家早期教育伙伴关系"之下，政府和州／地方的主管部门会发布对国家伙伴关系实施进度的年度报告，旨在到2013年能够实现早期教育的服务普及。"国家最小数据集"的创设，将收集全国范围内的跨部门的学龄前入园的系统数据。

在德国，联邦、各州、市各级为增加3岁以前托儿场所数量而做出的努力，截至2013年，都在一份年度报告中有所评估并记录在案。为了撰写这份报告，青年部会询问家长、托儿中心和青年福利办公室，了解各方的具体需求和期望，确定项目能够进展到什么程度。

启动一个全面的、以儿童为中心的数据库

在弗兰德斯（比利时），每年都会出版一本对幼小儿童的统计数据的《在弗兰德斯的儿童》。它涵盖了广泛的人口统计数据（比如，出生率、每岁组别中的儿童数目、少数族裔儿童的数量、收养儿童的数量）；家庭情况的数据（如家庭组成、种族、家庭收入）；家庭利用保育机构和校外保育服务的数据，需要特殊支持的儿童数据和儿童健康和身体发育的数据。

在挪威，所有挪威幼儿园通过一个在线的工具填写一份年度报告。该报告包括全面的信息：早期教育与保育地点的数量和（按年龄区分的）儿童数量，包括使用少数民族语言的儿童和残疾儿童的数量；出席率（入园、入托率——译者）；早期教育与保育提供者的质量（例如，工作人员人数、工作人员职位、资质和性别）；幼儿园的组织（如所有权和开放时间）；家长缴费，兄弟姐妹折扣和针对低收入家庭的减少收费。

韩国制作了"日托机构的年度统计数据"，既有出版物，也可网上查询。该报告提供了详细的关于儿童在日托机构入学的信息（例如，按年龄和性别区分的儿童数据，儿童在不同地区的不同类型的日托中心的入园（托）率，未来儿童的预估人数）。每个日托中心都要通过一个在线的工具报告、更新自己的信息。这些数据由地方主管部门确认，以确保可靠性。早期教育的数据作为《教育年度统计》的一部分来收集，为小学和中学的教育提供数据。由教育、科学和技术部和韩国教育发展研究所编制的报告可以在网上看到。

总结反思现有的与早期教育与保育有关的微调查

在奥地利，奥地利统计局在1995年和2002年已经开展了一项微人口普查，包括一个题为"家庭管理、日间看护及保育"的特殊部分。奥地利家长幼儿团体联合会也使用幼儿家长填写的问卷来收集数据。它的目的是确定在不同的省、不同的框架条件对儿童早期教育与保育方面的服务提供、立法和拨款的影响。

修订法律框架，要求国家和地区系统来监测早期教育与保育的状况

在韩国，根据《儿童保育法》，国家每五年必须进行一次全国儿童保育调查，以获得当前儿童保育服务的全面数据和信息，如儿童、教师的数量，日托中心的数量、成本及开放时间。在2010年，尽管进行全国性调查的成本很高，进行这项统计调查的时间已缩短至每三年一次，以便得到更多的最新信息。

挑战二：缺乏关于工作人员素质和工作条件的数据

在许多经合组织国家，工作人员素质和工作条件数据的收集不是十分严格。这主要是因为还没有对政策制定者阐述与工作人员有关的数据应该成为儿童早期教育与保育更大范围的数据收集的一个重要组成部分。

上述问题的另一原因是对于不同的早期教育与保育服务提供者（例如，学前班和幼儿园、日托中心、家庭日托等）的相互贯通的数据的需求理解不足。经合组织各个国家中不同的早期教育与保育服务机构各有不同，其工作人员的概况、资质水平和工作条件也各异。因此，很难在技术上和政治上对此方面数据收集的需求达成共识和理解。

建立一个符合国家质量标准的系统，以监测早期教育与保育的工作人员

爱尔兰正在建立一个监测系统，用于监测早期教育与保育人员资质和各类教育、培训项目的能力。这个系统将与爱尔兰的"早期教育工作人员发展计划"相挂钩。

在挪威，挪威统计部门收集不同部门的员工数据，其中包括早期教育与保育领域的员工数据，关于他们的工作条件和工作人员供给等。此外，幼儿园每年报告各自工作人员的数量和资质。在这些领域的定期监测能够确定是否需要更高资质的工作人员，更具体地说，哪些地区在工作人员提供方面有困难。因此，教育和研究部

已经开始实施一项整体行动计划，为目标区域招聘幼儿教师。

在英国，"提供有效的学前教育（Effective Provision of Preschool Education）"项目收集到了关于各种早期教育与保育提供者的工作人员和工作条件的信息，包括工作时间、专业发展机会的获得、全职和兼职员工的比例和年龄比例等。结果表明，全职工作人员比兼职人员有更好的发展机会。更具体地，游戏小组的工作人员的培训机会较少，培训资源少，获得的培训材料也少，由雇主支付费用的培训机会更少。

韩国推出了幼儿园的"教师能力评估"体系，并鼓励自我评估的做法。教师的能力评估中包括教师的自我评估，目的是为教师提高自身的教学和（与儿童——译者）互动技巧，由此提高服务的整体质量。此外，在韩国儿童保育推广学院之下的幼儿教师认证办公室创建了一个数据库，收集、保存幼儿教师的持证资质信息。

通过职业证书／执照延续审批，监测早期教育与保育工作人员的素质

在新西兰，注册教师需要重新登记教师执业证书（执照）。在每三年一次的评估过程中，他们必须提供满足正式注册要求的证据。该过程包括一个由执照及评审服务中心进行的审查过程，以"尽量减少更易受伤害的社会成员（儿童，老年人和有特殊需要的人）被曾经有碍他人安全和福祉行为的个人置于风险的可能性"。

爱德华王子岛（加拿大），早期教育工作者必须向执照委员会提交持续接受培训的记录，以延续他们的认证。此文件必须确认已经参加过培训，并且每三年提交一次重新认证。通过这种方式来监测工作人员的素质。

挑战三：缺乏财政和成本的数据

最近的全球经济危机正在对教育筹资形成越来越多的压力，也需要可见的结果并满足问责制的要求。这涉及财务跟踪和对成果的监测。然而，很难做到在国家层面上对公共支出合成一个数字。

首先，在采用"分轨制"保-教体系的国家，由于其财政由不同的部委来管理，积累关于早期教育与保育的合并支出数据可能是有问题的。其次，儿童早期教育与保育成本往往是国家和地方之间共同分担的。来自国家政府的资金往往纳入地方会计，在这种情况下，将所有的数字相加，可能会遇到的风险就是将同样的资源在地方层面重复计算。最后，资金往往是由私营部门（由早期教育与保育的服务提供者，或者是父母的雇主）共同资助的。这些通常是没有算进去的。

收集儿童和家庭开支的可靠数据

在澳大利亚，政府一直在跟踪自身在早期教育与保育方面的财务开支。政府资金使得进入托儿服务的儿童数量明显增加，从2006～2007年的1 078 710位增加至2009～2010年度的1 158 690位。此外，实施政府补贴后，大众对于教育与保育的负担能力已经大幅改善。2004年，如果家庭收入是每年55 000澳元，一个孩子一整天日托的由家庭负担的费用大约是其可支配收入的13%，但是这个比例到2010年已下降到7%左右。

进行项目评估以研究资金增加的效果

在目前政府的指导下，爱德华王子岛（加拿大）实现了在近代历史上对早期学习和儿童保育方面公共资金的最大增幅。学龄前卓越教育计划于2010年5月实施，在同一时间，也由教育和儿童早期发展部同两个当地的学术机构来共同进行评估。此评估由这些学术机构在2012年完成。评估结果会告知政府学龄前卓越计划可能出现的变化，还将提供项目成功的信息，以及增加资金对早期教育体系的影响。

挑战四：缺乏儿童发展成果的数据

许多国家缺乏定义指标和衡量孩子发展的知识。在测量儿童的成果和记录儿童发展过程之间存在一种张力。相关争论涉及针对意识形态，隐私和道德规范等的辩论。

主张测量儿童成果的支持者认为，没有对儿童成果方面取得进展的测量，是很难测量一组政策或项目干预的有效性的；评估对设计基于证据的干预措施是极为重要的。他们也认为，在早期阶段找出需要特殊支持的孩子的弱项，由此来帮助他们发展，是特别重要的。

那些监测儿童发展和记录儿童经验的支持者会争论说，目前还不清楚在一个特定的年龄，应该测量何种儿童成果。他们还认为，监测应该服务于其他目的而非追踪儿童发展。

可测量的那些成果不一定是对幼儿发展来讲最重要的方面。他们也认为，对于儿童成果的衡量为时过早，即使是用作一种诊断工具，也可能会带来错误判断幼儿学习者能力低下的风险。

强制的国家和／或区域性系统

在英国，《儿童法案》（2004年）已经规定了必须执行的法律修订，以确保中央和其他方面对数据收集的责任分担，从而减少地方性的个别服务提供者的负担。

在美国，设于教育科学研究所（IES）之下的国家教育统计中心在帮助各个州发展和实施全州的纵向数据系统。通过美国2009年的恢复与再投资法案，IES向20个州赠款，用于跨时间的数据和不同数据库之间的资料链接，从幼儿到职业生涯的数据，包括教师和学生的数据等，均可关联起来。

启动一项纵向研究

在英格兰（英国），"提供有效的学前教育"项目收集了大量的信息，覆盖三千多名儿童及其父母、家庭环境和学龄前儿童服务的信息，来调查学前教育对3～4岁儿童的影响。环境信息来自一系列的不同类型的服务者，如地方的幼儿园，一站式服务中心，游戏小组，私立日托机构，正常运行的托儿中心及托儿课程等。其结果发现，所有类型的服务环境中都能达到良好的质量。然而，在一站式服务和托儿机构的儿童会因其服务具有较高整体质量而表现出更好的智力发展。

比利时的法语社区发现，儿童在幼儿园进行非义务制的第三年的学习，小学第一年晚入学，并没有对其学校教育产生有利的影响。关于此种现象，已展开一项研究。自2009年以来推出的对于一个年龄组的儿童的纵向研究，可以更好地了解儿童教育的路径并可以确定在教育系统中进行哪些方面的弥补。

开发监测工具

在澳大利亚，澳大利亚早期发展指数（AEDI）是一个衡量儿童自入学起的发展状况的人口指标。澳大利亚早期发展指数根据教师的知识和在课堂中对儿童的观察以及他们的人口学信息，通过收集老师填写的核查表来衡量儿童早期发展的五个领域。这五个发展领域包括：（1）身体健康和幸福感；（2）社交能力；（3）情感的成熟；（4）语言能力和认知能力（以学校为基础的服务）；（5）交流沟通能力和常识。

弗兰德斯（比利时）在保育领域，基于鲁汶大学体验教育研究中心的一个团队已经开发出一个保育环境的自我评估工具（SICS）。这是一个过程导向的、供保育机构的工作人员使用的自我评估工具。它的重点是儿童及其在保育环境中的经验，旨在帮助员工形成对儿童发展的最佳条件的认识。自我评价的过程包含三个步骤。首先，评估孩子的幸福感和参与；其次，对观察结果进行分析；最后，确定和实施具体行动来提高质量。有一本用户手册用来帮助员工熟悉这个工具。在教育部门，有一个学生监测系统"弗兰德斯透视"（Leerlingvolgsysteem voor Vlaanderen）可用于注册的学校。这使教师能够通过一系列测试，跟踪每位学生的进度和进展。这也提供了关于学生的良好状态和他／她参与学校活动的信息。该过程包括几个测试，用以衡量一个学生在日托机构中语言和算术方面的成就，以及在小学中拼写和阅读技能的成就。

在不列颠哥伦比亚省（加拿大），省里为一家收集人口信息的研究机构提供资金。该机构使用早期发展工具（EDI）测量儿童的发展状态，其目的是测量儿童整群的入学准备程度——它不是一个个别化的评估工具。早期发展工具从五个方面来评估儿童发展：（1）身体健康和良好状态；（2）社交能力；（3）情感的成熟；（4）语言和认知能力的发展；（5）交流沟通能力。它反映了在为孩子做好入学准备方面，儿童周围环境的长处和需求。

马尼托巴省（加拿大），也采用了早期发展工具（EDI），每两年一次，在其所有的37所学校幼儿分部（和一些独立的学校）中收集数据。幼儿园教师完成关于每个学生的早期发展工具问卷，并且在每个学年末回收，这样让教师有足够的时间去了解每个孩子。早期发展工具收集的数据也会告知家长，家长也可以要求退出早期发展工具。早期发展工具本身不能描述孩子的所有情况；其他数据必须与EDI共同使用，例如资产配置，学校表现的数据，产前检查的数据，家长的调查数据和社区的普查数据等。

爱德华王子岛（加拿大）在2010年将幼儿园纳入公立学校系统，并决定从儿童进入幼儿园起，采用一个通用的筛查来进行儿童的发展评估的试点。政府采用早期评价（EYE），其中包括直接评价（DA）和教师观察，儿童第二年入园时，已完成了第二个年头的EYE-DA。EYE-DA评价四个领域的发展：（1）自我意识和环境意识；（2）认知技能；（3）语言和沟通；（4）大肌肉和精细动作的发展。政府研究第一年和第二年的结果，分析EYE产生何种信息以及如何最好地使用此类信息及评估。爱德华王子岛打算从2012年2月初使用EDI进行测量，并且每三年重复一次。

在德国，NUBBEK是几个机构和一些个体研究人员的联盟，在研究框架内采取了以下几项任务：尽可能收集可靠的、基本的、经验性的和实践性的知识；科学地考察现有的和新出现的情形和问题；使用当前的经验知识，以扩展设计良好的儿童早期教育与保育的基础，对负有育儿责任的家庭增加支持。该研究是一项全国性研究，并在德国8个州的不同地方进行。主要的数据收集是在2010年上半年。超过2000名2~4岁的儿童和他们的家庭（其中三分之一有移民背景）参与到研究中。

在墨西哥，应用一种名为"Excale-学前第三年"（Excale-Tercer ano de preescolar）的测试工具，评估儿童在学前第三年的发展结果。一共有10 300名小学生和1091个学校在2007年进行了识字和数学思维的测试。除通过这些成就测验，国家还采用问卷调查来强调其他方面的教育活动，并收集学生、家长、教师和校长的意见。

在土耳其，国家教育部提供成就评估表和学前教育项目的进度报告。成就评估表面向年龄在36~72个月的儿童，包括四个发展领域的内容：精神运动、社会-情绪、语言和认知能力的发展、自理能力等。而进度报告则是一系列关于儿童表现的摘要，包括孩子的知识、能力、行为和习惯等。

新西兰实施名为"Kei Tua o te Pae"的学习评价，这需要教师制定有效的评估方法来满足"Te Whāriki"课程的期望。政府对儿童早期教育与保育的工作人员提供这项评估的相关培训，也评估课程的其他方面，如提供活动的能力和刺激早期发展的关系等。儿童和家长可以帮助决定项目及课程的评估的过程中应该包括哪些内容。

挑战五：缺乏早期教育与保育服务质量的数据和信息

许多国家报告在监测早期教育与保育服务质量方面的主要挑战以及各项法规的遵守情况，特别是独立的服务提供者的情况。首先，虽然人们对构成早期教育与保育服务质量的要素理解渐深，但是利益相关者和父母之间还没有就应该收集什么样的质量指标达成共识。其次，收集质量指标本身在政治上和经济上还不具备可行性。这需要在现有的数据系统基础上开发。对质量信息的收集与现有早期教育与保育数据系统的关联需要战略思维、政治和财政的支持以及利益相关者的认可。

将结构性的质量指标的数据收集和国家质量目标相结合

在不列颠哥伦比亚省（加拿大），幼儿园的班额大小在2001年被纳入立法。教育委员会必须确保跨学区的幼儿园每班平均人数不多于19名，并且单班不能大于22名。国家每年都会监测这些标准的执行情况以确保符合规定。2010年，不列颠哥伦比亚省（加拿大）的幼儿园平均班额都小于18人。

在美国，各州公共项目的目标或标准基本都是来自国家教育目标小组、儿童发展"开端计划"、"早期学习框架"或国家幼儿教育协会的"发展适宜性实践"，这些实践覆盖的范围是非常广阔的。这些发展与学习的领域包括语言和读写能力的发展，认知和常识等（包括早期数学和科学发展），学习方式、身体发展和动作的发展（包括自适应能力）和社会、情感发展。许多州还使用项目标准以确保有充足的运用教学方法的机会；例如，重点可能在于员工与儿童的比率、员工资质、每个儿童的空间和／或学习材料满足幼儿需求的程度。督察员的工作确保所有中心都符合各项标准，并且每个中心都能致力于高品质的教学工作。

在瑞典，在2003年由国家教育机构对幼儿园进行了评估，为中央和地方的政策制定者提供了许多关于实践中如何理解、实施国家学前教育课程的有价值的见解。评估还报告了在不同自治市之间学前教育质量的显著差距（例如班级人数）。评估表明，缺乏财务资源及管理等方面的支持，对资源缺乏地区的幼儿园表现出一定的影响。2008年的第二次全国评估表明，该课程推行十年之后，已取得了越来越大的成果。大量的评估在市级和学前开展，其中也使用了形式各异的评估模式，包括自我评估、同事评估、家长的调查和儿童参与评估等。

比利时的法语社区在2002年3月关于现行教育系统任务的法令指定了一个委员会，制定了一整套的教育指标。每一年，该委员会的报告都提出一套结构化的客观信息，加上现有可用的统计数据，它对教育系统进行丰富而连贯地反思提供了有力的支持。

定期发布质量报告和沟通质量状况

在澳大利亚，国家儿童保育认证委员会每半年发布一次质量趋势报告，便于家庭、资助者和服务业更好地了解进展情况和主要的发展变化。国家儿童保育认证委员会评审会于2011年12月31日关闭。从2012年1月，澳大利亚儿童教育和保育质量局（ACECQA）将负责指导全国早期教育与保育质量框架在全国范围内实施，并确保实施的一致性。ACECQA会就全国质量框架向教育、幼儿教育发展和青年事务部长理事会提出报告和建议。

在韩国，从2009年以来，教育、保育科学和技术部委托韩国儿童保育和教育研究所发布早期教育的年度报告。该报告是《韩国早期教育一览》，提供各省市幼儿教育当前状态的信息。报告中还包括质量指标的相关信息，如员工–儿童比率，班额大小，全天经营的幼儿园的比例，持有学士学位的教师比例和在省教育办公室专门从事幼儿教育的教学人员和监事的人数以及成果指标，如各种不同幼儿园的入园率等。该报告给出某些指标发展趋势的信息以及质量方面的比较信息。报告会被分发到省教育办公室。

在美国，国家早期教育研究所（NIEER）从2003年起，已经逐年发布《国家学前教育状况》。这些年鉴显示国家在学前教育的投资，入园率，班（组）规模和员工–儿童比率，教师资质及其他重要的质量指标的数据。此外，NIEER与州级和国家级政策制定者、其他组织一起开发研究和沟通策略，以填补知识的差距，并将科学知识有效地应用到政策之中。

比利时法语区需要校外（课后）看护和空闲时间看护的协调者来起草概览报告（etats des lieux）。该报告将为这个领域的工作提供一个概览，并确定行动的要点。儿童观察、青年和青年援助等组织负责每五年对这些报告做一次综合分析。第一个分析报告于2004年出版，第二个将在2012年完成。

在西班牙，教育部在2007年开展了对学前教育的试点评估研究，重点就以下问题进行评估：儿童学习成果，家长对学校管理的满意度，对学校组织所达成共识的程度，补充服务的服务水平，不同类型的项目和受益者，教学工作人员类型和对工作人员的评价等。教育部公开分享了这一评估结果，显示了早期教育与保育的状况。此外，全国学校董事会发布年度报告，重点指出学前教育最重要的成果和正在解决的挑战，并提请不同地区的教育主管部门关注相关的领域并采取一定的行动。

开展家长满意度调查

在芬兰，国家健康与福利研究所在网上进行了一项家长对早期教育与保育服务质量看法的调查。结果显示，大多数家长都对早期教育与保育的服务感到满意，并相信工作人员的专业能力，不过也认为需要增加更多的工作人员。

瑞典的主管部门，除了收集统计数据，也赞助了一个涵盖各个中心的网络（包括家长）来收集关于儿童及家庭具体需求的定性的信息。

丹麦、挪威和英国定期对父母的意见进行调查，并咨询这些利益相关者在早期教育与保育服务方面的困难和愿望。这个过程在保持项目的质量、可负担程度和预算支出的透明度方面起到了关键作用。国家开展的调查和家长咨询揭示了服务可及性的容易程度、开放时间、各项目点的管理和分布、家庭背景、质量标准、家长对儿童的全面发展的认知、饮食和儿童医疗保健方面的信息等。

在韩国，幼儿园每年就家长对服务质量的水平的满意程度进行问卷调查，并以此作为幼儿园评估方案的一部分。该调查包括有关教育活动和儿童发展、饮食的质量、幼儿园所提供的家长教育、教师的质量和表现等信息。家长被随机选择参加调查。

建立一个用来督察的框架并提供用于督察的材料

在弗兰德斯（比利时），在CIPO(背景、投入、流程和产出）的框架下，教育监察员对非义务教育阶段的2岁半到6岁的幼儿教育机构进行巡查。这个全面的框架包括背景、投入、流程和产出几个部分。背景包括身份识别、地点、历史和管理条规框架等。投入包括教职员工和学生的特点，而流程包括四个组成部分：一般政策、人员、后勤和教育政策。成果部分包括学生成绩、职业和满意度等。

在芬兰，根据《基本教育法》第5章第21节，每个教育提供者都应该就其提供的教育服务及其影响进行评估。他们也应该参与对其运作进行的外部评估。同时也有独立的教育评估委员会进行外部评估，他们附属于教育和文化部。他们的任务是在大学网络、国家教育委员会和其他评审专家之间组织活动。2009～2011年，芬兰教育评估委员会开展了两个全国性的学前教育的大型评估，其中包括学前教育核心课程的质量问题。

在墨西哥，政府开展了针对托儿所及日托中心项目的一致性和项目结果的评估，在此框架内，社会事务部对儿童保育服务的开展及其与卫生部门的协调进行监测。这项评估由外部机构来开展。该部还负责管理"墨西哥学前教育"项目。"教学状况"，是墨西哥对学龄前教育的一个三年调查的结果。该评估包括早期教育的各个方面，如基础设施、材料、组织、工作人员的专业培训、财务资源和服务流程等。

斯洛伐克由国家学校监察团对幼儿园的教育以及机构管理进行检查。全面的质量监察活动重点关注教育质量和相关的儿童发展成果、早期教育与保育服务提供的质量和管理、与家长和其他部门（如学前班教师、特殊教育教师、心理学家、医生和老年人）的合作、早期教育与保育工作人员的工作环境和幼儿园的补充活动等。基于督察的结果，幼儿园可以利用如下的服务：（1）共享更新的目标和信息；（2）为幼儿园园长建立适当的决策标准；（3）与咨询机构合作解决专业问题；（4）与各类教育机构合作。

在英格兰（英国），教育标准办公室进行定期检查，以评估服务提供的整体有效程度是否符合课程框架《早年基础阶段》（EYFS）的原则和要求，其中包括了早期学习、发展和保育。督察报告对服务的整体有效性做出判断（在《早年基础阶段》中，环境如何满足儿童的需要），管理和领导的有效性，《早年基础阶段》中服务提供的质量和儿童的成果。

在挪威，市级政府负责对私营部门和市政机构的开发和监管，以确保这些机构是按照国家政府设定的目标来运行的。市长督察市政当局，以确保早期教育与保育是按照幼儿园法案来执行的。报告显示，市一级和地方一级开展服务的作用是有差异的。为应对这些挑战，政府在2011年投资450万挪威克朗，用于评价市政官员的教育措施。此外，在2011年，公共委员会将评估挪威的早期教育与保育立法、督察规则和指南等。

韩国分别于2005年和2007年由中央和地方政府共同对幼儿园和日托中心进行了检查。所有的早期教育与保育服务提供者必须接受每三年一次的检查，这包括自我评估报告以及外部评估。幼儿园以及日托中心接受评估的方面包括环境、健康、安全、管理和课程——后者是评估中非常重要的一个方面。在2011年，项目和评估指标的数量几乎减少了一半，而赋予了当地教育办公室更多的自主权，除了国家确定的指标，他们可以选择他们自己的指标。此外，还建立了一个评估者的中央管理系统，并与地方办公室共享和交换评估者在不同的城市和省份之间评估的信息。对评估者提供培训，以提高评估的质量。幼儿保育机构的认证过程由韩国托儿机构认证委员会进行管理，重点不在于法规，而更多地在于过程的质量。目标区域、项目和评价指标的数目也有所降低。"家庭和社区参与"领域纳入一般管理领域，而另一个领域，"互动的技能和教学法"是新引入的。到2011年7月止，督察的结果是：在39 181个日托中心中，26 674个日托中心（68.1%）已经得到认可。这两个质量保证框架的指导用书和手册也已开发出来，并已发放给行政管理人员和从业人员。

在比利时的法语社区，出生和童年部对他们所批准和资助的服务的质量进行了调查。这个部设有保育机构协调员和监察员，定期拜访日托中心或保育服务提供者，作为监察他们所提供的服务质量的一种方式。在教育领域，监察员的角色在2007年经过审查，他们负责检查，并为教学人员就各种与教育相关的法律提供咨询。他们帮助撰写的报告将作为更广泛评估的基础，并指导教育发展的方向。

在西班牙，区域教育主管部门设计和实施评估计划，会考虑到儿童和他们的家人具体的社会-经济和文化状态以及学校的环境和可用的资源。除了外部评估，主管部门还支持学校管理人员和员工在学校的自我评估过程。

开发监测工具，为家长和工作人员提供支持

在新泽西州（美国），课堂教学质量是使用三种工具，通过结构性的观察来测量的：第一种工具测量一般的课堂教学质量，重点在于课堂环境对健康、安全的重视和是否提供教材等；第二种工具测量一般和具体的教材和教师活动，以及已经发现可以促进口头语言和读写能力的互动活动；第三种工具提供关于教材和跨越所有类型的数学思维和技能的教学互动活动。总之，这些标准参照工具提供的信息和改进方法很容易在课堂、地区和州的层面上理解和使用。

斯洛伐克共和国与国家学校督导团加强合作，他们的职能是负责监督学校教育项目的执行。督导团现在定期（每年）进行检查。斯洛伐克共和国还开发了员工自我评估工具箱，教师和保育者可以用来评估自己的知识和技能。

尽量减少未接受补贴的服务提供者的负担

在弗兰德斯（比利时）的儿童保育部门，资助机构的补贴来自公共资金，所以政府要求他们提供服务数据。然而，独立的机构接收的公共资金有限，所以不可能从他们那里取得和接受资助的机构相同数量的数据。目前的数据收集和监测系统导致了儿童保育服务方面的不完整的图景，因此，政府正在评估如何获取缺失的数据，同时不给未接受补贴的机构造成太大的负担。

加强私有服务提供者提供数据和接受审计的责任

在澳大利亚，儿童保育服务有很大一部分是私人营利部门提供的。尤其有一个服务提供者——ABC发展学习中心——在全国很多地方都有。它始建于1998年，到2008年，它的长日托服务已经占到市场的25%。ABC是一个公认的品牌，其学习中心符合认证标准和建设标准，并为员工提供支持等。然而，据报道，这个公司财务记录很差，组织和管理结构复杂，复杂昂贵的租赁／建筑等安排，主要政策是通过

债务获得资金。在2008年，该公司濒临倒闭，政府不得不进行干预，以防止在很多社区出现重大的社会和经济动荡。政府提供了重要的财务支持以保持中心运营，同时计划售出、转让或关闭一些中心。一个进步是出现一个不以营利为目的的集团，有意大量收购以前的ABC中心。政府通过提供一个不增加纳税人的成本并且完全可以偿还的贷款来支持这家机构，这在政府、非营利组织和私人投资者之间建立了新型的合作和协作。超过90％的原来即将倒闭的ABC学习中心今天仍在经营。政府现在要求新的运营商必须证明他们都适合开办日托中心，并且加强了对日托中心的监测。在2010～2011年度的财政预算案中，澳大利亚政府已经通过了监管措施，宣布：（1）对提供25个或者更多长日托服务的服务提供者进行年度的财务可行性评估；（2）如果政府发现服务提供者遇到重大财务困难，将聘请专家进行独立审计。

挑战六：缺乏反馈周期

在许多国家，提供相关和及时的监测结果反馈是一个挑战。首先，监测对于改善的有效性取决于设计和执行监测的能力。为了改善监测——如果不是单纯为了问责——需要考虑的重点是在设计阶段的目的和计划反馈周期如何成为提供监测结果的一部分。

其次，为了项目改善而进行的有效监测，也依赖于使用结果的人的技能和能力。即使通过反馈周期提供了结果，如果接受信息的人没有正式采纳信息或采取实际行动来改变自己的做法，那也不会有变化的。

鼓励使用评价来"反思"和"改善"

在苏格兰（英国），在《我们的学校有多好》和《在中心的儿童》中，已经设定了质量指标框架，重点在于学校和中心对专业实践和改善学校课程进行自我反思。此外，外部监察员对课程和时间进行有组织的监测。苏格兰政府正与教育主管部门和其他合作伙伴合作开发分享评估信息的流程，使教育主管部门可以利用这些数据了解他们的学校和中心，并适当支持课程的调整。

在新泽西州（美国），新泽西教育部形成了全州咨询理事会来开发《Abbott学前教育计划实施准则》。这份文件为包含在"自我评估验证系统"内的标准打下了基础。这个系统被用来评估是否和准则一致，并且在地区层面上每年进行持续的周期改进。各地区收集文件来评估和评价本区的执行状况；这些评价和文件周期性地由同伴和各区所在州进行验证，并且用于年度项目改进计划。

澳大利亚正在引入"国家质量标准框架"，包括一个新的监测过程。监测过程是一个一以贯之的反思和评估过程。这也使服务者可以对目前的实践、教育的质量和儿童及其家庭的保育体验获得一个图景。这幅现行做法的"图景"可以用来识别和确认服务的特定优势以及作为一个起点，来规划如何提高质量。

在弗兰德斯（比利时），教育质量法令允许使用不同的方法，而非一个标准化的统一方法来进行监察。监察的范围和强度是由具体的学校资料来决定的，比如说学校政策和质量保证措施等。如果学校收到了负面的监察结果，他们可以选择与学校咨询服务合作来进行改善。校长有义务在学校人员的正式会议上分享检验报告的结果。

在美国，如果受开端计划资助的机构没有达到包括课堂教学、健康和安全标准以及财务问责制和完整性等要素的质量基准，会要求他们重新去争取资金。在班级评估中要考虑的因素，已经由弗吉尼亚大学的研究人员开发，并已经通过严谨的研究进行了验证。

对于如何使用监测结果提供支持

韩国在2010年试点之后，在2011年实施了"幼儿园咨询"。通过开展咨询，帮助幼儿园提高自身的能力，从而改善服务质量。按照个别幼儿园的要求，早期教育的专业人士为幼儿园分析他们在管理方面的挑战，并就如何解决这些问题提供了意见。这个咨询过程集中在六个方面：（1）课程操作；（2）教师／员工管理；（3）财务管理；（4）设施安全和饮食服务；（5）父母教育；（6）公民和法律事务等。每省教育办公室都成立了"咨询支持小组"，由两到三名专家组成。如果幼儿园要求，他们还可能派遣一名独立顾问，去解决更为具体的问题。在一般情况下，"幼儿园咨询"工作如下：准备，诊断，为解决问题提供建议，执行／故障排除结论。以上内容都汇集在一份报告中。此外，也会进行对于参加幼儿园的满意度调查。

在比利时法语区，出生和儿童部（l'Office de la Naissance et de l'Enfance）已经创建了一个特殊的工作职能"教学辅导员"。他们的任务是负责监督和协助教师进行基于母婴检查结果的实践反思。他们通过定期提供专业保育信息和答疑来确保各机构的保育质量。

在北欧国家，教学顾问的工作是在地方层面上通过提供关于新型教学法的最新信息、支持组织内部质量改进过程，如团队评估和记录等，来提高各种服务机构的教学质量。

研究

挑战一：需要关于早期教育与保育的效果方面更多的证据和成本–收益分析

目前关于早期教育与保育的效果和成本–收益分析的研究主要基于美国和英国的研究。其他国家往往缺乏严谨的态度或方法去收集关于早期教育与保育成本和财政数据，以及开展儿童早期教育与保育的政策／项目的评估。

在早期教育与保育领域的另一个挑战可能是定性和定量研究的使用和对结果或过程的测量之间的紧张关系。必须推进对于早期教育与保育领域的定量研究，同时认可定量与定性研究是互补的，并且都能有助于基于早期教育与保育项目的效果展开的研究。

在国家层面启动纵向研究

在弗兰德斯（比利时），教育和培训部与经济、科学和创新部发起了一项关于学习和学校的研究，由政策研究中心来建构学生从学前教育到进入劳动力市场之间的经验的资料，找出政策措施和教育创新在以上转变中发挥的影响和效力。作为研究的一部分，他们将探索学生在学前教育的第三年、小学的第一年及随后几年中的非认知特点。

在爱尔兰，从2006～2012年，卫生和儿童部正在进行一项纵向研究，叫作"在爱尔兰长大（Growing up in Ireland）"。本研究旨在确定从出生到成年影响儿童发展和幸福感的因素。这将有助于建立有效的政策和相关的儿童服务、家庭服务。这项研究提供了大量的报告，并通过各种渠道广泛地提供给决策者和研究者，包括在爱尔兰研究会议上的《年度成长》报告。

PreCOOL是荷兰的一个国家级大型队列研究，共约有5000名年龄在2～5岁的儿童参加了这项关于不同类型的儿童早期教育与保育的短期和长期影响的评估。另一个跟进的研究是COOL5–18。PreCOOL由荷兰教育、文化和科学部建立，并指定由

"荷兰学术研究组织"执行。

在挪威，"挪威母亲和儿童研究（MOBA）"是一个一般性的流行病学研究，以找出母亲和儿童之间导致严重疾病的因素。这项正在进行的研究开始于1999年。"语言和学习研究"是MOBA研究的一个子研究，探讨在日托中心里的活动对儿童语言发展和行为的影响。该研究初步表明，年龄在一岁半到三岁之间，经常性参加正式的日托中心或在家庭保育的儿童，比由父母或保姆照顾的孩子语迟的现象更少。该研究的第二阶段将重点放在早期教育与保育服务质量对于5岁儿童发展语言技能及社会技能、行为障碍和情绪问题方面的效果。部分和早期教育与保育相关的研究是由教育和研究部资助的，平均每年200万挪威克朗。

此外，挪威还进行了"行为展望挪威人发展研究（BONDS）"，以确认：（1）在6个月以上儿童行为及社会技能的发展；（2）家庭条件和早期教育与保育服务对于儿童发展的影响因素；（3）孩子在幼儿园的社会能力和行为发展。这项研究是由挪威儿童行为发展中心和教育研究部共同资助的，平均每年651 057挪威克朗。

在韩国，韩国儿童保育和教育研究所已经推出了韩国儿童定组调查（PSKC），这是一个自2006年开始的纵向研究。这个研究抽取了2078名在2008年4月和7月之间出生的婴儿。PSKC从产前覆盖到7岁、9岁和12岁。PSKC旨在提供全面的、跨领域的数据，以有助于确定儿童的发展成果和抚养支持之间的因果关系分析。分析的重点包括：（1）韩国儿童发展过程；（2）父母在儿童养育方面价值观及实践的变迁；（3）早期教育与保育服务的效果；（4）早期教育与保育政策的影响；（5）项目的实验或准实验评估。

斯洛文尼亚推出的纵向研究叫作"学前教育对儿童发展和学校成就的影响"。该研究从儿童早期发展一直追踪到儿童的中期阶段，探讨学前教育和学校一年级学生学习成就之间的关系。结果表明，那些较早接受学前教育的儿童情绪问题更少，意志更坚强，社会交往技巧更好。较早接受优质学前教育也对父母教育程度较低的儿童的语言发展形成一种保护性因素。研究数据和成果用于编制《教育白皮书》（2011年），这有助于采取进一步措施来提升教育，比如，法律和其他法规、对职前和在职培训做一些调整。

在土耳其，1982～2005年，母子培训基金会（ACEV）实施了"土耳其早期充实项目"。该项目研究参与不同早期教育与保育机构和以家庭为基础的干预项目的长期影响。研究表明，参与早期教育与保育和干预方案有着长期的影响，包括语言技能的提高和教育程度的增进，职业状态和社会融入度的改善等。

澳大利亚进行了多次相关的纵向研究，如"家庭收入和劳工动态"，"澳大利亚儿童的纵向研究（LSAC）"，"土著儿童的纵向研究（LSIC）"。这些研究仍在进行中，不过，就LSAC和LSIC而言，已经对和儿童早期教育与养育相关的问题提供了一些有益的见解。

美国开展了许多有大型抽样样本的项目评估，如"开端计划"，"高瞻／佩里学前项目"和"芝加哥儿童家长中心计划"。这些研究部分是因为存在需要呈现项目表现和业绩、证明公共开支合理性的公众压力，还有部分原因在于政策研究和项目评估方面所积累的知识和研究进展。

在英国，已经开展一个全面的研究项目来对其"确保开端"项目做评价，包括"确保开端"的地方项目对儿童发展与家庭的影响。教育部也进行了一项纵向研究（"学前教育的有效提供"），分析参与不同早期教育与保育项目对3～7岁儿童的智力和社会／行为发展的影响。这项研究的纵向延伸（"学前、小学及中学教育的有效提供"）也分析了学前教育和小学教育对3～14岁儿童的智力和社交／行为发展的影响。

自1997年以来，加拿大联邦政府马尼托巴省政府和以社区为基础的各个合作者已经建立了合作伙伴关系来开展纵向研究，跟踪孩子从学前到入学以后，评估早期儿童保育对孩子的行为和在社会技能、解决问题的能力、运动技能和入学准备等方面的发展的影响。"1997年曼尼托巴省出生的队列研究"跟踪了出生于1997年的635名儿童；随着时间的推移，这项研究将为儿童早期护理和其他方面的经验如何影响孩子的发展提供一些洞见。已经有一些研究结果发表出来，都支持在这一领域的决定和政策，如"马尼托巴省的早期学习与日托中心课程"以及"马尼托巴省的家庭选择议程"。

建立国家级或省级的机构，致力于推进早期教育与保育研究

在韩国，韩国儿童保育和教育研究所（KICCE），是一家国家级研究机构，成立于2005年12月，采取系统化的方法来推进早期教育与保育政策方面的研究，以更加有效地支持早期教育与保育服务。在研究所成立之前，在早期教育与保育政策方面的研究是由韩国教育发展研究所、韩国妇女发展研究所和韩国卫生和社会事务研究所分别进行的。韩国儿童保育和教育研究所开展了一系列的在早期教育与保育政策

方面的研究，作为一个数据库，并且在将教育和保育领域的利益相关者带到一起、创造对话机会的行动中扮演了重要角色。最近，由中央政府指派，韩国儿童保育和教育研究所开发了一个对五岁儿童的通用课程（Nuri课程），并负责培训20 000名教师，开发支持材料，提供咨询和监测以确保Nuri课程的成功实施。

在澳大利亚，澳大利亚儿童教育和保育质量管理机构（ACECQA），是一个新的国家机构，角色是就早期教育与保育进行研究和评估。这将为教育和保育质量管理机构的功能创建一个坚实的证据基础，并且持续促进质量的提高。它也将有助于澳大利亚在儿童早期发展方面的证据收集，以用于政策和战略开发。

马尼托巴省（加拿大）的儿童保育联盟，是一个公众教育及倡导组织，已在全省范围内开始了对经济和社会因素对儿童保育的影响的量化研究。根据研究结果，联盟向当地政府在一些问题上提出建议，比如说关于更多儿童保育服务、更高服务质量、更能负担得起和便捷可及的服务，更好地支持和有更多资源的劳动力市场等需求。联盟邀请成员组织参加年度大会，并参与倡导运动和各项活动。成员包括父母，工人运动，妇女团体，儿童保育社群，教育工作者和研究人员，致力于社会公正和社区经济发展的组织及其他机构，等等。该联盟和全国儿童保育宣传运动协同工作。

开展或者外包能影响政策和实践的研究项目

在爱尔兰，就政策相关的研究，开展了两个行动。首先，成立科学和政策咨询委员会。其次，建立了由关键政策制定者组成的项目组和督导组，在操作和战略上对研究议程提供洞见。

在葡萄牙，政府往往将早期教育与保育的研究及外部评估外包给大学的研究部门。研究和评估在对不同的教育问题提供各种建议方面发挥了作用。

在韩国，教育部、科学和技术委员会、市级和省级教育办公室，以及在全国范围内的七个早期儿童教育和发展研究院（ECEDI）来开展以实践为导向的研究项目。通过为本地提供特别补贴，部里来资助这些项目。市／省教育办公室和早期儿童教育和发展研究院开发和执行不同的项目，比如，为全日制幼儿园提供课后活动和教师培训项目，并分发音像–影像资料来促进幼儿园课程的执行，帮助实践者实施课程。韩国育儿推广研究所是卫生部和福利委员会的附属组织之一，对儿童日托中心的认证和日托机构教师资格管理进行研究，以为政策和实践提供信息。

在斯洛文尼亚，政府资助早期教育与保育，在过去的几十年中，已经进行了一些研究：学前机构的一日安排，课程改革前后的第一年学校经验，早期读写和语言的初步发展；以及通过自我评估来提高学前教育的质量。

在不列颠哥伦比亚省（加拿大），省政府为一所大学所设立的项目提供了资金，重点是"优质早期学习环境调查"。该项目在地方、省、国家和国际层面上扩展和加深了在早期教育与保育领域与质量相关的讨论。它通过各种早期教育与保育领域的论坛促进了关于质量方面的讨论，同时也促进了早期儿童教育工作者的职业学习。

英格兰（英国）已经与全国育儿学术研究中心签订了一个为期五年的合同，直到2012年3月，进行亲子和家庭的研究，检查和评估对弱势家庭的创新的养育干预方式。其中一部分包括试运转工具包。这个工具包描述了英国的许多育儿课程，并且强调了哪些项目是最有效的。

在芬兰，芬兰科学院的研究项目（SKIDI - KIDS）专注于在系统层面促进儿童的健康和福利。该项目旨在支持和鼓励就儿童健康、福利和环境有关的风险管理开展多学科的研究。该项目包括三个主题：（1）早期儿童生长环境；（2）服务体系；（3）在改善儿童的健康和福利方面的挑战。赫尔辛基大学进行了"有质量的互动-有质量的学习"项目：在芬兰学前及一年级教育环境中的药物治疗和互动的本质。该项研究的主要目的是审视员工与儿童在早期学习环境中互动的本质。

在英国，创新小组进行了一项名为"早年转变"的研究计划，由国家科学、技术和艺术基金会资助。该项目旨在为与儿童相关的低成本服务寻找更好的政策解决方案，以改善有幼儿的家庭的生活。这个创新小组密切支持六个地方并将"最有效率"的模式转化成一系列的活动，以设计一些服务，以期比目前服务的成本更低，成果更好。这个项目会就地方面临的挑战以及可能的解决方案为地方提供新的视角，并产生出新的儿童服务理念。

在挪威，政府通过挪威的研究理事会来资助研究项目，比如，"基于实践的教育研究项目（PRAKUT）（2010~2014）"及"迈向2020年的教育研究（2020教育）（2009~2013）"。这些项目将增强政策制定、公共管理、专业教育和专业实践的知识基础。基于实践的教育研究项目将加强儿童早期教育与保育、基础教育和教师教育的质量。这个项目的目的是将研究和实践紧密联系起来。迈向2020年的教育研究项目的目的是优化儿童、青少年和成人的发展和学习。作为这个项目的一部分，政府也会资助一个大型的、跨学科的、为期五年的有关挪威早期教育与保育质量的研究项目。

挑战二：研究不足的领域或新兴领域

在许多经合组织国家中，出现了越来越多的第一代和第二代的流动儿童，这使得为移民儿童制定有效的政策干预成为一个政策热点。尽管如此，在早期教育与保育领域中，这方面仍然是一个缺乏研究的领域。

对于早期教育与保育服务的空间和环境研究，也是政策决策者的一大兴趣点。它有助于设计更好的、更适于发展的、以证据为基础的标准和法规。然而，这也是一个缺乏研究的领域。

推进3岁以下儿童的研究

在挪威，随着3岁以下儿童进入早期教育与保育领域的数量的显著增加，出现了更深入了解幼儿园内容及其对幼儿影响的需求。新的研究，"基于实践的教育研究项目（PRAKUT）（2010～2014）"强调了这一点，调查了早期教育与保育机构中有助于为所有儿童创造并维持最佳学习环境的各种条件。

在芬兰，"幼儿压力管理和发展方面的环境和干预影响"研究已经在赫尔辛基地区进行。这个研究确定了一个日托机构儿童的动态压力管理的模型。该研究评估了日托服务的质量如何缓和幼儿的生物性特质（气质，性别和神经发育的风险）在生理压力调节方面的效果以及服务质量对于幼儿社会情感能力和认知发展的影响。结果表明，儿童之间较低的压力水平和高质量的团队计划和安排是显著相关的。

在比利时的法语社区，《儿童观察：青年和青年福利》（Observatoire de l'enfance, de la jeunesse et de l'aide a la jeunesse）开展了一项研究来开发对0～3岁儿童的保育指标。研究的结果可以在2012年6月出来。并且，在2012年，《儿童观察》将展开关于从幼儿角度考虑的保育环境质量指标的研究。

在韩国，对3岁以下儿童的研究经常包括在对于0～5岁儿童的研究之中，因为这个年龄段同时也包括三岁以下儿童。政策建议经常包括对财政支持的需求、父母养育的咨询等。对婴儿语言发展的研究很多是由韩国国家研究基金会支持的个人研究者进行的。

开展对文化层面和社会-文化分析的研究

在芬兰，"在正规和非正规环境中儿童的有效行为"研究确定了在早期影响孩子有效行为的一些因素。该研究假设，幼儿不仅仅是被动地做出反应或者被环境和生物特征所控制；而是可以通过有效的行为，让自己更为有效、主动，更能进行自我调节。

在韩国，韩国儿童养育和教育研究所目前针对不同的社会文化环境下的一系列的政策问题进行了研究，其中包括：对多元文化家庭育儿的支持、海外生活的韩裔目前养育子女的状态和价值观、对朝鲜来的家庭育儿支持的政策，对朝鲜和韩国在育儿实践方面的比较研究以便为未来的统一做准备。

在丹麦，最近的研究已经揭示了工作人员的背景（移民背景或性别）对具有不同背景的儿童发展的影响。关于对工作人员指标——比如，男性工作人员的比例，员工–儿童比率，非本地工作人员的比例，工作人员的稳定性和教学老师的比例——影响的研究发现：相对于每个孩子的工作人员比例，男性工作人员的比例，教学老师的比例和非本地工作人员的比例对儿童发展都有重大的、积极的影响。研究发现，更高的工作人员对儿童的比例和／或较高的男性工作人员比例会使男孩更多地受益；更高的工作人员稳定性的比例则非常有利于非本地的孩子。这项研究表明学前教育的质量因素有助于推动男孩以及非本地儿童的均衡发展。

对儿童的空间和学习环境的研究

在芬兰，芬兰科学院进行了一个研究项目来调查早期教育与保育服务中应该为学步期儿童提供什么样的空间。初步结果表明，早期教育与保育专业人员依照儿童的年龄来有区别地安排空间－时间。研究结果还表明，对儿童最大利益的重视，是通过按照一定顺序和程序安排的、与年龄相关的发展任务来体现的。该研究显示应该促进专业的继续教育，来促进针对三岁以下儿童保育和教育的反思性讨论。

日本开展一项与育儿中心环境和空间的研究项目。这项研究的目的是为了确保儿童的身心良好状态和安全性，并帮助儿童发育出一个健康的身体和健全的头脑。

在韩国，已经进行了一些关于早期教育与保育设施标准和幼儿园设计指南的研究，来努力界定儿童早期教育与保育设施的法律法规要求，并设置支持幼儿发展的最佳标准。这些包括对最佳建筑设计和学习空间的研究。

在挪威，一个"幼儿园空间——重要性，学习和意义建构"的研究项目（西富尔德大学学院）研究在幼教机构的物理环境里存在的与教学相关的维度，以及儿童如何使用和体验这些空间等。该项目包括在一个多研究机构参与的大型多学科研究"学习、保育和成长的地方——对幼儿园物理环境的多方法、跨学科的方式研究"。

研究不同的教学干预

在丹麦，目前的研究项目"为日托（VIDA）机构中处于社会弱势的儿童进行的以知识为基础的努力"，探索一个整体性的研究问题：丹麦的一般日托如何才能改善社会弱势儿童在生活中的机会？这一综合性的研究探究并记录了两种最有效的一般日托促进社会弱势儿童的学习和身心发展的教学干预方法。这项努力的总体目标是激发儿童的个人、语言和社会能力以及逻辑理解能力。该研究项目包括了丹麦四个直辖市的120个日托中心的6000名儿童。这项干预会在一个包容的环境中实施，即普通的与其他孩子分享的日常托儿环境。两种类型的努力都在该项目中接受了测试。为了能够比较这两种类型，参与的日托中心被分为三组。第一组，重点是儿童的身心状态和学习（即VIDA基础模型项目）。第二组，重点是家长的参与以及儿童的身心状态和学习（即VIDA基础+家长模型项目）。第三组日托中心继续他们的通常做法（即对照组）。该项目已开始，并由丹麦社会事务部资助。

挑战三：缺乏传播机制

在许多经合组织国家，将研究政策和实践联系起来，不仅是在早期教育与保育领域，在一般的教育领域，也都是一个普遍的挑战。

研究人员的主要兴趣可能集中在研究和发布前沿的研究结果——这并不需要将他们的研究结果与决策者和业界进行交流。而并非所有的政策制定者和实践者都有时间或知识来阅读学术期刊——那是用高度技术化的术语书写的——来填补知识缺口。

将研究成果转化为政策层面上或落实到实际行动，需要系统的、有意识的努力。这种系统性的传播努力需要资金；但是，预算不容易分配给"沟通"或"传播"的活动。

提供财政或实物支持

在芬兰，学术董事会在2009年拨款850万欧元启动2010~2013年研究项目。这笔以项目为基础的资金有助于开展广泛的跨学科研究项目、收集零散的研究资源、促进国家和国际研究人员之间网络的建立。此外，在社会事务和卫生部之下的早期教育与保育咨询委员会也在2010年11月组织了关于儿童早期教育与保育研究的全国研讨会。在研讨会上，大家分享了相关材料。一年之内，这些资料在该部的网站上也可以找到。

加强研究和政策之间的联系

在芬兰，社会福利卓越中心成立于2002年，以应对研究和实践之间联系不足的挑战。该中心的目标包括：发展和转化在社会福利领域所需的专业技能；发展和转化主服务、特殊服务及专业服务；在基础教育、研究生教育、继续教育之间发展多样化的连接；开发研究、实验和发展领域的活动。

在马尼托巴省（加拿大），马尼托巴省健康儿童（HCM）办公室监测省健康儿童的战略。这项工作在2000年实施，并作为一个项目网络来支持儿童、青年和家庭。这项战略是被国家认可的，并作为"健康儿童法案"的一部分，于2007年正式立法。这项法案承诺，省政府将采取以证据为基础的决策和办法，制定政策和项目方案。省健康儿童办公室定期报告儿童的发展，并评估项目对儿童是否有用。健康儿童法案指出，省健康儿童办公室负责马尼托巴省儿童五年状态成果报告的开发。这个报告将在2012年发布。

加强研究和从业者之间的联系

在挪威，从学前教育到中学教育与教师教育（2006～2010）的"基于实践的研究和发展项目（R&D）"，积累了以研究为基础的知识，并且促进了教师培训机构和学校管理团队之间的组织良好的合作。新的研究项目"以实践为基础的评估研究（PRAKUT）"（2010~2014），目的是为了进一步发展和加强研究项目的经验和教师培训项目的知识库。"以实践为基础的评价研究"项目旨在提高以研究为基础的实践领域的知识的应用，以确保教师培训和实践更加紧密地联系起来。

在斯洛文尼亚，从2001年起，所有的学前教育机构都采用了"学前机构课程"。政府采用两种方法来评估课程的实施。国家教育研究院通过使用不同的方法来监测机构的实践，如观察、半结构式访谈和问卷调查。同时，顾问会准备半年度报告及年度报告，提交给教育部和其他负责机构。研究结果会发回到各个学前机构并且作为一种评估方式，用于编制影响实践的专业培训的内容。

创建一个区域或国际的研究网络

2009年和2011年挪威在早期教育与保育领域举办了北欧研究会议。这些会议的主要目的是通过展示和讨论前沿的北欧研究成果，巩固研究、实践和政策之间的关系。所有北欧国家和自治地区的政策制定者和研究人员都参加了这些会议，并对会议有所贡献。此外，丹麦、瑞典和挪威之间的合作也已经建立起来，以资助和传播斯堪的纳维亚关于早期教育与保育的研究的一幅地理图景。

在早期教育与保育方面的经合组织网络旨在支持参与的国家制定出有效和高效的早期教育与保育的政策。在网络会议中，政策制定者分享本国的成功实践及所面临的挑战，还有各自在早期教育与保育政策方面具体的国别经验。这些会议还作为交流空间，供与会者就新政策的研究交换看法，并确定了为进行富有成效的政策研究、分析和数据开发所需要的新的领域。

"早期教育和培训的多样性"研究网络将研究人员和有兴趣的实践者聚集起来，解决不同文化背景的家庭和儿童接受早期教育与保育服务的问题。该研究网络包含来自8个欧洲国家的代表：比利时、德国、希腊、法国、爱尔兰、荷兰、西班牙和英国（英格兰和苏格兰）。例如，在弗德兰斯（比利时），来自该网络的人员参与了对早期人员的多样性实践培训。关于多样性的培训有助于教育工作者和家长之间更有效的对话沟通，减少了思维定势和体制性的歧视。

欧洲儿童早期教育研究会发起于1992年，是一个国际性的协会，致力于促进和传播儿童早期的多学科研究及其在政策和实践层面的运用。它也通过特定的兴趣小组，鼓励和支持跨国的合作和主题出版物。

太平洋地区早期儿童教育研究协会（PECERA）成立于2000年，是一个学术团体，致力于传播和支持在太平洋地区的儿童早期研究。太平洋地区早期儿童教育研究协会作为一个太平洋地区的研究人员和实践者之间的平台，促进他们的沟通和协作。该协会举行年度会议并出版刊物。

行动领域 4
管理风险：从他国政策
实践中汲取经验

本节总结了以下内容的国别经验：
● 推进数据的收集，研究和监测

　　本节目标是提供一个快速阅读材料，供大家在实施新的政策举措时，考虑到各种挑战和风险。

推进数据的收集、研究和监测

经验一：与公众沟通进展，通过网络和工作坊传播知识

　　澳大利亚国家、州和管区政府优先出版《实施国家早期教育伙伴关系以在2013年普及幼儿教育》的年度进展报告。即使还是在早期阶段，从2009年的进展报告显示，全国已经取得了一些进展：在大多数司法管辖区已经观察到，儿童接受的相关

服务小时数已经有所增加；在一些规模较大的司法管辖区，土著儿童的参与率也一直在增加。

墨西哥在评估儿童成果方面的经验表明，参加由全国教育发展委员会(CONAFE)提供服务的儿童与不参加这些服务的儿童相比拥有更好的结果。然而，政府也了解到语言和沟通方面的服务也必须得到改善。墨西哥经验是一个范例，表明在儿童发展方面的数据收集是如何有助于加强早期教育与保育服务的优势，并能揭示需要改进的方面。

芬兰通过其社会福利卓越中心已经建立了一个开发和转化在社会福利领域所需专业技能的机制，来确保基础教育、研究生教育、继续教育之间的多方面连接；也使研究、实验和开发活动成为可能。实践证明，中心已经成功地将区域和社会行动者纳入同一网络。

在爱尔兰，政策决策者和研究者可以通过各种机制得到《在爱尔兰长大》这一纵向研究的结果，其中之一是《在爱尔兰长大》的年度研究会议。另外，数据也可以通过数据库得到而用于研究目的；政府也鼓励大家通过数据工作坊来传播和使用数据。爱尔兰发现，数据的传播使得儿童发展在时间推移过程中的稳定性和连续性可以得到检测，并且将有助于对儿童发展前后顺序的确定；同样也有助于进一步明确保护儿童免受风险和产生抗逆力的因素。然而，根据经验，爱尔兰已经了解到，如果研究不是受政府委托的，或者它是基于试点干预而由于成本因素不能推广，为了影响政策而进行的研究传播就会面临很大的挑战。

经验二：将研究发现和检测结果与政策和实践联系起来

韩国于2005年成立了韩国儿童保育和教育（KICCE）学院，这是全国为数不多的专门在早期教育与保育领域工作的研究机构之一。韩国儿童保育和教育学院的建立对发展早期教育与保育政策的研究、规划和实施的发展产生了积极的影响。韩国儿童保育和教育学院一共进行了175个项目，其中包括整合保育和教育系统、"早期教育精要"的一系列项目、一项关于儿童保育的全国性调查、课程的制订、劳动力和质量保证等。"韩国儿童小组调查"是一项纵向研究，将有助于确定由早期教育与保育政策和服务投入所影响的发展机制和儿童的成果。韩国从来没有像现在这样强烈地倡导以研究为基础的政策，并且有意向就基于研究发现而制定的大量措施的可行性和有效性进行检验，从而对政策研究本身进行评估，以缩小政策、实践和研究之间的差距。

在挪威，通过所有幼儿园标准化的年度报告进行监测，揭示了对更合格的工作人员的需要，并指出有些地区在劳动力质量方面的巨大困难。因此，政府推出了招聘学前教育教师的计划，并且为特定的地区已经设计了有针对性的行动计划。根据挪威的情况，很显然，对劳动力的数据收集可以作为采取具体行动、促进早期儿童保育与教育服务质量的证据基础。

当斯洛文尼亚评估其学前教育课程的实施时，评估结果与教育官员和负责儿童早期保教的机构共享。这些结果也被送回到各个学前班，在系统内推行改善提高的建议。除了促进课程的实施，斯洛文尼亚也注意到，评估结果证明编制专业培训内容是很重要的。

墨西哥通过数据收集认识到，大多数学龄前儿童达到了基本的读写和数学能力，而那些没有达到的则集中在农村社区。基于这一发现，墨西哥已经决定专门为农村社区开发新的教学材料，以努力帮助能力欠佳的学生和同龄人达到同一水平。这个例子可以说明，儿童发展的数据可以用来设计以证据为基础的干预，来帮助那些需要特别支持的儿童。

挪威通过其"语言和学习研究"发现，在1.5～3岁定期参加正式中心或以家庭为基础的儿童保育的儿童，比那些由父母或保姆照顾的儿童语言迟缓的可能性更少。原因是不确定的，所以政府欢迎对幼儿园提高语言开发的条件做更多的研究；但是，初步的发现已经支持了入园有利于儿童语言发展的基础理论，无论是主要语言还是少数族裔语言都是如此。

弗兰德斯（比利时）在教育方面，努力寻求以证据为基础的政策导向，因此，推出了一个学生监测系统，来跟踪学生个体的发展。政府认为，该系统除了其他功能，主要可以为有教育机构的质量提供深入的了解。不过当地人员也注意到，降低研究预算，再加上从学术方面对政策的不感兴趣，使得应对越来越多样化的政策问题非常困难。

经验三：跟踪财务和成本来为教育支出提供依据

对于澳大利亚，跟踪在早期教育与保育领域的财务支出表明，2007～2010年的资金已经让接受托儿服务的儿童人数有所增加，并且使2004~2010年间家长需要承担的日托服务成本减少。这个例子说明了对成果在财务方面的跟踪和监测可以如何展示验证结果和问责机制，从而为教育经费提供依据。

葡萄牙已经了解到，缺乏对于儿童早期教育与保育的系统性的研究议程，将导致质量评估方面的重重困难，并且很难证明对学前教育投资的好处。

经验四：将关键行动者放在监测、数据采集和研究的中心位置

澳大利亚已经引进了《国家质量标准框架》，其中包括一个监测过程，各级政府都承认为专业人士定期评估他们的实践创造机会之重要。澳大利亚发现，从内部发起的、最有效的改善服务的方法是从服务自身发起，而不是从外部强加的。对于做法和服务的质量评估，下一步应该是确定哪些质量方面需要改进，并且制订有效的计划来实施。

在弗兰德斯（比利时），完成外部检查之后会产生一个报告，并且学校校长有义务在正式会议上与学校人员分享检查的结果；不过，教师工会声称这种做法尚不多见。弗兰德斯的一个经验是：一个反馈机制一旦确定，所有相关的各方都必须按照计划参与，才能让这一机制发挥应有的作用。

不列颠哥伦比亚省（加拿大）、日本和斯洛文尼亚强调由早期教育与日托中心的相关人员（比如说家长和当地居民）来进行评估／评价的一种项目或课程的重要性。这样增加了评估的客观性和透明度，激发了家长和社区的参与，提高了家长的满意度，深化了各方利益相关者对早期教育与日托中心的理解。

爱尔兰强调了进行研究时确保满足下列条件的重要性：政策研究的相关性；消耗最小；数据最大化；受访者最小的负担和以儿童为中心，涵盖儿童生活的广度。爱尔兰已经采取了多种措施来应对这些挑战。政府学到的主要教训是，让所有的利益相关者，尤其是政策制定者和儿童，从一开始就参与是至关重要的。

经验五：统一收集所有早期教育与保育服务提供者的数据，包括那些没有政府补贴的机构

在弗兰德斯（比利时）的儿童保育部门，独立的机构只得到很有限的公共资金，因此，不可能从他们那里取得和享受补贴的机构相同数量的数据。受到补贴的机构接受了公共资金，就有义务提供数据。弗兰德斯得出的一个关键教训是，如果不能完整进行对于所有儿童早期教育与日托服务提供者的监测，服务的整体图景就是不完整的。在现有的监测体系内，政府意识到仍然缺乏相关的信息，例如，在机构中

获得服务者的相关信息，谁支付多少儿童日托的费用，谁还没有接受儿童日托的服务，所有机构中的人员资质，员工流失率和年龄等。弗兰德斯正在评估如何获取缺失的数据，同时不给各机构增加太大的负担，也不会侵犯父母和儿童的隐私。

挪威在年度基础上收集公办和非公办幼儿园的数据（行政记录），包括早期教育与保育质量的信息（员工–儿童比率，人员供给、员工资质与性别等）；幼儿园的组织（所有权[公共／私有]，开放时间）；父母付出的费用（为多子女家庭削减费用，为低收入家庭削减费用）；早期教育与保育的入学位置数量以及接受服务的儿童数量（年龄，每周参与次数等，包括少数民族语言的儿童和残疾儿童）；和幼儿园合作的其他机构等。通过从所有幼儿园收集这些数据，挪威能够创建早期教育与保育服务的官方统计资料，为全国各地所提供的服务提供深入和全面的了解。

经验六：当地方主管部门承担监测质量的责任时，应同时考虑这样做的优点和缺点

关于赋予地方主管部门监测早期教育与保育服务质量的更多的自主权，日本、墨西哥和葡萄牙认可这种做法有利于促进地方的自主性；地方主管部门往往对人口的教育需求更为了解，从而完成更严格的监测和评估。然而，这些国家也一致认为，该做法的缺点之一是不同的主管部门可能建立不同的监测标准。另一个挑战是在不同的地方主管部门之间数据收集和处理的协调。这些问题使得在国家层面上统一数据、保持服务质量的国家标准都相当困难。此外，墨西哥认为，地方有关部门有时候没有足够的培训来管理监测的资源和数据收集。

经验七：将监测用作一种监督法规遵守情形、控制质量流程的机会

在不列颠哥伦比亚省（加拿大），每年在全省范围内监测班级规模，已经让所有幼儿园班级规模达到了标准规定。

韩国认为，监测和质量控制体系有助于早期教育与保育质量的提高，不仅是在结构性（例如，员工–儿童比率，班级规模和每个孩子的空间）方面，而且在以往相对不那么明确的师幼互动方面都有所改进。工作人员的内部监测和自我督导被公认为更可持续的质量改进资源。

行动领域 5
反思当前的实施状况

该表是在国际趋势的基础上设计制定的，目的
在于帮助使用者对本国标准进行反思：

● **数据收集、研究和监测**

本节目的是提高对新问题的认识，并确定哪些区域需要改变；并非给现有实践评分。请反思当前的服务状况，并在1~5的范围内打分。

数据收集、研究和监测

数据收集	完全不				非常好
1. 早期保育的数据系统应该可以回答关键的被定义的政策问题。并且，数据差距的存在和在早期教育与保育项目之间的联系是很清楚的，并且可以来回答这些政策问题	1	2	3	4	5

数据收集	完全不				非常好
2. 现在收集的儿童早期保育的指标经过很好的设计，可以被用来影响政策和决定现在整体儿童早期保育的目标是否已经达到	1	2	3	4	5
3. 现在儿童早期保育数据体系的指标和学校数据体系保持一致	1	2	3	4	5
4. 现在收集的数据是用一种用户友好的方式沟通和呈现的	1	2	3	4	5
5. 现在收集的数据是关于： a. 儿童（比如，在不同年龄段接受儿童早期教育的儿童数量）	1	2	3	4	5
b. 项目（比如，不同类型和形式的服务，包括私人和非正式的保育）	1	2	3	4	5
c. 工作场所（比如，工作人员的数量及其资质、年龄、性别、移民状态、工资和发展机会）	1	2	3	4	5
d. 财务状况和成本信息	1	2	3	4	5
6. 如第5点，指标之间相互有关联	1	2	3	4	5
7. 有足够的资金来促进数据的覆盖面和数据质量，以回答一些关键的政策问题	1	2	3	4	5
研究	完全不				非常好
8. 对早期教育的研究有稳定和长期的资金支持	1	2	3	4	5
9. 进行过以下类型的研究：					
a. 国别政策评估和研究	1	2	3	4	5
b. 比较，跨国研究	1	2	3	4	5
c. 纵向研究 d. 成本分析	1	2	3	4	5
e. 随机对照实验的大规模项目评估	1	2	3	4	5
f. 神经科学和脑科学研究	1	2	3	4	5
g. 社会文化分析和民族学定性分析方法	1	2	3	4	5

续表

研究	完全不				非常好
h. 关于实践和过程的研究，如行动研究	1	2	3	4	5
i. 用参与观察的方法进行以儿童为中心的研究	1	2	3	4	5
j. 家长需求	1	2	3	4	5
10. 早期教育与保育研究的主要差距： a. 已经被确定 b. 已经有具体的建议书	1	2	3	4	5
	1	2	3	4	5
11. 研究网络和社区与以下相关联： a. 国家的政策制定者 b. 国家的实践者 c. 国际受众	1	2	3	4	5
	1	2	3	4	5
	1	2	3	4	5
12. 有足够的关于早期儿童教育与保育的大学席位和研究生项目，论文和学术期刊	1	2	3	4	5
13. 研究被应用来促进早期教育与保育工作人员的职业发展	1	2	3	4	5
14. 在儿童早期教育的研究中采用多学科的方式，包括人类学、社会学、公共政策、性别研究、学习理论和大脑研究	1	2	3	4	5
监测	完全不				非常好
15. 监测的目的和方法已经被细化，并经过儿童早期教育与保育管理者，实践者和家长监督；利益相关者也接受这种监测（目的、过程和追踪）	1	2	3	4	5
16. 对于谁来负责和谁来监测是很清楚的，在实际执行之前，会有一个对能力的评价以使得监测有效进行	1	2	3	4	5

监测	完全不				非常好
17. 以下指标可以用来监测质量:					
a. 结构性质量（比如，员工质量、班级大小和员工–儿童比率）	1	2	3	4	5
b. 过程质量（比如，儿童在不同的儿童早期教育与保育的环境中所获得的经验的类型、工作人员及其同伴互动的类型）	1	2	3	4	5
18. 可以用以下方法来监测质量:					
a. 监测儿童的成果	1	2	3	4	5
b. 文件和存档	1	2	3	4	5
c. 观察	1	2	3	4	5
d. 面谈	1	2	3	4	5
e. 调查	1	2	3	4	5
f. 项目检查工具	1	2	3	4	5
e. 质量评价	1	2	3	4	5
f. 自我报告	1	2	3	4	5
g. 其他（具体）	1	2	3	4	5
19. 对于监测不易量化的儿童的成果和容易监测的结果如数学和识字率，已经予以重视	1	2	3	4	5
20. 监测数据可以用来:					
a. 给工作人员提供技术支持	1	2	3	4	5
b. 促进工作人员的职业发展	1	2	3	4	5
c. 纠正错误	1	2	3	4	5
d. 调整课程	1	2	3	4	5
f. 辅导	1	2	3	4	5
g. 做资金决策	1	2	3	4	5

续表

监测	完全不				非常好
h.　调整政策	1	2	3	4	5
i.　其他（具体）	1	2	3	4	5

注释

1. Patton称之为"为黑盒子贴标签的问题"（Patton, 2008, p. 142）。

2. 比如，请参考STARS基础研究（www.pakeys.org/uploadedContent/Docs/ STARS/outreach/2010%20STARS.rpt.final.pdf) and RAND study (www.rand.org/pubs/ research_briefs/RB9343/index1.html）。

3. 请参看：http://ecedata.org/files/DQC%20ECDC%20brochure%20 2011%20Mar21.pdf。

4. 说到具备综合性儿童早期教育与保育体系的诸国，报告中的监测实践指的是早期教育与保育整个年龄段的时候，相关实践在儿童教育与幼儿园／学前两个范畴的监测实践中均有收录，因为这两种服务的提供已经覆盖了早期教育与保育的整个年龄段。这并不是说这些国家的儿童保育与早期教育体系是割裂的。二者同时收录于儿童保育和幼儿园／学前体系中，是为了便于比较，同时显示这些国家已经具备了整个年龄段的早期教育与保育的监测实践。

附录

网络工作人员致谢名单

经合组织的早期教育与保育网络中有许多个人与组织为本书提供了国别数据、各国政策信息，或为本书的草稿提出了批评意见。以下是详细的致谢名单（按字母顺序排列）。

国家	姓名	组织
Australia	Ms. Jo CALDWELL	Department of Education, Employment and Workplace Relations
	Ms. Laura HIGGINS	Department of Education, Employment and Workplace Relations
	Ms. Margaret PEARCE	Australian Delegation to the OECD
	Ms. Robyn SHANNON	Department of Education, Employment and Workplace Relations
	Mr. Mark UNWIN	Australian Delegation to the OECD
	Dr. Mary WELSH	Department of Education, Employment and Workplace Relations
Austria	Ms. Marion GRATT	Permanent Delegation of Austria to the OECD
	Ms. Daniela HERTA	Permanent Delegation of Austria to the OECD
	Ms. Marisa KRENN-WACHE	Federal Training College for Kindergarten Pedagogues Klagenfurt
	Ms. Andrea SCHMÖLZER	Federal Ministry for Education, the Arts and Culture
	Ms. Christine SCHNEIDER	Federal Ministry for Education, the Arts and Culture

续表

国家	姓名	组织
Belgium	Ms. Veronique ADRIAENS	Department of Education
	Ms. Bea BUYSSE	Formerly, Kind en Gezin (Child and Family)
	Ms. Dominique DELVAUX	Observatoire de l'enfance, de la jeunesse et de l'aide à la jeunesse (Fédération Wallonie-Bruxelles)
	Ms. Anne-Marie DIEU	Observatoire de l'enfance, de la jeunesse et de l'aide à la jeunesse (Fédération Wallonie-Bruxelles)
	Mr. Roger HOTERMANS	General Delegation of the French Community and the Walloon Region of Belgium
	Ms. Cathy MISSON-FIEVET	Permanent Delegation of Belgium to the OECD
	Ms. Christele van NIEUWENHUYZEN	Kind en Gezin (Child and Family)
	Ms. Myriam SOMMER	Office de la Naissance et de l'Enfance
	Ms. Linde VAN CUTSEM	Department of Education
Chile	Ms. Eliana CHAMIZO ÁLVAREZ	Ministry of Education
	Ms. Jacqueline ARANEDA	Junta Nacional de Jardines Infantiles
	Ms. Irma BRANTTES	Junta Nacional de Jardines Infantiles
	Mr. Fabian GREDIG	Permanent Delegation of Chile to the OECD
Czech Republic	Dr. Irena BORKOVCOVÁ	Czech School Inspectorate
	Ms. Helena CIZKOVA	Permanent Delegation of the Czech Republic to the OECD
	Ms. Alena SPEJCHALOVA	Ministry of Education Youth and Sports
Denmark	Mr. Lars Hornung BAHN	Ministry of Children and Education
	Ms. Christina BARFOED-HØJ	Ministry of Children and Education
	Ms. Clara Albeck JAPSEN	Ministry of Children and Education
	Mr. Frode NEERGAARD	Permanent Delegation of Denmark to OECD
	Ms. Lene ØSTERGAARD	Ministry of Children and Education
Estonia	Ms. Tiina Peterson	Ministry of Education and Research

续表

国家	姓名	组织
Finland	Ms. Tarja KAHILUOTO	Ministry of Social Affairs and Health
	Ms. Päivi LINDBERG	National Institute for Health and Welfare
	Ms. Kirsi LINDROOS	Permanent Delegation of Finland to the OECD
	Ms. Anna MIKANDER	Ministry of Education and Culture
	Ms. Maiju PAANANEN	National Institute for Health and Welfare
	Ms. Hely PARKKINEN	National Board of Education
France	Mr. Claude GIRARD	Permanent Delegation of France to the OECD
	Dr. Michael JANSEN	Ministère de l'Enseignement supérieur et de la recherche
Germany	Mr. Peter KLANDT	International Bureau of the Federal Ministry of Education and Research
	Dr. Philipp ROGGE	Federal Ministry for Family Affairs, Senior Citizens, Women and Youth
	Dr. Miriam SAATI	Federal Ministry for Family Affairs, Senior Citizens, Women and Youth
Hungary	Ms. Martina BEKE	Permanent Delegation of Hungary to the OECD
	Mr. László LIMBACHER	Ministry of National Resources
	Mr. Gergely VÁRKONYI	Permanent Delegation of Hungary to the OECD
Ireland	Mr. Darragh DOHERTY	Department of Health and Children
	Ms. Catherine HYNES	Department of Education and Science
	Mr. Michael O'TOOLE	Permanent Delegation of Ireland to the OECD
	Mr. Heino SCHONFELD	Centre for Early Childhood Development and Education
Israel	Ms. Sima HADDAD-MA-YAFIT	Ministry of Education
	Ms. Monica WINOKUR	Ministry of Education
	Ms. Martine WORMS	Ministry of Education
Italy	Ms. Silvana MARRA	Ministry of Education, University and Research
	Dr. Angiolina PONZIANO	Ministry of Education, University and Research

续表

国家	姓名	组织
Japan	Dr. Kiyomi AKITA	University of Tokyo
	Mr. Jugo IMAIZUMI	Permanent Delegation of Japan to the OECD
	Dr. Riyo KADOTA-KOROGI	Seinan Gakuin University
	Mr. Takuto MIYAMOTO	Former Deputy Director Early Childhood Education Division Ministry of Education, Culture, Sports, Science and Technology (MEXT)
	Mr. Keisuke OTANI	Former Director Early Childhood Education Division Ministry of Education, Culture, Sports, Science and Technology (MEXT)
	Ms. Maria OJIMI	Unit Chief Early Childhood Education Division Ministry of Education, Culture, Sports, Science and Technology (MEXT)
	Mr. Masatoshi SUZUKI	Hyogo University of Teacher Education
	Mr. Hiroshi UMEHARA	Former Deputy Director Early Childhood Education Division Ministry of Education, Culture, Sports, Science and Technology (MEXT)
Korea	Ms. Jeong-Eun AN	Ministry of Education, Science and Technology
	Ms. Yeonhee GU	Permanent Delegation of Korea to the OECD
	Dr. Mugyeong MOON	Korea Institute of Child Care and Education
Luxembourg	Mr. Manuel ACHTEN	Ministère de la Famille et de l'Intégration
	Ms. Claude SEVENIG	Ministère de l'Éducation nationale et de la Formation professionnelle
Mexico	Ms. Lucero NAVA BOLANOS	National Council for the Promotion of Education
	Mr. José Carlos ROCHA SILVA	National Council for the Promotion of Education
	Dr. Arturo SÁENZ FERRAL	National Council for the Promotion of Education
	Ms. Luisa SOLCHAGA	Permanent Delegation of Mexico to the OECD
	Ms. Valerie VON WOBESER SUÁREZ	National Council for the Promotion of Education

国家	姓名	组织
Netherlands	Ms. Wytske BOOMSMA	Ministry of Education, Culture and Science
	Mr. Jakob VAN DER WAARDEN	Ministry of Social Affairs and Labour
	Ms. Willeke VAN DER WERF	Ministry of Social Affairs
	Mr. Peter WINIA	Ministry of Education, Culture and Science
New Zealand	Ms. Natasha KUKA	Ministry of Education
	Ms. Te Rina LEONARD	Ministry of Education
	Mr. Karl LE QUESNE	Ministry of Education
	Mr. Richard WALLEY	Ministry of Education
Norway	Ms. Kari JACOBSEN	Royal Norwegian Ministry of Education and Research
	Ms. Tove MOGSTAD SLINDE	Ministry of Education and Research
	Mr. Espen SOLBERG	Permanent Delegation of Norway to the OECD
	Ms. Marit SOLHEIM	Royal Norwegian Ministry of Education and Research
Poland	Ms. Iwona KRZESZEWSKA	Permanent Delegation of Poland to the OECD
	Ms. Katarzyna MALEC	Ministry of National Education
	Ms. Emilia RÓYCKA	Ministry of National Education
	Mr. Aleksander TYNELSKI	Ministry of National Education
	Ms. Olga WASILEWSKA	Educational Research Institute
Portugal	Mr. Fernando EGIDIO REIS	Ministry of Education
	Ms. Catarina FIGUEIREDO CARDOSO	Permanent Delegation of Portugal to the OECD
	Ms. Helena GIL	Ministry of Education
	Ms. Alexandra MARQUES	Ministry of Education
	Ms. Liliana MARQUES	Ministry of Education
	Ms. Luisa UCHA SILVA	Ministry of Education
Singapore	Mr. Charles CHAN	Ministry of Education
	Ms. Pik San LEONG	Ministry of Education

续表

国家	姓名	组织
Slovak Republic	Ms. Viera HAJDUKOVA	Ministry of Education, Science, Research and Sport
	Ms. Marcela HANUSOVA	Permanent Delegation of the Slovak Republic to the OECD
Slovenia	Ms. Sabina MELAVC	Ministry of Education and Sport
	Ms. Nada POZAR MATIJASIC	Ministry of Education and Sport
Spain	Mr. Vicenç ARNAIZ	Gouvernement des Iles Baléares
	Mr. José Antonio BLANCO FERNANDEZ	Permanent Delegation of Spain to the OECD
	Mr. Rafael BONETE PERALES	Permanent Delegation of Spain to the OECD
	Mr. Manuel GÁLVEZ CARAV-ACA	Ministerio de educación
	Ms. María Luz OCAÑA HERR-EROS	Permanent Delegation of Spain to the OECD
Sweden	Mr. Hans-Åke ÖSTRÖM	Permanent Delegation of Sweden to the OECD
	Mr. Christer TOFTÉNIUS	Ministry of Education and Research
Turkey	Mr. Burak RENDE	Permanent Delegation of Turkey to the OECD
	Mr. Fatih TASTAN	Ministry of National Education of Turkey
United Kingdom	Ms. Susan BOLT	The Scottish Government
	Ms. Kathryn CHISHOLM	The Scottish Government
	Mr. Peter DRUMMOND	DWP Joint International Unit
	Mr. Steve HAMILTON	Department for Children, Schools and Families
	Ms. Rosalyn HARPER	Department for Education
	Ms. Pauline JONES	Children's Workforce Development Council
	Mr. Jamie KELLY	Department for Education
	Mr. Jason LLOYD	The Scottish Government
	Mr. Adam MICKLETHWAITE	Department for Children, Schools and Families
	Ms. Helen MISTALA	Department for Education and Skills
	Ms. Karuna PERERA	Department for Education

国家	姓名	组织
United Kingdom	Ms. Anncris ROBERTS	The Scottish Government
	Ms. Gigi SANOTRA	Department for Education
	Mr. Simon SMITH	Department for Education
	Mr. Robert SPECTERMAN	HM Treasury
	Dr. Wendy VAN RIJSWIJK	The Scottish Government
	Ms. Ann WILSDON	Department for Children, Schools and Families
	Mr. Dudley WYBER	United Kingdom Delegation to the OECD
United States	Mr. Steven HICKS	United States Department of Education
	Dr. Jacqueline JONES	United States Department of Education

经济合作与发展组织

经济合作与发展组织简称经合组织，是一个独立的论坛，在此，各国政府合作探讨如何迎接全球化背景下的经济、社会、环境等方面的挑战。经合组织也始终处于理解并帮助各国政府应对新发展和新关注的努力前沿，比如，公司化管理、信息经济、老龄化挑战等。该组织提供了这样一种环境，供各国政府比较各自的政策经济、为共同面临的问题寻求答案、确认有哪些良好实践、共同协调各国国内与国际政府的工作。

经合组织的成员国包括：澳大利亚、奥地利、比利时、加拿大、智利、捷克共和国、丹麦、爱沙尼亚、芬兰、法国、德国、希腊、匈牙利、冰岛、爱尔兰、以色列、意大利、日本、韩国、卢森堡、墨西哥、荷兰、新西兰、挪威、波兰、葡萄牙、斯洛伐克共和国、斯洛文尼亚、西班牙、瑞典、瑞士、土耳其、英国、美国。欧盟也参与了经合组织的部分工作。

经合组织的出版物广为发布该组织在经济、社会、环境问题等方面的数据搜集与研究结果，同时也报告各成员国协商通过的各项公约、纲要与标准。

Originally published by the OECD in English and in French under the titles:

Starting Strong III: A Quality Toolbox for Early Childhood Education and Care

Petite enfance, grands défis III: Boîte à outils pour une éducation et des structures d'accueil de qualité

©2012 OECD

www.oecdbookshop.org–OECD online bookshop

www.oecd–ilibrary.org–OECD e–library

www.oecd.org/oecddirect–OECD title alerting service

©2015 Beijing Normal University Press for this Chinese edition

Starting Strong III: A Quality Toolbox for Early Childhood Education and Care

英文和法文原版由OECD于2012年出版。

中文简体字版由北京师范大学出版社于2015年出版。

版权登记号：01-2014-1244

图书在版编目(CIP)数据

儿童早期教育与保育质量工具箱／经济合作与发展组织（OECD）教育团队编；陈学锋等译；陈学锋审校. —北京：北京师范大学出版社，2015.1 （2020.12 重印）
（强壮开端：3）
ISBN 978-7-303-17416-4

Ⅰ．①儿… Ⅱ．①经… ②陈… Ⅲ．①儿童教育－早期教育－研究 ②儿童教育－教育质量－研究 Ⅳ.①G61

中国版本图书馆CIP数据核字（2014）第003641号

营销中心电话	010-58802181 58805532
北师大出版社高等教育分社网	http://gaojiao.bnup.com
电子信箱	gaojiao@bnupg.com

ERTONG ZAOQI JIAOYU YU BAOYU ZHILIANG GONGJUXIANG

出版发行：北京师范大学出版社 www.bnup.com
北京市西城区新街口外大街12-3号
邮政编码：100088

印 刷：	北京玺诚印务有限公司
经 销：	全国新华书店
开 本：	710mm×1000mm 1/16
印 张：	25.75
字 数：	442 千字
版 次：	2015 年1月第 1 版
印 次：	2020 年 12 月第 2 次印刷
定 价：	58.00元

策划编辑：张丽娟 罗佩珍	责任编辑：何 琳
美术编辑：焦 丽	装帧设计：纪 潇
责任校对：李 菡	责任印制：陈 涛